聖人的丹爐

中華思想史與本土心理學

陳復
著

本書獻給我的太老師錢穆先生（一八九五—一九九〇）

目錄

中華思想史與本土心理学

廖慶華教授　題字

推薦序【二】

本土、華學、心理

——陳復《聖人的丹爐：中華思想史與本土心理學》讀後

林安梧

陳復博士《聖人的丹爐：中華思想史與本土心理學》就要出版了。從題目看來，就值得審視，值得注視。這樣的一本書，顯然是通識的書，涵蓋面很廣，上下古今，縱橫中西，相當不易。

特別標舉出「中華思想史」而不是中國思想史，這讓我想起關於「華學、漢學、國學」三者的區別。就語彙來說，「國學」太老舊，「漢學」太洋派，而「華學」則想要從中殺出重圍。華學強調的是要有本土性，因為有本土性，才有世界性，這正如同有了國，才有國際。套用德國哲學家康德（Immanuel Kant, 1724-1804）的語句來說：「沒有內容的思想是空洞的；沒有概念的直觀是盲目的」，本土性與世界性是兩端而一致的，「沒有本土性的世界性是空洞的，沒有世界性的本土性是盲目的」。我覺得陳復把「中華思想史」與「本土心理學」作了區分，又兩端而一致的連結起來，這方式蠻好的。中華思想者，「和順積中，英華發外，內修外行、內聖外王」，這正也是陳復博士追求的寫照。從古代典籍來的語句，正顯示「中華」的本土性，也揭露了本土性的世界性，與世界性的本土性。這個題目顯示出了中華本土的主體性與廣袤性，讓人眼睛為之一亮。

正如同我的老友，台灣大學哲學研究所時代的同學，東吳大學的蔡錦昌教授，他曾經教過陳復，他說陳復體型壯碩，是個有志之士。他是身體力行，生命充滿著動能。錦昌兄認為人的長相與體型是可以觀其氣象而有所論的。這看法與我接近。陳復習慣用寬廣的、宏觀的角度來概括其所學，這裡可以看出他的思維是非常敏銳而鮮活的。當然，這也種下了他一定會被批評的因由。這本書雖有一些瑕疵，比如說論證太少，論斷稍多，關聯太多，取來論述的，不免會有些寬，但我要說瑕不掩瑜；當今學界會這樣論的，能這樣論的，並不多。不只不多，應該說是少之又少。通篇讀來，我認為總有畫龍點睛處，相信以後，更是精彩可期。

他的論述方式多少受到他情同父子的老師韋政通先生的影響。他照顧到多方層面，重點似乎是在思想史，但又不止於思想史，他對於思想與哲學概念的嚴整性，似乎不是很充分，但對於年富力強的學者求全責備，那當然可以，但我正要說，他這些通識寫法，正是現今學界所稀有的，這樣的寫法是會被批評的，被訾議的，甚至會被打擊的，他居然勇敢地用這方式來寫作，這勇氣是應該受到鼓勵的。老實說，把中華古典智慧與西方的心理學放在一塊兒論，並且要論出其本土性，這當然不是第一本，但這麼廣闊的涵蓋了中華思想史，將之對比於本土心理學，有交談、有對話，有批判、有融通，用通識寫法，這應該是少之又少的。

我想可以表示一點意思，關於天人思想方面，還有儒道思想方面，我認為儒道是同源而互補的。天人之際，與其說是突破，毋寧說是轉化，而這轉化是通天地人的人文化成，是「觀乎天文以察時變，觀乎人文以化成天下」的人文，並不像西方近現代以來特別突出人的主體性的人文，這一切以人為中心的近現代西方人文。主義的人文顯然是偏枯的人文，這論點陳復顯然地是看到了，這是他敏銳的地方，而這敏銳很重要的來自於他有著全盤的通識。

再者，陳復似乎更為寬廣的照顧到思想史的諸多側面，他由文化的精神空間、政治的現實空間、歷史的精神時間與地理的現實空間，這四大象限交織的觀念領域，歸類出四種學術風格，並論述他們彼此在中華思想史的脈絡中，怎麼樣影響到後世。我覺得這樣的一種思想史的論述方式是相當有意思的。這正如同他這本書的書名《聖人的丹爐：中華思想史與本土心理學》，對於本土的心理之發掘，有著文化心理的深層作用。當然，有人或許會說，通過齊魯處境來去闡釋中國的地域文化與思想的區別，儘管這見地是可貴的，但裡面的論述仍然不夠嚴實，但我認為作為一本通識的學術著作，應該重視的是宏觀的類型學對比與融通。這是當前學術所訾議而不鼓勵的，由於學術的獎懲制度，使得人文學偏向於小題目的發掘，而忽略了宏大敘述的重要性。許多學者，為了取容於，甚至是取悅於，這樣的制度，久而久之，成為目前這不合理的制度下的從屬者，由從屬者而後成為共犯者。人文學的貧弱，這幾十年來，可以說是變本加厲的。以中壯一輩來說，能有宏大敘述眼界視域者，那是不多見的。

正因為陳復嫻熟於總體的、脈絡的宏大敘述，也因此可以看到一般人所忽略到的層面。比如：他頗能重視到王弼哲學隱含的陽剛性，孔老的會通本身具有獨特的陽剛性。他批評郭象哲學是一種頹墮，我覺得這有他獨到而有趣的見地，他如何避免學者批評他為獨斷，這可能須要更多的論述。另外，中國哲學、中國思想的研究，大體已經擺脫了西方唯心唯物兩橛觀的論述語彙，這本書有時還是用了些這樣的對比，讀者可能得先擺脫成見，才會有適當地清楚理解。

一本通識的書，在宏大敘述的過程裡，就像繪製一幅畫一樣，點染間或者濃淡不均，這往往是難免的。經由讀者繼續開啟討論，應該是另一種有趣的風景。比如文中提到：「老子思想終極目標是『天人合一』，但老子講的天人合一，與孔子講的天人合一，並不一樣。老子的天人合一是泯滅人的主體性，然後去體會天的規則中的不規則與不規則中的規則，在那種恍恍惚惚間進入到合一狀態，這種境界需要修煉，而且需要呈現『致虛極，守靜篤』的狀態。因此，老子的思想已經有靜坐的層面，有談靜坐的悟境與方法，但是他的談法非常樸素，保持着靜坐的內涵與規模。」我以為做這樣的對比，當然可以，不過把老子說成「泯滅人的主體性」，那是容易被誤解的。老子書中講「域中有四大，道大、天大、地大、王亦大，人法地，地法天，天法道，道法自然」，這說的是：人學習地的寬廣博厚，具體的生長，進一步學習天的高明普遍理想，進一步學習道那根源的總體，而這根源的總體隱含著自發調節的秩序。就這章來講的話，怎麼看都很難看出所謂「泯滅人的主體性」。當然，老子的思想的確是從「我的」回到「我」，再將「我」放回天地之間，所謂「縱浪大化中，不喜亦不懼」，似乎有著「吾喪我」的思想，這時人的主體性，看似不見了，其實不是泯滅，而是回歸到天地自然。這麼說來，「泯滅人的主體性」這樣的說法就不很恰當。我以為這樣的修辭點染，如何濃淡適均，這當然還需要假以時日。不過，正也因為這樣，這本書可能帶出來較細緻的討論，那卻是可貴的，值得鼓勵的。

「存在與價值和合性」之為優先的，「思維與存在的一致性」是其次的。這三十多年來，我愈發肯定這樣的理解是符合於華夏文明的。我認為民國以來，受到西方近現代啟蒙主義的影響太深，不論是傳統主義者，或反傳統主義者，雖然他們作為對立面的兩端，他們都太強調通過人的知性主體去詮釋宇宙，以為實然與應然的區分是一既予的區分，認定他們本來就這樣子的。殊不知，這乃是話語所論定的區分，這是在「思維與存在的一致性」下展開的；在話語論定之前，回到存在自身，這「存在與價值是和合為一」的。當我們從分別回到無分別，這總體的根源在中華思想裡是「一體之仁」的。一體之仁是人之作為一參贊者，參與而助成的。

我以為要跨越過近現代以來思想的藩籬，我們應該好好反思西方的學術話語霸權，爭取彼此對話的主體性，以及學術交談的平等性，中華思想應該要為人類文明有多一些貢獻。我們不能只是作為被動的受眾，也不能只是做為加工出口的學術勞工，我們應該正視我們生活周遭所成的世界，由「存在的覺知」，而「概念的反思」，進而有進一步「理論的建構」，將「古典的話語」融通了，轉譯成現代的生活話語、現代的學術話語，互鑒交流，融通互動，讓這世界由霸權的邏輯逐漸轉化為參贊化育的思維，「致中和，天地位焉！萬物育焉！」這種和合與共的「世界和平論」的邏輯，應該是我們所嚮往的。

行筆至此，讓我想起九〇年代，在清華大學人文社會學院，初識陳復的光景，當時，他仍然是青澀的青年，但看他那壯碩的身形，有著理想的堅持，有著現實的承擔，二十幾年後，他發榮滋長，已然擔負起這時代的更多重責大任：承天命、繼道統、立人倫、傳斯文，這當是可以共同期許的一生志業。最後，我想引用我在我《王船山人性史哲學之研究》一書的船山先生畫像下的贊語，作為勉勵。這贊語出自船山的《讀通鑑論》卷十五，其言曰：「儒者之統，孤行而無待者也；天下自無統，而儒者有統，道存乎人，而人不可以多得，有心者之所重悲也。雖然，斯道亙天垂地而不可亡者，勿憂也。」

這些年來，由黃光國、王智弘、夏允中、陳復等領軍的中華本土社會科學會（思源學會）厚積其學，風起雲湧，做出了不少成績。陳復博士近年來又徵得東華大學校長趙涵捷的支持，在東部太平洋濱，打破了科系藩籬，汲取古代書院的精神，有著經世濟民的偉大弘願，開啟了「國立東華大學縱谷跨域書院學士學位學程」，簡稱「縱谷書院」，並將其共同教育委員會改名「洄瀾學院」。這讓我想起林則徐的詩句「海到無邊天作岸，山登絕頂我為峰」，氣概宏闊，惟乃擔當，立志高卓，端在力行。須知：政治是一時的，文化是長久的，人性是真實的，天理是永恆的。最後，我想再徵引船山《讀通鑑論》卷十三，其言曰：「為之而成，天成之也；為之而敗，吾之志初不避敗也。如行鳥道，前無所畏，後無所卻，傍無所迤，為尊路以往而已爾！」期盼陳復博士及諸多踽踽獨行的同道們，攜手協力，往前奮進，接地氣、通天道，入乎本心，布乎四體，通達八方，立乎「本土」、契入「華學」、深於中西「心理」，調適而上遂於宇宙造化之源的「道理」，於廿一世紀之人類文明之發展大有裨益焉！虔誠敬祈，虔誠敬祈！是為序！

辛丑去矣，壬寅來也，林安梧謹序
於二〇二二年一月二十六日
台北元亨書院

◆林安梧教授，台灣大學哲學博士，當代新儒家學者，後新儒學的開啟者。先後擔任清華大學教授暨通識教育中心主任、南華大學哲學所創所所長、臺灣師範大學國文學系教授、慈濟大學人文社會學院院長、同濟大學中國思想與文化研究院院長、元亨書院創辦人、山東大學儒學高等研究院、儒家文明創新協同中心傑出訪問學人、山東大學易學與中國古代哲學研究中心特聘教授，二〇二〇年獲選為第一屆中華本土社會科學會會士。現任國立東華大學洄瀾學院榮譽講座教授。著有《王船山人性史哲學之研究》、《存有意識與實踐》、《中國人文詮釋學》、《中國宗教與意義治療》、《當儒家走進民主社會：林安梧公民儒學論集》與《論語聖經譯解：慧命與心法》專著三十餘部，專業論文三百餘篇。

推薦序【二】

道在山林

——喚醒華人對於中華本土精神資源的自覺

王立新

真是沒有想到，陳復教授竟然這麼能幹！

這是我在接到陳復教授這部書稿時的第一個感觸。

二〇一九年八月五日，當代思想家韋政通先生不幸去世，懷著同樣悲痛的心情，我與陳復教授聯手，共同籌畫追思活動。追思會於九月十六日上午在臺北市台大會館舉辦。第二天，陳復教授在台大對面的易牙居小館，請我和一道前來參加追思會的大陸學者吃中餐，席間談到韋政通先生的《中國思想史》。陳復教授當場表達了寫作思想史對於研究中國思想史學者的重要性，同時也流露了自己想要撰寫思想史的心思。才兩年多一點的時間，就把一部有模有樣的《聖人的丹爐：中華思想史與本土心理學》撰述成功，而且即將在聯經出版公司出版了。這可真是一件可喜可賀的事情。

陳復教授和我，都曾在韋政通先生生前與先生有過長期親密的交往，先生對我們的教益很多，我們受先生的影響也都很深重。先生的《中國思想史》既然紅遍兩岸，陳復教授為什麼還要撰述同類的著作呢？這是我在這篇受邀撰寫的序言裡想要說明的問題之一。

韋政通先生在所著《中國思想史》的序言裡說：「思想史之類的書，需要不同訓練、不同觀點、不同知識背景的人，從不同的角度去寫。不同的時代也應該產生新的作品，因不同的時代對思想史的瞭解，也必會有所不同。」從不同角度寫同類著作，不僅在相同時間段上有「不同知識背景」的不同，在不同時間段上，時代也需要有不斷翻新的同類作品的出現。韋政通先生說「思想史必須是活的」，那麼撰述思想史的過程其實也應該是活的。陳復教授與韋政通先生知識背景和學術訓練都不同，今日的生存格局，與韋政通先生撰述《中國思想史》的上世紀七〇年代末也已經完全不同。因此，陳復教授從與韋政通先生不同的角度，站在不同的時代基點上撰寫思想史，其作用和效果自然也就會有不同。只因不同，才有必要撰述，抄寫一遍老師的東西，是沒有太多另外意義的。

陳復教授新撰的這部思想史，依我粗淺閱讀的感覺，主要是試圖從心理學的角度切入中國思想的歷程，這可說是一種嶄新的構想，僅此一點，就已經足夠稱道，至於是否全面，是否穩妥，那是另外一個問題。必須具有創新性，否則所有的著述就都會味同嚼蠟。

其實我是沒有資格給陳復教授寫序的，學力不足，既不足以彰顯其美，同時也難於發現其中細微處的不足。

陳復教授曾經問詢過韋政通先生，為什麼把自己寫作思想史的著述叫做《中國思想史》而不叫《中華思想史》？據陳復教授回憶，先生當時告訴他，自己的著述叫《中國思想史》而不叫《中華思想史》的原因，是因為當年國民黨在臺灣搞「中華文化復興運動」，先生討厭國民黨政權打著復興中華文化的招牌以證明自己的正統身分和權威地位，更討厭國民黨利用傳統的忠孝觀念維護自己的專制統治，所以故意叫《中國思想史》而不叫《中華思想史》。當然，先生把自己的著述叫做《中國思想史》，也是出於避免專制主義者藉以鼓蕩狹隘的民族主義情緒，妨礙向境外先進的地區和國家學習，影響中國走向民主的現代化進程。而陳復教授身處當下的環境和氛圍中，他擔心中華文化在美麗島上「零落成泥」，所以才故意叫《中華思想史》，以提高對本民族歷史文化的認同感。近些年來，陳復教授與黃光國教授等一批在台的學者，積極投身於「本土社會科學」的倡導、研究和推進，深摯的用心大致主要在這裡。

處在不同的時代境遇中，人所關心的目標和用力方向，自然都會有所不同。在我看來，從長遠的角度講，無論叫《中國思想史》還是叫《中華思想史》，其實都是在表達屬於中國的這片區域曾經對人類文明所做的精神貢獻，凸顯這種精神貢獻的目的，絕不在於表明自己在思想方面多不得了或者不比別人差，而是要激發思想創造的熱情，掘通思想創造的源泉，喚醒並開發思想創造的潛力與活力，以便有所新創，對人類文明的進步和發展做出新的貢獻。就此而論，學習文化中國的思想史，最終要實現的目標或所要達成的目的，就是要打開創造之門，展現中國人對人類文明的奉獻心和奉獻力，而不是證明誰比誰了不起，誰應該在誰之上。

其實陳著中所表達的很多觀念和說法，跟筆者的理解都是有明顯不同的，這是跟他與我的個性和理解不同的表現。任何一本著述的特點，就在於他的認知和表述與他者的不同，如果一切全同了，所有人的生命，就都是同一DNA的複製產品，生活世界將因此而失去多樣性的生機和活力，人們對於世界，也會因此失去探討的興趣和熱情。甚至可以進一步說，人類世界和人類歷史就沒有存在的意義和必要了。不必追求，也不應追求絕對的統一一致，理據在於每種事物各不相同，每個生命各有自身特別的秉受和經歷，就是同一個生命，在不同的時段和境遇中，對同一問題的理解也會有所不同。始終堅持統一不變，實際上等於否定世界的多樣性和活動性。生命是個過程，而不是從開始就已經被統一一致所結束。既未結束，就會有變動，有變動就會產生不同的觀感和想法，就會有不同於從前的思考，對同一個問題也是一樣。

陳復教授說：「我要講『世上沒有什麼不可能』，因為核心的問題是只有你面對學問究竟秉持著什麼態度。」既然「世上沒有什麼不可能」，那麼包括對待學問的態度和研究目標的看法，都是可變的，而且甚至必須隨著境遇的變遷而變化，否則便會產生冥想甚至妄想的危險。

陳復教授近些年來努力推動的華人本土社會科學建設，憑我站在場外的直觀感覺，就是要喚醒華人對於中華本土精神資源的自覺，實施深入的挖掘，讓埋藏於歷史隧洞裡的精神珠寶重新在世間放射光輝。以增強華人在世界上生活的信心和勇氣，當然還有自豪感。但是近十餘年來，中國學院派學者的學術越來越形式化、功利化，甚至格式化，越來越遠離社會生活和世道人心，至少這是我的觀察。這就使得真正的學問和屬人的精神，越來越遠離大學的殿堂，「道在山林」的情況，雖然未必已成普遍的事實，但道不在廟堂和學堂，則已是很久以來的實情。我喜歡陳復教授下面這類的話語：「中國社會古來本來承認民間自有學者，無通過科舉而獲得官位的碩學鴻儒同樣會獲得世人敬重，我相信能離開自己生命困境的人，將會更有能量來幫忙眾生，這同樣是種更深沉意義的『自覓出路』。」這是在肯定民間學者成長的可能性、合理性和必要性。民間社會中那些生存本身依舊處在困境中但卻堅忍不拔的學人，是可以通過自己的不懈努力而「離開自己生命困境」，並且通過自己發散的光和熱，「將會更有能量來幫忙眾生」。如果民間不能產生出自己的有真知灼見的學者，中華本土社會科學單純指望今日的大專院校和科研機構，不僅是遠遠不夠的，而且可能越來越枯竭，希望越來越渺茫。所以，民間學者也可以寫思想史，甚至將來還可以專從民間角度，而不是僅從廟堂和學術主流的角度，書寫中國的思想史。這是我在閱讀陳復教授的相關說法時想到的。

陳復教授此著，中國思想史上的很多重要思想家都已論及，但因以心理分析為手法，「心體」之被當作中華文化「主體」的目標不時或隱或現地呈現，或以心理諮詢解釋和證實思想家的思想，或以思想家的思想幫襯並說明心理諮詢。這也許正是作者將該著叫做《中華思想史與本土心理學》，而不直接叫做《中華思想史》或者《本土心理學》的原因。應該說，這部著述，並不是單純意義上的思想史，也不是單純意義上的心理學，而是思想史和心理諮詢相互為用的著述，陳復教授對此，是有充分自覺的。

無論如何，從心理學的角度看待中國思想史，或者將中國思想史上很多重要思想家的思想當成心理諮詢的歷史精神資源，這是具有相當創新性的。通觀全書，感覺多半是在講演基礎上重新整理編排、添加補充而成，所以讀起來有現場感，容易引起讀者共鳴。再次祝賀陳復教授本著的出版，相信讀者必能從中獲得相當的啟發。

二〇二一年十二月八日
王立新於深圳大學

◆王立新教授，思想史學者、深圳大學文學院教授，從事中國思想、文化研究與教學三十餘年，出版《胡宏》、《開創時期的湖湘學派》、《王立新講論語》、《船山大傳》、《理學開山周敦頤》、《從胡文定到王船山——湖南地域儒學的奠立與開展》、《思想引領人生》、《建宋——趙匡胤的奮鬥》等專書，主編《湖湘經世名賢傳》、《韋政通文集》四卷本、《思想的感染與生命的感動——獻給韋政通先生九十華誕》等，發表各類文章千餘篇。在鳳凰網、各地電視臺、廣播電臺、報紙、圖書館、書城，以及兩岸數十所大學、十餘座書院、大陸十餘所中小學、幼稚園等機構和場域，講說中國思想與歷史文化千餘場，從聽者的反應和提問中，感受了公衆的好學與真誠，也受到了啟發和激勵。

推薦序【三】

從傳統文化的長流串起探照未來的心光

——陳復《聖人的丹爐：中華思想史與本土心理學》序

吳冠宏

一、知行合一的實踐者

我教授「中國思想史」雖然已有二十餘年的光景，縱使曾有出版社徵詢過我出書的意願，但至今仍沒有勇氣撰寫成書，回眸這一門課的教學歷程，曾分別以多種《中國哲學史》或《中國思想史》作為教本，卻發現每一本書都各有其優缺點，即使像勞思光《中國哲學史》

這樣頗具學術地位的專著，依舊不免存在著立場判讀的偏限，故使用任何書作為教本都難以從一而終，可以想見全方位之書寫其實困難度極高。這是一門孕育並召喚我生命初心的課，一路教下來覺得它真像個彌縫不盡的無底洞，致使我每年授課仍不斷地增補調整上課的講義及內容，始終處於備課的緊繃狀態，未嘗不可以永保學習初心作為藉口，實則未能成書一事終是有憾。

與我一樣長年浸潤於中華文化之深美的陳復教授，以歷史學為進路，陽明心學為文化底蘊，向心理學以及跨領域不斷延伸，但難能可貴的是他承擔起書寫「中華思想史」（他依《禮記》「和順積中，而英華發外」而從「內聖外王」取義，以中華代中國，別有旨趣）的重責大任，豈不令我汗顏！我認為推動陳復教授隻手圓成此壯舉的願力與助緣，在於他找到足以撐起整個中華思想史架構的樞紐，故能勇於取捨，不再求全於可否能全盤照應的書寫，多年來他更從人文領域的歷史學逐步向社會領域的心理學轉進，在跨領域的道路上可謂積累有成，尤更清楚地見證到中華思想史如何轉體為用的重要與意義。

可以說正是這兩個元素的因緣聚合，造就他奠基於陽明心學，又關注於心理諮商的深化與發展，進而上下求索成史，最終實現此浩大工程的成書宏願。相對於我的蹉跎猶豫，裹足不前，陳復教授對此能夠劍及履及，不愧是陽明的知音，並化身為知行合一的實踐者。

二、打開本書的四把鑰匙

展讀全書之際，不得不佩服陳復教授踏出勇者奮進的步伐，在其華路藍縷的路途上，處處可見值得流連玩味的風景，本文嘗試提供四把鑰匙，希望幫助讀者領略其為文之用心並掌握其書寫的特色，如此或可以發揮引導閱讀的作用。

其一，陳復教授常問學於中國思想史名家韋政通先生，並且情同父子，全書中傳載兩人別有滋味的交流，爾後當可傳為思想史的杏壇佳話。若相較於其他思想史或哲學史，韋政通的《中國思想史》對於思想家的時代背景與存在處境、個人生平際遇著墨較多，自有其鮮明的特色；對此陳復教授可謂踵事英華，每從知人論世為始，再談及學術思想，其平日即重講學，承自陽明「橫說豎說皆可」的通貫風格，又經營磨課師多年，紅透兩岸視頻，並集結成《王子精靈法則：陽明心學智慧記》、《王陽明帶你打土匪》兩本暢銷書，相當能貼近廣大的閱聽群，故談起一般人視為畏途的思想學問，依然親切如話家常，頗有大說家舉重若輕的本事。

其二，陳復教授早年在清華大學歷史所深造，其博論《商周交會在齊國：齊文化與齊學術的研究》專著，使他所講述的先秦與漢代思想史，特能留意地域學與思想學派之間的關係，如談及《公羊傳》與《穀梁傳》，即以齊學的開創性與魯學的保守派分殊之，對照各地域學的特色，也成為他定調先秦思想學派及其發展的依歸，如齊學是商文化，重秩序，趨時；儒家為魯學，承繼周文化，正面，道義，側重在人；法家為晉學，負面，功利，側重在人；老莊道家為楚學，側重在渾沌與天，並以楚齊二學——莊老與黃老，作為兩種老子的發展，而黃老亦影響到晉學，故對於漢代思想存在儒道法三家的交涉狀況，他進一步從漢代出現齊學與魯學合流的現象予以詮釋之。齊、魯、楚、晉這四種緣自區域文化的思維類型，不惟是陳復教授詮釋先秦諸子學派的理據，他更將此置於當代的文化處境予以檢視，最後為華人的未來提供兩大方向：一為重魯而輕晉，二為重齊而輕楚，頗有兼融齊魯兩家之長的意味，可見他的傳統詮釋非僅是過去的歷史重建，其落腳處實為未來的探照燈。

其三：陳復教授獲博士學位後全面關注王陽明的心學，由是以心學為宗之學派的來龍去脈，遂成全書的焦點所在，如處理第八章與第九章，過去未必多加關注的如徐愛、陳明水、歐陽南野、鄒東廓、錢緒山、聶雙江、羅念菴⋯等皆以單節亮相登場，成為全書最核心的學派思潮，心學的「自性」已成前有所承、後有所傳的關鍵眼目，並體現勞思光教授所謂「全面判斷的統一性」，若從他積極推廣中華文化的恢宏大願看來，此一以貫之的立場並非學術系譜的建構而已，實為他闡發中華文化精髓之使命感的投射，「心體是中華思想的主體」頗能呼應在中西比較視域下當代新儒家靈根自植的肯認，在此脈絡下，判讀中華思想史中對反於「明心見性」之思想家，如「沒有自性」的王充、「思想的墮落」之郭象、

「認欲作理」的戴東原……對此都不免有「只知有本性不知有自性」之不識道的批評，實大別於目前學界跳開本位主義，力圖打破新儒家以心性之學為宗的學術系譜，以重現其他思想學派向來被壓抑的價值，亦不同於當今逐漸從異文化的靜態二分對照比較，而走向跨文化與混文化的動態交流。依此看來，陳復教授所重的返本開新，自性即是他所依歸的根本，心學是持續存在的學問，至於何以開新，則必須考察其如何向本土心理學發用的努力。

其四：陳復教授除歷史學專業外，最為學界所樂道的是擅長綰合人文學與社會科學的跨域特色，他長年聆聽心理學專家黃光國教授的課，對於黃教授的本土心理學、社會科學的理路都有批判的承繼，並提出黃光國難題，主張當取源於心體之自性的人文智慧，使之蛻變成社會科學可理解與應用的學術術語，最近集結成擲地有聲的學術論著《轉道成知：華人本土社會科學的突圍》，對照於此，本書可視為他整合跨域經驗的教學現場，據此可以如實見證他多年來不斷地反思於心體覺性與心理諮商之間的斑斑足跡，「中華思想確實比較不適合從西洋文化的角度來稱作哲學，卻可跟高度關注形下議題的心理學產生緜密的對話與接軌」、「華人本土心理諮詢應該架構在堅實的文化研究來做基石，這就需要通過陽明心學發展出心學心理學，再由心學心理學發展出智慧諮商」、「『阮瞻的困惑』其實到現在一樣常發生在諮詢師身上，敝人只希望願意深思心理諮詢本土化的諮詢師，不會終其一生直到死前都只是個阮瞻。」……從中可以知曉他期待兩者能支援合作、互補並濟，進而具現為生命之活智慧的用心，作為社會科學之重要發展的本土心理學，本來就吸納不少科學、哲學、人類學、文化學等面向的知識，故本書不時出入於各種學科轉化而來的理論與案例，使人瀏覽其間，每能享有如同閱讀知識百科全書的興味。

三、不必責全，深願可期

以上所羅列的四點，當以綰合「中華思想史與本土心理學」這兩塊領域實現其以自性為宗之心學心理學的嘗試，最為關鍵，綜觀全書，在此理念與實踐上自有其一致性。若從中華思想史的角度予以進一步檢視，就學術座標「哲學—思想—文化」的三個介面而言，本書所重不在「哲學—思想」這一端，即使大致可歸於「思想—文化」另一端，也顯然較偏於「文化」層面，或與史學家錢穆的進路較為接近，自是有別於哲學史家般側重在系統性的論述，不過像韋政通《中國思想史》知人論世的思想背景上都有所著墨，但對於重要概念的起承始末，亦會有所照應，對照之下，本書在這一方面的著力較少，可見其關注的焦點在思想觀念與人類行為間的互動關係，而不側重於思想系統內諸概念與概念之間的邏輯聯繫。

但不可否認的，作者視陽明自性之心學為中華文化最為殊勝之處，以此為依歸準繩，難免無法全面照應或持衡地評論中華思想史複雜而多元的發展。凡有所見必有所蔽，觀其立足於先秦四個地域學的思想類型，最後提點出「一為重魯而輕晉，二為重齊而輕楚」的選判，在尚實而黜虛的價值向度下，對於楚學的殊趣著墨相對有限，如此便難以有效貞定《莊子》在中華思想史上的地位及其影響，更遑論如何回應當今勢不可擋的跨文化莊學熱！本書在處理魏晉、明清之際以後的思想演變，亦不免有流於習見而有失中肯的論斷，可謂大異於當今多元文化、思想開放的時代氛圍，觀馮耀明有云：

> 追求真理而放棄唯一真理（至理）的觀念，尋找價值而放棄無上價值（圓善）的觀念，一方面可以使我們的哲學不至走上絕對主義、單元主義及獨斷主義的道路上去，另一方面也使我們的哲學更具開放性的精神和發展的特性。……只有在各式各樣不同的求索方式底下互相交談，中國哲學才能在不同的歷史脈絡與社會系統中與時代的各個理性生命相互呼應，並可能進入他們生命之中而激起活力。[1]

當代中華思想史的研究，不無試圖為過往被遮避隱匿之區塊加以平反的意味，流風所

1. 馮耀明，《中國哲學的方法論問題》，〈代序〉（允晨文化，一九八九），頁二〇。

及，亦可能存在著矯枉過正的問題，是以傳統那種標舉至理圓善的論述，如今宛如已成本質在先的過時之論，一切都有待溝通與重建。但話說回來，在後現代的洗禮下，客觀化已成奢求，我們又當如何看待這股逆反於當代解構思潮而護守傳統心性優位的論述呢？丸山真男有云：

> 由於「思想史」還沒有獲得獨立的市民權，所以在此也難以談出學界共同的、關於思想史的方法、對象、範圍的定論。而且，這也不僅僅是因為這門學問還沒發達，還因為各種思想史可以複數地成立，根據對象之不同，可以有許多種類的思想史，與之相應，其方法又必然是多樣的。在這種多樣性之中，要抽象地判定以哪個為中心，不僅困難，而且沒多大意義。

就「各種思想史可以複數地成立」而言，陳復教授力圖為本土心理學向中華思想史取經的寫法，不正是諸多樣式或類型下的某一種可能，在當今專業掛帥的風尚下，他依然秉此深願、勇猛精進地為書寫中華思想史跨出這不避艱難的一步，自是難能可貴也，故與其苛責中華思想史應具有澄清核心概念的責任或當保有多元包容的心態，何妨帶著支持欣賞的角度，看他如何從傳統文化的長流串起探照未來的心光，只是曾幾何時，連點亮人類與生俱來的同體之仁與惻隱之情，都成了違背時流的同一性思想暴力，在此之際，若能解構這解構的框架，全書標舉自性的聲聲呼喚，何嘗不也是對治人心彷徨、物慾橫流之時代的暮鼓晨鐘！

◆吳冠宏教授，曾任國立東華大學中文系主任、通識教育中心主任、藝術中心主任、東區教學資源中心課程改革組組長、東華與花教合併時的中文系主任、人社院副院長及代理院長、台灣中文學會理事長、台灣藝文協會監事、教育部系所評鑑及通識評鑑委員、高中《四書》教材編輯委員、《東華漢學》主編、《清華中文學報》編輯委員、《東海中文學報》編輯委員、東海岸文教基金會董事、洄瀾文教基金會董事、松園別館顧問、科技部文學一（中文）學門複審委員多年等。現任東華中文系教授兼人文社會學院院長、頂尖人才與終身免評鑑教授、臺灣中文學會常務理事、世説學學會副會長、張新發教育基金會董事、《成大中文學報》編輯委員、《文與哲》學報編輯委員、《中正漢學研究》編輯委員、《東華漢學》編輯委員。主要開

2. 丸山真男著，區建英譯，〈關於思想史的思考方法──類型、範圍、對象〉，收於丸山真男著，區建英譯，《福澤諭吉與日本近代化》（上海：學林出版社，一九九二），頁一七七。

設課程為「中國思想史」、「論孟」、「世說新語」、「玄學與魏晉文化」、「儒道思想專題」、「後山人文」、「重建與解放——思想史專題」等。著有《顏子形象與魏晉人物品鑒》、《魏晉玄論與士風新探——以「情」為綰合及詮釋進路》、《少年孟子》、《聖賢典型的儒道義蘊》、《魏晉玄義與聲論新探》、《走向嵇康——從情之有無到氣通內外》、《從儒理到玄義：論語與世說新語之詮釋理路的探索》等專著以及學術期刊論文數十篇。

推薦序【四】

開啟修養心理學

——兼談學術研究四部曲的靈魂

夏允中

我跟陳復教授是多年的好友，他教學非常傑出，並屢屢獲獎肯定；他有很多重要的學術著作，研究方面也絕對是對學術界有非常多重要建樹。我們長期跟隨黃光國國家講座教授（文後簡稱黃氏）學習文化系統觀的多重哲學典範，最主要背後有一個遠大的使命，就是希望能將中華文化的智慧轉換成社會科學的理論，與實際應用來利益有情世界，所以我跟陳復教授也有著革命的情感。後來我們一群認同此使命的學者，於二〇一八年十一月成立中華本土社會科學學會來推展中華本土社會科學，之後我們幾乎每月舉辦讀書會，每年也都辦理大型的研討會，經常一起共學與討論學問。因此與陳復有非常多互動與相處的機會，我個人覺得陳復在本土心理學發展歷程中有非常重要的貢獻，並且在此過程中，我自己也是最大的受益者。這話怎麼說呢？

開啟修養心理學：陳復在本土心理學的重要性

這首先要從陳復在二〇一六年於本土心理學研究提出的一篇論文說起，題為〈黃光國難題：如何替中華文化解開戈迪安繩結〉中，這個重要的提問，對於本土化學術研究的發展，有清楚的思考與路線之辯論。其中陳復最核心的質疑是：黃氏所提出的「自我的曼陀羅模型」並未能含攝儒家內聖外王的修養之道。黃氏最主要的回應是用形式性的理論來回覆，例如黃氏提出了自性（Self）與自我（self/ego）的差別，這是一個與榮格所說「自性」有不同視角的說法。榮格透過夢境意識到二號人格的存在，認知到有一個未被發現的自我，也就是其所謂自性，他所關注的是達到自我及自性二者的協調，以消除諸多情結的問題。黃光國則認為「自性」是「自我的曼陀羅模型」之圓融內攝的中心點，「自我」（self/ego）可以成為「經驗的中樞」；而「自性」（Self）則可能成為「修養的中樞」，此回覆是在其「自我的曼陀羅模型」基礎上提出一個延伸理論，指出「自我」與「自性」兩者間的關聯，但這也沒有回答陳復的提問。

我則在此討論中也試著回答陳復所提問題，嘗試解決學術界所沒有提出的修養心理學的自我理論，而修養的深層內涵就是儒釋道智慧，所以我們提出了：（一）佛家三層次修養之自我曼陀羅模型。（二）英文版無我理論。（三）儒家三層次修養之自我曼陀羅模型。（四）分析《易經》進而發展出內在朝向式多層立體自我曼陀羅模型：天人合一理論。這些學術的發表都發表在相關SSCI與TSSCI期刊上，能完成以上的理論建構，說明了我是這討論與學習過程中最大受益者之一。

雖然陳復是歷史學家的專業背景，但我個人認為他對本土心理學有重要貢獻與啟發，尤其陳復所提出的難題，實際上是對開啟修養心理學的研究領域有非常重要的貢獻。我們中華文化特有的現象是整個社會具有儒釋道修養的底蘊，這是西方心理學（文化）所沒有的。因此，我們在國內外重要期刊呼籲修養心理學的必要性與重要性，例如：在英文SSCI期刊提出發展以儒釋道文化來建構修養心理學的內涵（Hwang, K. K., Shiah, Y.-J., & Yit, K.-T. (2017). Eastern philosophies and psychology: Towards psychology of self-cultivation. Frontiers in Psychology, 8, 1083. doi: 10.3389/fpsyg.2017.01083），與在國內最重要的兩本TSSCI期刊發表論文（黃光國、夏允中、越建東〔二〇一六〕，〈從本土心理學到修養心理學〉，《本土心理學研究》，四七，頁三—二三；與夏允中、黃光國〔二〇一九〕，〈開啟以儒釋道文化的修養諮商心理學理論與實徵研究：邁向自性覺醒的心理療癒〉，《中華輔導與諮商學報》，五四，頁一—二〇）。並且，我們還主編英文版修養心理學專書（Shiah, Y-J., Hwang, K-K., & Yit, K.-T., eds. (2017). *Eastern Philosophies and Psychology: Towards Psychology of Self-Cultivation.*），共收錄十一篇含攝修養概念的研究。提出修養心理學的知識論與方法論（夏允中〔二〇二〇〕，〈本土化學術研究與發表的最大障礙：邏輯實證論的禍害與解決之道〉，《本土諮商心理學學刊》，十一〔四〕，xii-xxxi）。陳復所關心的就是修養心理學中的修養之道，而陳復的《聖人的丹爐：中華思想史與本土心理學》一書，可以補足黃氏沒有回覆的儒釋道修養之道的文化脈絡與重要內涵，用來開啟修養心理學的研究領域與可能的應用。

學術研究四部曲的靈魂：中華思想史與本土心理學

我在二〇〇八年取得博士學位後，開始認真學習黃氏的「文化系統」取向，黃氏是學者很好的模範與導師，我觀摩黃氏怎麼做研究，並盡可能參與他的課程與演講。我於國立高雄師範大學也開設黃氏所倡導的知識論與方法論，來講述西方的科學哲學，上過課程的同學在瞭解科學哲學後，除了建構心理學的理論之外，也已經培養一些同學有能力建構理論。這歷經十三年來的心得是：「文化系統」取向可以有以下四種涵蓋理論與應用的一系列研究，我稱之為「四部曲」。因為這是一首完整學術可以有的曲目，建議學者在從事研究時可以涵蓋這四種研究：（一）先建儒釋道系列理論：形式性（universal）的（硬核）理論，以儒釋道思想做主體，並吸納西洋社會科學的菁華，「中學為體，西學為用」，重塑華人的學術傳統，將具有「普遍性」的儒釋道文化遺產建構成形式性的理論，適用全人類（普世性）的理論。（二）可以中華文化中自性神、天與鬼神及關係論來建構實質性（substantial）的系列（硬核）理論。（三）如此來引領各種片面性與分析式的實徵研究，來支持理論的論點。（四）發展並擴展應用層面與出版相關書籍。這其中有三個困難點要克服：第一是對西方科學哲學的瞭解；二是系統性的瞭解中西文化的差異；三是系統性的瞭解儒釋道的原貌與內容。還好這三個困難點目前都已經有相關齊全的發表了，後續的人只要願意花時間學習，就可以克服這些困難。

我看完陳復的《聖人的丹爐：中華思想史與本土心理學》一書，第一個想法就是「中華思想的靈魂」盡在於斯。這本書可以說是讓我們瞭解了「文化系統」（cultural system）中的「文化形態學」（morphostasis），可用來做為上述最重要的第一部曲中的理論建構。「分析二元論」（analytic dualism）（Archer, M. S. (1995). Realist social theory: The morphogenetic approach. Cambridge University Press.）認為：從事文化分析的時候，必須嚴格區分「文化系統」（cultural system）和「社會—文化的交互作用」（social-cultural interaction）。前者是「由曾經存在之知識菁英的全集所構成的」，它可以讓我們看到「文化形態學」；後者則是後來的學者在某些社會條件下對「文化系統」的詮釋，它只能說是「文化衍生學」（morphogenesis）。「文化型態學」的研究應當先於「文化衍生學」，後者常常是接續的實徵研究，全盤瞭解文化形態學，纔能正確建構出理論來詮釋某特定時空的現象。

陳復在本書中，將我們儒釋道智慧曾經存在的最重要知識菁英，共超過五十位思想家與其重要的經典，以時間脈絡方式來一一介紹，並說明中華思想的演進與評論。因此，對於特別想瞭解中華思想到底在講什麼的人而言，此本書絕對已含攝中華思想的靈魂，而對想從事修養心理學研究的學者，這更是部不可不讀，從中詳細吸收其精華的鉅著。從事修養心理學研究的學者要先以「文化系統」為主，而非以「社會—文化的交互作用」為主；是以「文化形態學」，而非「文化衍生學」，用以解釋「社會—文化的交互作用」。此書以文化形態學視野，非常具有文化系統脈絡，是一本絕對難得的好書，可以用來進行後續系統性的文化考古科學詮釋，接續四部曲的相關研究，如此可以避免方法學上「向上熔接的謬誤」（fallacy upwards conflation）。本書也絕對是本土心理學研究四部曲的靈魂，因此，我極力推薦大家閱讀，個人非常榮幸寫序，紀念修養心理學發展的重要里程碑，並藉此銘記我們深摯的情誼。

◆夏允中教授，國立高雄師範大學諮商心理與復健諮商研究所教授。曾任臺灣輔導與諮商學會秘書長、Frontiers in Psychology（SSCI）、《中華與輔導諮商學報》（TSSCI）副主編、《本土心理學研究》（TSSCI）特邀主編與跨領域本土社會科學研究社群召集人；現擔任中華本土社會學學會理事長、世界本土諮商心理學推動聯盟秘書長與中華生命電磁學會理事、國立高雄師範大學學生輔導中心主任。研究興趣與社會責任為以理論建構與研究來開展以中華文化為基礎的心理學，來邁向自主的社會科學，以我們文化遺產中的儒釋道，來建構適用於我們中西社會中的修養心理學（self-cultivation psychology）理論、實徵研究與應用。中、英文期刊及心理測驗等發表已超過六十篇，著有英文專書（*Foundations of Chinese Psychotherapies: Towards Self-Enlightenment*）。榮獲科技部特殊優秀獎勵人才、國立高雄師範大學研究優良獎與國立高雄師範大學終身免評鑑教授。

自序

繼續展開中華思想史的新里程

這本書終於完稿並即將出版了。猶記得在我青年時期無數回來到先師韋政通先生家中，跟韋先生在碧湖公園暢談學問，我曾問過他這個問題：「為什麼中國的思想會被學者從哲學的角度來討論，變成『中國哲學』，卻不能從心理學的角度來討論，變成『中國心理學』呢？這種思想的根本性質如果真是種智慧，應該要給出討論空間，轉成各種領域的專業知識，而不應該只侷限於單一領域。」他回答：「這是大哉問！你講得固然有道理，但任何學問會獲得成立，背後都不只有學術本身的因素，更有權力運作的因素在左右，你未來可實踐看看，看有無機會轉變這種現象，讓大家承認中國思想同樣是種心理學。」我想，當年我們師生的討論，應該是這本書會萌芽最早的起點。

這本書對我個人而言，有點像是「畢其功於一役」的著作。任何一位研究思想史的學者，這輩子如果不寫幾本貫通整個中國思想史的著作，他的學術生涯很難說正在往研究的顛峰攀登。但我在尚未寫《中國思想史》前，先寫出這本《聖人的丹爐：中華思想史與本土心理學》，其實不只是個前置作業而已，更是個轉型發展的成果，這來自我早已發覺「中國思想史」的學術社群現在已經在臺灣面臨萎縮，不只如此，整個人文學甚至社會科學都正在面臨存廢的危機，如果我們學術工作者還是孤高自傲或孤芳自賞，未來將面臨後繼無人的斷根終局，更不消說當前學術領域正受到跨領域的劇烈衝擊，綜合性的新興領域正在浮現學術舞台，對此我們不只不能置若罔聞，甚至應該積極做出回應。

我深刻覺得當前世人普遍面臨各種心理困境，但心理諮詢領域太受到西洋文化影響，決志想要將其翻轉，拉回到華人本土社會科學的脈絡來談，從而展開心學與心理學對話，並發展出智慧諮詢這一種心理諮詢的新型態。我曾花兩年的時間，面向大陸學生展開相關系列演講，並由我的弟子邵明負責記錄我的全部演講內容，將其謄錄成文字，這本書就是「中華思想史與本土心理學」這門同名講座的內容。完稿過程中，不只邵明的妻子崔燕幫忙整理甚殷，我的弟子王學安因速記與潤稿這類技能很強，邵明從她那裡獲得第一手文字，後來更有賴於劉莞老師與陳美瑩同學的幫忙，讓本書的文字校訂與參考文獻都獲得翔實的處理，我們師生眾志成城完成這本書，令我銘感五內。

由於這本書首先是出自敝人的演講，難免呈現講話內容中常有自由飛舞的風格，但我本來就不想再接著寫「味如嚼蠟」的著作，令讀者望而生畏，這本書有可能反而比較符合社會大眾的期待。這本書是繼《轉道成知：華人本土社會科學的突圍》後出版的著作，其目標有四：首先，敝人最重要的關懷面向，就在指出中華思想源遠流長的發展歷程中，「自性」（其中樞機制是心體，兩者可細緻指稱其差異，有時在文中則係同義複詞）實屬絕大多數思想家共同在關注的議題，不論關注的程度深淺，這個事實在先秦後連綿不絕的發展，只要敝人提出這個中華思想史的大歷史論證獲得成立，學者無法徹底駁倒該觀點，則我寫這本書的主要用意就已完成。

再者，接續第一個關懷面向，敝人希望能標訂出華人本土社會科學的核心命題，由於敝人深感廣義的心學（意即不是指狹義的陸王心學）係中華思想史的主軸，既然「自性」實屬其核心命題，則華人本土社會科學的發展，就不能迴避該一命題的深度探討而獨自存在，如此纔能在中華思想史的脈絡中繼往開來，果真如此，則這本書的存在就有其重要性。其三，回到「本土心理學」這一概念，這本書希望指出，我們只有拿廣義的心學與西洋心理學對話，發展出有關「心學心理學」或「自性心理學」的討論，如此纔有本土心理學作為學術領域的真正成立，否則光只靠做問卷與量表來討論傳統文化現象，這只是種「本土心理技術」而不是「本土心理學術」，尚無法真正稱作「本土心理學」。

最後，接著前面三個目標，敝人在這本書中，依著思想家的脈絡，探討華人本土心理諮詢的各種可能路徑，並與西洋心理諮詢做出對話。我深信中華思想不只對古人有益，對於我們生活在當前時空背景中的每一個人都會有不同程度或層面的獲益，問題只在我們如何詮釋其內容，將其活化實踐於生活中，這些案例解讀希望能讓未來從事於心理諮詢工作者獲得有益的教案。如果敝人撰寫這本書的四大目標都能落實的話，則相信中華思想就能恢復其本具「內聖」與「外王」的雙重特色，這就是敝人會堅持將此書稱作「中華思想」而不稱作「中國思想」的原因，此因「中華」兩字的本意就是指「內聖外王」，其相關內容，從來都是種能實用於生活的根本智慧。

這本書有幸陸續獲得林安梧教授、王立新教授、吳冠宏教授與夏允中教授四位資深學者寫序相贈，倒不是敝人請賢者附庸風雅，而係想開創有如期刊請人寫打靶論文一般，讓四位學者針對拙作做出具有專業學術社群角度的評論，或有益於本書未來在不同社群間產生對話與迴響。敝人這裡想先就四位學者的評論做些基於個人淺見的回應。林安梧教授在贈序中看出敝人想用通識寫法對中華思想史與本土心理學做出宏觀的討論，並指出當前學術只偏向瑣碎題目的發掘，而忽略宏大敘述的重要性，因此這本書很難免要受到批評，我很感謝林教授的預見與支持。敝人既然能長期順承學術的體制，寫些題目極其瑣碎的期刊論文而得置身於士林，五十而知天命，現在寫一本自己由衷認同的著作，或尚無須深怪。

不過，敝人想特別釐清某個現象：的確，當前在臺灣有關中國哲學或中國思想的相關研究，大體已經擺脫「唯心」與「唯物」這兩種對立的概念，但這只是在表層概念而已，臺灣人社學術領域深受五四新文化反傳統思潮的影響，動輒主張科學主義（scientism），其具體研究表現就是表面不再談「唯心」與「唯物」的區隔，在學術典範與研究方法無不採取實證論（positivism）的角度來談問題，使得各種心靈議題都無法深化發展，這種格套嚴重侷限住我們對中華思想本來面目的梳理，尤其是有關於冥契主義（mysticism）這一核心議題不做深度探討，有人撰寫相關論文則很難獲得發表，心體恆常無法獲得根本認識，如此一來，這跟任何慣常只談唯物主義的人社學術環境，究竟有什麼實質差異呢？

我的先師韋政通先生本係民國新儒學大師牟宗三先生的開門弟子，林安梧教授則係牟先生的關門弟子，兩人不只有這層奇特的因緣，更因兩人都深具有獨立自主的思辨性與反叛性，使得他們的學術都離開牟先生本來設立的門徑，各有其曲折傳奇的原創發展，我並與這兩位大師都有深交，實屬個人生命中難得的幸事。我同樣很感謝王立新教授幫敝人寫贈序，他跟林安梧教授本係知交，更跟我兩人都是韋政通先生的弟子，我們做為同門師兄弟，時值兩岸關係如此緊張，尚有王教授在海峽對岸惠贈雅序，實屬空谷跫音。王立新教授特別用「道在山林」這四個字來指出當前大學殿堂學術與學問脫節的實情，反襯出自己對深耕民間重新培育學問種子的期許，其實這正是韋政通先生平素對我們的共同期許。

我始終不太明白：當前人文社會科學領域探討的議題已經跟社會實際發展嚴重脫節，學者競相鑽研發表於期刊的寫作技術，而不在意這些議題是否真能拯救國計民生正面臨的困境，為何我們絕大多數學者對此毫無警覺？當傳統的文史哲領域都已經萎縮到毫無希望感，讓多數青年學子不敢來就讀，如果還沒有人願意寫社會大眾看得懂的學術著作，難道要任由那些不具有學術根基與精神素養的人，寫書來告訴社會大眾何謂學問？這本書《聖人的丹爐：中華思想史與本土心理學》就是希望能跟社會大眾指出：認識中華思想史其實具有實用性，尤其能洞察我們華人各種心理問題背後長期存在的集體潛意識，通過自覺來化解問題，並蛻變出更具有高度與視野的人生。希望我的這番書寫，能稍微達成跟社會大眾溝通的本意。

包括吳冠宏教授的贈序在內，幾位教授都指出敝人對老子與莊子這些道家思想議題的看法。我同意林安梧教授指出「儒道同源而互補」，更同意吳冠宏教授指出《莊子》在中華思想史的發展歷程中具有無可抹滅的重要影響。這兩家思想在先秦時期本來沒有儒道概念的區隔，卻在漢武帝時期因董仲舒進獻〈天人三策〉，主張「推明孔氏，抑黜百家」，使得《老子》與《莊子》開始受到壓抑並轉成伏流，這種現象在魏晉時期獲得反轉，並在唐朝時期因皇室倡導而風行於世，其在宋明時期雖因儒學興盛而相對顯得壓抑，但在心學家眼中實屬儒道會通亟需汲取的精神資源，《傳習錄》的內容即可看出陽明子如何受到莊子的影響，儒釋道三教合一的過程中，儒道會通的徹底完成就在明朝中晚葉。

敝人指出老子的天人合一是「泯滅人的主體性」，重點在指出人要變成受體而不是主體，如此纔能體會天的「規則中的不規則」與「不規則中的規則」，在那種恍恍惚惚間進入到合一狀態。我曾提出「重魯學而輕晉學」與「重齊學而輕楚學」這兩大主張，這是從教育興國的角度來立言，不是從個人素養的角度來立言，齊學的核心內容就是黃老思想，只要降低晉學中的陰謀詭計內涵，則有利於架構客觀合理的法政制度，莊子是精神領域的大宗師，其思想極具有顛覆性與瓦解性，學習其間內容，絕對有利於個人的反思與洞察，甚至對後現代思潮的推瀾頗有啟發，但這類思潮的漂泊無根，應用於實驗教育會對學生極有意義，應用於體制教育則大概會瓦解體制教育本身，但看我們最終要做如何的抉擇。

我很感謝夏允中教授的贈序，他是具有心理學專業背景的學者，打從敝人會跨到本土心理學領域來談華人本土社會科學的議題，就是受到夏教授的鼓勵與支持。我們共同師承於本土心理學大師黃光國教授，差異在於夏允中教授係從正面角度來推演黃光國教授的理論並發展自己的理論，從而詮釋出無我心理學；我則從反面角度來批評黃光國教授的理論並發展自己的理論，從而詮釋出自性心理學。夏允中教授治學與做人有一大特徵，就是氣度恢弘，真正體現出無我的佛學素養，我或有夏教授做人一半的氣度，但就是對於治學太過較真，每個論點都想要辯論出個究竟，其實這世間的本質究竟是真理，還是混沌？這頗耐人深思。我們兩人各從一正一反的角度展開的對話，相信會很值得作為後續研究的案例。

夏允中教授指出，「文化系統」取向的學術研究有「四部曲」（詳細內容請見其贈序），並將本書視作本土心理學研究四部曲的靈魂。夏教授很精確指出從事這四種研究需要克服三個困難點：第一是對西方科學哲學的瞭解；二是系統性的瞭解中西文化的差異；三是系統性的瞭解儒釋道的原貌與內容。敝人覺得其「三點四曲」的看法相當精緻扼要。敝人已經在《轉道成知：華人本土社會科學的突圍》這本書中提出有關自性議題的各種理論，其中最關鍵的詮釋莫過於「科學哲學本土化」，意即讓自性議題被放在科學哲學的脈絡中來討論，這本書則係替「中華思想的主軸在自性」提出完整的佐證內容，敝人期待未來從事華人本土心理學研究者，不要再繞開自性來單獨討論個別具體現象，避免持續見樹不見林。

這本書在最終出版前，敝人再加上主標題「聖人的丹爐」，或許有讀者會不解其意，其理由有三：其一，中華思想儘管有各種內容的差異，其相通點都在強調人的修養，修養的極致就是成為聖人；其二，自性就是聖人的丹爐，該丹爐煉出的果實就是心體，這丹爐實屬全體各種不同宗派的共法；其三，敝人還有一本著作《精靈的田野：中華文化史與本土心理學》，本書主標題更能與其對應。每位思想家心中都有一鼎聖人的煉丹爐，儘管每個人終其一生煉出來的丹藥各有不同，但這都是他殫精竭慮獲得的結晶。我們不能只是將其知識化與規格化，藉由某種思維型態探討這些內容，卻忽略其本來屬於「智慧」的不同構面，內裡始終有著體驗性與實踐性，終歸還是要由人拿出自家生命纔能把握得牢實。

每一本書都有自己獨立的生命。當年朱熹面對多數聰慧的讀書人都轉向佛學，畢生投注精神在重構新儒學，終於轉變時尚，身後開啟理學影響後世八百年的偉業。探討心性並不是在「整理國故」，每個人何嘗沒有心性？但面對當前絕大多數人社學者的關注都在西學，卻未嘗意識到真正的學術殖民並不單純只是人不瞭解傳統思想而已，而是來自社會顯意識對文化集體潛意識的壓抑，讓人的原創思想被深度扼殺，使得「再創文明」有如夢幻泡影。每個人終其一生只能專注做一件事情，在中西文明正面臨對抗與整合的時刻裡，敝人雖不敏，畢生只想踵繼前賢，讓自性重新成為華人社會的公共議題，終結「消化西學」帶來的沉潛期，開啟無數學者的原創潛能，繼續展開中華思想史的新里程，此外再無他願。

第一章

中華思想的主軸與特點

第一節　華人的生命素養

這本書是從中華思想史的角度來認識華人本土心理學，為何要稱作「中華思想史」而不稱作「中國思想史」呢？記得我的恩師韋政通先生（一九二七－二〇一八）曾撰《中國思想史》這本書，我就反問過他：「為何您要將自己的著作稱作《中國思想史》而不稱作《中華思想史》呢？」他回答：「因為當年國民黨在提倡『復興中華文化』，我前半生都在反國民黨，因此我的著作都稱『中國』而不稱『中華』，藉此表達我的反抗態度。」現在敝人會稱作《聖人的丹爐：中華思想史與本土心理學》，稱作「中華」兩字自有其深意，但卻與政治因素無關。中國素來有通史，但到底什麼是「思想史」？思想史這一詞彙在中文裡本來不存在，這首先是西洋學術中有關「intellectual history」或「history of ideas」的中文翻譯，日本人將它們使用漢字翻譯為思想史，後來被我們使用中文來研究學術議題的人普遍承認與採用。「intellectual history」這一詞彙跟英文專門指稱的「知識分子」（intellectual）有關，主要指某些能吸納與構築知識，並對此付出社會實踐的人，因此其思想史係指研究知識分子構成其知識的歷程（脈絡）；「history of ideas」這一詞彙則與「思想」（thought）相關，意指經過認真思考發展出來系統化的觀念，西洋文化中指稱「intellectual history」或「history of ideas」，兩者存在著相同的內涵（如果有學者再特別將「history of ideas」翻譯成「觀念史」，則其義理又發生新的變化，觀念史可視作思想史的一種，其區別在於觀念史的重點在觀念的釐清，思想史關注的重點不是觀念本身，而是觀念與觀念周圍各種外在關係，包括發展該觀念的人或事），這都是旨在研究思想與歷史間的互動關係，並且強調思想觀念比物質存續具有對社會更根源的塑造作用。

敝人自然同意這個說法，因此纔能展開相關研究，尤其希望釐清思想如何影響社會。普通人心都是剎那起滅，不大容易專注於一個對象，隨著剎那起滅的心念來討論問題，這就是「生滅心」的層次。如果人能持續對於問題展開思考與關注，不會意念跑來跑去毫無重點，這就來到「相續心」的層次。如果你只是關注生滅心，其心念飄忽無法把握，只留戀在這樣的精神狀態，人就會有各種不安的情緒。如果你的關注聚焦在某個問題，產生連綿不斷的探討，這種相續心就會產生成熟的思想。從古至今發展出思想的人早已如過江鯽魚，其中有些人畢生不斷的思索，甚至竭精殫慮在某一問題上，終至獲得某些解答，從而使得他的思想結晶流傳於人間，對後世產生重大影響，後人沿著他的思路持續擴大探討，產生某個社會中特有的思想結構與內涵，這些令不同時期的思想家長年接續在探討的議題，其形成的特有脈絡，就被視作思想史的議題。

置身在當前工商業社會裡，尤其生活在大都市中，有非常多的人身心出現嚴重的問題，這些問題的出現，並不僅是來自於個人，更來自於人背後常面臨著「傳統」與「現代」兩大系統因斷裂產生的衝突，尤其是華人自五四運動浪潮後，長期有意識在擱置與捨棄自身的文化，卻同時深受這些文化的影響，這種矛盾性很難不引發個人的焦慮。如果我們要療癒人的心理，當然需要有心理諮詢師來從事於相關工作，然而，當我們深度探討人的意識，就會發現意識的下面還有潛意識，潛意識不只有個人潛意識（personal subconscious），更有集體潛意識（collective subconscious）（榮格著，成窮、王作虹譯，二〇一一：頁三九），集體潛意識固然有著舊石器時期到新石器時期的「原始集體潛意識」，自有文字產生可茲信靠的記憶開始，人更深受自身內在「文化集體潛意識」的濃厚影響，因為有文字來強化與擴充記憶的關係，後者會比前者對人的影響更巨大，從而塑造出人的文化心理。

置身在中華文化的社會中，我們要培養高素質的心理諮詢師，就不可能不去認識和瞭解華人的心理背景，華人在生活中到底在關注什麼議題，交織構成其生命世界（life world），其背後有著完整的發展脈絡可依循，這個發展脈絡就是中華思想史。

百年來，學者常習慣將中華思想轉化成「中國哲學」（這是學術領域最常使用的詞彙）來展開討論，裨益於中華思想能與西洋哲學分庭抗禮，站在相同的義理高度對話，然而，將根本的智慧變成哲學的知識固然有益（敝人後來特別闡發出「轉道成知」這個學術用語來指稱此作法），這是面對西洋哲學的衝擊，不只想讓國外哲學研究者能瞭解我們華人自己的思想脈絡，更希望國人自身能恢復「民族自信」，但將「中華思想變成中國哲學」來理解，其作法卻絕不能只將其變成抽象觀念的論證，卻遺失掉中華思想本來蘊含著豐富的心理內容（該內容最終常指向心性體證），尤其闡釋者自身如果對於中華思想沒有深度相應的體證，則很難轉出精確對焦的知識。我們應該要通過「中華思想史」與「本土心理學」這兩大領域的對話，不只替中華思想提供「正本清源」的機會，恢復其指向人心的本來面目，更關注其應用性，從中完成本土心理諮詢的工作，讓心理諮詢師意識到：具備「中華思想史與本土心理學」的相關知識，這應該成為心理諮詢師培育過程不可不知的基本素養，即使你並不具有心理諮詢師的角色，你同樣應該從心理層面瞭解華人為何會這樣或那樣想事情，對於各種心理議題的背景成因有著清晰的輪廓，敝人期待閱讀這本書能成為對每位讀者都具有療癒性的過程。

因此，這裡有關心理諮詢師這一詞彙概念與工作內涵，顯然不同於當前臺灣受西洋文化影響的諮商心理師或臨床心理師，「心理諮詢」（psychological counseling）本來是個舶來品，臺灣社會將其翻譯作「心理諮商」，但敝人覺得當心理諮詢來到華人社會，如果要獲得長遠發展，特別要具有「問題解決取向」與「本土關懷取向」，意即其旨在發展具有中華思想與中華文化特徵的華人本土心理諮詢，目標導向在培育心理諮詢師能幫當事人解決具體生活問題，從中啟發其獲得克服困境的智慧，活出具有意義感的生命。心理諮詢師獲得相關證照者，僅限於從事該面向的心理諮詢，不得從事臺灣社會認知的心理諮商或心理臨床相關工作，避免因概念差異產生工作倫理的衝突性；反過來說，如果心理諮商師繼續按照西洋心理諮詢的既有脈絡，從而展開或臨床心理師的培訓過程中，師生都還是覺得自己應該繼續接受西洋心理治療的相關訓練，完全不需要瞭解中華思想或中華文化，這種論點只要當真能獲得華人社會的支持，其培訓出的心理工作者果真能長期順利從業，對此敝人樂見其成，完全沒有意見。

然而，如果讓我們開宗明義來做釐清，究竟何謂「本土心理學」（indigenous psychology）呢？華人本土心理學之父楊國樞先生（一九三二—二〇一八）曾在〈社會及人格心理學在台灣的發展與研究：回顧與前瞻〉這篇文章中表示：「本土心理學是一種以科學方法研究某一特定國家、族群、社會或文化中之人民的心理與行為，所發展出來的心理學知識體系；在建構此種知識體系的歷程中，所採用的理論、概念、方法及工具，必須與所探討的本土心理或行為現象及其生態的、經濟的、社會的、文化的及歷史的脈絡高度契合、符合或貼合。亦即必須具有足夠的本土契合性（indigenous compatability）。」（楊國樞，二〇〇九）不過，本土心理學發展超過二十年，敝人卻常發覺本土心理學者常受限於專業產生的壁壘或隔閡，並未深具中華思想史或中華文化史本身的素養，使得其只是從實證的角度鋪陳某個主題與觀點，或跑統計或做問卷，從而得出結論，卻常有望文生義，跟中華思想或中華文化本身的脈絡不相應，呈現見樹不見林的問題。敝人覺得當我們深談到「本土心理學」，首先需要回歸到華人的「生命世界」（life world）中，這個世界並不是只來自眼前所見的動態社會實況，更來自歷史所見的靜態思想內涵，尤其後者更在潛移默化中影響前者的發展。生命世界裡面還可區隔出三種層次：最低階段是生存需求；中間階段是生活品質；最高階段則是生命意義。生命意義的階段可涵蓋生存需求與生命品質的階段，但生活品質的階段無法涵蓋生命意義的階段，生存需求的階段更無法涵蓋生活品質的階段，這三個階序共構成人整體的生命，因此我們特別稱作「生命世界」。並且，如果不回到有著實在感的生命本身，由人心出發來探討其理路，太過側重在觀念知識層面討論，卻不從歷史知識層面來印證，則往往無法釐清本土心理學在這些思想中具有如何的實質內容。

假設楊國樞先生的開宗明義無誤，究竟何謂「科學方法」？這還是個需要解釋的課題，尤其我們如果不釐清到底正在使用什麼型態的科學哲學（philosophy of science）來探討問題，從中紮根於「生命世界」，並架構出「微觀世界」（micro world）回過來認識人的心理，我們將如何得知自己在使用正確的科學方法呢？畢竟這從來都不是自明的事情。相關議題敝人在《轉道成知：華人本土社會科學的突圍》一書有清晰解釋，這裡不再詳論（陳復，二〇二〇：頁五七—六一）。本書企圖從心體論（nousism）的角度來詮釋中華思想史，並使其成為我們發展本土心理學的觀念橋梁，意即我們討論的本土心理學係指中華思想史固有的心體論，各時期的思想家對心體（nous）容或有不同角度的詮釋（包括給出不同名詞來指稱其概念），不過主要都在談修養生命的機制與技術，並應用該機制與技術於日常生活中，從修身出發，對社會各領域產生多元的主張，從而豐富心體本身的內涵。並且，敝人從中發掘出本土心理諮詢特有的應用技術，從而使得其不再僅被視作「中華思想」而已，更具有本土心理學的意義，意即每個具體思想家的思想能具有本土心理學的內容，端賴其如何發展出本土心理諮詢而論，只要其對生命有自成一說的洞見，對個人或社會的前景帶來某種療癒效益，就符合中華思想的經世特徵，更是這裡在指稱的本土心理學。

這裡再換個角度來認識我們討論本土心理學的用意。當我們使用「華人」這一詞彙，只是在指出「文化意義的中國人」，裨益於跨越政治意識型態，展開最寬廣範圍的指稱，甚至我們在書中說「中國」兩字，其本身都沒有任何國籍的隔閡，我們絕對不能被後設的觀念侷限，誤認當前政治中國的國籍與國界就是「中國的範圍」，「中國」的性質不能簡單用歐洲傳統的「帝國」（empire）來理解，更不能用歐洲近代有關「民族國家」（nation-state）的定義與理論來詮釋，其疆域、族群、信仰、國籍與國境引發的各種認同問題，都比其他世界各國來得更複雜（葛兆光，二〇一四：頁四）。且不說國籍與國境本是西洋文化自民族國家興起後纔逐漸發展出來的觀念，無法不證自明的存在，更不用說當前政治中國的疆域跟各時期政治中國都不一樣，葛兆光先生就曾表示歷史上的「中國」長期是一個「移動的中國」，不只各時期王朝的中央政府所控制的空間與邊界常在變化（葛兆光，二〇一四：頁三〇），不同時期疆域內的族群與信仰都各有不同，這會使得相關討論很難聚焦。敝人覺得釐清何謂「中國」還是應該回到文化層面來談。到底什麼是「文化」？敝人在本書中使用「文化」這個詞彙，主要是縮寫自「人文化成」。《周易．賁卦．彖辭》說：「剛柔交錯，天文也；文明以上，人文也。觀乎天文，以察時變；觀乎人文，以化成天下。」這裡「天文」就是指宇宙呈現各種自然現象，意即由陰陽、正負與雌雄這些「剛」與「柔」兩種能量交互作用而形成錯綜複雜的環境；「人文」則是指按照對天文現象的觀察來落實於社會，從中使得人事興衰能結合天道運作，讓天下獲得大治。「文」在中文的本意有文飾的意思，後來轉化成「修養」，不論是「天文」或「人文」，都意謂著需要通過「修養」

來獲得整合，這個整合是指天與人的對話歷程。「文化」這個詞彙作為外文「culture」，最早由古羅馬哲學家西塞羅首次使用拉丁文「cultura animi」來定義，原意是「靈魂的培養」，因此敝人會使用文化來談人類各種精神議題。

文化中國的意涵與影響遠超過政治中國，因為「中」字在商朝時期的金文造字是指一面大旗，這面大旗插著地指著天，有著「上下貫通」的意思，這表示人往外掌握與揮舞這面大旗，需要向內有著心靈的覺醒，東漢文字學家許慎（約五八—約一四七）在《說文解字》裡就說：「中，內也。從口｜，下上通也。」反映出人的內在生命貫通，這就是有德者的精神狀態。《說文解字》並指出：「華，榮也。從艸𠌶。」這表示「華」這個字意指結實豐碩，形容繁盛茂密的意思。《禮記．樂記》說：「和順積中，而英華發外。」這意謂著如果我們將「中」與「華」兩個字的意思整合，就會得知人如果能用謙和平順的態度累積自己的內在，往外在綻放出深厚的能量，這就是我們在指稱「中華」的意涵。「中華意識」本不是任何後來深受西洋意識型態發展出來的民族意識能侷限，「中華」的根本義理是指「內聖外王的合一」，中華文化其實就是聖王文化，意即這是能滿足人的內在與外在的平衡，產生內在覺察與外在事功兼容於一體的文化，從這層脈絡出發，「中國」的「國」則不再只是指稱「執干戈守衛的區域」，意即「國中」或「城中」，對應於「中」，「中國」就變成是指「內聖的國度」。因此，我們稱作「中華思想」只是在指出本來具有「中國」

這一意識的思想家其有關於內聖或外王層面的觀點，與其稱作「中國思想史」（儘管這個概念已經被大家普遍接受），敝人覺得如果語意更細緻來指稱，則應該冠名「中華思想史」，應該能更完整指出華人思想具有結合「內聖」與「外王」的重大特徵。

我們常誤認文化只是種風俗習慣而已，卻沒有意識到其背後內含著高度的精神領域。人的思考不可能不使用文字，當你使用中文思考，從而說話與寫字，中文內蘊的文化特徵就會影響你如何思想，你即使否認自己是「文化意義的中國人」，只要使用中文思考問題，你就無法否認「該否認充滿權謀性」（意即運用這種否認當作策略，來完成某種你更在意的政治目標），而權謀含藏的策略運作，卻正是中華思想長期存在的一種特徵。譬如中國某些省市的人講話會充滿著權謀的特點（後面我們會談到），他的話語在虛實間會不斷變化，他雖然本意不是想要說假話欺騙他人，只是冀圖達到目的，選擇性講某些比較便利於當下理解的話語，或者只是希望能跟人維繫情誼，這些話語隱含著高度藝術性，來幫忙自己的意思更容易被聽者接納自己；或者有人只要處於優勢的社會位置，其說話就會帶有權威感，不想告訴別人自己真正的心思，甚至讓人覺得不容挑戰，只希望在下面的人能服從自己的意志來做事即可，這些特點都與先秦時期流傳的法家思想有關。如果我們不去深刻瞭解法家思想如何影響華人的心理，我們就很難瞭解相應脈絡的解套辦法，甚至有時候只能「啞巴吃黃連，有苦說不出」。當我們做心理諮詢，如果不具有博雅的知識背景，卻直接移植來自於西洋文化的心理諮詢，學點技術就覺得可認真聆聽當事人的心聲，卻不曉得「話中有話」與「意在言外」的真實義理，遇到當事人因語言帶來的誤會，或人際關係產生重大摩擦與挫折時，你看不懂這些思想的堂奧，就難免會與當事人的心理產生距離感。

再譬如生活在華人社會的學生，尤其是男孩通常在升學考試或求職就業時會面臨非常大的心理壓迫感，如果你能瞭解傳統文化中有著濃厚「重男輕女」的思想，這種思想起源於農業社會對壯丁的需求，裡面蘊含著長輩對於晚輩終於「光宗耀祖」的期望，這些思想和心態不論如何陳舊，你都不應該只是站在局外來批評，更應該仔細釐清這些思想和心態如何影響華人思考問題的角度，你纔能專門針對當事人的問題來做精確相應的處理。尤其當事人如果能從文化的角度來理解問題，他因為視野的開闊，對於自己和他人會有各種狀態背後的來龍去脈，都能產生更有包容的洞察。就自我（the Ego）的角度而言，華人的自我感相對於歐美人士來說比較淡薄，但不是不存在，其生命意義是包含在宗族、家族與家庭各種不同範圍內來認知與完成，在關係到群體共同的禍福中，人是考量著整體來做出個人的抉擇，因此，即使個人面對未來有各種問題，這背後有時更是整個宗族、家族或家庭的共同問題，這裡面最常發生的案例莫過於婚姻大事的抉擇。現代社會非常需要心理諮詢，其關鍵點莫過於都會生活讓人充滿著個人意識，而且生活單位的概念已從家庭甚至裂解到個人，每個人都是在孤軍奮鬥，跟傳統整體的生命觀到處呈現衝突的現象，人不再從整體中考慮個人的抉擇，個人只活在自我狀態裡，反而很容易產生身心失調。

當然，本土心理諮詢應該是種能結合傳統與現代，合理檢視其間面臨的具體問題，並幫忙解決這些問題的工作，我們的目的並不是要人完全按照傳統的倫理道德來生活，果真如此，這會擴張人置身現代社會的隔閡。如何從不同時期的傳統文化中找到共通的核心價值，該核心價值歷久彌新，不因環境而改變，再依據這個核心價值來與現代社會形成的生命問題進行對話？這就是本土心理諮詢工作者值得琢磨的議題。我們學習中華思想史，不應該再固守住往日文史哲的學術門徑，其實該門徑的發展（諸如把學術研究只當成史料考證）同樣不過只有百餘年的光陰，並不是真正「傳統的學問」，反而應該期待自己先要有個如大鵬般鳥瞰全域的遼闊視野，將中華思想的整個脈絡有貫通瞭解，往後可再按照不同思想家的觀點去深度瞭解。茲因我們此刻討論的議題是「中華思想史」與「本土心理學」這兩大領域該如何結合，我們更要從中探討思想跟心理的關聯，其交集點在於「自性」（the Self），本土心理學是本土心理諮詢的指導學理，然而，我們談的本土心理學，已經不再是楊國樞先生引領「實證論角度的本土心理學」，而是黃光國教授引領「實在論角度的本土心理學」，意即實在論（realism）經由學術社群間的討論，已聚焦在自性這一本體，後者的本土心理學在本土社會科學的脈絡中正獲得大幅的開展，尤其從科學哲學的角度來構築其本體論、認識論與方法論，有識者並經由與中華思想史的對話，從中詮釋並蛻變成更具體的「修養心理學」（相關詳細內容請見敝人自著《轉道成知：華人本土社會科學的突圍》這本書）（陳復，二〇二〇：頁九〇—一五一），當我們展開這兩大領域的對話，我們真正的意義旨在讓中華思想獲得更符合其本來義理的理解與詮釋（意即往修養心性的角度來理解），不再套上艱澀難解的學術用語，而能在當前社會生活中獲得落實與印證。

當前的心理諮詢師，不應該只是當西洋心理學的自我殖民者，更不應該置身在中西兩大文化的衝突間無所適從，反而應該意識到你的工作其實是「宋明儒者的翻新版」，因為當年宋明儒者在書院中跟人談論心性議題，其實跟心理諮詢師跟人探索心理議題，背後有著相通的脈絡，尤其當我們將心理諮詢指向智慧，希望將心理諮詢質變成智慧諮詢，這兩種意象的結合更具有劃破時空隔閡的深意，因為兩者都在探討「自性」。如果你想當個具有深度涵養的心理諮詢師，你就應該在自己的居家生活中開闢出兩個神聖空間：這就是「靈性的空間」與「人文的空間」。中華文化的根本層面具有神聖的靈性意義，這是無言默會的層面，當我們回到生命本身，就會體會到家中需要有個空間在裡面放置聖賢的神位或畫像，通過做工夫直接與靈性產生連結，藉此滋養自己的精神，譬如祝禱、靜坐或冥想這些工夫。再者，我們還要實實在在去面對人世間的各種議題，這時候就需要有一個書齋來當作你人文的空間，這是你平日工作的場域，裡面收集古今中外各種有關智慧的典籍，瞭解各大思想家在其置身的時空背景裡如何面對各種問題，或收集歷史、心理與社會各種書籍，從中瞭解各種治亂興衰、人心變化與社會百態的議題，這對我們面對當下和未來都能提供無盡的啟發。我們千萬不要因為置身在數位化的時空背景裡，各種訊息都可從網路搜尋，就反而忽略實體空間的經營，因為你不可能行住坐臥在虛擬空間中，生活的便利性，使得你更應該有意識經營自己的實體空間。現代社會的家庭核心空間基本只有電視、電腦與冰箱，甚至每人一隻手機整天拿著不離手，一家人每天從中接收著各種未加篩選的訊息，卻沒有在心靈層面的深入溝通，沒有共同修養與閱讀的對話空間，這是很可惜的事情，時間一拉長，彼此會變成「最熟悉的陌生人」，要想組建出一個智慧的家庭，我們就要從開闢這兩個空間開始。

我們何其幸福，置身在承平時期超過七十年的光陰，不再有戰火流離與家破人亡的痛苦，面對學問就更應該要有關鍵性的突破。閱讀前人著作，首先需要知道時代背景，中國往日被西洋列強侵略的時候，學者們基於「救亡圖存」的現實需要，對於問題的思考沒有辦法有太深入的契機，卻急著應變與解決，導致產生很多荒謬急就章的思路與實踐，頗有「拋棄自家無盡藏，沿門托缽笑貧兒」的狀態，卻常讓各種負面效益不斷滋生。今天和當年已有很大的落差，中國重新成為世界強國已屬指日可待，然而，這個「強國」如果只是政治與軍事的強國，而沒有意識到成為思想與文化的強國，就無法產生「近悅遠來」的效益，更不符合「中國」兩字的本來意思。因為如同孟子（約西元前三九〇—約前三〇五）與梁襄王（魏嗣，？—西元前二九六）的對話，梁襄王問：「天下惡乎定？」孟子回答：「定於一。」孟子說的「一」不只是統合的意思，但如何統合呢？孟子回答：「不嗜殺人者能一之。」（見《孟子．梁惠王》上）這首先是指對殺人毫無嗜欲（包括精神折磨對人的殘害），因此，「一」不是單純只有有形可見的物質統合，更是精神統合，尤其要從性善角度來認識「一」（the One），這是個整體，該精神統合就需要能回應生命意義該一最高層次的議題，當時的各諸侯國都想要自任天子，「統一」其他諸侯國，但如果只有軍事統一，這只是「有統無一」，因沒有對於何謂「一」帶有更高的理想。我們希望重新開創盛世，就應該有迎接盛世該有的通盤思索，這時候探討古人的學說，就需要有嶄新的觀察視野。

人不可能沒有信仰（這包括相信科學都是種信仰），當華人重新承認並意識到人最終不可能沒有信仰，但人到底應該信仰什麼內容？敝人就會回答，只有「把學問當作信仰」（包括把科學當作探索問題的學問，而不是誤認只有在實驗室中反覆驗證纔是科學），當我們的深刻思索到此層意涵，華人纔能重新成為「回到中華文化脈絡裡」的人（意即成為文化意義的中國人）。因為中國本來沒有西洋文化那種對「宗教」的認知，如何完成人作為人該有的文化傳承與文化開展，將其由個人、家國到天下緊密整合，這是華夏知識分子（士人）素來關注的核心議題。認識中華思想從來不是學者的專利品（這裡特指在教學或研究相關機構工作的學者），其微言大義更不應該被關在象牙塔中無人聞問，畢竟這是作為一個華人應該共具的生命基本素養。當我們領會這件事的重要性，即使你不見得需要成為一名心理諮詢師，你如果想深度瞭解屬於你的文化集體潛意識，你都應該從中完成你作為一個華人本該經歷的生命歷程。

第二節 真理內在於人生

敝人很看重「中西會通」的意義，因為我們置身在這兩大文化劇烈在交會的時空背景中，每天都存在著各種中西文化衝突的現象，探討中華思想如果能從中西思想對比的角度出發，就更能凸顯中華思想的特徵，並瞭解如何化解兩者的衝突。西洋思想很關注三個領域：宗教、科學與哲學，這三個領域有個共通點，就是都在探討「真理」（truth）。真理是什麼？敝人覺得真理意謂著能禁得住各種檢驗（不論用什麼型態來展開檢驗），最終成為公認究竟不變的道理。歷來固然對真理有各種不同的定義，但基本存在兩種看法：第一，真理超越而外在，具有絕對與獨立的特徵；第二，真理內在於人生，具有普遍與共同的特徵。西洋宗教家總相信有個全知全能的「上帝」（God），其創造天地萬物，當然人類包括在內。人的生命世界內蘊的各種道理，都是來自於上帝的應許。因此歐美人士對宗教真理有著超越而外在的認知。在二十一世紀前，經歷過浪漫感性與工具理性交織的二十世紀

（尤其第二次世界大戰作為重大分水嶺）的洗禮，多數人類經歷過瘋狂的相互毀滅，接著在戰後變成極其認真的從事於工商實業工作，科學家普遍已不承認有這樣絕對權威的上帝，卻抹殺人類與萬物的區別，認為天地萬物的法則都是種機械論的運作，其已完整包括人生全部的道理，因此，在天地萬物該一自然真理的外面，不再覺得存在有任何人生的真理。因此，就科學真理而言，其同樣具有超越而外在的特徵。西洋的科學觀其實脫胎於西洋的宗教觀，科學取替宗教，成為歐美人士在二十世紀的信仰，基於這樣的脈絡，英國學者李約瑟（Noel Joseph Terence Montgomery Needham, 1900-1995）曾經問說：「為什麼近代科學沒有產生在中國，而是在十七世紀的西洋社會，特別是文藝復興後的歐洲社會？」這就是著名的「李約瑟難題」（Needham Problem）（陳復，二〇二〇：頁四九—五〇）。但，從中華文化的角度來檢視，這是華人真實存在並會提出的問題嗎？顯然不是如此。

由於西洋文化在工業革命後帶來人類社會巨大的改變，人類開始相信宇宙如果沒有人類，宗教的真理或科學的真理，依然存在，這個真理根本不受人類存在與否的影響。由這種觀念產生一種向外探尋真理的態度。宗教與科學探究的真理雖不同，但人類如果懷抱這樣一種向外尋覓的態度，其背後都有相同的屬性，因此明朝時期利瑪竇、湯若望與南懷仁來中國傳教，他們是帶著歐洲對科學的最新研發來吸引華人的注意目光，藉此來傳播上帝的福音。這種帶有西洋宗教屬性的科學觀念，隨著中華文化在清朝時期的嚴重衰落，加上清中葉後的變亂不斷，實證論（positivism）的科學終至於在五四時期成為國人的普遍共識，其成為解構與消滅「中華認同」的間接推手，這種科學觀是一種「科學主義」（scientism）的觀點，意即自然科學是最權威的世界觀，更是人類最重要的知識，其高於全部其他東西對生活的詮釋，因此纔會有白話文運動之父胡適先生（一八九一——一九六二）會撰寫〈科學的人生觀〉這種文章。殊不知宇宙的道理與人生的道理不只能交融並存，甚至本不該是宇宙的道理大於人生的道理。按照科學主義的觀點來看人生，就會覺得人生處處不能完成機械論獲得的效率與效益，更充滿著各種變數，當你通過這種自然科學的眼光來檢視人生的抉擇，請一百個人來做實驗，即使得出同樣的結果，都無法保證第一百零一人還是會得出相反的結果，甚至搞不好他的異例（anomaly）會具有開創人類文化的典範意義，但在當年工業化時期的人類社會，大家都用量產規格化的標準來看待人的動靜舉止，就變成無法用人的整體角度來看待人，更無法看出人對生命特有的創造性。

更不要說，科學本身的研究已經發展巨大的進展。譬如量子物理學有關「測不準定律」（uncertainty principle），其中有個「雙縫實驗」（double-slit experiment），這個實驗幾乎顛覆人們對客觀世界的主流認識，具體而言，就是在人類認識世界的過程中，人的意識決定客觀對象的呈現樣貌。在古典的科學認識論中，我們強調認識活動中主體與客體具有對立性與分離性，客體（object）是獨立於主體（subject）的存在，主體的認識活動不可能對客體產生任何實質影響。這條來自西洋文化的哲學原則指導著歐洲人有關科學的認識活動，並在牛頓（Sir Isaac Newton, 1643-1727）獲得發揚光大，確立其在自然科學領域中牢不可破的地位。然而，隨著人類對認識領域的不斷擴展，首先，英國科學家楊格（Thomas Young, 1773-1829）就已提出有關光的雙縫實驗，引發光的本質究竟是粒子還是波動的爭論，但此時的爭論尚局限在經典物理的範疇內。西元一九六一年，蒂賓根大學的約恩松（Claus Jönsson, 1930-）突發奇想，拿電子來做雙縫實驗，從而打開量子領域的潘朵拉盒子。他首先用電子流朝著並列的雙縫轟擊，按照其設想，電子流通過雙縫後，應該在後面的螢幕留下兩條與雙縫對應的亮紋。然而，在螢幕上並沒有出現兩條亮紋，而是多條明暗相間的干涉條紋。約恩松接著設想是否是因為電子在電子流中互相擁擠碰撞，進而造成多條干涉條紋。他使用發射器將電子一個接著一個發出來，本來心想這下就不會有碰撞，然而最神奇的情況莫過於在雙縫後面螢幕上，依然留有條條明暗相間的干涉條紋。經過一番爭論，人們開始承認電子具有波粒二象性（wave-particle duality）。

這件事情並未告一段落，到西元一九七四年，米蘭大學的梅里（Pier Giorgio Merli, 1943-2008）對雙縫實驗結果不太滿意，他想更深度瞭解電子到底怎樣通過雙縫的過程，嚴格檢視干涉條紋到底如何形成。沒想到他在雙縫的入口安裝高精度的監視器，藉此清晰看清電子的出入。準備完成後，他通過發射器將電子一個接著一個發出來。結果仔細一看，卻發現螢幕上的一條條干涉條紋都不見了，只剩下兩條亮紋，而且通過監視器，可清晰看到電子如粒子般一個接著一個通過左縫或右縫，在螢幕上形成兩條亮紋。單個電子流在螢幕上應該形成多條干涉條紋，最匪夷所思的現象就是當人觀察電子通過雙縫的行徑，干涉條紋為何就會消失呢？梅里很疑惑，於是他將監控關閉，結果螢幕上再出現神奇的干涉條紋；再將監控打開，條紋卻又消失了，如此周而復始，從實驗過程來看，本來目標是看清電子干涉中通過雙縫的過程，但當人要看這個過程，干涉條紋就會消失；當你不想看這個過程，干涉條紋就出現，意即電子就好像有意識一樣，會和人玩起捉迷藏的遊戲，就是不讓你看到有關干涉的最終狀態，這使得觀測者與被觀者不再呈現主客對立性。

雙狹縫實驗出現干涉現象，證明光最終還是「能量」（這就是波動說），否則物質觀點（粒子說）無法解釋光子如何能採取物質型態「同時」通過兩個狹縫，光子的行為取決於你測量與否，甚至意謂著「我們現在的行為會對過去產生影響」。這個實驗在科學界引起巨大震撼。冀圖解釋這個實驗，人們不得不再度審視長年在科學研究中被摒棄的「意識」。在傳統的科學研究中，「意識」從來不被承認會對客體產生影響，屬於不應該被引入到科學研究中的議題，甚至我們在生物學領域中，動物的意識產生的心理現象依然沒有被列入研究範疇。然而，由於電子的雙縫實驗，「意識」不僅被引入量子物理研究，而且被承認這是影響實驗結果的決定因素，意即實驗者的意識決定著實驗對象的呈現型態。這就是電子的雙縫實驗真正讓人拍案驚奇的結果。當人不觀測雙縫，電子呈現出波的特性，在螢幕上形成多條干涉條紋，此時可解釋成人的意識中已將電子認知為波動；而當人們觀察雙縫的時候，其意識中已經默認電子是粒子，因而干涉條紋就消失，電子真的會按照人的意識體現出粒子的特性，僅形成兩條亮紋，儘管此時人的目的是想得到干涉條紋，但這是人觀測或不觀測的行徑本身，或者說是人將電子當作粒子或波動的意識，決定著電子最終呈現為粒子還是波動，這會得出精神影響物質的結論。

人在觀看對象的時候，被觀看的對象同時會受觀看者本身的影響，這已經不是牛頓古典物理學那種機械論的科學，世間萬物並不是一個固著的客觀存在，等待著人去發掘有關其最終真實，其會受到人的意識影響與左右，因此，人生的道理的確會影響宇宙的道理，這完全不是種浪漫的主觀想像。但這層事實卻不容易被深受機械論影響的人文社會科學領域的學者接受，儘管已有相關實驗證實，但你能拿他們怎麼辦呢？這種事情即使在自然科學領域都無法避免，量子物理學之父普朗克（Max Karl Ernst Ludwig Planck, 1858-1947）發現著名的黑體輻射定律（Blackbody radiation law），其點出能量量子化的概念。但面對各類反對者的抨擊，他後來說過一段可謂名垂自然科學史的名言：「新的科學真理會取得勝利，並不是通過讓其反對者信服，而是通過這些反對者的終於死去，熟悉新真理的新一代成長茁壯了。」面對人文社會科學領域何嘗不是如此？這只是來自人性本來都有敝帚自珍的特質，意即企圖頑固守護自己得來不易的成果，如果面臨原先成果即將崩解的威脅，不論是自然領域或人社領域的學者，都只能竭盡其能去捍衛這些成果直到死去，畢竟這是在捍衛自身背後隱藏的利益於不滅。

並且，世界知名的美國細胞生物學家立普頓（Bruce Lipton, 1944-），畢生都在研究細胞分子結構。他在觀察顯微鏡下的培養皿時，赫然發現決定細胞生命的關鍵不是基因，而是細胞會對環境有「感知」。他稱這些具有操控性的感知為「信念」（belief），他得出「信念操控生命」的看法（立普頓著，喻華譯，二〇一五：頁一一五），並指出：新的基因研究發現基因中有段基因，可「重寫」基因，意即這已經不再是古典達爾文遺傳概念「進化是由於隨機的突變」，細胞若在可供變異的環境裡，都會產生變異，而不是隨機（有的變異，有的則沒有）（立普頓著，喻華譯，二〇一五：頁三四—三五）。基因會依據環境的需要，希望適應環境而改變自身，對環境的反應，「信念」是其中一個重點，舉例來說：人面對危難或緊張時腎上腺素會增高，血液較多會流向肌肉，內臟及大腦部分到的血流會較少些，好讓我們能逃跑，增加活命的機會，然而，許多時候像是參加紙筆測驗這類考試，過於緊張的結果就是導致腦部血流變稀，結果感覺腦中一片空白，就什麼都不會寫了。在該狀況裡，環境雖然相同，唯一不同的是個人的感知，同樣是參加考試，有的人會做充足準備，胸有成竹絲毫不會緊張，體內就不會釋放過多腎上腺素，就不會有血壓升高或身體冒汗的不正常反應了。同樣的環境，結果因為我們對環境抱持的態度不同，生理就跟著有不同的反應，結果造就不同結果。

再者，像是工作環境壓迫感很大，人特別容易生病，道理同樣如此，癥結就是腦部對事情的觀感不同，導致體內正常機制紊亂，抑制原有的免疫系統，因此導致抵抗系統下降。立普頓總結指出：我們對待事物的態度與觀點，這是改變細胞甚至改變基因的重要因素，如果我們的態度和觀點正確，細胞常保持正常的生理機轉，整體的免疫系統會提高，就算有變異的細菌或病毒，細胞的基因會產生新變化，把變種的細菌或病毒消滅，這纔是生命會演化的機制和意義。因此，這提供新的思路：人完全不是基因的奴隸，而是命運的主人，我們從來都不是受控於基因的生化機器，只要在潛意識層面做工夫，就有辦法評估自身對環境刺激的反應，並隨時改掉習慣反應，創造充滿和平與幸福的生活。立普頓的研究無疑相當具有前瞻性，能結合心靈與科學這兩大領域，使得自然科學逐漸發展成「心靈科學」，這就是其主張的信念生物學（The Biology of Belief）（立普頓著，喻華譯，二〇一五：頁一一一—一二四）。我們只有張開這種開闊的思考空間，纔能重新發現認識中華思想史對人類的深層價值。針對西洋哲學，就知識論的角度而言，其主要有兩個面向，有的主張經驗論（empiricism），有的重視理性論（rationalism），前者認為知識起源於人的感性經驗，意即全部知識都是通過經驗而知曉，並在經驗中得到驗證；後者則相信每個人都有理性，人的推理可作為知識的來源。前者和西洋文化中的科學緊密連結，後者和西洋文化中的宗教緊密連結，尤其是後者，如果你讀過德國社會學家韋伯（Maximilian Emil Weber, 1864-1920）寫的《新教倫理與資本主義精神》，就會知道新教倫理強調勤儉和刻苦等職業道德，通過世俗工作的勝利來榮耀上帝，藉此獲得上帝的救贖，因此他們會認真賺錢，埋首於工商實作，這點促進資本主義的發展，同時使得工具理性獲得長遠的發展（韋伯著，于曉、陳維綱譯，二〇〇六：頁三三—三四），西洋思想無論是科學或宗教，甚或其共同指向的哲學，都是在向外探尋真理，但當量子物理學的最新研究成果發表後，這種觀點就受到巨大的衝擊，該成果更傾向於中華思想的一貫看法。

中華思想與西洋思想特別不一樣的特徵，在於中華思想不是離開人生而向外覓理，其雖然有真理觀與混沌觀這兩種思想（請見後面詳論），但即使主張真理觀的思想家，常都會深信真理同時內在於人的生命世界中，其間並沒有永恆的斷溝，因此中華思想會特別看重有關人心的各種議題，這點在齊學的相關經典著作如《管子》這本書特別明顯。再譬如後世如南宋陸九淵（一一三九—一一九二）說：「宇宙即是吾心，吾心即是宇宙。」（《陸九淵集．年譜》卷三十六）人通過對這個世間的本質理解，從而擴充與貫通獲得對宇宙的本質理解。記得《華嚴經》有段偈語：「若人欲了知，三世一切佛，應觀法界性，一切唯心造。」這就是後來「萬法唯心造」這一概念的最早緣起。世間萬有都是我們心識的變現，你的認知到哪裡，觀看到的世界跟著就變化到哪裡。這是中華思想（不論儒釋道任何一家）共同的主軸線。中國素來沒有西洋文化意義的宗教、科學與哲學，但不能說中國沒有自己意義脈絡內的宗教、科學與哲學，只是這些既有領域的具體內容都需要被重新定義，從而纔能完成該有的「格物致知」。如果根據美國科學哲學家費依阿本德（Paul Feyerabend, 1924-1994）「怎麼樣都行」（anything goes）的研究方法，敝人在《轉道成知：華人本土社會科學的突圍》這本書中提出「費依阿本德演化原則」（the Three Evolving Principles of Feyerabend），只要依據三大原則來探討，或可合理做出論斷某個理論始終具有科學哲學的意涵：其一，該觀念已構築自成脈絡的系統，提供自具圓善的說法，這是「觀念系統原則」（the principle of Conceptual system）；其二，依循該觀念發展的實踐，經實際檢驗證實有具體效果，這是「實踐有效原則」（the Principle of Practical Effectiveness）；其三，該觀念與該實踐兩者具有高度對應與相互影響的脈絡，這是「脈絡關聯原則」（the Principle of Threaded Association）（陳復，二〇二〇：頁二八七—二八九）。如此按照系統性、有效性與關聯性這三個原則來檢視，中國怎麼可能會沒有科學呢？中國的科技研發成果長期居於世界領先位置，這種領先狀態持續到晚明實學思潮興盛，在數學、物理學、天文學、地理學、植物學、醫學與聲律學這些基礎領域，甚至機械、冶金、農業與水利這些技術領域，都展開大規模的總結和開創，直至乾隆時期（一七三六—一七九六）與嘉慶時期

（一七九六－一八二〇）因考據學的關係，纔逐漸歸於沉寂，這些內容都應該使用新的科學眼光來重新認識，架構出與其相應的科學理論來獲得嶄新的詮釋。

第三節 中華思想的主軸

對於西洋文化來說，無論宗教還是科學，核心點都指向上帝。從西洋人的觀點來看，因為人不可能成為上帝，這兩者間有著永恆的鴻溝，這種觀點就導致人不可能完全瞭解真理，只能不斷逼近真理，真理成為一種外在性的追求，即使其來自人在意識層面的殫精竭慮，這是西洋思想的中軸線。因此，歐美人士總會瞧不起華人，覺得華人竟然相信人通過向內探索可與天合一，這如果不是一種「癡心妄想」，就是宗教狂熱分子的主觀願望。在中華思想不彰的年代，華人不僅飽嘗西洋列強的侵略，而且將西洋人的想法內化，異化成自己的思維型態，即使不信基督宗教，都會認同自己文化中有關天人合一的想法大有問題，從而有著自慚形穢的態度。現在的華人對於「成聖」這件事已毫無感覺與願望，同樣是出於這種「文化自我殖民」的心態帶來的效應。對於中華思想的這種巨大誤解，其癥結來自於西洋人只知道上帝的存在，卻對於「自性」（svabhāva）與「空性」（śūnyatā）兩個概念的差異沒有什麼認識（前面姑且使用梵文翻譯來精確對比差異），西洋人只承認宇宙有個真理，不斷向真理靠近的過程，就發展出宗教、哲學與科學。然而，西洋人講的真理，在某個意義上是華人所講的空性，畢竟如同真理，人始終不能跟空性合一，但可以逼近，但這有個前提需要解釋，我們只是在說真理和空性指向一個相同的方向，可是，是否「真理全然等於空性」，這其間有太多內容需要討論，更需要定義，這是一個很核心與困難的問題，請容我們這裡暫且存而不論（陳復，二〇二〇：頁一六八—一七四）。

中華思想的精湛是在於對自性的詮釋與闡發，因此開啟內在探索的空間。因為人首先有自性的意識，因此相信有體證的路徑（當然我們同樣可反過來說，因為展開體證的路徑，因此有機會確認獲得自性的意識），瞭解空性的存在，因此會展開論證的路徑，然而，空性無法體證。當然，論證可幫忙瞭解自性，體證可幫忙瞭解空性如何置身在生命的「身可及」與「不可及」間。瞭解這個層面，就能瞭解為什麼自性能應用於心理治療，因為每個人都會有超越自我的需要，只要對生命有深刻體會，不斷在社會實踐中印證，就會發現恢復你生命本來面目的自性無所不在。它會跟人的身心頻率產生對應連結，在具體的人和人的關係裡，呈現出一個該有的頻率。大家如果瞭解這個層面，就不會對基督信仰形成二元對立的思維框架產生無法解套的困惑，或者很容易把一些不理解的事情都歸於神秘主義（occultism），畢竟如果輕易抹殺體證的路徑，這個其實就是西洋思想中一種常見「東方主義」（orientalism）的偏差視角，「東方」向來被視作是「西方」的對立面，西洋人會將某些人視作「異己」（the other），其已變做「他們」（they），成為「我們」（us）的反面（陳復，二〇二〇：頁一〇三—一〇四）。當你順從這種東方主義的觀點，自然就會覺得中華思想充滿著停滯、保守與落後的觀點，對現代社會而言實在毫無意義與價值，生活在東亞社會的人，應該要對這種學術被殖民的說法保持警覺與反思。

中華思想是從人生內在普遍共同的真理推擴到整個宇宙，所以中華思想不能成為符合西洋文化中具嚴格啟示意義裡的宗教。如果說中國什麼有宗教，或可按照錢穆先生（一八九五—一九九〇）的說法，將其稱作「人文教」（humanistic religion），華人信仰的中心始終在「世界的存在」，而不是在「宇宙的存在」，後者是最本然的存在；前者則是概念的存在，意即「將宇宙變成世界」，在其間賦予意義並做出解釋（陳復，二〇二〇：頁一八七—一八九）。華人會將自然環境變成人文環境，但這個人文環境係精確對應著自然環境，而不是跟自然環境斷絕，因此你會發現中國傳統的空間都希望與山水結合無間，即使自己居家都還是想布置成園林建築，在裡面題寫詩文，或即使在書齋中放個文人盆栽（花藝）都會覺得心曠神怡，通過人的情味來美化環境，這有點變成文人特有的鄉愁。這是中華文化的早熟，尤其是從商朝來到周朝，就已產生最具關鍵性的蛻變。華人在面對鬼神信仰的靈驗不靈驗這件事情上，曾經做出非常長期的實驗和摸索，然後發現鬼神跟個人的互動並不是一種穩定的狀態，與其相信虛無縹緲不可測度的神意，還不如懷抱著憂患意識，不論置身於得意或失意的狀態，始終不忘從人自家性命的角度對未來做出不懈奮鬥。這是華人自商朝後發展出來的一種生命態度，我們就稱作人文精神。中華思想的主軸不能形成宗教，其實跟這種生命態度有關。如果因為想因應某些特殊人們的心理需要，需要「神道設教」，從尊重宗教信仰的角度來說，這種現象普遍存在於華人社會內，尤其存在於一般民眾的心理，但作為一個關注中華思想主軸線的人來說，如同《論語．雍也》說：「樊遲問知。子曰：『務民之義，敬鬼神而遠之。可謂知矣。』」只有跟鬼神保持距離，不輕易依靠任何宗教來解決自己生命的疑惑，纔比較能掌握到中華思想的精髓，這是一個很核心的觀點。

華人探究人生內在真理，是從人生的全體如實來探索，雖然華人無論情感與理智兩者都很重視，但對於人情的來往關係其實更重視，因此纔會長期形成被稱作關係主義（relationalism）的社會，但這個人情並不是只是在社會中應酬交際而已，更不是跟物理與天心隔絕，在中華思想中，人情、物理與天道被貫穿起來對待，成為某種「三位一體」的特殊狀態。中華思想認為宇宙中有萬物，萬物中有人類，人類中有本我。由本我而言，這是生命的中心，通過對該中心的探索與領會，使得人類並不自卑，甚至相信自己成為貫通宇宙或感通宇宙的中心點，但這並不是西洋文化認知的人類中心主義（anthropocentrism），而是說整個探討的起點被奠立起來，本我、人群、外物與天理各自獨立，卻又渾然一體，在對話中相互成全，不是絕對的隔離。每個人跟本我對話，都各自跟天理、外物與人群產生深度連結。個人的本我被包納於天、物與人這些象限中，成為其相互聯結與運轉的樞紐。通過「天」、「人」、「物」與「我」這四大象限的交叉對話，就形成「天人關係主義」、「天物關係主義」、「天我關係主義」、「人我關係主義」與「物我關係主義」這六種關係主義（陳復，二〇二〇：頁九六－一〇〇）。敝人非常瞭解關係主義會帶來的困境和弊端，像華人的人情包袱，常形成對很多事情處於被關係綁架的狀態，我們不能否認這種現象，但這只是中華思想的某個局部面向，並且應該通過法治（法制）將其限縮在合理的範圍。如果我們能瞭解中華思想的完整面向，這時候我們對中華思想的特徵，甚至它的未來性會看得更深刻些，在談各層關係的時候，我們會更遼闊和全面的展開，而不會誤認中華思想只有「利益關係主義」，看不出關係主義的核心特徵本在「道義關係主義」（陳復，二〇二〇：頁九六－一〇〇）。

中華思想當然有著與西洋思想可供相互對話與比較的內容，像是墨子（約西元前四八〇－約前三九〇）、惠施（約西元前三七〇－約前三一〇）、公孫龍（約西元前三二〇－約前二五〇）這些人談抽象觀念都相當值得認識，墨子講的天志與兼愛，與基督教都有極其相像可供對話的內容。老子（李耳或老聃，生卒年不詳）與莊子（約西元前三六五－約前二九〇）的部分思想則與西洋自然主義（naturalism）的科學觀頗有對話的空間，比如《老子》第五章說：「天地不仁，以萬物為芻狗。」天地就是我們現在說的宇宙，不因人而改變其客觀的運作，由此可知西洋漢學家為何會對道家思想的推崇遠勝過於儒家思想，因為他們是從自身文化的角度來審視中華思想，會覺得談到客觀法則運作的思想更容易被理解，其對於超越客觀法則的層面，直至二十世紀下半葉纔逐漸有相應的認識。西洋哲學如不依循宗教的脈絡來發展，就會對名辨邏輯的路徑特別關注，由名辨邏輯的客觀條例與客觀律令來探求真理，其實西洋哲學中世紀經院哲學（或稱士林哲學，scholasticism）同樣對於上帝的有無要展開嚴密的邏輯論證，並不是只有信仰而已。

對於邏輯（logic），敝人常習慣說「理則」更符合其實際的意思，因為前者只是音譯，後者則係意譯，指稱「論理的規則」，不只是道家，先秦時期惠施對於理則同樣很重視，他有「歷物十事」的主張，解析世間各種事物，從中總結出客觀規律，將事物相對面擴大解釋，不承認事物的具體特點，屬於合同異學說的創始人，因此你要通過西洋哲學的角度來說，中華思想的確還是有接近與西洋哲學的理性主義或經驗主義的思想。從該角度回過來談心理諮詢議題，很多人未必有如何嚴重的心理問題，通常只是「認知事情的理則」出現問題，如果你能將理則梳理開來，他的生命就豁然開朗。不過，語體的問題同樣值得我們注意，今天我們講的是白話文，我們使用的文字符號主要已經變成「詞」（vocabulary）而不是「字」（character），一詞常由雙字組成新的語意。用詞講話的好處是能對概念很精確的對焦，理智的思辨性增強，缺點是因為模糊空間不再存在，每個字不再有完整獨立的語境，人對心靈的感受性就降低了。正因如此，在使用詞彙來說話的此刻，我們更應該多讀古文來增強涵養，這對於豐富你生命體會更顯得重要。但，因為你已經身處使用白話文的現代社會，你沒有理由只談個人體會，不去關注理則思辨。我們都需要認真思考，按照某種理則去講話，這能大幅降低個人無謂的情緒潑灑空間。因為有些問題只要把道理講清就能獲得解決，應該把人豐富的情感放在理智所不可企及的層面，窮盡理智最終都無法解釋的層面，纔能容許通過情感來展開新的認識，讓理智與情感獲得對應與平衡纔是「中道」，這同樣是中華思想的主軸。這背後究竟來自什麼樣的文化脈絡促成中華思想發展出如此的中道呢？敝人覺得中華思想史精神氣魄最活躍的階段有三，第一個階段是春秋戰國時期的諸子百家；第二個階段是從南北朝隋唐時期的佛學諸法師；第三個階段則是宋明時期的儒學各大家，當然在這三大階段的前後時間段落，還是有大量認真在探索思想問題的人，詳情讓我們話說從頭。

第四節 周公的觀念轉折

中國有文字的歷史起碼超過三千五百年，究竟華人在如此漫長的歲月長河中，對宇宙與人生曾經思考過什麼重大議題呢？我們身為華人如果對此置若罔聞，甚至不知道華人面對靈性議題曾在商末有著重大轉折，就會呈現無知與無感的生命狀態，甚至退轉回去產生宗教信仰。我們平日關注自己身處這個時空裡，正影響社會的各種議題，就更不能不明白：這些議題的生成背後有著根本原因。根據敝人的研究，早在新石器時期開始，人類對宇宙與人生就已經產生最天然的根本關注，該問題主要指向「生死議題」，因為有生就有死，然而生死問題的關注，激發某些敏銳的人開始展露出思想的深度。在認識這些思想前，我們首先需要知道在秦統一前與秦統一後，中華文化發生劇烈的變化與轉折。從文化與地理交織的角度來思考，秦統一前的中國屬於東西格局；秦統一後的中國屬於南北格局。東西格局的中國，長期存在著兩大部落集團的衝突與交融，這兩大部落集團後來藉由神話被簡化稱作炎帝與黃帝，其實，兩大部落集團的差異主要不是血緣帶來的人種差異；而是產業帶來的文化差異，兩大部落集團最早期都在從事於漁獵，後來炎帝部落主要從事於農耕；黃帝部落原本並不是農業民族，其主要從事於畜牧，黃帝民族是夏族的前身，後來其中夏族獨立出去且改為農耕，政治統治能量越來越強大，尤其當成立夏朝後，大部的黃帝部落就開始歸順於夏，成為諸夏部落，剩餘的某些黃帝部落則繼續過著遊牧生活，這就成為戎與狄的源頭。周國從屬的周族，其同樣屬於黃帝民族，因聚落擴大而畫出獨立的支部落，故而周族屬於諸夏部落集團的成員，周族在遷至岐山前，有個長期累積的大問題，就是該族一直與戎狄雜處，彼此常有爭執，古公亶父忍讓無法換取和平，只得帶領子民由豳移至岐山下，於是與姜族開始交會。姜族雖同屬於諸夏部落集團的成員，不過它出身於炎帝民族，炎帝民族早於黃帝民族，卻因衰落而被後者打敗，取替做農牧民族的共主。其後姜族頓失母族屏障，部分族人可能因此流離失所，而與當地戎人雜居，逐漸有戎化的現象，故而被諸夏稱呼做「姜戎」。被稱作「姜戎」的姜族後來幫忙周族遷至周原，兩族開始長期聯姻的關係，或許空間較廣闊，與戎狄不至於完全混居，周族自此具有立國的規模（陳復，二〇〇九a：頁八）。

同樣是遊牧民族，蠻與夷是一個系統（姑且稱作甲系統），戎與狄是一個系統（姑且稱作乙系統），這是最早在中國生活的兩大類遊牧民族，本來乙系統裡的黃帝部落打敗炎帝部落（這是最早期的農業民族），並打敗蠻夷系統裡的蚩尤部落，成為全部農牧民族的共主，由於統治得當，因此包括甲系統的東夷人都忠誠歸順，長期視作遊牧民族的領袖，「黃帝」這個名號甚至成為東夷人的精神象徵，後來乙系統裡率先出現開始過農業生活的夏族，致使黃帝部落式微，文化就逐漸轉型成夷夏衝突與融合的格局。周人就是在這個過程裡，同大部的黃帝部落共同向夏族學習，轉型成過農業生活的民族，而本來血緣相通的戎人則不願意向夏族學習，繼續過著遊牧生活（陳復，二〇〇九a：頁八—九）。意即當炎黃不再具有絕對衝突性，隨著夏朝與東夷的各自坐大，接著就發展成夷夏兩大文化的衝突、交織與共融，這成為秦統一前東西格局的主旋律。商朝作為東夷人發展出去的王國，自認屬於被上帝「選中的子民」（the Chosen People），其靠著神權統治萬民，長期有著殺人殉葬於王室的習俗，因為對王室而言，一般百姓都是「選民的奴隸」，並不被承認具有獨立自主的意識。然而，這種思想在商末開始受到挑戰，社會普遍的新共識就是上天會放棄一個長期蒙天眷顧的商朝，只因它不被人民接納與信賴，可見人事的奮勉纔是興衰的關鍵因素，這種思潮已經是周朝自認能滅掉商朝而得統治萬民，這是老天對新朝的「授命」（授與天命），但，他們開始體認這個天命沒有德性不會恆在，統治者必須要不斷體察民意，否則國脈會重蹈商朝斷滅的後果（陳復，二〇〇九a：頁七八）。因此在《尚書．康誥》說：「天乃大命文王，殪戎殷，誕受厥命。」後來周公還藉成王的命令，告誡負責帶領殷民後裔被封至衛國的康叔念茲在茲，不要覺得天命常在誰身上，他說：「惟命不于常，汝念哉！無我殄享。明乃服命，高乃聽，用康乂民。」周朝承襲商朝的天命思想，殷人取替夏族而做共主的天命，至此重回周朝的手裡（杜正勝，一九九二：頁二五一－二五四），我們由此看出周文化在承襲商文化的影響的同時，其意識層面已經發生新的巨大變化，變成只有關注於百姓福祉纔能長保天命（陳復，二〇〇九a：頁七九）。

我們專門來談周公旦（生卒年不詳，後世簡稱周公），敝人覺得他是中華思想第一位思想家（後面會再做闡釋），因為他的奮鬥，使得中國特有的人文精神成為此後中華思想的核心特徵，並首度展開華夏學術理性化工程。人文精神並不是突然出現的觀念，尤其是經過對抗神權的精神解放而來。中華思想史的起點在商末，由於商紂王（生卒年不詳，夏商周斷代工程認為他在位期間為西元前一〇七五—前一〇四六）殘暴對待百姓的統治手法，使得商朝的威望與控制越來越低落，招來東夷各國的徹底叛離（東夷本來與商朝系出同宗），《左傳．昭公四年》記載：「商紂為黎之蒐，東夷叛之。」這是說當商紂王帝辛尚在東夷區域臣屬於商朝的黎國閱兵，或因其徵召夷人不知體恤，招致夷人普遍的民怨，東夷就開始叛變，《左傳．昭公十一年》記載：「紂克東夷，而隕其身」，意指帝辛雖然率兵消弭東夷叛變，卻因消耗過鉅，國內空虛且民怨沸騰不已，最終招來自毀，如果我們僅由這個角度來觀察，就會發現商朝的滅亡與其說是滅於外面的周人，不如說是滅於自家的夷人（陳復，二〇〇九a：頁五二—五三）。

但，商朝滅亡的癥結因素，更來自商王本身的心態。當商王朝呈現內外交煎的局面，商臣微子不斷諫告，帝辛都不聽，這時候周文王（姬昌，生卒年不詳）乘機進軍征商，文王首先消滅黎國，帝辛對這個消息的反應，竟然還是自認天命在身，他不相信周武王能奈何得住自己，這種思維就是「血統天命觀」，遠溯自商朝建國者商湯即是如此的觀點，《史記．宋微子世家》記載說：「紂既立不明，淫亂於政。微子數諫，紂不聽，及祖尹以周西伯昌之修德滅黎國，懼禍至，以告紂。紂曰：『我生不有命在天乎？是何能為！』」因此商朝王室殺人殉葬都是做理所當然的事情。周文王消滅黎國，商臣祖伊奔告於商紂王，表示老天已經終止商朝的天命，占卜的時候，用火灼燒烏龜殼，觀其縱橫裂紋來獲得徵兆，藉此得知吉凶禍福，其內容現在都不再靈驗，人民無不想商王早點死掉，並責怪天（上帝）為何不降威，而帝辛卻依舊認為自己生來就有天命，他的大臣卻已經開始質疑這個觀點，《尚書．西伯戡黎》針對此事記說：「西伯既戡黎，祖伊恐，奔告于王。曰：『天子！天既訖我殷命，格人元龜，罔敢知吉。非先王不相我後人，惟王淫戲用自絕。故天棄我，不有康食。不虞天性，不迪率典。今我民罔弗欲喪，曰天何不降威？大命不摯！今王其如台？』王曰：『嗚呼！我生不有命在天？』祖伊反曰：『嗚呼！乃罪多，參在上，乃能責命于天！殷之即喪，指乃功，不無戮于爾邦。』」商臣祖伊已經產生這層警覺：商朝如果會滅亡，這是帝辛的淫戲獲罪於上帝，終將自取滅亡，這表示上帝已放棄商朝了。由這裡可看出，在商朝末年已經開始產生這樣一股思潮：有人開始寧願相信統治階層如果不能照顧百姓的福祉，天（上帝）就會放棄對他（們）的長期眷顧（陳復，二〇〇九ａ：頁七八—七九），這是意識層面的重大變革，相對於商紂王依舊相信「我生不有命在天」，意即他相信自身的血緣就是天命的保證，這股信念的發生，對政權的合法性與穩固性來說，不啻為最具毀滅性的打擊。

由周文王到周武王（姬發，生卒年不詳），他們父子的應機出現，就是因應這股思潮的需求，而開始提出後世稱作「德性天命觀」的主張（陳復，二〇〇九ａ：頁七五—

七六），《尚書·康誥》說：「天乃大命文王，殪戎殷，誕受厥命。」周國的王室（這裡主要是指周文王）相信，上天已經對他們自己授與新的天命，讓他們來征服商朝並統治百姓。《史記·周本紀》則記載：「西伯陰行善，諸侯皆來決平，於是虞芮之人，有獄不能決，乃如周，入界，耕者皆讓畔，民俗皆讓長，虞芮之人，未見西伯，皆慚相謂曰：『吾所爭，周人所恥，何往為，祇取辱耳。』遂還，俱讓而去。諸侯聞之曰：『西伯蓋受命之君也。』」由此可看出由於周文王有「行善」的意識（這反映出其已開始相信因果的影響），尤其愛民如子，使得各國百姓都感染到周國百姓的謙讓國風，更使得各國諸侯開始普遍相信：周文王是被授與天命的新天子。周朝王室征服商朝王室，這表示一個充滿精神自覺的統治集團，克服一個沒有精神自覺（或自覺尚不深刻）的統治集團，「自覺的子民」從此替換掉「選中的子民」，成為中華思想的顯命題，更成為獲得天命與否的衡量標準。早在周文王時期，周文王被商紂王囚禁在羑里，在牢裡受困而把《易經》的八卦演繹出六十四卦，就已經是憂患意識的萌芽，然而，關鍵在周文王的兒子周武王，當周國準備要征商的時候，曾經發生「卜龜不吉」的凶險徵兆，甚至出現暴風雨這類極其險惡的天象，然而，這並沒有阻撓周國君臣要征商的意志。

《史記·齊太公世家》記載這件事情說：「武王將伐紂，卜龜兆不吉，風雨暴至，群公盡懼，唯太公彊之勸武王，武王於是遂行。」太公望（生卒年不詳，後世簡稱太公，或全稱姜太公）相信盡人事不需仰賴天啟，因此強烈建議周武王按照原訂的計畫出征。唐杜佑《通典》一百六十二徵引舊本的《六韜》（該段內容已不見於今本），而對此事過程有更具體的描寫：「周武王伐紂，師至氾水牛頭山，風甚雷疾，鼓旗毀折，王之驂乘，惶恐而死。太公曰：『好賢而能用，舉事而得時，則不看時日而事利，不假卜筮而事吉，不禱祀而福從。』遂命驅之前進。周公曰：『今時迎太歲，龜灼言凶，卜筮不吉，星變為災，請還師。』太公怒曰：『今紂刳比干，囚箕子，以飛廉為政，伐之有何不可？枯草朽骨，安可知乎？』乃焚龜折蓍，援枹而鼓，率眾先涉河。武王從之，遂滅紂。」這段文字顯示出在面對凶兆，周國大臣間曾經有歧異的意見，姜太公認為重點是周國能尊敬且善用賢人，獲得天下百姓的愛戴，征商的戰爭是順應客觀條件的義舉，不需要再看時日，或假手於卜筮，或跟上天祈禱，自然就會有福蔭相伴；周公則認為目前犯太歲，卜筮不吉，這顯示未來會有災星降臨，他希望武王能還師，這卻引發姜太公的憤怒，他覺得商紂王包括對自己的親族大臣都不惜殘害（刳比干與囚箕子），征商有何不可？乾枯的蓍草與腐壞的龜骨如何能測得出這些事實，姜太公因此把它們焚燒摧毀，自己率先帶領軍隊渡河，藉此強化大家征商的意志，如果從善盡人事不重鬼神的角度而言，姜太公實屬開先河的第一人，只是後來周公的觀念轉折，使得他做出比太公更重大的文化貢獻。

周武王征商誠然獲得全面勝利，但，征商勝利後的第二年，周武王就忽然中年重病駕崩，這對於剛成立的周朝其實是個致命的打擊，各種典章制度都尚待籌畫與落實，然而主其事的周武王驟然離開人世，相較於周文王在位五十年，這不由得讓周朝全體臣民都自然會懷疑這是否意謂著上天並不眷顧新成立的周朝，甚至反而是對周朝消滅擁有天命的商朝的懲罰？《尚書．金縢》就記載：「既克商二年，王有疾，弗豫。」這個「弗豫」就是種憂患意識，這不單純是對周武王病情的憂慮，更意味著對自己究竟是否獲得天命眷顧的戒慎恐懼（得天命的人，卻猛然生重病，這很難讓人領會天意究竟是什麼想法）。周武王生病一直不能康復，《尚書．金縢》記載：「二公曰：『我其為王穆卜。』」這裡「二公」是指姜太公與召公奭，他們希望替周武王卜問上天，《尚書．金縢》記載周公反而說不可打擾先王，他卻設立三個祭祀台，再築一個台面北正對著三個祭祀台，周公站在台上，擺好璧，拿著珪，誠意跟自己祖先（周太王、王季與周文王）禱告說：「惟爾元孫某，遘厲虐疾，若爾三王，是有丕子之責於天，以旦代某之身。」這段話意思是說周武王遇到極其危險的病，然而他有上天交付的重責，希望三王能保護他的性命，讓周公自己來幫周武王替死。這可看出周公無私謀國的態度。《尚書．金縢》記載：「乃卜三龜，一習吉。啟籥見書，乃並是吉。」意思是說占卜三個龜殼，都是吉利的答案，再打開櫃子核對占書，同樣是吉利，《尚書．金縢》記載周公很高興說：「體，王其罔害；予小子新命于三王，惟永終是圖。茲攸俟，能念予一人。」通過卜龜的告知，周公因此相信周武王不會有什麼災難，三王這些祖先神，從長遠的角度來謀畫，終究會眷顧著自己的子孫，繼續讓周武王承擔天子的重責，這樣的雀躍心情，反映在《史記．魯周公世家》記載他因此特意跟周武王道賀說：「王其無害，旦新受命三王，維長終是圖，茲道能念予一人。」的確，《尚書．金縢》與《史記．魯周公世家》都記載第二天周武王就獲得痊癒，但沒隔幾天他就還是駕崩。這樣突然的噩耗，帶給周王室極大的震撼與不安（陳復，二〇一一：頁七—八）。

周公甚至整個周王室當日面臨一個空前的難題，那就是「卜龜失靈」引發的心裡強烈的挫折與焦慮。面對周武王重病是否能痊癒，卜龜占得大吉，結果周武王第二天就痊癒，沒隔幾天卻離開人世，我們如果就卜龜本身的角度來解釋，周武王的確第二天獲得痊癒，但，他緊接著死亡，帶來周王室政權合法性莫大的難題。上天到底有沒有順從人願呢？如果就王朝興衰的角度而言，上天顯然並不順著個人主觀的意願發展，使得世事難全且難測，周王室面臨最大的考驗，不只是如何治理周朝的困境，更包括著人究竟該如何跟天溝通的困境，周王室顯然發現上天並不特別厚愛周王室，祂沒有任何具體的示意，甚至當周王室希望獲得上天授命的確認，事情的發展卻滑往與願望背離的路向。這更加重周王室的憂患意識，使得他們戒慎恐懼在面對著自身的動靜舉止，更因此使得人文精神開始萌芽，如果上天的意旨不再能藉由卜龜來仰賴，他們就得要靠自己身為人的智慧，來誠意面對難關，奮勉掙脫困境。我們覺得周公作為周王室掌握實際政治權柄的王公，正就是面臨著這兩大困境，使得他由早年謹小慎微的性格，因此被環境淬煉得更加成熟，接著纔有後來東征後全面「制禮作樂」的治國宏規，深刻影響後世，因此，人文精神開始萌芽，同時意謂著中國靈性觀念的重大轉折。當我們開始談思想，我們就要注意到當人開始出現生命主體性的意識，思想就開始了。因此太公與周公兩人實可並立為中國最早期的兩大思想家，雖然太公望年紀估計比周公旦年長，然而畢竟周公經由自身觀念的重大轉折，首倡制禮作樂的人文精神，影響範圍不只在魯國，更在整個周朝疆域，太公則後來主要影響在齊國，配合周朝國策來融合「夷夏—商周」兩種文化，這使得敝人依據該脈絡，如果採取更嚴格的標準來說，則會表示周公實屬中華思想第一位思想家（陳復，二〇一一：頁八）。

第五節　公孫僑的人道觀

接著中華思想史呈現某種中斷的現象，這並不是說沒有思想的內容，而是說沒有思想的突破。比較特別的思想家直到春秋末年鄭國纔出現丞相公孫僑（字子產，？—約西元前五二二年，後世都稱其字而不名），他在執政期間，認真改革內政，慎修外交，捍衛鄭國利益，極受百姓愛戴，他對於輿論不肯做任何干預，鄉校是鄭國養老與習射的場域，人民經常聚在這裡自由議論政事，有人建議他毀掉鄉校來防止人民不滿的聲音四溢，子產卻覺得這不可，認為人民議論政治反而能督促他知道該如何改過遷善。事見《左傳．襄公三十一年》，子產回答：「何為？夫人朝夕退而遊焉，以議執政之善否。其所善者，吾則行之；其所惡者，吾則改之，是吾師也。若之何毀之？我聞忠善以損怨，不聞作威以防怨。豈不遽止？然猶防川。大決所犯，傷人必多，吾不克救也。不如小決使道，不如吾聞而藥之也。」文中將批評自己的人都當作老師，他們的看法可轉化成自己改革政策的依據。反過來說，如果壓制民怨，這就像是妄圖擋住河川的洪水氾濫，不如從制度層面開個決口，引導河川有正常行經的管道，如此更能避免驟然爆發帶來的災難，並能將批評的言論當成藥石，藉此治療自己的錯誤。子產這種開明的人道觀已經具有民主的思想。

當我們想討論靈性議題，就不能漠視子產從中反映出濃郁的人道關懷，《左傳．昭公七年》記載春秋時期晉國大夫趙成（大夫趙武的兒子，生卒年不詳）曾經問子產這個實際問題：「伯有猶能為鬼乎？」意即聽說鄭國常鬧伯有鬼魂出現的事，伯有已死八年了，難道還能有鬼魂嗎？子產對此回答說：「能。人生始化曰魄，既生魄，陽曰魂。用物精多，則魂魄強。是以有精爽，至於神明。匹夫匹婦強死，其魂魄猶能馮依於人，以為淫厲，況良霄，我先君穆公之胄，子良之孫，子耳之子，敝邑之卿，從政三世矣。鄭雖無腆，抑諺曰『蕞爾國』，而三世執其政柄，其用物也弘矣，其取精也多矣。其族又大，所馮厚矣。而強死，能為鬼，不亦宜乎？」這段話白話文是說：人剛剛死去稱作魄，已經變成魄，陽氣則稱作魂。生時衣食精美豐富，魂魄就強而有能量，使其有現形的能耐，獲得神清與靈明的狀態。普通的男人和女人不能善終，他們的魂魄還能附在別人身上，藉此大肆惑亂暴虐，子產表示：何況伯有是我們先君穆公的後代，子良的孫子，子耳的兒子，敝邑的卿，執政都已經歷三代了。鄭國雖然不強大，或者就像俗話所說的是「蕞爾小國」，可是三代執掌政權，他使用與遺留的東西隨處可見，他在其中汲取其精華，他的家族如此龐大，憑借的資源如此雄厚，但因為政治鬥爭不幸被殺，生命不得善終，最後做鬼來肆虐人間，這不是很正常的現象嗎？子產本人雖然當時對伯有被殺的政治事件保持中立，但他對此事有著深刻的直觀體會。

前文說：「人生始化曰魄，既生魄，陽曰魂。」該段意思表示人活著的時候纔會有魄。在春秋時期，人已經開始不相信人活著前先有個「靈魂」，但人死後卻有，該時期的人對靈魂的定義已開始越來越清晰。這段話裡的「魄」是各種各樣的有型狀態（請見後面詳論）。「既生魄，陽曰魂」，可見是先有肉體接著纔有魄與魂。華人在此時已經擺脫原始的靈魂觀，對人生不作「靈肉分離」的二元對立看法，這個意思並不是說華人不相信有靈魂，只是這個靈魂是跟肉體緊密相依在一起的狀態，並不討論肉體存在前的靈魂，但是否有肉體存在後的靈魂，則基於實際的觀察承認其存在，這種現實態度，因此中國後來對宗教與哲學中的形而上學（metaphysics），直到宋明儒學出現前，都沒有很重大的發展，敝人這裡沒有任何負面的意涵，只是在指出事實。華人很早就不喜歡對事物作太過抽象的思索或推論，會將這種思索或推論視作「無端揣測」，寧願就現象的表面與個人的認知作一種「如實描寫」即可。這種精神狀態如果一路發展，接著再否認心靈的存在，最後就會跟五四時期實證論的科學觀念高度契合，更會很容易就理解成後來的唯物論（materialism）。

華人常喜歡在相對的條件來探討議題，而通常不會預設一個絕對的條件，意即各種觀點的成立都有其特殊時空背景，不同時空背景會有不同的相對條件，其需要的觀點自然有異。西洋文化則有普世性的想法，因為基督信仰的關係，西洋人會認為上帝無所不在，所有人都應該服從上帝這個真理，在追尋該真理的企圖裡，人間真正能恆久成立的理論都要具有普世性，理論的普世性其反面來說就是排他性。中華文化則會有「道並行而不悖」的想法，華人可接納有各種矛盾並立的事物同時存在。就像我個人對於佛教的輪迴轉世學說持著兩面態度，我會覺得對於相信的人來說，它確實會產生相應的真實出來，並在該人身上獲得印證，譬如孩童能有前世記憶並不罕見，在臺灣曾經有則轟動一時的金門朱秀華變成雲林吳林罔腰事件，這就是個輪迴轉世且獲得證實的案例。但如果你相信輪迴不是必然的因果且不是必須的因緣，如果你有大智慧，你就當下破除輪迴這種想法。破除並不是人就沒有因果或因緣，這只能說是「不昧因果」，你反而應該珍惜你活在這一世的人生因緣裡，珍惜這一世的人生因緣纔是人生在世的重點，這是種儒家的態度，使得人會去更積極思考我這本來朝向死亡的生命，在這一生裡，究竟要懷抱什麼樣的人生態度來活著。如果有人問：「為什麼我們會這麼強調修養工夫的重要性？」其實根本原因就是因為人不得不承認生命的有限性，只有在世圓滿纔能讓生命意義最大化，當你修養工夫做得深厚，你作為一個心理諮詢師產生的療癒能量就越強。

前文說：「用物精多，則魂魄強。是以有精爽，至於神明。」意指人生出來後，如果他的身心受到長時期的滋養和鍛鍊，他的魂魄就會比一般人來得更有能量，該人就變成神明了。「神明」當時是在人活著的狀態，而不是死後的稱謂，縱然人到衰老而死，他的生理作用停止，他的心理作用結束，然而為什麼還會有鬼的存在呢？正是因為生理作用本來並未衰老，驟然橫死，生理作用和心理作用依照既有的慣性還在運作，於是纔有成為鬼的現象。《左傳．昭公七年》這段話指出一般小老百姓突然死掉了，都還會有靈魂附體或借屍還魂的現象（譬如前面說的朱秀華事件都依然還會出現在臺灣社會），更何況是伯有這種歷經三個世代都在掌握著國家的政治的人，他的影響如此宏大，精神氣血這麼大，更不要說家族整體影響那麼大，個人突然死掉了，接著就會出現「鬼的狀態」。子產當時的解釋顯然成為後來華人極其普遍的認知，敝人在講中華思想史的時候，並不會特別關注政治議題，甚至不是在講思想本身，而是從心理的角度來思索文化議題，我們在瞭解構成華人心理環境的元素到底是怎麼產生的來龍去脈，這其實就是中華思想史，對於認識華人自身獨特的心態會極其有益。

子產還在《左傳．昭公十八年》說：「天道遠，人道邇，非所及也。」從西周到東周，人已經開始覺得人間的道理是如此貼近，天的道理是如此遙遠，人窮究全部精神都不見得能領悟有關上天的奧秘，因此寧願主談「人道」，而不再奢談「天道」，這使得後世逐漸發展出傾向於講實作的觀念，不傾向於講抽象的觀念，因為華人覺得這世間萬事的道理實在太複雜，基於把握住重點的企圖，只希望能善盡人事，通過根本的領域來貫通各面向，當外王獲得落實，成聖就在眼前。值得注意者，子產發表他對於討論鬼神的看法，正當孔子（孔丘，約西元前五五一－前四七九）十七歲左右，我們應該思考子產這些觀點對於孔子思想的影響。回到魂魄觀念來，魏晉時期在此脈絡中發展出來的道教思想開始認為人有「三魂七魄」，「三魂七魄」被並稱在一起，最早見於葛洪（約二八三－約三四三）在《抱朴子．內篇．地真》的說法：「欲得通神，當金水分形，形分則自見其身中之三魂七魄。」再者，《抱朴子．內篇．論仙》則說：「人無賢愚，皆知己身有魂魄，魂魄分去則人病，盡去則人死。」三魂是指「地魂，天魂，人魂」，古稱「爽靈，胎光，幽精」（張君房，一九九六：頁三一六），或有人稱為「覺魂，靈魂，生魂」。

佛教在東漢傳入中國，佛教的輪迴業報相繼傳入。這一與中國傳統倫理思想迥然相異的外來學說的傳入，當時引發關注中華思想的上層人物極大震撼。晉袁宏《後漢紀》卷十記佛教東傳後大家的反應：「然歸於玄微深遠，難得而測，王公大人，觀生死報應之際，矍然自失。」范曄（三九八—四四五）的《後漢書・郊祀志》中則說：「精靈起滅，因報相尋，若曉而昧，故通人多惑。」古人本來覺得人死後，魂魄出竅變成鬼（英雄人物則成為聖神），鬼生活在與人相隔的空間，稱作「陰間」。鬼與人一樣，同樣有生活各種需要，因此每年各種重要節日都要宰牲祭祀祖先。道教在魏晉時期受到佛教影響，開始會覺得人有輪迴，直到再度輪迴，三魂才會重聚。三魂的根本是自性，這是生命實相，三魂是由於「真如動念」產生的一種能量型態，並吸附靈質而具形體，如果純粹從靈性的角度來看，三魂就是靈魂、覺魂與生魂。靈魂主宰人的善惡羞恥，覺魂主宰人的意識顯潛，生魂主宰人的健康壽命。人若死後生魂會消滅，覺魂還留在人間，靈魂就依因果循環在六道中輪轉到相應的在世肉身。

三魂生存於人活著精神中，因此生命如果死亡，三魂會歸三線路：首先，天魂歸天路：這在心臟的點，係死後到達天庭的路徑。活著的時候，天魂稱作胎光，這是判斷一個人生死的重要條件，胎光就是生命的光輝，故稱神明，這是人最寶貴的能量。如果有人黯然神傷，就會稱作胎光晦暗，人表現得抑鬱不振，滿眼灰暗與了無生趣，甚至會求死。往日西醫判斷一個人的生死，都是看人的心臟還跳不跳；中醫判斷生死，則都是看人的胎光到底還在不在。胎光被視作人的本神，胎光不見，就變成植物人，意即現在說的腦死，但是心臟還是會跳動。因天魂屬於良知，這是不生不滅的「太極」，有肉體的因果牽連，不能俱化於無，只能被帶到天庭，並會依據你的信仰而有相應的歸命。再者，地魂歸陵墓：死後依據信仰的差異，或到達地獄受苦，再等候投胎轉世，或則流連於墓地間，但這些觀念都開始受到佛教的影響，否則本來在先秦時期的思想是人有因果報應，但沒有轉世輪迴。地魂內含人的因果報應，更可實踐出在世肉身的善惡，並影響後世子孫禍福，肉身死亡後，地魂尚有因果。活著的時候，第二魂稱作爽靈，這表現的是智慧，從字面來看就是爽與靈，爽快和機靈。我們在生活中會看到有些天生智慧比較低的孩子，或者有些通過其他事情給刺激變傻的人，老輩們常說這孩子「掉魂」，為什麼會變傻呢？就是爽靈丟了，這就需要家長因材施教，畢竟天生我材必有用，常見智慧比較低的孩子都會在某些層面有超越於常人（Das Man）的造詣，比如天才指揮家舟舟，或者如果各位仔細閱讀《卡爾威特的教育》，就會發現人有可能因為教育而讓心智獲得轉化與突破。卡爾威特在書中指出，他的兒子生下來並不是一個稱心如意的嬰兒，甚至有些癡呆，並不如他和妻子想像的那麼聰明，他的妻子很難接受，他們一開始都陷入了莫大的苦惱中。不過，他們經過正確的教育，最終讓孩子獲得了超乎想像的成就（卡爾威特著，劉恆新譯，二〇〇二：頁一六—五四）。

第三，人魂歸神主：因人魂本來來自於「祖德」，意即歷代姓氏流傳接代的肉身，如不歸於宗祠，則依附於神主牌而與子孫同在於家中，祖先的人魂與子孫的人魂具有精神同構性，使得彼此能相互感應道交。活著的時候，第三魂稱作幽精，其相對低調與冷靜，這是控制人體有關性器官、性取向與性高潮的關鍵。女人的月經與男人的遺精，就是藉由幽精在發號施令。男女看見異性，會有陰莖勃起、陰道分泌或瞳孔放大，這就是魄的反應，尚未觸動到心神的程度，只有跟有情愛關係的人性交，纔會產生愉悅感，這就是觸動幽精的結果。因此，道教思想會覺得情愛與生殖都出自幽精層面。再來就談到七魄。「魄」意指是人活著時的生理狀態，人死的時候七魄都會離開人體，那魄從哪兒離開人體？中醫認為人體有一個門，稱作魄門，它是魄離開人體的門。魄門常會被誤認肛門，其實真正的位置在長強穴，這是「體」的層面，肛門則是這個穴位的發作，這是「用」的層面。古人搶救快死的人，因無法塞住長強，第一件事就是塞住肛門。人死的表現最終就是屁滾尿流，糞便失禁，這是來自魄門不再能控制肛門。七魄首先是「吞賊魄」，猶如身體內的免疫系統；「屍狗魄」是身體的預警系統；「除穢魄」負責身體的代謝系統；「臭肺魄」掌管身體的呼吸系統；「雀陰魄」控制身體的生殖系統；「非毒魄」負責驅散寒毒與熱毒的聚集；「伏矢魄」則負責掌管身體的便溺系統。由於民間都深受道教思想的影響，如果知道三魂七魄這種出自道教思想後來變成民俗日常的觀念，對於我們從事華人本土心理諮詢的時候，會對深受傳統影響的當事人產生比較深刻的理解與認識。

第六節　叔孫豹的不朽觀

探討人死後的問題，會從人生論轉到宇宙論，雖然大家都不願意死，但人終究不可能永生，覺得既然不能永生，人就應該想辦法活出不朽，這是人類共同想要解決的問題。譬如埃及就發展出木乃伊的防腐來長久保存屍體，這是希望讓身體獲得不朽與再生，敝人曾經在大英博物館親眼看見這些內臟被掏空，施加各種防腐原料的木乃伊，對於這種面對死亡的型態流露出的陰森氣息印象深刻（甚至還有貓的木乃伊，傳說夜晚時太陽發出的光芒會被藏在貓眼裡保管，藉此震懾黑暗中邪惡的能量），這種保存身體的辦法，其背後來自深信人未來還會再回來使用這個身體（包括其寵物依舊還會回來陪伴自己），因此只要是貴族階層，不論死者是老人或孩子，都會將身體保存妥當，供當事人來日回來使用。華人對於這個問題比較務實，覺得人既然無法永生，身體同樣不可能獲得不朽，那就要對於不朽產生全新的理解。

早在春秋時期魯國的叔孫豹（？—西元前五三八）就已發表他極其著名且影響後世深遠的「三不朽論」，《左傳．襄公二十四年》記載：「二十四年春，穆叔如晉。范宣子逆之，問焉，曰：『古人有言曰，「死而不朽」，何謂也？』穆叔未對。宣子曰：『昔匄之祖，自虞以上，為陶唐氏，在夏為御龍氏，在商為豕韋氏，在周為唐杜氏，晉主夏盟為范氏，其是之謂乎？』穆叔曰：『以豹所聞，此之謂世祿，非不朽也。魯有先大夫曰臧文仲，既沒，其言立。其是之謂乎！豹聞之，大上有立德，其次有立功，其次有立言，雖久不廢，此之謂不朽。若夫保姓受氏，以守宗祊，世不絕祀，無國無之，祿之大者，不可謂不朽。』」該段文字翻譯成白話文的意思是說：魯國的叔孫豹到晉國訪問，晉國的范宣子問叔孫豹：「如何是不朽？」叔孫豹沒有回答。宣子說：「我范家遠祖經歷虞、夏、商與周四代直到此刻，都享受高官厚祿，這算不算不朽呢？」結果叔孫豹回答說：「這是家族世襲的榮華富貴，並不是『人生的不朽』。」人生的不朽到底是什麼呢？叔孫豹表示從古至今最重要是樹立德業，再次是樹立功績，最後是樹立言論，這些實踐能持續對社會產生影響，不會被世人遺忘，纔是真正的不朽。這段話說明該時期的華人已經不是簡單從靈肉二元論的角度去思考靈魂不滅的問題，而是把關注點放在人的精神在社會人群中如何恆常永續。

立功、立言與立德並不是只有傳統知識分子（士）需要思考的事情，一般百姓只要願意修養生命，都需要面對這三個命題，這是本土心理學應該關注的根本課題。譬如從親子關係來說，父親要對他的孩子做出榜樣，藉由實際的行為樹立家風，就有立德的命題，譬如父親因為應酬交際帶來的高壓，沉溺於抽菸或喝酒，將很難對孩子提供正面的典範；父親平日的言語會對孩子的身心產生怎樣的影響，這就涉及立言的命題，譬如會因為上班不順心回到家中就怒罵孩子，這將無法讓孩子服氣；父親能否做出對社會有意義的事情，從而讓孩子懂得效法其風範，這同樣有立功的命題，譬如父親如果因為假公濟私而虧空公款將會讓孩子蒙羞。宋元明清相當盛行書寫族譜與家譜，從中可傳承祖先所做的事情，從社會整體的角度來看，這些家族中的祖先不見得曾做過如何輝煌的豐功偉績，但中國社會呈現出一環套一環的結構，這使得家族裡有耆老，鄉里有鄉賢，國家有棟梁，在這個環環相套的狀態裡，所謂不朽，其意義就變成有些人係在家族裡的不朽，有些人係在鄉里的不朽（更細分下去，還會有在縣的不朽與省的不朽），最後則是有些人係在朝廷裡的不朽，這種不朽的思想影響甚廣，這背後反映出傳統華人的自我意識的觀念比較淡薄，大家更在意如何藉由付出與合作，讓整體的生命繼續獲得生生不息，這就會產生不朽觀念。

對於自我而言，死亡是最大的事情，然而對於自性而言，死亡與出生如四季般循環往復，個體的生滅只是更大的整體中的某個過程而已。就像我們每個人的肉身，一天內就上演無數的生生死死，因為有無數的細胞生出和死掉，這種新陳代謝反而讓整體的肉身繼續在運作。中華文化的核心關注點不在自我而在自性，通過修養自性，來實踐「萬物一體」的事實，這是有修養意識的華人終身為其奮勉的理想。華人會說「死而不亡者壽」，這本出自《老子》三十三章：「知人者智，自知者明。勝人者有力，自勝者強。知足者富，強行者有志，不失其所者久，死而不亡者壽。」人如何能「死而不亡」呢？這就需要從自性意義來讓整體的生命永續發展。敝人甚至發現自西元二〇一八年開始，大陸各級政府開始重新在各省與各市層層推舉「鄉賢」，就可看出這種不朽的概念持續在影響著華人。

依據西洋宗教的觀點，人要活在上帝的心裡；依照華人的思想，人要活在其他人的心裡，前者是個抽象概念；後者是個具體概念。「立德，立功，立言」使得某個人樹立生命的典範，使得他在後人心中永遠出現並效法，這就是人的復活，意即呈現人的不朽，使得華人的思想裡，恆常都只有存在著「生命世界」。並不會像西洋文化裡有此世（this world）跟他世（other world），且該兩個世界間有著永恆的斷溝。因此華人不會有如同西洋人有著強烈想要到天堂的想法與願望。華人的不朽是一種更具深刻意義的靈魂不滅。因為我們的心靈是互相連接的存在，共同擁有著一個有著共同記憶的資料庫，從這個角度來說，不只孔子的生命恆常不滅，陽明子（這是後世尊稱，即王陽明先生，一四七二—一五二九）的生命恆常不滅，全體古聖先賢都恆常不滅，因為我們跟他們活在同一個心靈裡，而這個共有的心靈就是文化集體潛意識。只要我們共有這個資料庫的人不滅，這個心靈就不滅，因此回過來說，陽明先生有沒有靈？只要我們跟他有共同的資料庫，只要心靈不滅，他就有靈。如果這個資料庫的擁有者真的都全部滅絕，如同阿茲特克人、印加人或者瑪雅人，那麼他們的靈就真來到他世（other world）去了。

心胸寬厚的心理諮詢師，如果談到生命究竟的議題，或許會依據當事人的頻率與傾向，或順應他的生命本來信仰什麼宗教，或建議他的生命朝向某個宗教。這種做法當然可理解，但如果心理諮詢師能通過把握住中華思想的主體特徵，讓當事人明白學問本身帶來的覺醒能量，去尋覓更深層次的靈魂不朽，就不見得需要去信仰宗教（儘管他有完全的自主權），這就是為什麼我們要發展本土心理諮詢的背景，因為這會更相應於華人思考問題的特徵。如果有人問：「任何一個生命比較究竟的人，他應該怎麼面對死後的世界呢？」我想，他應該是首先在活著的時候，要善盡自己作為一個人的責任，秉持著生命的良知，從而形成動靜舉止散發著光與熱（活出意義來），使得他最終在證道狀態裡進入寂滅，最後坦然完成死亡。如果按照儒家的觀點，死亡後，他的整個靈就與整個宇宙本體合而為一，不再有個體的意識，而是進入生生不息共同的本體中，這種比較圓滿的生命狀態，就被稱作「天人合一」。當然如果他的願望不只是單純跟本體合而為一，他或變成「靈識」，該靈識不滅，專門眷顧著自己的子孫，或眷顧著他愛的人和愛他的人，這是華人傳統常有的認知，被視作祖先信仰的來源。很多人現在只關注如何擬訂「生前契約」（意即涵蓋從臨終關懷、殯葬服務到死亡教育等相關流程內容的個性客製化服務產品，每項服務可由當事人自己增選或刪除，而且費用在簽訂契約前商定，然後落實到契約中），卻沒有釐清死前跟存有（noumenon）確認彼此該有如何的協議，意即你要採取怎樣的狀態來面對死亡。這個其實是人應該在死前完成的一件課題，而不是隨波逐流。

在中華思想不彰的時空格局裡，人為解決自己的生命困惑而去信教，這種狀況相當普遍而正常。有許多民國三十八年（一九四九）從大陸流亡到臺灣的人們，被大家稱作「外省人」，這可謂士人繼東晉與南宋後第三度族群大遷徙。這些外省人中，有相當比例因為精神的漂泊失依，會信仰天主教或基督教，比較不常見的現象則是有人會信仰本土的佛教或道教，尤其知識水準越高的人多半會對天主教或基督教有著傾慕嚮往，渴望獲得上帝的拯救。這一代人失去母體（不論是文化的母體或政治的母體），他們處在最起碼兩個世代的失魂落魄中，其生命沒有歸宿，已經遠離既有的土地、祖先與宗祠，只能藉由耶和華信仰來安住身心。對於這些人，你只能承認其長期面臨這種漂泊的生命處境，反求諸己自問：「為何中華思想不再能成為守護人心的泉源，這是思想內部本身的問題，抑或是思想外部環境的問題，當前衰落至此的癥結原因到底是什麼呢？」但你不應該去武斷質疑這些人想要信仰天主教或基督教，說其「信仰不究竟」，因為這會漠視時空背景複雜的來龍去脈，你只能面對當事人給出祝福和成全。大陸今天已有快上億人在信仰天主教或基督教，這何嘗不是中華文化全面凋零帶來的特殊現象呢？但，反過來講，如果有一天中華思想重新彰顯於世，除尊重信仰自由外，由於中華思想對人文精神的重視，按照其脈絡發展，會令不再有這麼大量的華人需要參與具體的宗教組織來完成信仰，這只是因為人明白中華思想有自己解決生命問題的能量與管道，但，這是社會不同階段人對於解決自家生命問題做出的不同抉擇，我們都應該尊重。

如果你發現你的當事人因為沒有接觸到神聖感，使得他的精神產生某種焦慮與迷茫，可是他知識水準有限，這時跟他講傳統的學問其微言大義，他可能覺得觀念很複雜，他只是希望從神聖裡獲得一種平安感，那你就首先瞭解他的家庭背景因緣，認識他自己或家人有什麼信仰，建議他到自己覺得最合適的信仰中獲得神聖感，譬如到尋覓供奉正神的廟宇燒香拜拜，或參與什麼耶和華信仰的團契或聚會，從中獲得夥伴的扶持與支撐，或把自己的心願跟神做出傾訴，從中感覺到被更大的存在關懷，這只是各順其因緣來完成本該有信仰。敝人從不存在企圖讓自己諮詢的當事人去改宗或改信，因為心理諮詢應該尊重當事人的生命脈絡來探討生命議題。當然，心理諮詢師如果對於人類既有跟神聖或信仰有關的事情其相關內容瞭解得越豐富，他可提供的方法和工具就越多元，這些面對神聖的方式，都各有其存在的意義與價值，敝人對此保持著很開放的態度，並且常覺得想認識華人本土心理諮詢並不意謂著只能認識本土的宗教，因為當前世界已呈現地球村的樣貌，人很容易就接觸到各大文明系統裡的各種宗教（或不是具體宗教卻已具有宗教性的觀點），心理諮詢師都應該思考這些內容該如何應用於心理諮詢，成為幫忙當事人的素材。如果當事人有相當水準的知識素養，或者因為這種知識素養使得他很難信仰任何宗教，那使用一種比較極簡的風格會比較恰當，未必就要進入架構相對龐大的宗教組織中。當事人難免都有各種執念，問題就在於該執念是否已經影響到自己的身心，如果尚未有什麼明顯的妨礙，那就可順著他既有的執念，按著他的因緣脈絡，讓他獲得安頓身心的方法。

第七節　兩大文化的融合

我們通過周公旦、公孫僑與叔孫豹三人，闡釋人文精神如何由西周到東周獲得大幅開展。尤其周公的制禮作樂雖可謂象徵華夏文化的擴大，並通過東征，分封眾建各諸侯國，其實施範圍涵蓋整個周朝，在政治的影響層面遠超過當年的商朝，並相當程度壓抑東夷文化的發展，然而，從思想來看，周公的制禮作樂實屬人文精神的萌芽，使得中華文化獲得極重大的突破，尤其將鬼神思想人文化（主要是祭禮化），不再凡事問鬼神，而開始著重人本身的奮勉，這更意謂著夷夏兩大文化在長期的衝突中發展出嶄新的融合，並因此出現新的分化。敝人曾發現余英時先生（一九三〇—二〇二一）在《論天人之際：中國古代思想起源試探》這本書中，其引用雅斯培（Karl Theodor Jaspers, 1883-1969）在《歷史的起源與目標》（*The Origin and Goal of History*）一書中提到的「軸心突破」（axial breakthrough）這套說法，再借由帕森斯（Talcott Parsons, 1902-1979）提出的社會文化進化論（sociocultural evolution），來討論中國歷史上幾個關鍵發展階段，尤其針對春秋戰國時期的思想突破，他視其天人關係的轉向起源於個人精神的覺醒和解放，尤其有一大群「士階層」對殷商時期的「巫傳統」構築的知識體系出現反動，從而產生思想的突破，關鍵在於將「道」替換掉本來巫者信奉的「神」，再將「心」的變化替換掉溝通天人的神秘機能，其軸心突破的關鍵在於拿「心學」取代「神學」，奠立中華思想的一項主要特色（余英時，二〇一四：頁八五—一二〇）。余英時先生講的「心學」並不是專指後世的心學，而係從廣義的角度來談華人早在春秋戰國時期就已有心靈自覺的意識，發展出各種豐富的思想，從而使得諸子百家有如群峰並立，這的確是個頗值得注意的事實。

接著，我們想要更細緻討論中華思想內蘊的四種型態。由於中華學術思想並不是學者在象牙塔中生成，每位思想家提出自己的思想，都有著具體的現實感，他考慮的問題無法脫離他的生活環境，甚至該思想與其孕育的生活環境有著相互影響的關係，因此，在夷夏兩大文化融合出各種多元思想的過程裡，隱然能由文化（精神空間）、政治（現實空間）、歷史（精神時間）與地理（現實空間）這四大象限交織的觀念領域中，歸類出四種學術風格，並持續影響至後世，其思想甚至影響今日華人生活的文化：一是著重浪漫玄思，發展出順應自然，強調生命本無秩序與本無真相的楚學，其主軸是混沌觀；一是著重現實權謀，發展出強調因應現實趨吉避凶，帶有計算權衡的晉學，其主軸是功利觀；一是著重歷史文化，發展出重視禮治與教化，強調維繫規範與秩序的魯學，其主軸是倫理觀；一是著重知識，發展出重視客觀規律，探求使用真理來應用於人事的齊學，其主軸是真理觀（陳復，二〇〇九a：頁一）。這四種思想型態通過先秦諸子百家的傳播，長期跨越時空，影響華人如何思考問題，使得人人心中都有一張「心靈地圖」，該地圖刻畫著這四種學問的印記，只是側重點有比例不同，對其中一種至兩種角度各有明顯的偏重：如果你是個想像豐富而感知很強的人，且直覺反應快過系統思考，你就有可能受到戰國楚學的影響；如果你對於現實環境的威脅有強烈的危機感，實踐目標會使用謀略與手段，你就有可能受到晉學影響；如果你很重視對孩子的教育，不重視金錢，高度看重長幼尊卑的關係，你就有可能受到魯學的影響；如果你能將具體議題抽象化，懂得系統邏輯思考，願意相容並蓄廣納意見，你就有可能受到齊學影響。讓我們來各自談其相關內容。

首先，我們來認識齊學。商文化源自於東夷，後來姜太公在東夷的區域建立齊國。因為齊國靠海，海上常常起大霧，在這種雲霧繚繞中，很容易開啟人們的想像空間，因此齊國統治的濱海地區有很濃厚的神仙思想，譬如海市蜃樓就開啟蓬萊仙島的傳說。但是在這種神仙思想裡面，比較特殊的是齊國有著一種至高無上的上帝思想（陳復，二〇〇九a：頁一三一—一三三）。這種思想導致他們想要瞭解宇宙是否有最終的真相，這是一種真理的觀念，真理觀念的特點就是主客對立的思維，從該思維出發，將對象客體化來對待，就會有很多科學與技術的發明。《考工記》這本書記錄齊國各式各樣科技發明的成就（陳復，二〇〇九a：頁一九），包括關於手工業各工種的設計規範和製造工藝，書中保留有大量的手工業相關生產技術，包括管理方法、營建制度甚至工藝美學的內容，替後世保存極其豐富的文獻。不論是科學或宗教，基本上戰國齊學和西洋哲學有一個相對比較相像的特徵，就是因為主客對立的思維使得其出現知識論（epistemology），或者稱作認識論（茲因行文需要，敝人會互換使用，然其義相同）。所謂的知識論或認識論就是做為一個觀察的主體，如何瞭解被觀察的客體，針對該認知過程所產生的知識。假設面對這個客觀的物體，做一個實驗，得出一個答案，然後再找另外一個同樣的物體，再做同樣的實驗，它可能得出的答案是否一樣，不斷的反覆這樣來實驗，如果最後得到一個可重複驗證的答案，那麼該答案就會視作可被相信的真相。雖然不能說全部，但齊學的確有這類思維，使得其科技不斷有精益求精的發展。在這樣的一種追求真理的思維和心態裡，人類接著面對社會有著濃厚的秩序思維：宇宙自有運作的秩序，因此社會運作跟著需要推崇秩序，那就是透過設計出各種客觀的法律來讓人間變得有秩序。深受齊學影響的法家思想，其重要代表人物有管子（管仲，約西元前七二五—前六四五）與慎子（慎到，約西元前三五〇—約前二七五），他們跟三晉地區的法家相較，最大的差異就在於齊法家相信法律具有客觀性，因此他們面對政治制度、社會環境與人生智慧都反映出務實的態度，總希望瞭解究竟真相是什麼。然而，這種態度與齊學中人喜歡大膽想像與好發議論並不衝突，其最大特徵莫過於喜談具有神秘性的生命議題了，這使得漢朝的儒學深受齊學影響，瀰漫著本來魯學實屬正宗的儒學沒有的天人感應思想，當日稱做「讖緯」。齊學的儒學作為儒學的分支，還有個特點就是著重「趨時」（因應當時客觀的形勢、環境與條件），長於發揮「微言大義」，貼靠著現實政治，因此從政的人數頗大量，這就開啟漢朝的今文經學（陳復，二〇〇九a：頁二一—二二）。

接著，我們來談魯學。周文化因為經歷商朝的滅亡和周公的制禮作樂，型塑出富於人文精神的文化風格，這種風格肯認上天的存在，但是相信人得要靠自己日新又新的奮鬥，纔能不斷確保個人擁有天命，這樣的文化風格最主要在魯國（今天山東的西南）呈現。當年周公藉由成王封他的兒子伯禽到山東建立魯國，完整保存周文化的底蘊。伯禽採行的態度是「易其俗，變其禮」，這項政策相當激烈，當時魯國有許多夷人，他們的認同「在商不在周」，伯禽執行周公的叮嚀，強迫國內夷人改變其宗教和信仰，來實踐周文化的生活，快一年纔稍有成效（陳復，二〇〇九a：頁九二—九三）。周公後來回到魯國，更強烈推行周文化，使得魯國人民有高度重視教育、文化和倫理的傾向。魯學的思考型態偏向保守而堅持，這是指對於自己相信價值觀的堅持，該價值觀強調仁義禮智，重視家庭倫理與人際關係，認為這是經世濟民的前提，所謂「忠臣出於孝子」，這是典型的儒家思想，其缺點是太過執著於對某些禮法觀念的堅持，往往使事情毫無轉圜的餘地，流於形式主義。魯學對於宗法制度的曲意維護，易使社會趨向因循守舊，不鼓勵更張變革，儒家在魯學的思維裡激盪而生，本有維護道德銳意革新的企圖，卻同時深受魯學的束縛。魯學的信仰是希望建構一個有秩序的社會，具體的利益就在追求信仰的過程裡自然獲得兼顧，最著名的思想家就是大家熟知的孔子，《論語・衛靈公》記說：「子曰：『君子謀道不謀食。耕也，餒在其中矣；學也，祿在其中矣。君子憂道不憂貧。』」魯學重視繼承既有思想的一貫性，發展重點在禮樂對倫理的薰染，因此我們會看見孔子對周公的嚮往，他志在興復周文化，思考總洋溢著慕古的情調。漢朝時期，儒學裡的魯學，重視古文經學，謹守經文傳統義理，詳做名物訓詁考證，不做強解，只希望還原本意。魯學傳承孔門的學風，治經態度嚴肅而謹慎，缺點為不免流於故步自封。《漢書・儒林傳》就有「穀梁子本魯學，公羊氏乃齊學」的說法，這是齊學與魯學兩個詞彙首先出現的最早文獻，《穀梁傳》與《公羊傳》各自是面對孔子《春秋》各自從「還原義理」與「發明義理」不同角度寫出的典籍，齊學與魯學的差異由對比兩書體例作法，自能有具體而微的認識。漢朝齊學對經典的自由發揮態度來自齊國本來國風，對各種學說都抱持相容並蓄的精神，如果沒有一個中心理念去貫穿，則會流於散漫失焦，由於齊學較重視個人，尊重個人對觀念的體會與詮釋，體會與詮釋越深刻，則會呈現自由發揮的傾向，這是齊學開創性會如此強的根本原因。周文化能有魯學做傳承者，再有齊學做發揮者，得失互抵且互補，都屬於周文化在學術層面的演變（陳復，二〇〇九a：頁九五—九六）。

第三，我們來認識晉學。春秋時期的晉國（今山西、陝西與河北局部）到戰國時期裂解成韓國、趙國與魏國這三個國家。本來晉國的北邊有狄人，南邊有楚國，西邊有秦國，東邊有齊國，共構典型的四戰環境，這樣殘酷的生活環境造成人民都具有強烈的危機意識，由於朝不保夕，加上交通輻輳，產生及時行樂的思想，重視現實功利，而產生申子（申不害，約西元前四〇〇—前三三七）、商子（商鞅，約西元前三九〇—前三三八）與韓非子（約西元前二八〇—前二三三）這些法家人物，雖然申子存世的時間在商子前面，然而商子的思想成熟度要稍高於申子，商鞅提倡農業和戰鬥，強調君王要鼓勵農業來強化人民的戰鬥能量，其主張的「法」，主要是指「服從君王的命令」，這種法的意涵是絕對專制主義，申不害出生於鄭國（後來被併入韓國），他覺得人都有自我保護意識，領導者須對人民誘利，纔能易於管理人民，因此其主張「術」，就是權謀。申商都視人命如草芥，沒有信仰，只有利益，然而晉學的申子是權謀思想最具象徵性的人，我們由君臣互動的角度來觀察，就會發現他的權謀與稍後的商子不同，申子完全站在統治者的角度來思考問題，商子則把權謀當作統治者與受治者都能行使的治世手腕，申子在《申子．大體》裡說：「明君使其臣並進輻湊，莫得專君焉。」他認為君主要讓其大臣都能拿他做思考任何問題的中樞，而不能讓任何一個大臣運用詭辭專擅君主的視聽。商子認為權謀是政治活動裡不得不有的潤滑措施，如果放棄權謀，則政治就會混亂，《商子．算地》說：「臣主失術而不亂者，未之有也。」意指臣子與君主的互動如果沒有通過鬥爭的過程，那反而會使得政治領域因過程的粗糙而生出混亂，這有點「鬥爭即是真理」的意思。韓非子繼承申子的觀點，卻繼續有發展，他在《韓非子．定法》裡說：「術者，因任而授官，循名而責實，操殺生之柄，課群臣之能者也，此人主之所執也。」按照人各自的才幹來授與官職，按照這個官職的名位來督責其實質是否稱職，這都是權謀的一環，然而權謀始終只能由君主掌握，掌握這種殺生由我的思考，君主會冀圖節制群臣中特別傑出的人，不讓他伺機反控君主。韓非子同時批評申子由於未察覺用法律治國的意蘊，而只知道使用權謀，結果臣子有樣學樣，根本控制不住臣子暗中跟著拿權謀來對付君主（包括申子本人即是靠著揣摩韓昭侯心思獲得高位）（陳復，二〇〇九b：頁四六），因此，韓非子被視作晉學法家的集大成者。

最後，我們來認識楚學。楚學的範圍甚大，包括整個長江流域以南，其全盛時期大致在現在湖北省、湖南省、江西省、安徽省、江蘇省甚至山東省的局部地區。楚國跟商朝頗有淵源，根據《清華簡．楚居》記載，商王盤庚的女兒妣隹徵婚，楚部族的首領季連與其結婚，此後就居住在盤地，與妣隹生絰伯與遠仲兩個兒子，他被尊為楚國的始祖，更可見楚人與殷人確實存在親緣關係。在春秋時期前，整個長江流域都還遍布著原始森林，煙霧瀰漫，充滿著瘴癘之氣，人置身於其間，充滿著奇幻不知究竟的想像，這些區域的思想家都有著這種情調。雖然齊學與楚學都深受商文化的影響，不過顯然這種影響體現出的思維型態相當不同。商文化應該只是個某種時空的文化氛圍，這種文化氛圍的重點在相信鬼神，尤其相信鬼神裡至高的上帝，齊學與楚學共同既受商文化的影響，再隨著各自特殊時空的發展，而逐漸在宇宙的究竟議題裡產生思維差異（這本是商文化尚未回答的議題，其與思想的發展進程有關），這就是真理與渾沌的差異。楚學在演化的過程裡，楚國周遭與境內擁有數量龐大的各種民族，這些民族各有信仰的鬼神，各有極其繁複的信仰過程，彼此交錯雜居，恐怕使得生活在楚文化裡的人很難不對具有終極性的上帝信仰產生疑惑（陳復，二〇〇九b：頁一一一—一一二），其中老子是楚學最重要的思想家，據說他就生在楚國的苦縣（學者普遍認為該地點就在河南省鹿邑縣），後來當已經衰落的東周守藏史，有點像是後來的國家圖書館館長，他在《老子》第一章說「道可道非常道」，意即這個宇宙的真相如果能被知道，那麼該真相就不是最終真相，或者說這個宇宙的真相本身不可能用語言釐清，能被語言釐清的內容都不是真正的真相。既然如此，真相到底要如何被人瞭解呢？首先，真相本身就不是一個可被瞭解的狀態，它就是「渾沌」（chaos，後面都使用後者）。再者，如果你想要瞭解這個渾沌的實質，你可能需要的是感應，而不是語言上的理解（陳復，二〇〇九b：頁五），因此瞭解渾沌需要高度訴諸於直覺性的思維，當一個人有什麼態度或想法的時候，心思敏銳的人從其眼神觀察就已經知道答案，這就是楚學的思維型態，它不認為宇宙有什麼究竟，因此人置身宇宙中，不應該訴諸真理，而應該訴諸感應，其究竟是沒有究竟且沒有本質的渾沌，就在這種曖昧難明的情境裡面，試著用人的感覺摸索出人生可行的路。

莊子（莊周，約計西元前三六九—約前二八六，一說前二七五）更細緻刻畫這種渾沌思維，《莊子．內篇．應帝王》裡面一個神話：「南海之帝為儵，北海之帝為忽，中央之帝為渾沌。儵與忽時相與遇於渾沌之地，渾沌待之甚善。儵與忽謀報渾沌之德，曰：『人皆有七竅，以視、聽、食、息，此獨無有，嘗試鑿之。』日鑿一竅，七日而渾沌死。」南海的帝王喚做儵，北海的帝王喚做忽，中央的帝王喚做渾沌。某天儵帝和忽帝在渾沌住的中央地點碰面，渾沌很熱情的招待兩人。儵帝與忽帝想回報渾沌的善意，就彼此商量說：「每個人都有七個孔竅，包括兩隻眼睛、兩隻耳朵、兩個鼻孔與一張嘴巴，如此纔能觀看、聆聽、飲食與呼吸，渾沌卻連任何一個孔竅都沒有，我們就來嘗試替混沌鑿竅，幫忙他看清世界。」於是，儵帝與忽帝每天為渾沌開鑿一個竅，當七天開完渾沌全部孔竅，渾沌卻因此死亡。這個寓言是想要告訴人，世界沒有真相，瞭解對人帶來的傷害越深，因此回過來看老子說：「五色令人目盲，五音令人耳聾。」（《老子》第十二章）這是說浸潤各種顏色與聲音對人的生命反而會帶來傷害。老子還說：「為學日益，為道日損。」（《老子》第四十八章）我學習的東西越認真，對於我瞭解大道損害得越深，什麼都不瞭解反而最自在，這就是楚學的思維。楚學的思想缺點是因為認為這世間沒有真相，因此對很多事情都不想精確計較，其只關注如何讓當下的生命獲得智慧（這是喜悅的泉源）。楚學有關宇宙究竟層面最精緻的思想，就呈現在屈原《楚辭．天問》裡，他用疑問的語調說：「曰遂古之初，誰傳道之？上下未形，何由考之？冥昭瞢暗，誰能極之？馮翼惟像，何以識之？明明暗暗，惟時何為？陰陽三合，何本何化？」大意是說：遠古渾沌未開的起點，本來沒有天沒有地，誰能去說到底曾發生什麼？誰能去考察任何具象的內容呢？整個宇宙裡無晝無夜，渾渾沌沌的樣貌，只有氣機如馬馳鳥飛般不斷遊動其間，誰能去推究它有什麼終極呢？誰能去認識呢？接著，晝夜不斷交替，陰陽不斷變化，天地人三者鼎立和合於宇宙間，誰知道這是在什麼時間發生，又由誰創造呢？誰知道何者是宇宙的根本源頭，何者是由此化生出的現象呢？這是帶著虛無主義（nihilism）的態度去面對宇宙究竟議題（陳復，二〇〇九b：頁一一一一二），但敝人不是說楚學全都是這種論調，這裡面還需要細論，譬如談到老子很容易就誤會老子是虛無主義者，但老子其實是帶著瓦解知識的角度來展開知識的架構。

四種學術後來隨著它的交互擴散，影響的範圍遠遠已經不是它原來起源的地區。在不同地區的人們，都受到這些思維不同層面的影響，有人會特別看重倫理道德，有人會看重現實功利，有人會認為這宇宙的本質不可瞭解，生命應該及時行樂；有人認為這世間有著最終真相，人應該終其一生探索並活出該真相，因此產生科學的觀念。魯學跟晉學的相同點是都來自於周文化的傳承，兩者都非常重視人的態度，其來自於一些深刻的歷史經驗，譬如前面已經提到周公跟著其兄周武王要去打商紂王的時候，數度占卜都是「不吉」，但他們竟然攻破殷都打敗商紂王。當周朝建立不到兩年的時候，周武王卻過世了，這反而印證「不吉」在後頭，而在周武王過世前，周公向上帝與祖先祈求讓自己來替換周武王，結果上帝與祖先沒有聽見或應允他的祈求。周公在這種狀態裡不禁反思：作為周朝的統治階層，唯有奮勉在人世間建立「禮的秩序」，纔有可能獲得「天的眷顧」。這不是單純「跟天對立」或「跟天和合」，而是種辯證思維，融合兩者來完成「天人合一」的終極意義，在這樣的思維引導裡，中華文化就變成人在世間的奮鬥，從而發展出一種具有濃郁人文精神的思想，這種具有人文精神的思想，表現出的正面狀態就是魯學的思維，其單純重視如何維繫「禮的秩序」，表現出的負面狀態就是晉學的思維，其不只重視維繫「禮的秩序」，更重視如何謀畫「術的運作」，兩者都很關注於人與人的關係，然而魯學思維的重點在「道義關係主義」，晉學思維的重點在「利益關係主義」，這是晉學和魯學最核心的差異性。當然，這樣說或許有人會有反對意見，可能有人覺得「術的運作」同樣有其正面貢獻，不能將其說得毫無價值，如果不強調權謀，則中國歷史中成王敗寇的過程將顯得太過理想化，這點不是沒有道理，請容我們保留觀點的差異，暫且不做對比申論。魯學跟晉學都出自中國北方思維，能對這些生活風格精確詮釋的作品是《詩經》，就像孔子在《論語．八佾》中表示：「關雎，樂而不淫，哀而不傷。」意即當一個人快樂的時候，不會太沒有分寸；當一個人悲傷的時候，更不會太過於傷悲，這固然是指〈關雎〉這首詩，更能闡釋整部《詩經》充滿寫實主義的特徵，語言風格樸實直接，不會過於浪漫，更不會過度激情，不論是魯學或是晉學，它們都是站在人本的角度，表現出的風格具有濃郁的生命感。

楚學和齊學都在不同程度受到商文化的影響，它們因為都有濃厚的天道思想，可是他們發展出的風格很不一樣：楚學是種充滿浪漫的多神思想，卻沒有任何究竟神的觀念；齊學同樣有多神思想，卻發展出至高無上的上帝思想（由早期的玄鳥天命信仰發展出泰山天庭信仰），這是楚學與齊學同樣在有神論的脈絡裡，對比出來的細部差異性。在周文化的脈絡裡，魯學和晉學並不是沒有天的觀念，但是它們更側重在人事，因此特別重視祖宗傳承，這是最關鍵的差異性所在；齊學因為比較沒有這種顧念，政局如同齊國面臨的海洋般不斷在變幻，甚至可由姜齊替換成田齊，顯見宗法觀念相對薄弱。在這樣一個大脈絡裡，還有些綜合影響產生的發展，譬如說墨子後來生活在魯國，他早期具有儒家情懷，故非常重視「尚賢」，可是後來到齊國發展，就受到齊學真理觀的影響，發展出重視「天志」的思想，天志就是上帝的意志，這就能說明他的思想受到齊學和魯學綜合性的影響而產生。再譬如計然（生卒年不詳，《越絕書》作計倪）可謂是春秋末年經濟思想家，本來是晉國公子，流亡到越國，傳說曾做過范蠡（約西元前五三六—約前四四八）的老師（陳復，二〇〇九b：頁一三三—一三四），他認為市場充滿著不可測因素，但他試著在這不可測的市場裡，去尋覓利益最大化的可能性，如果說吳國受到齊學更深的影響，譬如其將軍孫武（約西元前五四五—約前四七〇）就是最具代表性的軍事思想家（陳復，二〇〇九b：頁九五—九九）；越國則受到楚學更深的影響，據說計然曾在越國擔任大夫，他是在楚學關注於天道與晉學關注於現實這兩種交織影響裡出現的思想家，他還曾根據歲星運行的自然規律來計算年成的好壞，掌握農業生產年歲豐歉的規律，預測五穀和各類商品價格漲落的趨勢發展，從而使越國早作準備，這些例證都可說明學術如何在不同區域間交織影響。

敝人覺得華人思考事情的類型，基本沒有離開這四種思維，而且在不同的時期，有時候某些類型特別被人推崇，有些類型則特別顯得沒落。譬如說在解嚴前臺灣的社會，還洋溢著「中華文化復興運動」的浪潮遺緒，敝人依然記得童年閱讀報紙頭版頭條，看見外交使節來到臺灣，新聞報導中都會指出他們說我們是「禮儀之邦」，因為我們非常重視倫理與道德，儒家思想備受推崇與倡導，這就是魯學思維的影響；可是當前臺灣社會充滿著現實的功利思想，社會氣氛相當民粹，爾虞我詐成為人際關係的常態，這樣的社會氣氛則呈現晉學思維，當儒家的倫理面臨解構，就會常見某些人非常擅長使用話術，他本人不見得有惡意，卻不自覺想通過高明的話語技術來達到自己的目標，這就可說是當年擅講權謀的晉學對後世產生的影響。甚至常見主張「臺灣獨立」的政治人物，其高舉的政治符號固然有「去中國化」的主張，瞬間轉換卻沒有違和感，其政治運作背後的鬥爭心理則依然還是深受晉文化影響，更不要說會去祭祀道教的鬼神來求取靈性對現實選情的庇佑，這就是華人特有的本土心理學（甚至是具有本土深意的政治心理學），其語言背後的顯意識與心靈背後的潛意識充滿著矛盾性，其實在晉學思維中可獲得統合。

敝人曾在自己的著作《商周交會在齊國：齊文化與齊學術的研究》（甲乙兩編，二○○九）針對中國四種學術傾向來思考社會整體前景，指出華人社會未來應該重視兩個觀點，這裡特別摘錄如下：第一，重魯學而輕晉學，晉學看重人事的權謀鬥爭思考，對於架設一個讓人民安和樂利生活的社會不利，如果人人只側重心機的運作，社會就不容易落實正義原則，雖然權謀鬥爭本來禁無可禁，然而提倡魯學裡的儒學，當能讓心術的運用受著心性的規範，而由教育層面重新提倡做聖人的理想，容易使社會風氣歸於純樸；第二，重齊學而輕楚學，楚學的混沌觀其實可能對於宇宙的本質有更清晰的洞見，其間深具辯證性思維，並能超越主客對立來觀看宇宙本質；然而齊學的真理觀卻較能裨益華人架設一個符合秩序的社會，我們該懷著負責的態度去立法設事，使得社會有公正的機制，讓人人能合理的獲得利益，齊學正基於真理觀而能使華人有較符合於客觀的理性思維，這是華人能邁向現代化的支柱。因此具有中華文化特徵的現代化，當站在齊學真理觀的支柱上闡發魯學的聖人觀，意即社會在法治的機制裡運作，而人人心懷聖人的德性，在中央有著如聖人的領袖按著法規治理國家，在民間禮節與法律並重，這是開創盛世的基石（陳復，二○○九b：頁一五一——一五二），更是心理諮詢過程中應該再三琢磨的核心思維。

第二章

春秋時期老孔兩家思想

第一節　自有思想與自覺出路

今天的世界問題都來自文化的衝突，文化的衝突與獲得融合的契機，其源頭最主要還是思想問題的釐清。然而，會產生這種現象，主要來自西洋文化在主導著全球政治的發展，這種格局雖然正在面臨崩解，卻尚未全面盤整，卻不甘於正在沒落的事實，導致我們需要深刻觀察人是怎麼樣的思考，這不只影響自己，影響人與人，更是影響世界最核心的事情。西洋哲學從來深受宗教影響（只不過從古希臘諸神宗教變成全歐洲基督宗教），其後來發展出的科學亦復如此，觀念主義（或稱觀念論，更常見稱作理型論，idealism）與物質主義（或稱物質論，materialism）（陳復，二〇二〇：頁一一九—一二一）；個人主義（individualism）與社會主義（socialism）；理性主義與經驗主義，這些二元對立的思維固然在衝突中展開哲學的寬度與深度，從基督信仰出發，人不能企及於天，人卻渴望獲得天的救贖，人因此不斷在知識層面開拓出能理解上帝旨意的思想，但在這些劇烈的衝突中，我們同樣看見西洋文化早在笛卡爾（René Descartes, 1596-1650）提出心物二元論（mind-body dualism）後，人變成只能確認自身主體意識因思考（懷疑）而存在，卻無法真正確認觀察對象本身的存在（物自身），這種對立命題導致自我中心主張更變得理所當然，自二十世紀後，早已面臨某種對立中相互抵銷的疲弱狀態。但是中華思想卻不喜歡這種衝突，其思想的特徵就是不斷在衝突中融合，希冀讓矛盾獲得統一。

今天的華人（尤其是生活在臺灣的華人）表面不承認自己本有的思想，卻深受本有的文化心理影響，從西洋哲學中汲取營養，樹立出自己早已掙脫傳統的新形象，卻通過西洋哲學自身都無法解決的二元對立衝突，在自己內部製造各種新矛盾，從而在火中取栗，卻始終一無所獲。譬如高舉著概念定義問題，藉由中文語意的模糊性，善用修辭學來辯論，只講著自己認知的話語，讓事情本身變得日益無法澄清，最終只能各說各話，從而規避自己本來該負的責任，從而遂行自我的願望；或者動輒用實證論的標準來檢視某種對象是否符合科學，卻只是把科學當作政治鬥爭與打擊異己的工具，輕易把不符合西洋哲學標準的各種內涵就劃歸為無從得證的「封建迷信」，卻不知自己正犯著東方主義（orientalism）的謬誤（陳復，二〇二〇：頁一〇三—一〇四）。那西洋哲學家想探究上帝究竟存在與否，這是否就是在搞「封建迷信」呢？我們自五四運動浪潮百年來新舊思想的衝突，常就在相互替彼此戴帽子的過程中，讓本來可訴諸言說的真相被人輕易扭曲。國學大師錢穆先生曾經在《中國思想史》的〈自序〉中很沉痛請大家仔細去思考一個問題：今天的中國，到底有幾個人認識中國的舊思想呢？值得我們深思者，如果我們不認識中國的舊思想，你怎麼能動輒說自己正在面臨新舊思想的衝突呢？所謂的衝突者，其實只是接受西洋思想二元對立的外貌而已，錢穆先生說這就是國人誤認「非衝突即是無思想」，於是接著就有「不革命即是反革命」的口號，這其實是國人基於二元對立思維很嚴重的精神困境（錢穆，二〇一二：自序頁九）。

錢穆先生在其著作《中國思想史》的〈例言〉中說過這樣一段話：「無思想之民族，決不能獨立自存於世界之上，思想必有淵源，有生命。無淵源無生命之思想，乃等於小兒學語，不得稱之為思想。今天中國之思想界，正不幸像犯了小兒學語之病。」（錢穆，二〇一二：頁一二—一三）其實，不只是早年的中華民國人文社會學術領域瀰漫著醜化傳統中華思想的態度，即使在今天的臺灣社會更是這股思潮的遺緒，此刻臺灣正面臨著激烈的去中國化浪潮，然而，當國人「拒絕談淵源卻自認有思想」，導致大量且豐富的思想內涵被棄置不顧，人卻倒退成幼稚的「兒童」，甚至變成憤怒的「青少年」，表現出蠻橫無理只在意自我意識是否獲得伸張，這時候該思想豈能不變得粗鄙無文？當年錢穆先生希望藉由指出中華思想深遠的淵源，在其間發掘出中華思想真實的生命，通過「明體」來「達用」，再藉由「博古」來「通今」，使得中國人未來能「自有思想」與「自覓出路」，而不是隨手拿些「舊公案」與「舊話頭」就隨意批評了事，這種呼籲真正是語重心長。該時期的學人面對整個中國的瘋狂，看不到希望，真就是傳統的花果凋零，來自大陸一流的知識分子（不論是儒家思想支持者或自由主義支持者），都不得不面對整個國家的殘破不堪，他們著書立說，字字都是血淚，內蘊著希望替文化再開新局的情懷。回首錢穆先生的晚年，因為用眼過度，得青光眼而失明，如果你瞭解他的實際生命處境，對照這番話背後是極度的高壓和痛苦，這是一位碩學鴻儒看不見國家和民族未來的希望，語重心長說出來的心情。今天我們早已脫離當年的情境，年輕人都常在父母保護裡過著幸福的日子，現在讀這些話「庶乎使中國民族之將來，仍可自有思想，自覓出路」，是否能有一番新的體會呢？這就是我們為什麼要把中華思想與心理諮詢結合起來探討的原因。

敝人會把自己培育的心理諮詢師稱作智慧諮詢師，並且我會特別強調智慧諮詢師需要有豐厚的文化素養。這背後的觀念需要仔細做個背景討論。首先，為何我會將具有文化素養的華人本土心理諮詢稱作智慧諮詢呢？記得我在〈智慧諮詢的理念與實作：陽明心學對心理諮詢的啟發〉這篇論文中指出：「智慧諮詢應該被放在心理諮詢的角度來理解，但西洋心理諮詢太強調將人的問題病理化，這固然最早脫胎自天主教會裡信眾向神父的懺悔與告解，希望獲得上帝的救贖，但承認人『有罪』（告解的過程裡，不論該罪的內容屬於信仰上的罪〔Sin〕或法律上的罪〔Crime〕，或兩者有重疊），『罪』的概念應該是西洋心理諮詢將人精神問題病理化的根源，尤其受到中世紀天主教的影響，常會認為人的精神錯亂是受到魔鬼附身的現象，企圖替其『驅魔』，有罪斯有病，從而產生各種不人道的懲罰。不論人是要被救贖或被懲罰，或後來逐漸轉成從精神病學（psychiatry）角度被治療，終歸於希望將有心理問題的人矯治成正常人，然而，且不說精神病學帶來的各種爭論，中國醫學都會有『同病異治，異病同治』的說法，其著重的角度在『論症不論病』，意即不由疾病看人，而由症狀看人，會特別觀察當事人具體的個別差異，從四診（望診、聞診、問診、切診）中收集的具體狀態來辯證論治。根據中華文化脈絡發展出來的心理諮詢，並不應該被劃歸於醫療領域，除非是器質病變的層面，否則應該去除心理病理化的思維，不再任令人的各種複雜心理現象被按上某種病名，纔能從文化心理角度徹底離開宗教因素對華人本土心理諮詢的影響，並重新恢復生命修養對華人本土心理諮詢的核心意義，但，這並不意謂著我們對待心理諮詢工作將要變得含混模糊，正好相反，心理諮詢應該架構在堅實的文化研究來做基石，這就需要通過陽明心學發展出心學心理學，再由心學心理學發展出智慧諮詢。」（陳復，二〇一九：頁七一一五）這裡可看出我談的本土心理諮詢跟西洋心理諮詢在義理層面完全不同，兩者無法混成一談。有關陽明心學的內容，我會在後面詳論其內容，這裡重點在指出：當生命修養要回到心理諮詢中，則本土心理學的養成就不能不認識中華思想，因為該思想的主軸都在談智慧，並且提供人落實智慧的涵養工夫，通過這些帶有生命感的知識養成，諮詢師纔會對他的當事人更能有清晰的洞見，提供精確恰當的診斷與療育。

當心理諮詢師需要有文化素養，尤其此刻我們談的文化素養更指向組織出中華文化脈絡的中華思想，這會不會要求太高呢？誠然，當前臺灣有關心理諮商的專業培訓課程中不會談中華思想與中華文化的相關議題，這並不是不重要，而是我們當前專業被割裂得太細瑣，博士訓練過程中只是在研究某個專業議題，而且幾乎不會回到人本身的文化素養來展開相關教育。因此，我們與其寄望於既有體制的改革，不如回到民間，面向社會大眾，從中挑選出真正有意願結合認識中華思想史與本土心理學的人。然而，有意願的人不見得有學歷，因為適合於體制教育的人，早就在這些優勝劣敗的篩選中念博碩士了，不適合於體制教育的人，你如何能確認他具有相應的學習知能，卻能適合於這種學習？但，如果臺灣現在已經有實驗教育的存在，為何我們不能發展具有博碩士實質意義的實驗教育，而且專門用來培養本土心理諮詢的人才呢？這就是本人這些年來默默在展開的壯舉了。這已經不是當年晏陽初（一八九三—一九九〇）的平民教育或梁漱溟（一八九三—一九八八）的鄉村教育，而是運用網路的各類平臺或軟體，面向社會大眾，展開各種類型的數位教育，並配合虛實整合的教學，從中深化發展本土心理學。曾經有學生問我說：「像錢穆與韋政通這兩位先生都是苦學出身的人，這種沒有學歷卻有深度國學根基的大師是否在當前時空不可能再出現了？」在學歷已經濫竽充數的環境裡，擁有顯赫學歷卻沒有深度國學根基的學者本來已是常態現象，但如果真要問是否有可能「人沒有什麼高學歷卻有高素養」，我要講「世上沒有什麼不可能」，因為核心的問題是只有你面對學問究竟秉持著什麼態度。如果學問不再只是指專業知識，能跟自身修養高度聯結，成為性命與共的學問，並不是只作為客體化研究某個對象而已，那麼該學問就跟你念什麼博碩士這些學歷沒有什麼必然關係，任何人只要認真對待自家生命，都應該能細膩探索其間究竟，然後使得生命受益，這種研究工作固然可變成專業，當然同樣可變成副業，這都沒有關係，重點是當你願意把學問當作一種信仰來對待，懷著性命與共的態度來研習與探究，你就會從中發現來自你集體潛意識中的文化與思想，正跟我們的本土心理深度聯結。回首當年韋政通先生就曾經特別跟我說：「希望你能特別面向沒有學歷卻有誠意的青年，能鼓勵他們奮勉向學，引領他們最終離開人生的困境。」中國社會古來本來承認民間自有學者，無通過科舉而獲得官位的碩學鴻儒同樣會獲得世人敬重，我相信能離開自己生命困境的人，將會更有能量來幫忙眾生，這同樣是種更深沉意義的「自覓出路」。

第二節　老子論道與心理諮詢

當我們將時間放到春秋末年，認識過公孫僑與叔孫豹的思想後，要更深入從中華思想史的角度來講本土心理學，首先不能不回過來認識老子。雖然「老子」可能不只是一人，這個名詞本身就有「老先生」或「老師父」的意涵，意思是說這個老師不是你這一代的老師，但你已經記不清是哪一代的老師了，所以老子的意思實際上是在統稱一個傳承很久的脈絡，或者轉成某個學術整體思想的總稱，你最後看到的《老子》這本書，很可能是一個學派傳承很久所累積的結果，然而最早總有其人，而且根據漢朝墓室出土的畫像磚石來看，漢朝時期的人相信孔子曾向老子請教何謂「禮」。我們如果依據這條線索來觀察，老子生活在諸侯傾軋且王室陵夷的時空背景裡，人的生死充滿著不可測因素，據說身為已經沒落的東周守藏史的老子，飽讀史冊豈能無感？但他卻發展出超越這世間榮辱的觀點，更回溯到比本質更前端的思想，我們從歷史來談這層心理，只是想描寫的確有人在生死無常中如何回到最根本的面向，但我們將「老子」這個概念當成一個人或一本書都無不可（因為我們不是在做源流考證，請容同時保持兩種角度來思考），重點在指出其思想的幽微深湛，前面已指出，老子很重視「渾沌」的思維，但這並不意謂著老子的語言沒有自己的理則，其實他非常看重語言到底是否能指向「真知」。

老子雖然承襲自商文化的思維，但他談的「道」，比殷商時期的神靈又高一層，他不再直接指向具體的神靈或祖先，甚至更高的上帝，而是從中抽離出一個具有形上意義的「道」來作為本質的終極存在，因此，敝人覺得不能輕易否定宇宙論（形上學）來談思想，你或許可不接受人得要信仰某種最高造物者產生的形上學，但不能否定形上學本身，否則就會使得高等思維無由發展。再回來看《老子》第一章：「道可道，非常道；名可名，非常名。無名，天地之始，有名，萬物之母。故常無欲以觀其妙，常有欲以觀其徼，此兩者同出而異名，同謂之玄，玄之又玄，眾妙之門。」我對此做出白話翻譯如下：「人雖然能使用語言來表白智慧，但每個說出來的當下，其語言就已經在偏離智慧本身，這使得語言能表白出來的智慧，並不是亙古恆常的智慧；語言的具體化就是詞彙，詞彙的組合編織會給出知識，可使用詞彙來表白出來的知識，並不是亙古恆常的知識，意即真知。在未曾藉由語言與其詞彙來表白前，那個沒有分別的初始狀態，實屬整個宇宙的源頭與本相；藉由語言來捕捉住整個宇宙的源頭與本相，讓人能理解，這個捕捉的歷程與結果，使得語言醞釀出的詞彙，被人視作萬物獲得認知的元素，這使得『語言是萬物存在的母體』。因此，常回歸整個宇宙的源頭與本相來觀看萬物，稱作『無』，就能看出萬物存在的奧秘；常站在詞彙型塑出的知識來觀看萬物，稱作『有』，就能看出萬物存在的孔竅。這兩個角度給人的實感雖然不同，卻來自相同的實體（entity），相同實體呈現的不同實感，有如一體兩面般，內含著幽深的玄境，玄境會從這兩個角度不斷交錯變化，無自生無，有自生有，無與有並會繼續相生。當人願意體悟智慧，就來到萬物奧秘的門口。」

《老子》這本書開宗明義，就在通過詮釋「無」與「有」的異與同，來指出存在的兩種性質。首先是宇宙的存在（無），這是第一個存在，意即本屬最根源的存在，更是最真實的存在，為何是最根源與真實的存在呢？因為這個存在既內涵於現象更超越於現象，來自並回歸永恆，人對這最根源真實的存在有著天然質樸的感受，但只要想表白這出自內在最底層的感受，藉此深化其感受，其滋生出的語言，就會編織出第二個存在，來型塑出自己對整個宇宙的認知，這就是世界的存在（有）。人類全部的問題，本質就來自「無」與「有」兩者是否獲得精確對應的問題，意即「世界的存在」是否精確指出並露顯「宇宙的存在」，宇宙屬於本原的存在，世界則屬於人設的存在，這兩者如完整密合，人能藉由語言精確指出本原，則智慧就會皎潔明亮的開展。但，對老子而言，這就是智慧依靠著語言，但語言無法盡顯智慧的根本原因。智慧說得出就不是智慧本身，如同人通過語言釐訂出詞彙，詞彙交織出知識，知識鋪陳出世界的存在，但世界的存在被架構出來，就已經注定離開宇宙的存在，因為這畢竟就是兩種存在，這就是為何老子要說「道可道，非常道；名可名，非常名」。老子覺得「可道」與「可名」的內容都不能與「常道」與「常名」直接畫上等號。最奧秘的重點就在「非」這個字，這是指「兩個概念的畢竟不同」（意即「無」作為宇宙的存在與「有」作為世界的存在），但無法否認這兩個概念來自相同的源頭與本相，意即「有」作為世界的存在本來就是希冀與「無」作為宇宙的存在精確對應，否則給出就會掉落至徹底的虛無，令語言毫無歸宿。

因此，人究竟有無辦法洞悉智慧呢？老子給出的答案，就是人要保持在「常無」的狀態裡，意即對宇宙的存在有著實感，給出的世界的存在就不會有落差。但最奧秘就在這個實感裡，到底是「感先言後」抑或「言先感後」呢？意即人如果沒有豐富的語言給出詞彙型塑出知識，人能跟著產生豐富的實感嗎？或者，人是因為有豐富的實感，跟著產生豐富的語言，這些語言給出詞彙最終型塑出知識？老子沒有回答這個問題，但老子顯然很重視實感，並接著指出人要保持在「常有」的狀態裡，他並叮嚀人要注意世界的存在與宇宙的存在其間總有著無法跨越的鴻溝，當人竭盡其能令語言精確對應宇宙的存在，驀然回首，都還是會發現有著未盡全然彌合的孔竅，使得指稱永恆無法成為指稱本身。但，人有這個警覺，其實就是老子希望人保持的生命素質，這種生命素質雖然不能完全視作智慧本身，同樣不會與智慧有太遙遠的距離。帶著這個警覺來觀察宇宙的存在（無）與世界的存在（有）的交互關係，人會產生極其豐富的體會，這些體會的內容，老子稱作玄境，意謂著裡面有著無盡的奧秘，人能生活在玄境內，就是在參與宇宙與世界不斷交互創生的歷程，當能洞悉萬物生滅背後共有的規則與不規則。老子的思想被視作「道家」，但道家這個詞彙是漢朝纔出現的圖書與學派類別，「老子這個人」或「老子這本書」並沒有說自己是道家或不是道家，老子只是冀圖探索智慧本身，這是全部哲學都無法繞過的喜馬拉雅山，不能攀登到山巔，仰觀宇宙的存在並俯瞰世界的存在，則無法闡發出最上乘的思想。

當我們在從事心理諮詢的時候，心理諮詢師要懂得如何周全把握住「聆聽者」與「訴說者」這兩種角色的展現與轉換，這就是在心理諮詢歷程裡，任何人都無法不面對的「常無」與「常有」這兩把鑰匙，懂得如何精確使用這兩把鑰匙，就能創生出完整與完美的溝通。聆聽者把握住「常無」的位置，這個「常無」並不是只當個「懂得適時應聲的人」，這是目前心理諮詢師常見的困境與弊端，意即沒有具體治療個案當事人的辦法，誤把適時應聲當作誠摯聆聽，儘管心理諮詢師本來就應該向個案當事人表現出願意誠摯聆聽的態度，但，如果心理諮詢師懂得智慧的奧秘，就會發現真正的誠摯聆聽本身具有能量，這個聆聽並不是虛無或虛幻的聆聽，聆聽者本身的誠摯，就會使得訴說者願意誠摯訴說。心理諮詢師應該站在原點來思考，這個原點意指心理諮詢師要不斷觀看談話的全域，從鋪陳這個全域的角度，來吸納與整合從個案當事人獲得的訊息，當心理諮詢師如實階段性完成這個聆聽，就會知道如何訴說，這時候就發生心理諮詢師由聆聽者向訴說者轉軌的現象，意即由「常無」蛻變出「常有」，心理諮詢師因為對個案當事人置身的真實處境（生命的汪洋）有著豐富的體會，這片生命的汪洋就是心理諮詢師在面臨著宇宙的存在，當他把握住宇宙的存在如實的內容，他就會知道如何精確給出世界的存在，這時候心理諮詢師就會成為訴說者，跟個案當事人如實訴說他如何體會到這片生命的汪洋，如果他的體會精確無誤，就會獲得個案當事人的同意與承認，彼此就開始建立溝通的關係。

心理諮詢師與個案當事人彼此有著「引路人」與「問路人」的關係，他們共同面對的這條路就是智慧，作為引路人，心理諮詢師得時時意識到如何引領個案當事人看見智慧，因為當事人提出個案本身就已經在跟心理諮詢師問路，成熟的心理諮詢師不只會做個成熟的聆聽者與訴說者，更會引領個案當事人不只做個成熟訴說者，更能做個成熟的聆聽者，意即幫忙個案當事人淋漓盡致訴說完自己遭遇的經驗與困惑，接著還能聽懂心理諮詢師反過來訴說個案當事人的內容，當個案當事人能同意與承認心理諮詢師訴說的內容精確無誤，其實問題已經開始獲得突破了，這表示個案當事人不再「只是一個人」，他的經驗與困惑已經因心理諮詢師的情感關注，而獲得兩人的共同承擔。因此，心理諮詢師與個案當事人有著兩重交疊的關係。就解決問題而言，心理諮詢師是個案當事人的老師，個案當事人則是心理諮詢師的學生，但因為個案當事人的生命困惑，其內容的浩瀚正就是心理諮詢師在面臨著宇宙的存在，世界的存在與其精確對應正是心理諮詢師的工作，就面臨問題而言，個案當事人是心理諮詢師的老師，心理諮詢師則是個案當事人的學生。只有兩人結成更緊密的師生關係，完整與完美的溝通纔能發生。

並且，當問題不再只是一個人的問題，而發展為兩個人的問題，問題屬性的轉變，使得心理諮詢師個人智慧的灌注進去，由高能量區往低能量區填補，將使得問題獲得自然化解的機會，這個化解歷程最終的受益者，就是個案當事人。如欲創生這種有能量化解問題的效益，心理諮詢師就不要太在意個案當事人訴說事情的詮釋角度，而要把握住事情的源頭與本相，意即深層心理不需要執著個案當事人的價值認知，避免自己與個案當事人產生任何詞彙的爭論；表層心理則要懂得善用個案當事人的詞彙來理解事情，裨益獲得個案當事人的認同，過程裡適時由聆聽者轉為訴說者，通過鼓勵個案當事人由訴說者轉為聆聽者，瞭解看看心理諮詢師幫忙他拼出面臨的全域是否無誤，當個案當事人通過對話，心理諮詢師則懂得適時調整，最終讓個案當事人認同心理諮詢師的訴說內容，則能量就完成交換。能量的交換性來自角色的轉換，當個案當事人完全印可心理諮詢師的訴說，再沒有疑惑，則心理諮詢就完成轉軌至智慧諮詢的歷程，這個終點就是個案當事人終於覓得自己心安理得的生命意義與生活辦法。

第三節 如何面對天地的不仁

老子覺得這世間充滿著不公或不平，對此老子稱其「不仁」，首先宇宙的生成變化常不隨著個人的意志發展，接著社會的生成變化更受到菁英與群眾交織的影響，個人常在其間浮沉飄盪，無法自主做出決策，「不仁」對老子而言反而是常態，譬如《老子》第五章就說：「天地不仁，以萬物為芻狗；聖人不仁，以百姓為芻狗。」他覺得人如果有「仁」的生命感，該如何面對天地與人間恆在的「不仁」？「天地不仁」的「不仁」就像荀子（約西元前三四〇—約前二四五）在《荀子．天論》說：「天行有常，不為堯存，不為桀亡。」這種生成變化是客觀的法則，不會順著個人的意志有絲毫因應或調整。錢穆先生認為《老子》成書是在戰國的中晚期（錢穆，二〇一二：頁六七），因為老子在跟孔子針鋒相對，當孔子講仁，老子就講不仁，這種觀點只能出自於後人。《老子》這本書從郭店竹簡本出土後，有關時間問題已經大幅提前（郭沂，一九九八：頁四七—五五），儘管學者當然可專指今天的版本晚出，使得簡中或有文字係後人添加，不過查閱得知「仁」這個字在郭店竹簡中還是存在著，但該字卻是孔子主張的專有名詞，卻被老子視作負面觀點。但你反過來一想，如果《史記．老子韓非列傳》記載：「孔子適周，將問禮於老子。」這意謂著「禮」是周朝時期文化人士的公共精神財富，孔子逐漸從「禮」的外在規範進而思索到「仁」的內在自覺，其實已經是種觀念的嶄新突破，他如果先跟老子這位學術前輩談自己的創見，希望能獲得指教，老子則對該創見並不同意，但他意識到孔子這位後輩青年極富潛能，預期到他的觀點將會對社會產生影響，因此在西出函谷關前闡釋自己的觀點，留做歷史紀錄，這種事情並不是完全沒有可能，談思想議題其實具有複雜性。

從《史記．老子韓非列傳》接著記載：「老子曰：『子所言者，其人與骨皆已朽矣，獨其言在耳。且君子得其時則駕，不得其時則蓬累而行。吾聞之，良賈深藏若虛，君子盛德，容貌若愚。去子之驕氣與多欲，態色與淫志，是皆無益於子之身。吾所以告子，若是而已。』」老子的意思是說：「你所說的禮，制訂它的人甚至包括骨頭都已經腐朽了，只有他的言論還在，況且一個君子時運一旦到來就出去做官，生不逢時，就像蓬草一樣，身世隨風飄轉。我聽說善於經商的人會把貨物隱藏起來，不讓別人看見，好像什麼東西也沒有；品德高尚的君子，他的容貌謙虛得像愚鈍的人。除掉您的驕氣和盈滿的欲望，拋棄您做作的神態和過高的志向，這些對於您自身都沒有好處。我能告訴您的道理，不過就是這些而已。」這些內容都已經是節略，但已由此可見，兩人的觀念南轅北轍，很難不產生激烈的辯論，當孔子訴諸人的內在自覺，老子則訴諸天的客觀運作，其實這是在各說各話，各有道理且互不為錯。的確，不論一個人有沒有仁德，都還是需要順應天地的節奏來運作，譬如某位農夫很有仁德，卻在冬天播種，該種子怎麼可能發芽呢？只有按照「春耕，夏蘊，秋收，冬藏」

的四季節奏來發展，而不是你自認為自己很仁愛，就幻想能在不對的時節做著自認為正確的事，但這不能據此就覺得仁德的觀念有錯誤。

這是第一個層次。再一個層次是說，假如上天真的有感應和賞罰的機制，卻刻意對人「不仁」，這時候人要怎麼辦？這是一個大哉問，古人甚或今人都會想這個問題。在這個狀態裡，人能做的就是把圍繞著人的世界儘量照顧周全，最終只能「盡人事，聽天命」，周公當年就是這樣的心情，周朝面臨重大的政治危機，周武王當天子兩年就病死，這就是天地對周王室的不仁，周公不論如何無奈，只能帶領王室奮勉前行，這就是一種孤臣孽子的情懷。從這個角度來說，中華文化是在商朝該種仰賴巫師連結天人的信仰沒落後，再從人的主體角度來完成天人合一，這是極其偉大而悲壯的實踐，卻開啟中華文化的人文精神，替後來中華文化的發展奠立基本的方向。但老子的思想卻帶有某種反向思考，意即人面對天地常見的「不仁」，老子有兩種路徑，從這三十年來陸續發掘出的《老子》不同版本中，我們發現往日流傳的漢朝河上公版本都在說「無為而無不為」，意即在表面的不實踐中，讓生命主體獲得無限的實踐空間，可是我們竟然發現比較早期的版本中有「無為而無以為」，意即主體徹底順應著無實踐的現象，從中獲得實質的成果。這兩段話的意思差異相當大：「無為而無以為」是「道」的層面，是懷著無為的心態，順應著自然，沒有刻意的施作，自然由「這裡」來到「那裡」。譬如死亡就是一種自然的發展，無論人願不願意，死亡終究會到來，人如果能發自內心承認死亡，不去抵抗這終究到來的現實，就會安於當下，順應著整體生命做最適合的事情，而不會消耗精神渾噩度日。老子就是希望人去仔細觀察，每一件事情背後都內蘊其最自然的狀態，把握住該自然的狀態，就會達到最精確的終點。如果有人說，老子提出的無為是順應自然無所作為，可是由人的角度來看，人即使抉擇自己無所作為，這不同樣是由人做的抉擇嗎？既然是人做出抉擇，這樣還是符合「順應自然」嗎？老子不是要人完全不作為，而是說該實踐是最貼合於天道的實踐，這包括人認真實踐符合於天道的不實踐，「當行則行，當止則止」兩種路數都是在順應自然，這就是老子思想的要旨。

為何大家往日都覺得老子主張「無為而無不為」呢？如果拿後來發現的「無為而無以為」與其相較，就會發現後者完全沒有心機，前者則有心機，這是一種精打細算，比如說保持觀察，不做評論，然後伺機在某個關鍵點，該出手時就出手，取得事半功倍的效果；或者表面看起來沒有做任何事，私底下其實已經做很多事，讓事情在無聲無息的狀態裡，讓事情獲得妥善完成，不需要因為行為的顯露於外，而引發無謂的麻煩，這是老子學派歧出的發展，或許跟戰國時期的國際局勢日趨緊張有關，難怪錢穆先生覺得《老子》這本書晚出，其實古人沒有版權概念，《老子》隨著該思想支持者的需要不斷修改版本，這本屬正常現象，戰國中晚期各國交相兼併，國君用人唯才，思想家的觀點都顯得相當尖銳，這就像是有人不喜歡孟子講話那種咄咄逼人的言論風格，可是無論我們個人喜歡與否，孟子的風格就反映出該時期極其緊繃的政治局面，他咄咄逼人與雄辯滔滔的言說，正是因為已經進入到劍拔弩張甚或短兵相接的戰國時期了。原始的老子是東周王朝的守藏史，他就只是在圖書館裡「不出戶，知天下；不窺牖，見天道」（《老子》第四十七章），他看盡世事滄桑，對社會談出自己畢生的人生領悟。老子學派在繼續往後發展，同樣來到情勢緊繃的戰國時期，就開始往應用層面發展，於是就發展出「無為而無不為」的戰術與作法，這就跟法家思想有接軌的空間。

在從事心理諮詢的過程中，諮詢師常會遇見有當事人覺得社會本來就充滿著不公，鬥爭傾軋本屬常態，如果你不將對手打擊到最終毫無反擊能耐的角落，則未來將後患無窮，意即面向對手的仁慈，就是面對自己最大的殘忍，如同百年前社會達爾文主義（social darwinism）提出「優勝劣敗，適者生存」的說法，人如何能面對人事置身事外？不過，「社會達爾文主義」一詞最早出現在美國歷史學家理察·霍夫施塔特（Richard Hofstadter, 1916-1970）於西元一九四四年出版的著作《美國思想中的社會達爾文主義》這本書中首度提出（楊智絢，二〇〇七），是否適合指稱十九世紀末葉到二十世紀初葉的社會思潮，確實不無疑問。不過，社會達爾文主義來自於自然達爾文主義，意即自然環境中演化的事實會影響社會環境中演變的事實，這種說法的背景確實與老子談「天地不仁，聖人不仁」的兩段語法頗有些契合，當諮詢師面對極度憤怒的當事人訴說著社會如何不公，他會來求教於諮詢師，自然就是對於這種激烈競爭深感不能適應，即使他附和並承認社會達爾文主義的價值觀，都不能否認其對自己生命帶來的痛苦，這時候回到《老子》第五章後面接著說的話：「天地之間，其猶橐籥乎！虛而不屈，動而愈出。多言數窮，不如守中。」就對當事人饒富意義了。這段話的意思是說：天地間，智慧的運作就像是冶鐵時用的風箱一般，被壓縮卻不會窮盡，壓到扁平，同時間就吹出風來，風吹完了，接著就再度鼓滿，如此循環不盡，這表示人與其用言語來表達自己面臨著如何難堪的困境，其實守護住自己的心靈來體會智慧的運作，更能符合持平的常道。如果我們應用於心理諮詢中，則諮詢師可跟當事人談說他會來這裡做諮詢，正就是因為自己面臨著痛苦，這不就是風箱正被壓到扁平的狀態，但他與其只感受到痛苦，不如換個角度發現自己「心靈的存在」，常做些能善於調養心靈的事情，諸如靜坐、書法或日記這些工夫，就會如風箱被壓到極致，接著卻再度鼓滿，能遊刃有餘應對著複雜的人事關係。

從「無為而無以為」的角度來思考，作為諮詢師不需要跟當事人爭辯觀點的對錯，因為當事人堅持某種觀點，如果你觀察這已經成為其生命的基石，你不應該去跟其發生衝突，這是毫無智慧和毫無意義的事情。當然，不能否認在心理諮詢的狀態裡，你會遇到各種各樣的人，進入諮詢工作前，諮詢師要先釐清自己比較擅長給什麼類型的人做諮詢，畢竟不只是當事人在選擇適合自己的諮詢師，諮詢師同樣要選擇適合自己的當事人。這種所謂的互相選擇，就是更好地建立信任關係與工作關係，不會讓諮詢師與當事人用爭辯的型態進行自我防禦。防禦機制會使得明明有些問題真實存在，卻被當事人強烈否認。整個諮詢過程因此會變得非常消耗彼此的精神。這時如果諮詢師有老子的素養，其實大可學習順應自然的思考，譬如說，明明當事人已經無法信任現在的婚姻配偶，可是他卻否認，諮詢師面對這種言與行相互衝突的情況，何不先接受他的否認，請他仔細訴說並聆聽他如何在生活中信任自己的配偶的事證，然後羅列出如果按照一般人常見的信任，應該會有哪些現象（諸如財產共管、履行同居與照顧雙親這些具體事項，或者在生活中可讓配偶查閱自己的手機），他此刻的婚姻是不是符合這些現象呢？說不定當事人經由比對，發現自己的確並不完全符合這些現象（譬如他始終不願意讓配偶得知自己財產的細節），於是最終承認自己的婚姻的確有問題。這就是在運用老子的思想，順著對話中自然的波流發展，「無為而無以為」獲得本來就會有的結果。

在諮詢中難免會遇到瓶頸或障礙，這時候諮詢師要承認自己的確會有「無能為力」的時刻。承認自己對某些問題已經無法再討論下去，其實會有另外的空間因為你的承認而被打開。因此，順著「無為而無以為」的脈絡來思考，就應該體會不要對你面臨的困境反覆在心中糾纏，應該順應這件事自然發展的狀態，然後再去探索最適合於彼此的談話點，譬如當某位家長反覆跟你強調對孩子課業的重視，這已經造成孩子成長過程莫大的焦慮，但你無法讓該名家長承認他自己對名次的重視就是孩子拒學問題的來源，你就承認你暫時無法解決這個問題，如果還要再做諮詢，我們就先來談談家長本身的童年經驗，或者談談夫妻關係，或許反而能尋覓出家長這種重視名次背後的深層原因。本人在推廣的智慧諮詢從某個意義上來說就是種「觀念諮詢」，意即我們相信把人的觀念疏通其脈絡，他的問題就會迎刃而解，疏通觀念不是在跟人做辯論，語言只是工具，或稱作載體，重點是語言承載諮詢師的精神能量，藉由視聽傳透到當事人的內心，這種精神的傳透是指諮詢師講話的時候，不只是嘴巴在言說心聲，諮詢師更要全身心投入與當事人的交流中，每個給出的字詞都來自於真情實意。講話很認真的人，他話語會很有節奏感，在言談間自然生出令人信服的能量。諮詢師談觀念，並不是口若懸河跟人灌輸一番大道理完事即可，當你談著人家聽不懂的艱澀概念，你就在製造問題而不是解決問題，你應當如同春雨，潤物細無聲般，將對話中的體會款款流淌在當事人的心田。觀念本身本來並沒有能量，這個觀念卻會因為你心中發出的能量，而開始在人家的心中產生影響，因此我為什麼常說智慧諮詢就是種「修養心理學」，並特別強調諮詢師本身的生命涵養，聽智慧諮詢課程的學生，即便有些人不見得想要做諮詢師，而只是希望提高自己的修養，依然很有意義，因為每個人的精神都需要滋養，正如植物需要陽光而能發芽與茁壯，這反而是比從事諮詢工作本身更核心的事情。

第四節 老子思想中的混沌觀

自西元一九七三年來，陸續出土的一些版本，同樣反映出《老子》這本書有個成形的過程，《老子》中有很多重要的觀點，如《老子》第二十一章中說：「道之為物，惟恍惟惚。惚兮恍兮，其中有象。恍兮惚兮，其中有物。竊兮冥兮，其中有精。其精甚真，其中有信。自古及今，其名不去，以閱眾甫。吾何以知眾甫之然哉？以此。」這段話的白話意思是說：「道」這個東西，本來沒有清楚的固定實體。它是如此「恍恍惚惚」，其中卻有形象；它是如此「恍恍惚惚」，其中卻有實相；它是如此「深遠暗昧」，其中卻有精質；這精質最真實而可信驗。從當前上溯到遠古，其名義永遠不曾離開，依據它纔能觀察萬物的初始。我怎麼纔能知道萬事萬物最原始的樣貌呢？就是從「道」來認識。這裡面講的「道」需要討論某個核心觀點，就是相對於西洋人對真理有著強烈信仰，華人常相信宇宙的本質是混沌（chaos）。老子認為宇宙的終極是沒有終極，這個觀點就是混沌觀，因此老子說宇宙的本源起源於道，道恍惚不清，說有又沒有，說沒有又有。而且古希臘就有類似的看法，主張宇宙是由起初的混沌，逐漸形成今天如此有條不紊的世界。西洋有類似的概念稱作「混沌理論」（chaos theory），最常見的說法就是「蝴蝶效應」（the butterfly effect），這是指在一個動能系統中，初始條件裡細微的變化能帶動整個系統長期且巨大的連鎖反應。任何事物發展均存在定數與變數，事物在發展過程中其發展軌跡有規律可循，同時存在不可預測的變化因素，往往會適得其反，該細微變化影響事物的發展，擾動整個系統都跟著調整，這說明宇宙法則的發展具有複雜性。

美國氣象學家愛德華．羅倫茲（Edward N. Lorenz, 1917-2008）於西元一九六三年在一篇提交給紐約科學院的論文中有探討「蝴蝶效應」（butterfly effect）。在往後的演講和論文中，他對於這個效應最常見的闡釋是說：「一隻南美洲亞馬遜河流域熱帶雨林中的蝴蝶，偶爾動幾下翅膀，可以在兩周後引起美國德克薩斯州的一場龍捲風。」其原因就是蝴蝶扇動翅膀的運動狀態，導致其周遭的空氣系統發生變化，並產生微弱的氣流，該氣流接著引起四周空氣或其他系統產生相應變化，由此接連出現連鎖反應，最終導致其他系統的極大變化。同樣在六〇年代，美國數學家斯蒂芬．斯梅爾（Stephen Smale）發現某些物體的行徑經過某種規則性變化後，隨後的發展並無軌跡可依循，呈現出失序的混沌狀態。這不禁讓人想到商朝貴族普遍愛飲酒，裝酒用的酒器都是青銅器，敝人曾閱讀過相關研究報導，得知西元一九六九年美國佛利爾美術館（Freer Gallery of Art）曾化驗三十件商朝青銅酒器，發現其平均比例是銅占七十七．二％，錫占十二．五％，鉛占七．二％，科學家指出合金中的鉛較易溶於酒，如果合金熔液中的鉛含量在七％—二十％，這種合金青銅器經常被人飲用，就會引起慢性鉛中毒（蔣葳，二〇一二），發掘出來的甲骨文保存著商朝大臣因「酒疾」不能處理國事的記錄，商紂王本來是極度聰明的君王，《史記．殷本紀》說他「資辯捷疾，聞見甚敏」，後來卻會性格異常成暴君，如果從這種角度來研究商朝的滅亡，會不會得出飲食安全對國家安全竟然會產生重大影響的見解呢？

再者，地球化學家賴阿古（Jerome Nriagu, 1942-）於西元一九八三年出書研究羅馬城市的供水管道用鉛製成，隨著時間的流逝，鉛逐漸被鏽蝕，能裝鉛水管者都是統治菁英階層，長期使用這種鉛水管的羅馬人智慧可能因此下降，加上羅馬人最喜愛的美酒莫過於使用來自古希臘釀造法來製作的葡萄酒。這種葡萄酒必須要有葡萄糖漿，羅馬人會將葡萄汁放在鉛鍋中熬煮，他們希望防止燒焦，還會不斷對原漿進行加熱與翻炒，這一過程大幅增加糖漿的鉛含量，平日人口服二克到三克的鉛就能中毒，五十克就會死亡，最終導致慢性鉛中毒，到西元五世紀的時候，羅馬人已經失去面對帝國內外危機應該要有的防禦，最終導致西羅馬帝國滅亡，或許有人會覺得鉛中毒不會是其滅亡的罪魁禍首，譬如來自法國、美國及英國的考古學家與科學家團隊，在古羅馬時期的工業港口波爾圖斯（Portus）和台伯河（Tiber River）收集河道沉積物樣本，這些研究員將沉積物樣本與鉛水管樣本做比對，估計古羅馬的自來水含鉛量比周圍泉水高一百倍，但研究員覺得古羅馬自來水的含鉛量雖高，但不能就此證實這對人體有害，但敝人覺得這種說法忽視日積月累帶來對人體的影響，殊不知商朝與西羅馬帝國的滅亡都屬於蝴蝶效應的例證。在從事心理諮詢的過程中，同樣不要只關注當事人來諮詢的問題本身，卻忽視當事人生活的背景因素可能是導致其問題的根源，譬如當事人想諮詢夫妻關係，卻可能自己都不知道先生跟太太感情出現摩擦的癥結竟來自先生童年曾被狗咬過，因此對狗有著強烈厭惡感，只要看見狗就會有過敏反應，然而太太卻喜歡養狗，即使家中沒有養狗，但太太只要看見狗就會想摸或抱，先生眼尖，每當看見太太身上的狗毛，就會產生負面情緒，易跟太太藉由細故鬥嘴不和，這同樣能讓我們看出蝴蝶效應或混沌理論常影響人的心理。

老子並沒有像混沌理論那樣講的那麼細緻，老子是在講觀念原始發端點，尤其在講宇宙的本質。宇宙的本質就是充滿模糊性的狀態，它沒有「真理」，這纔是「不稱作真理的真理」。《老子》第四章中有很關鍵的一段話：「道沖，而用之或不盈。淵兮，似萬物之宗。挫其銳，解其紛，和其光，同其塵。湛兮，似或存。吾不知誰之子，象帝之先。」意思是說「道」是這麼微妙，發用它看起來好像是虛空，軟弱無能，可是它的深刻面卻成為萬物的淵源。其完全不銳利，卻能解決各種事物的紛亂。它與萬物融為一體，卻又領導著萬物。它是這麼明明白白的存在著，卻又看不見摸不著（似或存）。最後一段話很關鍵：我根本不知道它是誰產生，其比上帝這個概念出現前都還要更早存在，這個存在就是混沌。莊老的宇宙論不相信有個主宰宇宙的上帝，更不相信人的智識可主宰宇宙，因此《老子》第四章會說：「我不知道智慧是誰的子孫，卻發現智慧先於上帝而生。」這就是敝人指出老子沒有真理觀卻有混沌觀的意思。根據老子的這個觀點，敝人覺得「儒家」與「道家」這兩種學派沒有辦法在學術概念中徹底分家，它們有如陰陽般呈現互補關係。《老子》的書裡可看到各種段落都在講混沌的構成狀態，譬如《老子》第二十五章說：「有物混成，先天地生。寂兮寥兮，獨立而不改，周行而不殆。可以為天下母。吾不知其名。字之曰道，強為之名曰大，大曰逝，逝曰遠，遠曰反。」意思是說：有一個東西像是混沌的狀態，這是在天地創造前就已生成，聽不到其聲音，更看不見其形體，其存在寂靜而空虛且獨立而恆定，循環運行而永不竭盡，可作為萬物的根本。老子表示自己不知道它的名字，因此勉強把它喚做「道」，再勉強給其起個名字喚做「大」。大道廣闊無邊際，運行不息而伸展悠遠，最終會返回本原。

大道具有絕對性與循環性，雖然不斷向前，卻會回歸於原點，對於這種向前性與回歸性，《老子》第十六章說：「致虛極，守靜篤，吾以觀復。夫物芸芸，各復歸其根。歸根曰靜，靜曰復命。」到達極致的虛寂，堅守清靜無為，萬物在其中共同獲得化育與生長，老子要觀看事物的不斷循環往復。事事物物回歸到它的根源，那個根源就是最寧靜祥和的發端點。《老子》第二十五章說：「人法地，地法天，天法道，道法自然。」老子對於是否存在有人格且有意志的天，其看法比較模糊，沒有對此明確的討論，他只是對天的性質進行詮釋：「人法地」就是說人要依歸自己置身的環境來共生；「地法天」就是說自己置身的環境要效法宇宙的運作來共生，「天法道」是說宇宙的運作要效法大道的智慧來共生，最終「道法自然」則是說大道出自於無語言的「自然」，該自然終究只是我們勉強給出的語言。老子怎麼會通曉這麼本質的智慧？合理的估計是說，有個極富有智慧的老子，後來整個老子學派都在往這個方向來持續思考，最後在戰國時期匯聚形成《老子》這本書，該書只是這個學派最終結集成冊，屬於思想完成的結晶。在此附帶一談，如果閱讀《黃帝內經》，就會發現中國的醫書在很久前就已經寫得這麼清晰明瞭，後世中醫的發展都無法脫離這些基礎的經典研究成果，只能說《黃帝內經》不是一個人天縱英明的醫學成果，這本書是春秋戰國前兩千年來華人有關醫學思考的成果。心理諮詢要結合中華思想來討論，這本書只是個起點，豐厚的中華思想來作為心理諮詢師的素養，經由本土化的研究發展出「智慧諮詢」，這需要有個學派來完成，因其間有大量內容不是個人一輩子就可完成，需要眾志成城來持續耕耘，這是我們從《老子》到《黃帝內經》可進而獲得的啟發。

第五節　認識孔子的核心主張

這個世界上絕大多數的人，都想藉由釐清「人死問題」來跟著解決「人生問題」，意即因為人都會死，日常生活間很難不注意到這個事實，因此不得不在活著的時候預先瞭解死後是否還有生命，該生命如何獲得安頓，從而接著影響他此刻如何活著。這就是世界各大宗教會出現的原因。孔子則正好相反，他覺得即使死亡是個最終會發生的事實，這都不影響我該如何活著，他覺得明白人生的問題至關緊要，生命本身有著獨立要完成的意義，這層意義跟死亡無關，但最終活出該意義，纔能自然回答人該如何面對死亡的問題，《論語．里仁》記孔子說：「朝聞道，夕死可矣。」就是在指出悟道實屬生命的核心義理，其具有獨立性，不屬於死亡的範疇，甚至把握住究竟死亡都不再有遺憾，這是儒家非常重要的思想特徵。在臺灣有些學者常批評儒家不處理死亡的問題，這是個嚴重的誤解，儒家並不是不處理，而是有著完全不同的路徑。當你看《論語．先進》說：「季路問事鬼神。子曰：『未能事人，焉能事鬼？』曰：『敢問死。』曰：『未知生，焉知死？』」這反映出孔子覺得生死有本末，不能輕生而重死，如果人生在世的問題不能獲得周全解決，不能消磨精神在解決鬼神的問題，這並不是說孔子不承認有鬼神，而是指孔子覺得關注事情有輕重，有人或許會反過來用「未知死，焉知生」來說明著中華思想或儒家思想的蒼白，可是如果有人能對中華思想或儒家思想有深度的同情和理解，就會瞭解到世界上全部宗教都把鬼神放在人生的上面，這背後是典範（paradigm）的差異，孔子則認為須要先懂得「侍奉人生自身」，纔能懂得侍奉鬼神。這一態度，使得孔子已沒有辦法成為宗教的創始者，他的實質目的旨在再度擘畫華夏學術理性化工程，其繼承周公開出的先河，更使得中華思想無法變成任何嚴格意義的宗教信仰。儘管自鴉片戰爭而降，由於中華思想被西學東漸淹沒，使得某些有識者或會從創立新宗教的角度，冀圖保存中華思想的香火於不滅，對此本人深能有相應的同情和理解，個人卻不可能接受這種違反理性化的路數，因為這背離中華思想的主軸路線。

中華思想的主軸路線一直關注著人生，人生既是起點更是終點，這種傾向使得其對於形上議題相對較淡漠，因此中華思想確實比較不適合從西洋文化的角度來稱作「哲學」（philosophy），卻可跟高度關注形下議題的心理學產生綿密的對話與接軌，這點後來榮格（Carl Gustav Jung, 1875-1961）闡釋的分析心理學（analytical psychology）就已對此有高度認識，他早就發現中國人談的議題都具有心理學的意義。《論語．公冶長》第二十六中記錄這樣一段對話：「顏淵季路侍。子曰：『盍各言爾志？』子路曰：『願車馬，衣輕裘，與朋友共，蔽之而無憾。』顏淵曰：『願無伐善，無施勞。』子路曰：『願聞子之志。』子曰：『老者安之，朋友信之，少者懷之。』」孔子、子路（約西元前五四二—前四八〇）與顏淵（約西元前五二一—約前四八一），這三人的理想都有著濃郁利他傾向，子路的理想比較具體（或者說膚淺），他願意把自己的財物拿出來與大家共用，沒有絲毫在意。顏淵則更深一層，他願意與人為善，貢獻自己的精神與體能，卻不誇耀自己的優點與勞苦。孔子則比顏淵更深一層，他不僅要自己做到心無掛礙，更希望別人的生命都能心無掛礙，因此他希望讓老年人接受社會照顧而沒有心理負擔；希望朋友對自己完全信任而沒有分別心態；讓兒童能獲得關懷而平安長大。這三人有著共通的人生理想，我們若不明白子路的心情，將更不易明白顏淵的心情；不能明白顏淵的心情，將更不易明白孔子的心情。他們顯示出相互關聯的不同意境，由物質到精神，再由孔子點破「人我不再有區隔」的生命態度，不要自私自利，進而能相互關愛與共同成就，這裡面就洋溢著儒家的精神，這種利他情懷其實後來變成華人社會的文化集體潛意識。

孔子這樣的人生理想，並不需要什麼宗教信仰，同樣更不需要曲折微妙的哲學理論，來說明自身理想的背後有多深奧。我們都喜歡人生遇見像子路與顏淵甚或有孔子那樣修養的人來對待我們，從同理可證的角度來說，我們就需要用這樣的態度來對待別人。但人們通常喜歡別人這樣對待自己，卻不喜歡這樣對待別人，因為特意替別人著想太消磨精神，這就需要後天的教化，來讓我們進而體認到人與人共善有益於社會長遠的利益。這種後天教化的展開，何嘗不就是現在我們在談的心理諮詢工作呢？周公通過「制禮作樂」來教化人民，讓人恢復身心健康其實何嘗不是種「制禮作樂」？其內在的道理具有同一性，只是需要因革損益。孔子自覺希望繼承周公的思想，早年他講學旨在論「禮」，相信恢復周禮纔是拯救亂世於水火的唯一路徑；中年則開始面對自己置身的環境，進而思索如果人只有接納外在的教化，而沒有開啟內在的深層覺醒，則這些教化將顯得毫無意義，因此他逐漸把這層體會綜合蘊生出「仁」的主張。他說：「人而不仁，如禮何？人而不仁，如樂何？」（《論語．八佾》第三）制禮作樂雖然重要，如果人自身沒有帶著對「仁」的覺醒，陶冶都會因流於表面而無益。這使得他開始直指人內在的自覺。《論語．顏淵》第十二記孔子說：「克己復禮為仁，一日克己復禮，天下歸仁焉。為仁由己，而由人乎哉？」這表示孔子意識到「禮」這種外在的規範還不究竟，任何禮節都需要經過人本身的自覺與收攝，纔能真正發揮其意義，這就是在「為仁由己」。孔子弟子樊遲問他到底什麼是「仁」，孔子直接回答：「愛人。」（《論語．顏淵》第二十二）愛人是我們華人平日很難啟齒的觀念，覺得這樣講話很彆扭，除了談戀愛，平日家人間都不會特意對彼此說誰愛誰，孔子卻跟「仁」結合起來，說得如此自然，如果我們還原到當年的時空背景，難道不會覺得這兩字說得有如石破天驚？同篇還記說：「仲弓問仁，子曰：『出門如見大賓，使民如承大祭，己所不欲，勿施於人。』」有愛人的能量，莊重對待自己的社會與政治生活，自己不喜歡的東西或不喜歡去做的事，絕不要勞煩他人（陳復，二〇一〇：頁二〇一—二一六）。

孔子表示：「仁者，人也，親親為大。」（《中庸》第二十章）孔子覺得愛人就是種同理的心念，只要有此心念就是仁，這是每個人本來都有的情懷，只要想有就能自然喚醒，其中最重要的展現就是跟親人間的關係，敝人認為孔子係中華思想中首度將思想觸及到形上學（metaphysics）領域的人（儘管尚不太深），「仁」做為人帶著情感的覺醒，有著自省過後面對生命與其生活的敬意，因為把握住人心的人會敬天，自然面對自己的肉身更要持謹。反過來說，當人做出不敬天的事情，天已經責備於人，人天不合，那再如何的祈禱都沒有用，因此，孔子說：「獲罪於天，無所禱也。」（《論語．八佾》第三）孔子是首先意識到內在，並且給德性的內涵經由內在意識而豐富化的第一人，他那意識到的對象是什麼呢？前面的討論已經呼而欲出，孔子說的「仁」具有本體的意蘊，然而，其本體卻不能輕易與西洋文化裡的「真理」（truth）畫上等號，真理來自「他世」（other world）的觀念，意味著超越萬有的最終客觀理型（ideal），而孔子說的「仁」做為本體，既超越兼無法超越，無法超越人做為意識本體的主體，沒有人就沒有意識，沒有意識就沒有意識本體這個議題；然而，本體來自於天而超越於人，不因人的意識而存在或不存在，這兩種矛盾的現象並存在覺醒裡，意即他意識到人有心靈的本體（心體，nous）（陳復，二〇一〇：頁二〇一—二二六）。

《論語．子罕》第九記載：「子罕言利，與命與仁。」意思是說孔子不大談如何獲得個人的利益，但會接觸到「命」與「仁」的議題。因為外在環境複雜多變，隨時會發生各種不可測的事情，人生只要閱歷日益豐富，就會發現計較利益往往最終是個顛倒夢想，宇宙法則根本不會順應個人對利害的計較，因此，這個宇宙法則對應於個人的存在，就會探討天命的議題，孔子相當關注個人如何能確認自己活出天命（而不是人命），當持續追問來到究竟面，就會出現對「仁」這層德性的體會，因為你如果反思生命本質問題，就會發現人終究不能不懷抱著愛人的胸懷來面對生命，因為生命始終需要愛來支撐。孔子覺得人要「知命」，這是生命獲得修養的關鍵，但「知命」是什麼意思呢？孔子在《論語．堯曰》第二十說：「不知命，無以為君子。」知命並不是說承認宿命，而是要人承認「命有限」與「命不定」，意即人的陽壽總有盡頭，但命會因為人的奮鬥而有相應變化，這種「有限性」與「不定性」的存在，纔會引領人踏往「成仁」的路，這就是為何修養工夫如此重要的原因。孔子的智慧甚深，他不肯拿任何觀念來思論「仁」，他寧願人拿生命各自去體會，這纔符合本體的實相，因此，子貢曾在《論語．公冶長》第五說：「夫子之言性與天道，不可得而聞也。」子貢說的「性」與「天道」都是本體的異辭（陳復，二〇一〇：頁二〇一─二二六）。

然而，人如果領悟本體，會有什麼精神狀態，孔子卻曾經做過幾度解釋，譬如孔子在《論語．述而》第七說：「仁遠乎哉？我欲仁，斯仁至矣。」孔子表示只要他想掌握本體，發出意念的當頭就能確認本體已存在於己身，這是倫理價值的終極根源（source）。儒家思想裡的本體有著西洋哲學裡被認知為冥契主義（mysticism）的意涵，冥契主義意指著人面對尋常的時刻裡感受著生命的不尋常，冥契經驗與情感有關，這件事情本身有著幽微性，需要帶著極細緻而敏銳的感知去體察，並與某種神聖的能量契合無間，感受著被照撫的整體感，因此有著印證性。冥契主義的傳統說法，就是不同程度與型態的「開悟」。從西洋哲學的角度來說，不能拿理性去直接解釋的都是神秘主義，然而，世上確實有些事不可解釋，但，不能拿某種理性預設的角度解釋，並不意味著不能更換該預設，從不同的理性預設來解釋，當我們過度窄化理性的解釋範疇，只有更擴大世上被歸類做神秘主義的東西，卻不能真實釐清中國傳統的心性議題，我們更應該重設理性的預設，使其鋪陳出相應的典範，讓其能闡釋認識本體的人常會產生的冥契經驗。本體當然可通過論證或體證來獲致，卻更可由其效應來看見它的存在，這種效應會呈現出清朗的洞見，對人情世事有著如秤般的了然，因此，孔子會在《論語．里仁》第四說：「唯仁者，能好人，能惡人。」這種好惡已經先經過超越好惡的本體自行過濾，而後纔發出對人情世事的好惡，因此是帶著情感的公正無私，正如陽明子「四句教」裡說的「無善無惡心之體」與「知善知惡是良知」這兩段話的意思（《傳習錄．下卷》第一百十一五條）（陳復，二〇一〇：頁二〇一—二二六）。

第六節　如何帶著情感的覺醒

孔子說「仁」，這是中華思想史上除討論「道」外，第一個具體討論到社會層面的核心命題，當人意識到「仁」，能讓人的命變得有定和無限，譬如孔子在世時周遊列國，希望實現他的政治理想，但《史記．孔子世家》就記載：「孔子適鄭，與弟子相失，孔子獨立郭東門。鄭人或謂子貢曰：『東門有人，其顙似堯，其項類皋陶，其肩類子產，然自要以下不及禹三寸，纍纍若喪家之狗。』子貢以實告孔子，孔子欣然笑曰：『形狀，末也。而謂似喪家之狗，然哉！然哉！』」如果孔子的生命當真「知行合一」，從「仁」出發來落實「知」與「行」，竟然還會「纍纍若喪家之狗」？這就涉及每個人的志向與目標了。孔子的志向就是「得君行道」，這並不是圖著個人的榮華富貴，而是希望能實踐智慧於天下，然而沒有君主能接受他的主張，他會覺得挫折，其實是完全可理解的事情，孔子雖然不用「儒家」兩字來自稱，不過，從孔子開始，儒家思想表現出來的特徵就是真情流露，尤其帶著情感的覺醒來展開社會實踐，當他四處碰壁，最後晚年哀歎：「鳳鳥不至，河不出圖，吾已矣夫！」（《論語．子罕》第九）這是他對自己天年大限將至的遺憾。然而，孔子的弟子由衷服膺他的主張，其中多人後來成為列國的重要大臣，其學派持續發展，更孕育兩漢的興盛，這何嘗不是巨大的成就？只是成功不在自己而已。這顯示孔子對於中華文化的繼承和發展，帶來巨大的典範意義，持續普遍影響華人的心靈至今。從這個角度來看，孔子長期都活在華人的心中，具有無比崇高的地位，反而可從《老子》第三十三章說的話來印證：「不失其所者久，死而不亡者壽。」孔子終其一生沒有離開自己關注的位置與角度，他雖然最終死去，但是持續活在世人心中，其精神並未消亡，因此可謂長壽，這是從事華人本土心理諮詢的人都應該留意的事實，如果你能隨口就徵引《論語》的言論如數家珍，對照當事人具體的生活處境，很容易就能引發共鳴。

有大智慧的人，認清宇宙的命不定與個人的命有限，自然會感到人生漫漫長路，外在充滿著變數，最終只有回歸自己心中的「仁德」了，人不知命，就會怨天尤人，就像《論語・憲問》第十四記載孔子說：「不怨天，不尤人；下學而上達；知我者，其天乎！」當沒有人能理解孔子的心境，孔子依舊只是從人事經驗出發，循序漸進體證天理，因此他覺得最終能理解自己的對象，只有上天了。這種往下扎根於社會來研究學問，從而往上瞭解上天的道理，這就是孔子在談的「天人合一」。這段話可提供給很多自認社會都無法理解自己的人深思，因為只要人認真活著，想實踐理想，受挫折不是很正常該體驗的過程嗎？西洋的基督宗教訴諸人藉由奮鬥，最終等待著上帝的救贖，孔子的思想則已經轉向人的內在，要人只做自己問心無愧的事情，這是石破天驚的思想轉變歷程。因此，當子貢問：「伯夷、叔齊，何人也？」曰：「古之賢人也。」曰：「怨乎？」曰：「求仁而得仁，又何怨？」（《論語・述而》第七）武王滅商後，諸侯都尊奉周王為天子，而伯夷與叔齊身為商王室後裔，卻覺得這是莫大的羞恥，認為身為商臣，理當不吃周朝的糧食，於是到首陽山隱居，採薇充飢，最終餓死在首陽山。孔子同樣身為商王室的後裔子孫，卻支持周朝的國祚，並沒有企圖恢復商朝，然而他同樣覺得伯夷與叔齊不惜堅持自己的理想「以身殉道」，儘管其價值不見得被自己認同，他卻高度稱許這是賢人纔會有的行徑，當子貢詢問伯夷與叔齊兩人內心深處是否會悔恨，孔子卻覺得這是求仁而得仁，有什麼好悔恨呢？儘管他個人並不支持這種作法。可見「仁」使得孔子的胸懷擴大，能尊重對自己不認同的價值產生更高的認同，這來自對人生命價值的堅持態度，不論你堅持的具體內容為何，你願意替自己的信念付出生命都在所不辭，畢竟沒有什麼事情比生命更大，這件事情的意義就獲得確立，敝人覺得這層體會對於心理諮詢師具有高度參考意義。

當心理諮詢師在做諮詢的時候，就應該帶著這種胸懷來面對當事人，因為每個人的生命背景不同，你並不需要對當事人的生命做出任何選擇，你只需要幫忙當事人活出自己的生命價值，不再有絲毫自卑或自憐，當你願意尊重並欣賞當事人，即使他的生命價值與你有不同程度差異，這都不影響你做出最適合於他生命的建議，這時候你是個具有專業素養的心理諮詢師，這就能體現「仁」的胸懷與精神。由於「仁」係人帶著情感的覺醒，情感具有流動性，其具體內容就會隨著情境而有變化，但總來自人對於生命的省思，從而產生面對生活的態度，有這層覺醒者通常都會對天產生敬畏，面對自己肉身的動靜舉止更保持著嚴謹。反過來說，當人做出不敬天的事情，人自覺天「已經對人有不滿」，人天無法和合，再如何的祈禱都沒有用，這是無從救贖的事情，只有幡然悔悟並即刻改正，因此孔子會說：

「獲罪於天，無所禱也。」（《論語．八佾》第三）孔子不肯拿任何抽象觀念來思論「仁」，他寧願人拿生命各自去體會，這纔符合「本體的實相」，當前面徵引這段話：「子罕言：利，與命與仁。」（《論語．子罕》第九）其實內容有些令人匪夷所思，畢竟孔子明明有大量談論仁道的話語，更不要說孔子常談天道與仁道交會出的天命了，譬如《論語．憲問》第十四記載：「子曰：『道之將行也與，命也；道之將廢也與，命也。』」這是說大道如果會獲得實踐，這固然是天命所致；大道如果會就此廢止，這同樣是天命所致。這其實是種體證而不是論證，說孔子罕言，重點應該是指孔子不願意拿任何抽象觀念給天命的議題做出論證，使得人莫名其究竟（或者究竟面本不可說），但，他其實很願意用生活實例來解釋自己的感知。

孔子從年輕時期開始有志向學，到學問開始成熟，其關鍵的指標就在於知曉天命到底對自己具有如何的意義。孔子說：「吾十有五而志於學，三十而立，四十而不惑，五十而知天命，六十而耳順，七十而從心所欲，不踰矩。」（《論語．為政》第二）當他五十歲的時候終於「知天命」，這跟開始學習《易經》不無關係，因此他說：「加我數年，五十以學易，可以無大過矣。」（《論語．述而》第七）他曾在匡被圍困，曰：「文王既沒，文不在茲乎？天之將喪斯文也，後死者，不得與於斯文也！天之未喪斯文也，匡人其如予何？」（《論語．子罕》第九）這段話的意思是說：文王已經去世，文化命脈就難道不在我這裡嗎？如果上天喪失這文化命脈，後死的我就不會知道並參與這文化命脈；如果上天不想喪失這文化命脈，匡人能把我怎麼樣呢？敝人將「文」這個字翻譯成「文化命脈」而不直接稱作「文化道統」，後者直到宋儒朱熹（晦庵先生，一一三〇—一二〇〇）著《中庸章句》在序言中說：「蓋自上古聖神繼天立極，而道統之傳有自來矣。」這纔開始有「道統」這兩字的說法出現，儘管兩個概念的確有高度關聯性，傅偉勳先生（一九三三—一九九六）在《死亡的尊嚴與生命的尊嚴》這本書第三章〈世界宗教與死亡超克〉中表示：「我不得不指出此一重要史實，因為已受新儒家哲學影響很深的現代中國學者，動輒過度強調『儒家是哲學，不是宗教』，而忽略整個儒家思想的原初宗教性源頭（天命）之故。」其實，儒家不是宗教，卻在終極意義層面具有宗教性質，尤其探討天命議題，纔能從儒家角度來認識華人本土心理學，從周公到孔子都高度關注天命，這已經成為華人思考自己生命出路背後普遍在仰賴的泉源與動能，有天命的信仰，纔能更進而討論本體的議題。

人如果領悟本體，會有什麼精神狀態？孔子曾經做過幾度解釋，前面徵引其說：「子曰：『仁遠乎哉？我欲仁，斯仁至矣。』」意即只要他想掌握本體，發出意念的當頭就能確認本體已存在於身。儒家思想裡的本體只有用冥契主義纔能解釋，孔子發出意念就能確認本體的存在，這使得其「仁」是種「靈知」（gnosis，這是古希臘文，意指經由實際生命經驗獲得的知識），當他已與天合一，說出來的話語，對外人來說就會有股奇特的權威感，甚至如同「神諭」（oracle，本字同有聖哲忠告的含意）。本體本身實不可論（無言性），卻可由其外顯於世的效應，反過來看見它的存在，這種效應會使人的話語呈現出清朗的洞見，對人情世事有著如秤般的了然。而且，當孔子希望掌握本體，本體就能被其確認掌握，這體現出不受時間的限制的精純專一，而不是只有「乍現性」，在突然的狀態裡，該冥契經驗僅維持極其短暫的時間，可見孔子的確是個偉大的悟道者，且能幫忙我們對冥契主義的觀念做更精確的對焦與認識。因此，孔子會說：「唯仁者，能好人，能惡人。」（《論語．里仁》第四）這種好惡已經先經過超越好惡的本體的過濾，人通過自我捨棄的過程，而後纔發出對人情世事的好惡，因此是帶著情感的公正無私，正如心學宗師陽明子最終在「四句教」裡說「無善無惡心之體」與「知善知惡是良知」這兩段話的意思（《傳習錄．下卷》第一百一十五條）。已經掌握本體的人就是悟道者，最常見的人格徵象就是對日常生活都能細察其紋理，見微而知著，很自信的對人事做出判斷，故而孔子會說：「視其所以，觀其所由，察其所安，人焉廋哉？人焉廋哉？」（《論語．為政》第二）如果孔子最喜愛的弟子顏回，其面對學問就已能「聞一以知十」（《論語．公冶長》第五），雖然孔子謙虛自愧不如，然而掌握本體的聖人，想來不只在面對學問，包括學問背後奠基的人情世事，聞一當能知百吧？（陳復，二〇一〇：頁二〇一—二二六）

關於「自我捨棄」，這裡還要再做闡釋。孔子曾表示自己戒絕四件事情：「子絕四：

毋意，毋必，毋固，毋我。」（《論語．子罕》第九）意指沒有私意，沒有執著，沒有僵化，沒有自己。這就是他已經捨棄自我的表現。唯有如此，前面纔會指出他說的話：「不怨天，不尤人。下學而上達。知我者，其天乎！」那個我已經不是自我，而是與天合一的真我。大量深度認識心性的人都指出，人如果不能全然捨棄自我，他就無法與天感通，而處在各種生命的困局裡，深受自我只著重於利害的不斷啃蝕。人如果掌握本體，會有預知（或稱前知）的能量，這並都不奇怪。譬如孔子的孫子子思子（約西元前四八三—約前四〇二）就曾說：「至誠之道，可以前知。」還說：「禍福將至，善，必先知之；不善，必先知之，故至誠如神。」（《中庸》第二十四章）這個「至誠」語意裡兼夾著本體與體會本體的工夫兩層意思。「至誠」能使人發出如神性般的能量，在事發前就洞見禍福並避免災難，孔子雖然本人「不語怪力亂神」（《論語．述而》第七），重點是「不講神秘能量來擾亂神聖」，而不是直接說孔子不承認「天的存在」，並且，本體的覺醒顯然與怪力亂神背後的意境不同，後者是拿昏聵的心智召喚邪能去混亂神性，前者則是拿清明的心智喚醒本體去光大靈性，這就是冥契主義與神秘主義的差異，據說孔子曾經看著子路「行行如」（意指剛強勇猛）的樣子，不禁很擔憂說：「若由也，不得其死然。」（《論語．先進》第十一）子路後來去做衛國大夫孔悝的蒲邑宰，結果衛國貴族發生內訌，他挺身護主果真被絞殺做肉醬，當孔子聽說衛國內亂，就立刻嘆息說：「由也，其死矣！」（《史記．衛康叔世家》第七）

這些事實都指出孔子知人的深度已經超過尋常狀況，顯然帶著預知（陳復，二〇一〇：頁二〇一－二二六）。心理諮詢師面對當事人來探討自己的生命議題，就是希望引領當事人能帶著情感產生覺醒，其過程就需要「自我捨棄」，由於孔子的思想起點是「仁」，這種對生命的內在認知不再是任何宗教信仰，其首度具有本土心理學的意涵，因此成為我們發展本土心理諮詢的思想支柱。

我們從華人本土社會科學的角度來認識孔子的思想，就得要釐清「文化型態學」（cultural morphology）與「文化衍生學」（cultural morphogenesis）這兩個概念（陳復，二〇二〇：頁一八四－一八七）。「文化型態學」這一觀點首出於德國文化學家佛羅賓紐斯（Leo Frobenius, 1849-1917），他覺得文化通常要把握其生活本質，即文化存在於個人的上面，其型態會影響發展的樣貌，而且每個文化都有其心靈，該心靈含有超越於個人的因素，「文化型態學」就是要研究這些文化型態的思想源頭。「文化衍生學」則是據此在談其衍生的發展，「morphogenesis」這一詞彙本來是生物學的概念，意指細胞結構的變化，或指細胞在組織中的相互作用，現在拿到文化角度來談「文化衍生學」，則係指研究思想在該文化型態中如何持續發展。從儒家思想的角度來觀察這兩個學問：則會發現「文化型態學」意指陶鑄文化的根源型態，這是有關於儒家思想根源型知識，常見歷來被歸類於經部的典籍都被包括在內；「文化衍生學」意指引導文化的發展型態，這是有關於儒家思想發展型知識，常見歷來被歸類於子部的典籍都被包括在內。

孔子繼承周公開創的人文精神，其構築出來的儒家思想，雖然不被當時統治階層採納，卻成為後世公認何謂「儒家思想」的基本內容，後世的儒家思想不論如何發展，都來自對於孔子思想的繼續詮釋。但如果我們仔細反思：孔子思想有很多內容，常來自對其認知的文化傳統再做衍生詮釋，譬如就核心觀念來說，「仁」這個字寫成「人二」，如果在商朝時期甲骨文的兩橫「二」字，意指在社會中人總有兩大類，意即「上人」（貴人）與「下人」（賤人），到西周時期這個字都還是意指秩序井然的人際關係，卻被孔子拿來解釋成帶著情感的覺醒；「禮」這個字本來在西周時期是指不同社會階層該有不同對待的儀節，其本來具有不平等性，卻被孔子拿來解釋人與人都該具有的合理應對關係，其表現具有相對性與平等性（君君，臣臣，父父，子子），而不是單向的要求。或者，「君子」本來是指諸侯的孩子，卻被孔子拿來解釋成修養與實踐合一的人；「士人」本來是貴族階層最低一級負責戰鬥的人，卻被孔子拿來解釋成立志行道的人，使得「君子」與「士人」在孔子思想中具有相同的性質，這都反映出孔子的思想本身都已經是種對傳統的反思與開創，並使得儒家從孔子開創出來的典範，自始其陶鑄的「文化型態學」都具有高度的文化衍生性，這種有關於「時」的彈性，就能解釋為何後世不同時期儒學思想家，即使依循著孔子的脈絡，其發展出來的觀點，都會不斷面向傳統展開各自創造性的詮釋，而不會固守住某種食古不化的傳統。

第七節　宗教情懷與科學精神

在孔子出現前，整個學問型態是「王官學」，意即學問被貴族壟斷。孔子則對人沒有任何偏私，他的學生遍布並置身於社會各階層，其學生有貴族、國人（居住於城郭內有戶籍的平民）、野人（居住於城郭外無戶籍的平民）與戰敗被充當奴隸的人，當時全部的社會階層都被他包容進來，只要繳交束脩就教育，這不只是種務實的作法，更是極駭人的創舉，深具社會解放精神，這點頗值得大家注意，否則我們都會很容易就誤會孔子是個極度保守的人。由於他「有教無類」，完全不選擇受教的對象，重點只問人的學習態度是否認真，使得學問徹底平民化，從孔子出現後，整個學問型態就變成「百家言」，意即大家開始自由思考並各抒己見，對外傳播自成系統的主張。現在看到的這一時期各種思想流派的歸類，有所謂「九流十家」，意即「儒、道、墨、法、名、陰陽、縱橫、雜、農、小說家」，其實當時人根本不會這樣稱謂自己，這只是班固寫的《漢書・藝文志》內基於圖書分類需要構築的類別觀念，否則就闡發己見的各思想家而言，他們根本不會給自己這樣來定性，強硬認為自己屬於某個思想流派，就像《論語・雍也》第十三記載：「子謂子夏曰：『女為君子儒，無為小人儒。』」這反映出孔子覺得儒者本身都有德性的高低，並沒有說自己就屬於「儒家」，因為如此被絕對化的學派會有點像是《新約聖經》耶穌口中的法利賽人（Pharisees），講著經典的各種規條，外表敬虔卻充滿偽善。當我們用這種更開闊的角度來審視諸子，更容易觀看這些思想人物如何交會與碰撞出思想的火花。

孔子過世後的戰國初期，有位極端反對孔子的墨子。墨子的姓名據說係「墨翟」，他的籍貫通常有兩種說法，有人說墨子是宋國人，有人說他是魯國人，從其思想來源與呈現型態來做個判斷的話，敝人比較傾向覺得墨子係源自殷商的宋國人，後來居住於魯國，因為他的思想充滿著深受商文化影響特有的真理觀，這在整個中華思想史上極其罕見，這種思考並不是魯學這種系統本來會有的思考型態，卻被墨子持續闡釋出中華思想特有的天道論，並反映出商文化後續的發展與產生的影響。墨子相信「天志」，意即上天有意志，會主宰社會的秩序，不論百姓、貴族或君王，上帝都掌握其禍福吉凶，會對人間賞善罰惡，這是墨子的核心觀念，屬於他最高的思想，相對於我們看見基督信仰中舊約《聖經》（Bible）裡的喜怒情緒很強烈的上帝，墨子思想的上天沒有如此強烈的情緒，但是其確實有意志，該意志已不再是情緒，反而跟客觀規律有連結，可影響到社會的發展，也就是說天跟人彼此間存在著相互交感的關係。《墨子．天志中》表示：「天兼天下而愛之，撽遂萬物以利之，若豪之末，非天之所為也，而民得而利之，則可謂否矣。」意思是說：現在天對於天下都兼愛，孕育萬物而使得百姓都獲利，即使如毫末這般細微的層面都莫不是天的作為，人民從中獲利實在是很大了。因此，他覺得人應該效法天的兼愛精神來對待人。

《聖經》裡描繪上帝對世人的愛，這種無差別的平等態度，不因人的階級和身分有任何分別，而是對每個生命個體都有著愛，個人有完全的理由為自己的幸福著想，個人利益應是決定行為的最主要因素，由於強調個人價值，重視個人自由與個人權利，即使在乎其他人的幸福，都是基於對每個生命個體都應該獲得幸福的普遍性思考，反對集體主義（collectivism）對個人的漠視和傷害，這是西洋個人主義思想的一大源頭，而且跟著在公共領域（尤其是政治）發展出後來的自由主義（liberalism）。這是西洋人認為維繫社會穩定的基礎，而《墨子》書中卻看不到上天明顯對於人有什麼特別的愛，這種愛的表現完全不偏私，其實比基督信仰更徹底，因為基督信仰中，上帝是按照自己的形象創造出人，上帝其實特別關愛著人類。墨子沒有這種想法，他只是從天道的標準來講人道，認為人應該效法天對萬物都沒有偏私的態度，循著天道的客觀規律，在社會發展出人道的客觀律法，譬如乞丐會死，君王同樣會死，在死亡面前人人平等，這使得人與人注定要平等對待。墨子說「兼愛」即是全部的愛，這是沒有任何差別的愛，他覺得「兼愛」就不應該區隔親疏關係，即便是別人的父兄都要當作自己的父兄看待，對待君王、弟子與大臣這些不同角色，都莫不如此，這樣就不再會有不孝與不慈了，《墨子．兼愛上》說：「若使天下兼相愛，愛人若愛其身，猶有不孝者乎？視父兄與君若其身，惡施不孝？猶有不慈者乎？視弟子與臣若其身，惡施不慈？故不孝不慈亡有。」這是使用某種理則學的角度，藉由推論來談超越人性心理傾向的主張，當「兼愛」獲得徹底落實，就不再會有「不慈」與「不孝」這些違背倫理的現象，墨子可謂是儒家思想的修正派。

同樣基於這樣的平等思想，墨子主張「節葬」，認為生生死死都是在不斷周而復始的狀態裡，沒有必要特別去看重個別生命的死亡。「節葬」來自「節用」，節用就是反對鋪張浪費，主張勤儉面對生活，大禹（生卒年不詳）是勤儉生活的典範，「克勤克儉」這一成語就源自對大禹的稱許，《尚書．大禹謨》說：「帝曰：來，禹！克勤于邦，克儉于家，不自滿假，惟汝賢。」大舜覺得大禹是個賢能的人，能高度勤奮替邦國做事，更能節儉持守家庭，大禹長期謙虛而不自滿，因此大舜覺得他能接替自己擔任帝王。墨子特別推崇大禹，相傳大禹治水三過家門而不入，墨子視作這是沒有偏私的表現，並藉這個典故提倡一種極度刻苦的平等精神。我們檢索《墨子》書中有關「禹」的關鍵字，會發現該書提到禹高達五十六次，然而，墨子稱許大禹並不是因為自己特別厚愛這位聖王，而是因為其始終效法天道，《墨子．大取》說：「為天下厚禹，為禹也。為天下厚愛禹，乃為禹之人愛也。厚禹之加於天下，而厚禹不加於天下。」意思是說：基於天下蒼生的幸福而獨厚於大禹，這當然是因為喜歡他的言行舉止，他能愛天下的人民，沒有任何偏私，使得天下都厚愛大禹，效法大禹對於天下會帶來大利，不會使得天下因此多增加任何的負擔。《墨子．非命下》說：「禹之總德有之曰：『允不著惟天，民不而葆，既防凶心，天加之咎，不慎厥德，天命焉葆？』」意即大禹所作的《總德》上有這些話，裡面說：「誠信不到達天帝，老百姓就不會獲得保佑。既然放縱自己的凶惡的心意，天帝就會加以懲罰，因不謹慎而喪失德，天命怎會保佑呢？」墨家的平等與佛家所講的眾生平等，二者的不同在於，墨家主張的平等是從天的角度來說明萬物差異的不重要，佛家說的眾生平等，是從寂滅的角度說明著成住壞空終歸於無的事實而產生的平等觀。墨家的平等與陽明心學講的萬物一體有個區別，陽明子的意思是天下萬物從軸心點都有一個共同匯歸的本源，從本源來看有著相通性，從現象來看有著差異性，其指稱萬物一體的「體」，就是指本體（自性）的意思。墨家的平等是從天的角度來說，並沒有自性的意義。

墨子這樣的觀念在當時受到很多思想家的批評，比如說血緣對於墨子變得毫無意義，他主張生出來的孩子大家共同撫養，不必去分別是誰的孩子。孟子對此很不滿意，他在《孟子．滕文公下》中批評墨子說這是「無父」，意即無視血緣與倫理存在的事實。後期墨家的著作《墨辯》，裡面談到很多科學觀念，但這本書的解讀很不容易，光緒三十年（一九〇四），梁啟超（一八七三—一九二九）特別針對這本書做過注解，然後直到近四十幾年來纔逐漸有人做出比較深入的探討。《墨子》中的〈經上〉、〈經下〉、〈經說上〉、〈經說下〉、〈大取〉、〈小取〉這六篇文獻是在談邏輯的基本推理，一般合稱作《墨辯》或《墨經》。《墨子》裡面甚至有一些科學發明的記錄，這是中國歷史上有關真理觀的內容記錄非常豐富一本書，像雲梯、大型風箏與拋石機等這些戰爭武器的發明，在《墨子》這本書裡都能看見相關內容。墨家漠視君王的權威，因為他們的平等觀，導致他們常常沒有特定的國家立場，而是主張「非攻」，意即提倡和平，譴責侵略戰爭的不義，哪裡發生非正義的戰爭，墨家的鉅子（領袖）就會帶領自己的弟子去替被攻打的國家守城，用他們發明的新武器去保護那些被侵略的國家，他們是一群有著濟弱扶傾的宗教情懷的人，正就是這種宗教情懷，因此他們會發展出各種科學研發，並嚴格服膺於鉅子的號令。西元二〇一六年八月十六日，酒泉衛星發射中心發射全球首顆量子科學實驗衛星「墨子號」，藉此紀念墨子在科學領域的貢獻。

從墨家這樣獨特的思維狀態中可以看出，戰國時期的華人正在做一個痛苦抉擇，到底什麼思想能成為「中華思想的主軸」？當然，這是我們現在的說法，當時人實際的意識狀態會是哪種思想當真能完成「天下的一統」，結束長期的兼併戰火與流離失所。真理觀是首先要相信客觀的存在，然後主體通過對客體的認識，從而產生對事物的理解，這需要對於抽象的天有一種相信。墨子就是相信天有著意志，就像基督徒相信上帝有著意志，接著人通過一個逼近的過程來瞭解上帝的意志。逼近的過程就來自於相信有真理（truth）。

基督教與墨家基於這種共通的思想泉源，導致他們很相像，但墨子從未像基督教裡所描繪的天堂那樣想像到人生界外面有個另一個世界，他同樣活在「此世」，關注著現實問題的解決。除早期的墨子有真理觀，齊國的齊學同樣保存有相當豐富的內容。但華人在思想的論戰和抉擇的過程裡，後來選擇比較傾向於內省問心的思想作為中華思想的主軸，而不是選擇外在求理的思想作為中華思想的主軸。墨子等於說是在戰國時期為大家保留一種來自殷商思想的活化石，還進而產生蛻變，發展出科學觀念。在春秋末期到戰國時期，已經不太有思想家直接相信有巨大意志的上天在每個環節都具體影響著人與事，並採取有如宗教的態度在探問如何讓動靜舉止都符合「天志」，墨子就是其中的例外。墨子的學派會讓我想到現在總部設立在荷蘭的阿姆斯特丹，在超過四十個國家設有分部的綠色和平組織（Greenpeace），我們在現實生活中如果發現有些華人刻苦自勵於日常，生活極其簡單，不只縮衣節食，更對於如何保護環境有著濃郁的關懷，希望通過研發與行動來改善生態免於浩劫，其實可往前推溯其集體潛意識中受到墨子思想如何的影響。

第三章

戰國時期諸子百家思想

第一節　向內追溯問題的根本

時序來到戰國時期，相對於墨家講兼愛，楊朱（約西元前三九五—約前三三五）強調「為我」，他是戰國早期具有鮮明個人主義特徵的思想家，有人說他是秦國人或魏國人，漱人覺得魏國人的可能性更高，他後來去秦國生活或不無可能，主要是他的思想具有晉學的自利特徵，而秦國的集體主義與軍國主義的思維，其生活環境著實不容易產生楊朱這種類型的人。《孟子．盡心上》說：「楊子取為我，拔一毛而利天下，不為也。」《列子．楊朱》則記錄楊朱曰：「伯成子高不以一毫利物，舍國而隱耕。大禹不以一身自利，一體偏枯。古之人損一毫利天下不與也，悉天下奉一身不取也。人人不損一毫，人人不利天下，天下治矣。」楊朱的思想懷抱著絕對的自我為主軸，意即要我拔一根毛來幫助天下，但天下不是我在意的範疇，因此我絕對不會去做。反過來說，楊朱同樣不會去害天下，絕對不會要消耗天下的資源來伺候我一個人的欲望，當人人沒有絲毫的損失，更沒有絲毫的獲得，天下就能獲得大治，楊朱的重點只是不在意自己生命外的世界良窳而已，人只要在自我的範圍內自給自足，避免各種交際會產生的問題，不做任何有傷害的事情，天下就能獲得大治。這種觀念其實對於當前資本主義社會過度消耗地球資源，何嘗不能提供重要的反省？具有強烈對比者，莫過於墨子主張兼愛，可是他同時要求自己的弟子為平等而過著自苦的生活，楊朱不主張愛人，他只主張每個人應該愛自己，楊朱的思想雖然是種極端的個人主義，但即使如此，其立論還是夾帶在談如何對天下更有利，這的確反映著晉學自利與共利互補的思想。當時天下充斥著各種極端的思想，誠然可謂周文化已經呈現「禮崩樂壞」了，正如《孟子．滕文公下》說：「楊朱、墨翟之言盈天下，天下之言，不歸楊，即歸墨。」這是戰國時期的國際流行思潮，當時世人要不憧憬於全然的兼愛付出；要不留戀著全然的自我保護，不只是戰國早期，現在何嘗不是如此，極端的思想都比較容易成為人們關注的主張，儘管後世儒家都在批評楊朱的思想，但這種觀點就像是集體潛意識潛藏在華人的心中，只要政治局面混亂時，就會成為世人自然而然流露出來的自保意識。面對這種自保意識，如果在從事於心理諮詢時，深受儒家思想影響的諮詢師，就要自覺不要去「責備」當事人這種意圖，而要去釐清這種想法背後的源頭，通常當你發現當事人會表示絕對的自我其實對於社會有大益而無大害，這就是受到楊朱的影響。

順帶提到者，敝人念國中時，老師教歷史課本有談到楊朱的思想如何只在意自己的利益，對於整個天下毫不關注，到現在依然記得當時有同學閱讀到這種想法時眼睛發亮，如獲至寶跟幾位同學訴說他如何同意這種觀點。現在臺灣社會的歷史課本已經不再仔細談這些中國諸子百家的思想，其實是否會帶來壓抑華人文化集體潛意識的問題呢？如果你瞭解到中國曾經有這麼多元的思想，你更瞭解到那個大混亂的局面如何會產生，你就不會輕易對你此刻身處的環境感到不安和氣餒，因為比你當前這個時空更壞的環境古人都經歷過，諸侯各國交相在毀滅彼此，生命瞬間就會消失。反過來看，能產生如此豐富的思想，不正來自國家控制的薄弱，纔能提供個人如此寬廣的空間？如果輕易對自己身處的時空不安和氣餒，其實會是歷史觀比較膚淺的人，纔會輕易就被撼動與搖擺。經過孔子、曾子（約西元前五〇五—約前四三六）與子思子，接著子思子的某個弟子（該人是誰目前眾說紛紜），最後就來到孟子，這條路線有個最明顯的特徵，就是向內追溯問題的根本。孟子的貢獻在於他首度提出性善論，孟子的「性善」主張是他的心性創獲，與當日傳承自儒學正宗的告子（約西元前四二〇—約前三五〇）「性無善，無不善」主張不同，他說的「善」包括道境的至善與至善發出的善行，這得要靠做工夫來掌握，而不是世俗道德標準裡認知的善。相較於孔子說的「仁」，該說法已經有「自性」與「本體」的更深意義了，孟子的最大貢獻在於他把「仁」這一概念做更細緻的解釋，而首度清晰指出其與人心有關，譬如《孟子．告子上》記孟子說：「仁，人心也。義，人路也。舍其路而弗由，放其心而不知求，哀哉。人有雞犬放，則知求之，有放心而不知求，學問之道無他，求其放心而已矣。」這裡意指「仁」是心的主宰；「義」是人的大路，人如果捨棄大路不前行，丟失主宰不覓回，這是很可悲的情況，因為人如果有雞或狗丟失了，都還知道去尋找，主宰丟失了，卻不知道要覓回，研究學問的路徑再沒有其他的辦法，不過就是把丟失的心重新覓回罷了（陳復，二〇〇五：頁二一—二二）。

孟子這裡把「仁」釋做「人心」，並不是把兩者劃歸等號，而有著「仁」是人心內在主宰的意思，這已經開始將內在的意境做更細緻的梳理，儘管孟子自身描寫這層意思有時詞彙並不統一，譬如他還拿「惻隱」、「羞惡」、「辭讓」與「是非」這「四端」來指稱人心最根本源頭，並各自與「仁義禮智」四個德目銜接，使得「仁」這個字在孟子來說，似乎沒有如孔子在其思想宗旨裡占有絕對核心的意蘊（陳復，二〇〇五：頁二二—二三）。《孟子．告子上》說：「惻隱之心，人皆有之；羞惡之心，人皆有之；恭敬之心，人皆有之；是非之心，人皆有之。惻隱之心，仁也；羞惡之心，義也；恭敬之心，禮也；是非之心，智也。仁義禮智非由外鑠我也，我固有之也。」孟子說「我固有之」的義理就在指向自性，自性都內蘊著情的安頓，雖然孟子稱謂本體最習慣的詞彙該是「性善」，這個詞彙不僅統攝「四端」，而且根據我們後來由新出土的《性自命出》可知，孟子的「性善」主張該是他的創獲，而與當日傳承自儒學正宗的告子「性無善，無不善」主張不同（陳復，二〇〇五：頁二二一—二二三）。孟子講「性善」，開始拿水會自然往下漂流來譬喻並指稱「性」的本質光潔，孟子在《孟子．告子》上表示：「水信無分於東西，無分於上下乎？人性之善也，猶水之就下也。人無有不善，水無有不下。」這顯示出孟子認為性善具有根本自明性，這是其本體論的主張。目前多數學者認同《性自命出》出自子思子的思想，裡面頗有精義，如其開篇說：「性自命出，命自天降，道始於情，情生於性。」這可看出情感實屬儒家思想的重要特徵，該段文字就已經指出本體來自天命，大道始於情感，情感則由本體蘊生，這是儒家思想最經典的要旨（陳復，二〇〇五：頁二二一—二二三），後來孟子再將這層意思擴充發展到「惻隱」、「羞惡」、「恭敬」與「是非」這四大面向中，成為儒家思想更具體的進展，對於世間生命受苦有著不忍心；對於自己生命態度有著羞恥心；對於人與人的互動有著恭敬心；對於事情對錯與否有著是非心。

華人對於情的議題高度重視，跟華人互動如果只講道理卻不講情感，他會很難接受，不只覺得你不通人情，更會覺得你對待他過於苛刻。因為重視情感纔會出現關係主義的思考，處處都關注於情的安頓，使得中國社會在法律制度的建立上相當困難，因為華人總是希望優先安頓的是情感，並且覺得法律不外於人情，因此法律常面對人情會有各種轉彎，國民甚至覺得如果法律不順應人情的心理需要，就會指控「恐龍法官」如何做出不符國民情感的判決。孟子設想一個善由人心中自然生發出來的具體例證，《孟子．滕文公上》中說：「蓋上世嘗有不葬其親者，其親死，則舉而委之於壑。他日過之，狐狸食之，蠅蚋姑嘬之。其顙有泚，睨而不視。夫泚也，非為人泚，中心達於面目，蓋歸反虆梩而掩之。掩之誠是也，則孝子仁人之掩其親，亦必有道矣。」這裡在討論最本源的善該如何產生？自己父母的屍首被野獸啃食，孩子看在眼裡心頭不忍，於是想辦法拿工具掩埋父母的屍首，這種文飾就發展出葬禮，這是很合理的推測。但在西藏比較偏遠的地區還有天葬的風俗，他們為什麼不怕老鷹吃他父母的身體？這背後顯然就是文化影響出來的風俗，在西藏這種高原環境，每天面對極端氣候，生活條件比較惡質，生存不易，加上藏傳佛教的信仰教導人看破生死，使得人表露感情的樣貌變得相對較簡化，人死後停屍三天，接著由家人送往天葬台，這些地點通常都設在距離寺院不遠的山崗上，藏人相信如此親人死後更容易升天，天葬師還會幫忙把肉體剖開砸爛，讓禿鷹把屍體連肉帶骨頭全部吃掉，如此從自然而來，人又回歸自然而去，人活著吃各種動物，死後被動物吃，這同樣是徹底的平等觀。但孟子是從「惻隱之心」的脈絡來做合理的推論，他覺得人只要開始有覺察與反思，豈能接受自己的父母暴屍於曠野？我們或可根據孟子的這個設想繼續推演，早在新石器時期黃河流域有人基於不忍的情感，開始掩埋自己親人的屍首，往後他自會把這個經歷告訴別人，別人聽見就會猛然回想起自己同樣有親人的屍首被棄置在曠野，這種出於惻隱的情感被激發，就會開始接續把他們的親人屍首掩埋，甚至還會加上棺材，甚至還會開始在過程中致悼、哀歌或祭祀，如此長期口耳相傳，葬禮就成為風俗。藏人的風俗與漢人的風俗，兩者在中華文化圈內產生更細部的文化差異，我們無法簡單評斷誰的價值更優位，但敝人要提出這層思考：既有的心理諮詢並不關注文化差異，但文化確實對人產生至關緊要的影響，當心理諮詢師面對當事人來諮詢有關臨終關懷或悲傷輔導的議題，你能不考慮當事人當時置身在什麼樣的文化脈絡裡嗎？顯然前面的例證就可提供給諮詢師思考。

孟子從人都有感覺器官，有著相通的感受，推演到人為何會有道理或道義的共識，普世性的價值因此產生。《孟子．告子上》說：「口之於味也，有同耆焉；耳之於聲也，有同聽焉；目之於色也，有同美焉。至於心，獨無所同然乎？心之所同然者何也？謂理也，義也。聖人先得我心之所同然耳。故理義之悅我心，猶芻豢之悅我口。」這段話的意思是說：人們通過眼睛、耳朵與嘴巴等這些感覺器官，都能覓得相同的嗜好或興趣，既然如此，人的心靈同樣有相通的內涵，這個相通的內涵就體現在道理或道義的層面。所謂的聖人並不是獲得的道理或道義與我們有什麼不同，其不過是先瞭解到心靈相通層面的人而已，道理或道義悅納到人的心靈內，猶如美好的事物愉悅到人的感官內。上面那個舉例的事情裡，第一個埋葬父母的人就會被視作「聖人」，他就是在該脈絡中最先領悟「人心之所同然」

的人，葬禮就變成大家共願的事情，人類社會中共同認可的善，就是從這個角度推演過來的結果。從春秋末年到戰國時期，當思想家們看到社會如此大量殘酷的事情，他們當然會不斷在心中探問：究竟什麼是生而為人不可不根本在意的事情？一般人置身於這樣的社會環境中，就只是因某個事件，情緒激動說要當個好人或當個壞人，卻沒辦法去探究本源，這種生命狀態其實常常只是隨著社會在搖擺。思想家就是在問一些根本的問題：人到底是怎麼一回事？為什麼人會變成今天這個樣子？個人或社會怎樣可變得更圓滿？墨子是向外尋覓一個抽象的規律，因此他關注到的是天志和邏輯的層面；楊朱則著重於自我的幸福，因此他設立出個體的界線，絕不輕易跨越這個雷池；孟子則是希望能從人的內心去追溯本源，從而提出「仁，義，禮，智」這四種心理基本需求，先秦諸子的思想家都在探尋人的奧秘，只不過他們切入的角度不一樣，獲得的答案各有發人深省的內容，這都成為我們本土心理學的共同資產。

第二節　孟子深化子思子的思想

通過《性自命出》這本書，我們已填補儒家思想發展過程中一個最具關鍵性的空白，意即孔子本來不談的「性」，在子思子的詮釋中開始被凸顯。在《性自命出》中：子思子說：

「好惡，性也。」這與前引其祖父孔子「能好人，能惡人」的意境相通，都在指出本體超越世俗情感而發出更大情感的特質。而且，子思子還說：「人之雖有性，心弗取不出。」這段話可使我們由此看出，子思子早已開始把內在意境做清晰闡發，而有「心性」的架構產生，「性」做為本體，需要人藉由「心」來把握，人如沒有意願認識本體，則本體就藏於心內隱沒不出。《性自命出》的重點更在子思子說：「善不善，性也，所善所不善，勢也。」這個說法與告子相同，因此學者現在大都同意告子其實纔是儒學正宗，反而是師承自子思子後學的孟子其主張為歧出新創。孟子的「性善」主張真是歧出新創嗎？我們不如還原《孟子・告子上》裡面的內容，孟子的弟子公都子（生卒年不詳）僅說：「告子曰：『性無善，無不善也。』」接著再加上兩個「或曰」（意即還有兩種說法），來指出容或有不同脈絡的討論空間。其一：「或曰：『性可以為善，可以為不善。』」其二：「或曰：『有性善，有性不善。』」因此，當日社會其實流傳著三種說法，意即「性無善，無不善」、「性可以為善，可以為不善」與「有性善，有性不善」三種，各自並未混淆，公都子因此問孟子說：「今曰『性善』，然則彼皆非與？」意思是說難道孟子主張「性善」，前面三種說法都錯了？孟子並未直接回答公都子的問題，其實這個問題至屬精要，如果真被釐清，則能避免後世無盡的思想糾葛，尤其能避免後世社會大眾普遍的誤解，竟把「性善」意會做人心本質是善良這種膚淺意思，而跟著有戰國晚期荀子針對性的「性惡」的異說出現（陳復，二〇〇五：頁二三－二四）。

告子的「性無善，無不善」是在指本體無善無惡的不二實相，子思子的「善不善，性」則在指出「善」與「不善」的表現都屬於本體的發作，否則本體的呈現如果只有「善」，則該本體將只有局部性而不具有全面性，這種論點會比較接近於榮格對「自性」的看法，就像是基督跟敵基督（antichrist）兩者具有共生性。其實本體跨越世俗的善惡標準，世俗的善惡標準都無法扣住本體的實相，本體能開出世俗的善惡，而世俗的善惡卻不見得出自本體，這是人設的標準，並不是本體自身，反過來說，本體自身都呈現在善惡的內容中，人要自己從中提煉出自性，而不是將世俗善惡都混淆在自性中，這是儒學思想早期發展中的創獲，而且要有很踏實的修養經驗。孟子特別主張「性善」並不是否認該說法，他更進而去說覺悟本體能呈現至善無惡的道境，這是往「無善，無不善」的體會裡繼續往上翻轉，而呈現更深層的修養經驗。孟子並未出離子思子的覺悟路徑，而是繼續深化這個覺悟，更把《大學》經一章指出大學的最高道境在「止於至善」詮釋得更透徹（因其只有說至善的性質，尚未細論至善的本體）（陳復，二〇〇五：頁二三－二四）。

「有性善，有性不善」的說法則是完全錯誤，本體至善無惡，如果善與不善都是社會價值，本體屬於神聖價值，該本體不可能兼存著善與不善兩種狀態，果真如此，則已身陷魔境，而根本未曾覺悟道境。當日時人已在流傳這種說法，實把世俗生活裡的善惡攪和至本體裡來討論，誤認人有時會做出世俗稱道的善良舉止，有時會做出世俗責難的邪惡舉止，因此想當然耳就會說「有性善，有性不善」，更誤引荀子踵繼討論，而把人確實有大量邪惡的念頭與舉止統攝出「性惡」的主張，並因此主張「隆禮」，要由後天的陶冶教化來改善人格。人確實常有大量邪惡的念頭與舉止（相對於社會價值而言），並確實需要後天的陶冶教化，然而這與人人先天內在都有本體並不相背，因為這是兩個互不隸屬的精神狀態（雖然會相互牽制，譬如邪念雜生，使人無法復見本體），尤其前者常還加上特殊時空的價值評斷因素，如此攪和進來認知本體，恐怕永遠無法說清本體。「性可以為善，可以為不善」的說法則顯得語意含混，這有種「掌握本體可用來行善或作惡」的意思，但這就要討論「行善或作惡」到底是指什麼了。如果「善」是指道境的精神意象，則本體不可能往相反層面發出不善的意象，這點前面已說明其內容，如果「善」是指世俗生活裡的道德評論，則由本體發出的舉止確實會兼有世俗道德評論給出的善與不善（雖然覺悟發出的舉止本質上至善無惡），因此，為避免語意糾纏不清，孟子直接回答公都子說：「乃若其情，則可以為善矣，乃所謂善也。若夫為不善，非才之罪也。」孟子表示人只要順應本體發出情感，由於本體有著至善的道境，故而落實於外在生活的舉止無不善，這纔是他在說的「善」。如果有人會做出不善的舉止，這並不是本體有材質的問題，而是本體被蒙蔽了（陳復，二〇〇五：頁二四—二五）。

孟子這裡說的「善」包括道境的至善與至善發出的善行，都未與世俗道德標準說的善掛鉤，然而當日與後世的人常都無法復見本體，只有在世俗道德的善惡裡去說東道西。孟子為特別指出本體會發放本然的純良，因此他還起「良心」去做異稱，他在《孟子．告子上》說：「雖存乎人者，豈無仁義之心哉？其所以放其良心者，亦猶斧斤之於木也，旦旦而伐之，可以為美乎？」這裡表示良心（本體）本來自存於人身，人會失去良心，來自人欲不斷的牽引拉陷，這應該是「良心」這個詞彙的首出。他還再把本體稱做「良能」與「良知」，尤其是後者，使陽明子激生出其「致良知」的主張，他在《孟子．盡心上》說：「人之所不學而能者，其良能也；所不慮而知者，其良知也。孩提之童，無不知愛其親者，及其長也，無不知敬其兄也。親親，仁也；敬長，義也。無他，達之天下也。」他這裡旨在強調本體是種如本能般的善，但，我們不能就此誤解說本能即是本體，反而該瞭解本能是本體的淺層呈現，萬物的生滅都在本體的統攝內，不過，對本體的有覺與無覺，其本體發出的能量與程度就有不同，有覺的本體，其呈現的道境會無限擴張；無覺的本體，其呈現的舉止就只是本能而已，這是人類與禽獸最大的區隔，當然，如果人本體都被蒙蔽（似乎也只有人會出現這種失靈狀況），孟子覺得這就已經不只是無覺，更連禽獸都不如了（陳復，二〇〇五：頁二五－二六）。孟子對子思子的深化，確立儒家本體論的思考脈絡，華人本土心理學就從這條路線作為起點開始發展。

第三節　人類知識的兩大限度

敝人在讀大學期間仔細考察先秦諸子百家的思想，深感認識諸子百家的確讓個人受益良深，尤其在先秦時期極為動盪的時空背景下，思想呈現出百家爭鳴的局面，各種思想的差異性非常大，彼此觀點相互矛盾，這更有助於打破思維的局限性，擴大思考問題的視野。莊子相對於墨子就很不一樣，墨子重視的是宇宙的客觀規律性，而莊子注意到的是宇宙的無限相對性，譬如《莊子．內篇．齊物論》說：「有始也者，有未始有始也者，有未始有夫未始有始也者。有有也者，有無也者，有未始有無也者，有未始有夫未始有無也者。俄而有無矣，而未知有無之果孰有孰無也。今我則已有謂矣，而未知吾所謂之其果有謂乎？其果無謂乎？」意思是說：就時間而言，宇宙有其「開始」的階段，往前還有其「尚未有開始」的階段，更往前還有其「尚未有『尚未有開始』」的階段；就空間而言，宇宙本已有「有」的狀態，但該狀態的外面有「無」的狀態，該狀態的外面還有「尚未有無」的狀態，其外面更有「尚未有『尚未有無』」的狀態。這種相對性讓莊子意識到知識的有限性。因此他覺得忽然間出現有與無的不斷循環，不知道這個有與這個無，究竟誰是究竟的有，或誰是究竟無，導致我們已經說的語言始終處於模糊狀態，無法精確指稱產生認知。這就會出現《莊子．內篇．養生主》說：「吾生也有涯，而知也無涯。以有涯隨無涯，殆已。」

意思是說：我的生命最終有盡頭，而知識沒有盡頭，拿有盡頭的人生去尋求沒有盡頭的知識，這只能是空耗精神。敝人依然記得念國中時期聽見這段話感覺非常震撼，因為當時都在學習孔孟的思想，孔孟都在鼓勵人去求知，而居然有人敢這麼破壞性去面對知識，但其犀利的觀點卻如此有道理，讓人不由得不深思。

錢穆先生覺得，莊子指出人類知識的兩大限度，首先是時間的界限，這就是「死與生」的差異（錢穆，二〇一二：頁三八）。人必然會死，活著的人無法知道死去的事情。《莊子・內篇・齊物論》說：「予惡乎知說生之非惑邪？予惡乎知惡死之非弱喪而不知歸者邪？……予惡乎知夫死者不悔其始之蘄生乎？」這段內容的意思是說：我怎麼知道貪生的意念本身不是困惑呢？我怎麼知道怕死不是如同年幼流浪於他鄉，而年老還依然不知返鄉呢？莊子最終質問：我怎麼知道那些已然死去的人，不會後悔當初的求生呢？莊子指出人的第二個限度是空間上的界限，這就是「物與我」的差異（錢穆，二〇一二：頁三八—三九）。個體都被各自的形體局限，個體與個體間無法做到完全瞭解彼此。因此《莊子・內篇・齊物論》說：「民濕寢則腰疾偏死，鰍然乎哉？木處則惴栗恂懼，猨猴然乎哉？三者孰知正處？民食芻豢，麋鹿食薦，蝍蛆甘帶，鴟鴉耆鼠，四者孰知正味？」這段內容的意思是說：人睡在潮濕的環境，就會腰部患病甚至半身不遂，泥鰍同樣會這樣嗎？人居住在高大的樹木上會心驚膽寒，猿猴同樣會這樣嗎？把泥鰍與猿猴拿來與人相比，三者究竟誰的居住標準正確呢？人吃牲畜的肉，麋鹿會吃草芥，蜈蚣吃小蛇，貓頭鷹和烏鴉吃老鼠，這四者究竟誰的口味是正確的呢？從時間與空間兩個知識概念來看，誠如《文子．自然》說：「往古來今謂之宙，四方上下謂之宇。」時間與空間共構成宇宙，這兩個知識概念具有相對性，意謂著莊子覺得整個宇宙具有相對性，不同的認知看見的範圍不同，由此可知莊子是個相對主義者，他藉由將「生與死」暨「物與我」相對化，打破人類慣性的執著想法，獲得萬有最終歸於虛無的結論。

人生有得到就會有失去，有正確就會有錯誤，有喜好就會有厭惡，這種相對性就來自分別心，其實這是人認知的局限。《莊子．內篇．齊物論》說：「物固有所然，物固有所可。無物不然，無物不可。可乎可，不可乎不可。故為是舉莛與楹，厲與西施，恢詭譎怪，道通為一。其分也，成也；其成也，毀也。凡物無成與毀，復通為一。唯達者知通為一，為是不用而寓諸庸。庸也者，用也；用也者，通也；通也者，得也。適得而幾矣。因是已，已而不知其然，謂之道。」這段話的意思是說：對每個生命而言，事物原本就有正確的一面，事物原本就有認同的一面，沒有什麼事物不存在正確的一面，更沒有什麼事物不存在認同的一面。這個道理適用於細小的草莖和高大的庭柱，長有癩瘡的人和美麗的西施，各種千奇百怪差異很大的生命，從生存的角度來說他們各有各的正確與認同，從大道的角度來看它們都是渾然一體。舊事物的分解就是新事物的生成，新事物的生成就是舊事物的毀滅。所有的事物本質並沒有生成與毀滅的區別，一樣都是渾然一體的狀態。只有通達的人，纔能知道事物相通且渾然一體的道理，因此不必對事物強作解釋，而應把自己的觀點寄託於平常的事理中。看起來平庸無用的存在，其實自有其用處；認識事物其無用中的有用，這就算是通達；通達的人纔是真正瞭解事物常理的人；恰如其分瞭解事物常理，這就接近於大道。

胡適先生對於莊子這種見解頗不認同，他在《中國哲學史大綱》中表示世界上學識的進展只是爭半寸的同異，如果把全部的是非的區別都看破了，會使得世界上各國家或各社會的制度習慣思想永遠沒有進展，毫無革新改良的希望（胡適，二〇一六：頁一九五—一九六）。這話如果放在五四時期的時空背景中，自然極有道理，不過，如果我們換成探討本土心理諮詢的議題，會得出具有辯證性的觀察。譬如某位當事人的心理常患得患失，諮詢師能否通過這種對比，在諮詢中打破當事人慣性的執著想法呢？敝人覺得對生命某個議題有執著的人（譬如當事人沒機會談戀愛，很在意自己長得很醜），如果能打破其思維慣性，讓他或她意識到有沒有愛情，其實從人最終一死的角度而言，並不特別重要，但他或她會在意自己長得醜，卻沒有意識到美醜的價值具有相對性，這反映出人有沒有智慧，來面對自己還活著的歲月，從而善待生命，會比美醜本身更重要。但諮詢師要留意不應該掉落到絕對的虛無主義中，讓當事人對「生與死」暨「物與我」變得完全不在意，因為「思想可無倫理，諮詢自有倫理」，思想家或可有無倫理的思想，諮詢師卻不能讓當事人覺得生無可戀死焉何悲，當然，何謂「正常」本來確實有思考的空間，但諮詢的最終目標總是要讓當事人能適應自己生活環境中的人與事，而不是變得什麼都無所謂，這反而會出現嚴重的社會問題。

敝人再舉個例證，赫茲（Hz）是頻率的國際單位制單位，從人聆聽聲音赫斯的角度來說，一般研究指出三十歲左右可聽到一萬五千赫茲，四十歲左右可聽到一萬赫茲，六十歲左右只能聽到八千赫茲，七十歲左右只能聽到六千赫茲，但你能說請十個人來做實驗，其中有九位聽見六千赫茲的人活在真相裡，只有一位聽見一萬五千赫茲的人則是活在假象中？首先，何謂「正常」不能拿人數多寡來論斷，如此纔能避免掉落到「常理的謬誤」內，更不能認為宇宙間完全沒有終極實相可言。莊子的人生理想是只有得而無所失，《莊子·內篇·大宗師》中說：「天與人不相勝，是之謂真人。」意即人不要想著去征服天，不要想把天的知識全部挖掘完畢，當人放下這種念頭，反而會產生一種對天無所得的獲得與無所失的了然，莊子稱這種境界為「真人」。因為宇宙本來無限，每個當下的時空都是宇宙的中心，因此全部事物都具有平等性。只有把有限放在無限的中心，既無相對且無絕對，纔能無窮應對各種變化，這層道理可見於《莊子·內篇·齊物論》說：「彼是莫得其偶，謂之道樞。樞始得其環中，以應無窮。」彼與此的兩面沒有形成對立，就是大道的樞紐。

抓住大道的樞紐就是處在無限宇宙的中心。同篇還說：「是以聖人和之以是非，而休乎天鈞，是之謂兩行。」首先，「兩行」是指不執著於是非的爭論，而保持事理的自然平衡，聖人從辯證的角度來看待是非，悠遊於天然的平衡中，因此「兩行」就是並行發展的意思。再者，該並行發展還有更深一層的脈絡，這是指每個事物都是從自身脈絡出發來對待，其他事物都圍繞著自己來運轉，因此每個事物既自居主軸，更同時在其他事物的周圍，這樣萬事萬物都可和諧共融，互不對立。這就能對應《中庸》說的道理：「萬物並育而不相害，道並行而不相悖。」萬事萬物共同獲得生長化育，不會互相傷害，各種道理或法則都在共同運轉，不會相互衝突。

中國後來的神仙思想，雖然不盡然都是莊子原本的想像，可是神仙思想卻是導源於莊子，為什麼後來唐朝會把《莊子》稱作《南華真經》，把莊子稱作「南華真人」，這不是沒有原因。《莊子》有關「真人」的觀點，其本來不見得是指神仙，從《莊子》的角度來說，聖人是在人世間的人，可是真人雖然在人世間，但他可超越形體的物理限制，遨遊在宇宙間。列子（西元前四五〇—前三七五）與莊子是同一類型的思想家，他的著作《列子》就談到很多超越物理法則的事情，例如經過長期修煉，人的容貌和形狀可不斷隨著意志改變，雖然英文中「taoism」使得道家與道教這兩種思想被混為一談，這件事情本身的確是個問題，但我們不能輕易撇清道家和道教兩者毫無關係，如果沒有莊子思想的脈絡作為源頭，不會發展出後來的道教思想，重點就在於兩者都有「修煉成真人」的思想。「真人」到底是不是「神仙」？從莊子的角度來說，真人的確是一種神仙，《莊子．內篇．齊物論》中，王倪對「做為神仙的至人」有如此評價：「至人神矣！大澤焚而不能熱，河漢沍而不能寒，疾雷破山、飄風振海而不能驚。」王倪強調至人所體現出的「神」就是神仙最基本的特徵，意即對自然規律的突破，這裡面說的「至人」與「真人」在莊子語境中並無實質差異，都是莊子理想中自由人格的最高狀態，他的神聖性就是能突破自然規律的外在限制，獲得生命的自足與自在。當人能突破外在侷限性，這成為後世華人信仰神仙的「原型」（archetype），後來各種民間信仰都是這種原型思維展開相應的變化與顯現，在精神領域中，不能辨識這種原型思維，動輒指控有這種想法者係精神分裂（或思覺失調），這會產生概念的誤導與獨斷。

但「真人」是否能「長生不死」呢？莊子打破生死的界線，既然已經看破生死，就不會覺得長生不死有什麼特別意義。嚴格來說，老子與莊子頗有差異。莊子有神仙的思想，可是老子沒有；老子有長生的思想，可是莊子沒有。後來道教就把二者合而為一。莊子的思想還是體現出濃郁的人文精神，他的很多觀點都在跟孔子對話，《莊子》的書裡常藉著孔子與顏淵的對話來展開反諷，但他很明顯對孔子和顏淵的重視遠超過老子，只不過莊子並不重視孔子與顏淵的積極面，而是藉由他們的言行來澆自己心中的塊壘。莊子覺得人不該讓有限的肉身只發展出有限的人生，企圖藏於無限的宇宙來讓人生獲得延伸與開展，這跟孔子非常重視於人生在社會領域的經營採取截然相反的態度。然而，莊子的這種態度恰恰是來自於自己深受孔子的影響，《莊子》書中討論孔子的內容遠比討論老子來得大量，顯見他是認真思索其思想後，纔會有截然相反的立論，反過來說，莊子思想呈現跟孔子思想的互補性，比孔子思想與老子思想兩者的互補性來得更高。這就是為什麼後來有學者如楊儒賓教授（一九五六—）會認為莊子其實是一種儒家，因此寫《儒門內的莊子》這本書，就像是宋明儒學興起後，中國境內有種強調宇宙氣化生生不息的超越哲學，該超越哲學同時強調天人參化的形氣主體哲學，北宋與晚明的儒家常有人提出這類主張，楊儒賓教授稱這類型的儒家為「天均哲學的儒家」（楊儒賓，二〇一六：頁六），天均哲學的儒家開闢出來的道路，其實與莊子有著相同方向，從後世的眼光來稱「莊子是儒家」的確有其道理，後來儒道兩家會被視作「一體的兩面」，莊子應該是最重要的補充者，他補充先秦儒家思想不欲說或不敢說的一面，彰顯其同樣有著存在的價值，尤其當子思子談孔子本來不欲談的天道，莊子同樣大談天道，甚至編織出寓言來說這是孔子的主張，使得後世儒者表面不談莊子，內在卻深受其影響（這在宋明時期的儒者尤其如此），尤其儒家主張「內聖外王」，其觀念卻源自於《莊子・雜篇・天下》：「是故內聖外王之道，闇而不明，鬱而不發，天下之人各為其所欲焉，以自為方。」尤其是莊子在內聖領域提出的觀點，常變成後世儒者思索與實踐的精神泉源，可見莊子實屬儒家思想發展過程中的一大推手，更反映出「儒道會通」已經發生的事實，因此敝人覺得儒道這類名相的壁壘已不具有實指的意義。

華人的心裡都有孔孟和老莊的思想（其間只有你自覺或不自覺的差異），這兩種思想在華人生命中常有如陰陽兩極般循環，產生正面與反面的不斷輪轉，這使得華人看事情不會只有單一向度的認識，更使得華人常不喜歡輕易表態。如果你只有單一向度，你會對於觀看這個世間的完整性出現缺口，不能看到世間積極和消極兩面往往會並立相生與辯證統合。人在年輕時如果想釐清觀點，或許會計較「儒」與「道」這兩種思想的差異，但長大後隨著閱歷漸增，反而應該在心中將其擺放在相同的天平秤上，取得互相平衡而不是對立的狀態。具體而言，華人很多解構性的角度都從莊子思想湧現而出，陽明子的著作裡有些解構性的觀念，在早期儒家思想中並不常見，在莊子的觀念裡卻大量可見到陽明子在汲取的靈感泉源，陽明子反而是把老莊那種正反兩面性的辯證性思維，轉到儒家裡探討人生問題，纔會形成他觀念的多面性。不要因為《傳習錄》這本書裡有幾段反對佛道兩家的話語，就誤認陽明子真有強烈反對佛道：他這些反對的話語，只不過是要引出他真正想講的內容。我們在瞭解陽明子的思想時或可淡化他反對的表象，而要留意他反對的背後究竟想談什麼。莊子的思想給我們從事心理諮詢所帶來這層重要啟發：我們要從正反兩面來理解問題，跨越名詞的糾纏，不需要跟當事人做觀念層面無實質意義的辯論，因為這並無法幫忙當事人獲得精神的自在，反而會帶給人家情緒的負擔。我們可有兩種做法：第一，承認當事人的觀點，但告訴他相反的觀點同樣可成立，請他想想截然不同的立論中為何各有其道理；第二，透過概念的不斷解構，讓他發現執著任何概念都沒有實質意義，人只要轉換心念，就會形成對事物全然不同的認知。當諮詢師能幫忙當事人對其既有價值觀展開解構與重構，這就是應用莊子思想發展出的諮詢技術。

第四節　概念對於經驗的阻斷

莊子的知交惠施，兩個人的思想完全不同，莊子比較關注孔子，從《莊子》內篇來檢視，他緊貼著孔子來立言，大膽重組甚至改造孔子的思想。莊子的思想都是從實際人生體驗中得來，惠施比較關注墨子，他的思想都是從思辨理論上得來，墨家思想高度重視思考的理則，惠施則是個淋漓盡致的辯者，包括後來的公孫龍在內，漢朝時期他們都被稱作「名家」。莊子與惠施講萬物一體各有不一樣的意思，《莊子．內篇．德充符》說：「自其異者視之，肝膽楚越也；自其同者視之，萬物皆一也。」這個意思是說：從相異的角度來說，肝與膽不一樣，楚國與越國更不一樣，從相同的角度來看，萬物本質沒有差別。這是巨觀跟微觀的差異。莊子論萬物一體，都是從事物的現象來做觀察與舉證，這是對人類的心理知見做更深一層的解釋。惠施則是從概念層面去展開辨識。《莊子．外篇．秋水》中有現在已家喻戶曉的知名對話紀錄：「莊子與惠子遊於濠梁之上。莊子曰：『鯈魚出遊從容，是魚之樂也。』惠子曰：『子非魚，安知魚之樂？』莊子曰：『子非我，安知我不知魚之樂？』惠子曰：『我非子，固不知子矣；子固非魚也，子之不知魚之樂全矣！』莊子曰：『請循其本。子曰「汝安知魚樂」云者，既已知吾知之而問我，我知之濠上也。』」這段對話就是有名的「濠梁之辯」，反映出他們兩人思想的深層差異。

請容敝人做個解釋：莊子和惠施在濠水的橋上遊玩，莊子看到魚游來游去覺得牠們很快樂，惠施就質疑說：「你又不是魚，你怎麼知道魚很快樂呢？」莊子說：「你又不是我，你怎麼知道我不知道魚很快樂呢？」莊子此時是「以子之矛攻子之盾」，用惠施的思維辦法來破解惠施的語言。惠施接著說：「的確，我不是你，故而我不知道你知不知道魚很快樂，可是你同樣不是魚，因此你不會知道魚很快樂。」惠施沒有思考他的回答是否在依據真實的經驗，依然只是在概念層面上做思考，於是莊子接下來的話語把對話拉回真實的經驗裡，莊子說：「請回到對話的開頭，你問我怎麼知道魚很快樂，既然你問我，表示你知道我知道魚是很快樂。既然你知道我知道這件事情，纔能問我是怎麼知道，那我就回答你，我是在橋上知道此事。」這並不是詭辯，莊子的意思是說，既然惠施從一開始就問我怎麼知道魚很快樂，這說明你顯然已知道我知道魚很快樂，不然為什麼會問這個問題呢？你剛剛卻說你不是我，因此不知道我是否知道魚很快樂，這豈不是自相矛盾的說法嗎？既然你一開始就可通過經驗得知我知道魚很快樂，那麼我一開始就是在橋上通過經驗得知魚很快樂，這只是在澄清事實而已。惠施是在概念上去思考，莊子是從實際的經驗中去感悟，他是從內心真實感受到魚的快樂，而惠施這種根據概念來談的作法，就如同《莊子．天下》中說：「能勝人之口，而不能服人之心。」意即能在嘴巴上跟人辯論獲得勝利，卻不能讓他人從內心深處信服。惠施明明知道莊子已感受到魚的快樂而故意去問，這其實就是使用理則做概念辯論，脫離經驗形成的自相矛盾，這就是概念對於經驗的阻斷。

惠施與公孫龍兩個人思想一致的狀態都是在阻斷實際經驗，不同點在於惠施通過解析概念來阻斷經驗；公孫龍則喜歡通過支解概念來阻斷經驗。讓我們看《公孫龍子．白馬論》中說：「『「白馬非馬」，可乎？』曰：『可。』曰：『何哉？』曰：『馬者，所以命形也；白者所以命色也。命色者非命形也。故曰：「白馬非馬」。』」公孫龍覺得：如果馬是A，白色是B，白馬就是B加A成為的C，因此新的C（白馬）不等於本來的A（馬）。換個概念來說，馬是名詞，白是形容詞，名詞加形容詞形成複合名詞，那麼名詞當然不等於複合名詞。因此白馬終究不是馬。該篇還說：「曰：『有白馬不可謂無馬也。不可謂無馬者，非馬也？有白馬之非馬何也？』曰：『求馬，黃、黑馬皆可致。求白馬，黃、黑馬不可致。使白馬乃馬也，是所求一也，所求一者，白者不異馬也。所求不異，如黃、黑馬有可有不可，何也？可與不可其相非明。故黃、黑馬一也，而可以應有馬，而不可以應有白馬，是白馬之非馬審矣。』」這一段的意思是說：如果白馬是馬，難道黑馬同樣等於白馬嗎？黃馬同樣等於白馬嗎？當然不等於。因為黑馬、黃馬不是白馬，因此黑馬、黃馬和白馬都不是馬。透用剛才的符號，假設黑是D，黃是E，黑馬則是D加A變成新的G，黃馬則是E加A變成新的H，則G（黑馬）與H（黃馬）都已經是新的概念，不再是本來的A（馬）。這就概念角度來說確實有道理，可謂首度揭示出理則學中的「個別」和「一般」的相互關係，但卻割斷兩者關係，已經將概念支解得脫離實際經驗了。

公孫龍子具有這種清晰的理則頭腦，用於政治判斷同樣很犀利。他長年擔任趙國平原君的門客，在秦軍圍攻趙國首度邯鄲，平原君（趙勝，？—西元前二五一）請信陵君（魏無忌，？—西元前二四三）出兵救趙保存邯鄲，他的門客虞卿想要用這個理由替平原君請求增加封邑，公孫龍則覺得平原君在沒有特殊功績時已作為近親接受封邑，而獲得功績後又要求按照普通人來論功計賞，這顯然很不合適，況且其門客虞卿掌握著辦事順利與辦事失利的兩頭主動權，事情獲得順利發展，就要像拿著索債的契券一樣來索取報償；事情不獲得順利發展，又會拿著為平原君爭取求封的虛名來讓平原君感激他，建議平原君不要聽從這種主張。平原君覺得有道理就接受了。平原君原本對待公孫龍甚豐厚，後來鄒衍（約西元前三〇五—約前二四〇）到趙國時，平原君向鄒衍請教關於公孫龍「白馬非馬」的論題，裴駰（生卒年不詳）《史記集解》引劉向（約西元前七九—約前八）《別錄》記載鄒衍評論公孫龍這種人說：「鄒子曰：『不可。夫辯者，別殊類使不相害，序異端使不相亂。抒意通指，明其所謂，使人與知焉，不務相迷也。故勝者不失其所守，不勝者得其所求。若是，故辯可為也。及至煩文以相假，飾辭以相惇，巧譬以相移，引人使不得及其意，如此害大道。夫繳紛爭言而競後息，不能無害君子，衍不為也。』」這段話的意思是說：辯論應該區別不同類型，使得彼此不相侵害；排列不同概念，使得彼此不相混淆；抒發自己的義理，闡釋一般的概念，辨別兩者的異同來讓別人理解，而不是混淆概念來製造人的困惑，最終使得辯論的勝者能堅持自己的主張，不勝者同樣能從中獲得收穫。這樣辯論就可展開，如果用繁複的文字來作為證據；用修飾的言詞來互相詆毀；用華麗詞藻來偷換概念，吸引別人的注意，卻讓人不得要領，就會妨害大家獲得最根本的智慧。在概念糾纏不休且咄咄逼人，總要在競爭中讓人認輸纔終於住口的作法，這有害於君子風度，鄒衍表示自己絕不會參加這種無謂的辯論。由於鄒衍結合陰陽與五行來談論人事興衰，在當時名氣甚大，大家都相當信服，這番說法讓平原君後來就冷落公孫龍子。

從心理諮詢的角度來看，因為很多當事人常被概念阻斷自己的經驗世界，有時甚至是自己造成的誤區，覺得只要把概念把握住，人生當可一帆風順了，真實的經驗就不用太在意。譬如很多人常常認為要賺很多錢纔能支配自己的人生，卻不問自己真正想要的是什麼，結果費盡心血他終於賺到很多錢，驀然回首卻發現正過著自己並不喜歡的人生。明明實際經驗對於賺很多錢所要帶來的犧牲並不能接受，甚至早已身心俱疲，但他被概念阻斷，還是堅持選擇相信「賺很多錢纔能支配人生」的概念。如果任何人覺得莊子跟惠施在抬槓，其實在做任何評論前，可反思這種現象是否真實存在？尤其面對心理諮詢的過程，當可想想看是不是常見有好些當事人就是這樣在跟諮詢師抬槓，藉由概念阻斷經驗，來捍衛自己虛弱的面子，當事人不斷用概念來自我蒙蔽，卻不願意認識真相，這時你就會不禁發現：「其實惠施一直都還活在世上！」因為很多人都像惠施這樣，整天活在概念世界裡無可自拔，甚至自誤而誤人。我們正在探討先秦時期的思想，但會發現「太陽底下沒有新鮮事」，雖然時空不同，古人冀圖解決生命困惑展開的思考和奮勉，或曾經在對話中呈現的概念瓶頸，對解決當前華人社會的身心議題依然有深刻的意義，我們終究只是在先輩奠立的思想支柱上繼往開來。任何心理問題歸根結柢都是思想問題，我們如果不先從先輩那裡汲取智慧，卻捨近求遠，盲目追逐和華人思維型態差異懸殊的西洋思想，卻讓自己的潛意識與潛意識無法對應，這不是很奇怪的事情嗎？幾千年來，中華文化持續對華人心理產生巨大的影響，如果沒有解決生命問題的智慧，那我們究竟是靠什麼管道支撐自己面對生命世界呢？這是需要認真思考的核心議題。

顯然莊子很珍惜這位長期在思想上跟他論辯的人，兩人觀點不同，卻頗能相互理解，當惠施過世的消息傳來，莊子反而流露出深沉的悲痛。這件事情非常值得省思，因為莊子的太太過世的時候，莊子在「鼓盆而歌」，結果後來面對惠施過世，他卻難過到不再說話，這反映出莊子對關注自己思想的知交產生的情感反應，遠勝過於照顧自己生活的太太，莊子的情感世界真是異於常人。我們先來閱讀《莊子．至樂》中的相關記載：「莊子妻死，惠子弔之，莊子則方箕踞鼓盆而歌。惠子曰：『與人居，長子老身，死不哭亦足矣，又鼓盆而歌，不亦甚乎！』莊子曰：『不然。是其始死也，我獨何能無概然！察其始而本無生，非徒無生也而本無形，非徒無形也而本無氣。雜乎芒芴之間，變而有氣，氣變而有形，形變而有生，今又變而之死，是相與為春秋冬夏四時行也。人且偃然寢於巨室，而我噭噭然隨而哭之，自以為不通乎命，故止也。』」這段話的白話文意思是說：莊子的妻子不幸身死，惠子（惠施）前往莊子家弔唁，卻看見莊子坐在地上，拿著盆子，一邊敲打一邊歌唱。惠子說：「你的妻子陪伴你一生，最後死掉你不哭泣就算了，竟然還敲著盆子唱歌，你不覺得這樣太過分嗎！」莊子說：「話不是這樣說，我妻子剛死的時候，我怎能不傷心呢！但後來想到她原本就不曾出生，不僅不曾出生，而且出生前本來就不曾有形體，不僅不曾有形體，而且原本就不曾產生氣息。夾雜在恍恍惚惚的境域中，變化而有氣息，再經變化而出現胎中的形體，再經變化而孕育出具體的生命，現在再經變化，恢復到死亡，死亡如同出生前的狀態，不再有具體的生命，這就跟春夏秋冬四季運行一樣。當死去的人安靜躺在天地這巨室間，我卻啼哭不止，不禁自覺這不能通達天命，於是就停止哭泣，反而開懷歌唱。」有時候有些見解特殊的人，你會被其見解吸引，但如果你當真跟這樣的人生活，你的精神會不會受到很大的折磨呢？莊子的精神是如此高邁而遼闊，可是如果你是莊子的太太，跟莊子共同日常作息一輩子，你能否容忍他這種顛倒於常理的生活態度而毫無怨尤，這就是很真實的考驗了。但反過來說，如果在心理諮詢的過程中，你面對有人太過執著某種情緒，陷溺在其中無可自拔，你能適時提供這種反向思考，的確可帶來撫慰的效益。

莊子與惠子的確有著深刻的交情，譬如《說苑．說叢》說：「惠子卒而莊深瞑不言，見世莫可與語也。」知交一死，莊子竟然緊閉雙眼再不講話，因此這裡會說「深瞑不言」，只因覺得世間再沒有可跟自己對話的人，就可看出他對於惠施有著如何深摯的情誼。敝人覺得，他們兩人情誼建立在彼此都是深具思辨性的人，而且，莊子誠然是個隱士，卻不太可能是個貧無立錐的平民，他應該有著不欲人知的高端家世背景（譬如不無可能係宋國已沒落但尚未淪落至最底層的貴族後裔），使得他在成長過程中有機會不只識字而已，更可謂飽讀詩書，儘管身居於鄉野，卻能跟惠施這種社會名流相識，否則在戰國時期，他早就會被拉去當兵戰死於溝渠了。我們再看《莊子．雜篇．徐無鬼》的記載：「莊子送葬，過惠子之墓，顧謂從者曰：『郢人堊慢其鼻端若蠅翼，使匠石斲之。匠石運斤成風，聽而斲之，盡堊而鼻不傷，郢人立不失容。宋元君聞之，召匠石曰：「嘗試為寡人為之。」匠石曰：「臣則嘗能斲之。雖然，臣之質死久矣。」自夫子之死也，吾無以為質矣，吾無與言之矣。』」這段話的意思是說：莊子送葬，發現自己經過惠子的墳墓，回頭對隨從說：「有個郢人，不過有一點白灰沾在他的鼻尖上，薄得就像蒼蠅的翅膀，他喚某位石匠替他削去白灰。石匠揮動斧頭，就像風一樣迅速，郢人任由石匠削掉鼻尖上的白灰，鼻子卻絲毫沒有任何受到影響，他若無其事而且面不改色。宋元君聽到這件事情，召喚石匠來，跟他說：『請你練習表演給我看。』石匠回答說：『我確實能削掉鼻尖上的白灰。雖然如此，但這件事情尚有個前提，就是能被我削掉白灰的夥伴還存在於人間，可惜他已經死亡很長一段時間了。』自從惠施死後，我就沒有合適的辯論對手，世間已沒有能和我深談的人了。」這就是知交對人的意義。莊子有隨從跟在左右，可見他個人頗有家底，但是莊子顯然並不是真的終生沒有再張開眼睛說過任何話，否則怎麼會跟這位隨從在掃墓的過程中談內心話呢？這只能理解成莊子作為偉大的思想家，同樣有著深刻的孤寂，或許我們該這麼說，每個深度關注思想議題的人，一輩子都希望有相知相許的精神伴侶，彼此心靈高度契合，這無關於性別，意即每個莊子都該有位屬於自己的惠施，否則生命會覺得很寂寞。

莊子快要死亡的時候，他面對死亡的態度，頗有藏人舉辦天葬表現出來的灑脫。《莊子·雜篇·列禦寇》記載：「莊子將死，弟子欲厚葬之。莊子曰：『吾以天地為棺槨，以日月為連璧，星辰為珠璣，萬物為齎送。吾葬具豈不備邪？何以加此！』弟子曰：『吾恐烏鳶之食夫子也。』莊子曰：『在上為烏鳶食，在下為螻蟻食，奪彼與此，何其偏也！』」弟子想要厚葬莊子，都已經在做相關準備了，莊子卻表示自己把天地當作棺槨，把日月當作雙璧，把星辰當作珠寶，整個天地萬物都是自己的陪葬品，殯葬物都已齊備，不需要再做什麼其他的事情了，然而弟子卻擔憂烏鴉和老鷹會吃掉老師的屍體，莊子就表現自己徹底的萬物平等觀：「把屍體放在地上會被烏鴉與老鷹吃掉，埋在地下會被螞蟻吃掉，你們掠奪烏鴉與老鷹嘴巴中的食物，卻送給螞蟻吃，這不顯得你們特別偏私嗎？」莊子有弟子，可見他有在講學授業形成學派，並不是完全只解構知識，而是他站在解構知識的角度中來完成自己的主張。直到死前，莊子的觀點都在挑戰世人有關何謂正常的極限思考，這對於我們發展華人本土心理諮詢何嘗不是種啟發？有時候逆著常態思考，不依循社會既有規範產生的見解，反而可獲得觸摸到生命實相的答案。敝人長期研究中華思想史，最大的收穫就是人不要總覺得世間有什麼天經地義的不變常理，世間唯一不變的事實就是變本身，實相常隱藏在幽微的觀念角落，這些思想展現的寬闊與深刻，各自有如奇峰聳立，帶給後世無限開展的景觀，每回深思進去，對於只「活在世俗中的常人」，當可帶來思想的衝擊與震撼，傅偉勳先生就曾在天普大學宗教學研究所有關「死亡與臨終」的課堂上談到莊子願意將自己屍體給烏鴉、老鷹與螞蟻吃，招來班上數位美國學生聽不下去，直接離席抗議，顯見有基督教或猶太教信仰的美國學生很難忍受莊子這種「毫無人道」的生活態度。心理諮詢是個亟需耐心與愛心的陪伴過程，諮詢師在面對當事人詢問有關臨終關懷議題時，訴說如莊子這些思想家的生命經驗，需要留意當事人精神能承受的程度，而不是直接丟給當事人這些再經翻轉過的思想，卻無視當事人是否已有相應的心理準備，這點同樣需要諮詢師留意。反過來說，當諮詢師沒有這些厚實的思想內涵來當作精神素養，其實對人性心理的洞悉是否會有限制呢？這點實在發人深省。

第五節　老子與莊子的差異點

我們回過頭再來比較老子與莊子的差異。隨著老子思想在戰國時期傳播於各國，主要有兩個脈絡：楚學的老子思想與齊學的老子思想，前者發展出莊老這一系；後者發展出黃老這一系。稱作莊老並不是說莊子先於老子，而是說老子學派持續發展到戰國中後期，由莊子繼承老子發展出來的思想，雖然老子本人的生卒早於莊子，但老子學派的結束晚於莊子本人，敝人觀察這是後世所認知的道家思想的主軸線，這種觀點跟錢穆先生認為《老子》書晚於《莊子》，因而特寫《莊老通辨》來考證源流其意思略有不同（錢穆，二〇一一：頁二二三—二二三）。黃老這一系影響到晉學，主要體現在韓非子，其具體內容到漢朝後已逐漸不可考究，這種空白現象，直到西元一九七三年在長沙馬王堆第三號漢墓出土《黃帝四經》，纔讓我們對何謂「黃老」裡依託的「黃帝思想」開始有較清晰的認識。楚學的老子思想是最原初的經典派，老子出生的苦縣本來屬於宋國，宋國雖然被楚國滅亡，但宋國王室本來係殷商後裔，繼承商文化的楚學偏重於情感，擅長於玄思，其思想體現在探討宇宙的本質議題，莊老系統的道家不同於黃老系統的道家，重點就在黃老有明確的政治觀點，莊老則沒有明確的政治觀點，帶著退隱保身的思想，常帶有反政治的意識，或者可直接稱作略有無政府主義（anarchism）的論政態度（尤其莊子）。這種思維型態的差異，來自兩個學派對存在的不同感受或認知，莊老系統的道家反對或根本不在意「世界的存在」，意即概念如何把握住實質，對他們而言不重要，畢竟「道可道，非常道」，他們只關注最本然的狀態，意即宇宙的存在，將該宇宙的存在賦予概念，從而獲得認識，傳統就稱作「形名」，譬如《莊子．天道》說：「古之明大道者，先明天而道德次之，道德已明而仁義次之，仁義已明而分守次之，分守已明而形名次之，形名已明而因任次之，因任已明而原省次之，原省已明而是非次之，是非已明而賞罰次之。」這段話的意思是說：古時候通曉大道的人，首先認識宇宙的本質，接著再認識其中的道德（該本質運作的典範），接著再推到人間，纔能瞭解何謂仁義（該本質運作的倫理），當仁義獲得釐清，社會的各階層行事過程中該有的分寸與職守纔能跟著明朗化，再接著就是實質與稱謂都會知道如何跟著配合。按照本質發展纔會有相應的典範，該典範獲得闡明纔會有相應的倫理，接著人纔會知道該如何安於自己的職守，職守已經明確後，相應的實質與稱謂都會跟著變得精確，這時候各種情事纔會有是非對錯，接著纔能跟著有相應的賞罰。

按照莊子的觀點，不論其對道德仁義有什麼特殊的見解（顯然內容與儒家頗不同），「形名」的掌握都是很枝節的事情，這裡的「形名」是指什麼呢？《莊子．外篇．天道》說：「故《書》曰：『有形有名。』形名者，古人有之，而非所以先也。古之語大道者，五變而形名可舉，九變而賞罰可言也。驟而語形名，不知其本也；驟而語賞罰，不知其始也。」莊子說「形名」的觀念古來就有，然而這不是根本（意指世界的存在不是宇宙的存在本身），要經歷五度變化纔會說到「形名」，要經歷九度變化纔會說到跟「刑名」有關的賞罰（至於這五與九的細節則不得而知）。按照莊子思想的脈絡，如果人無法認識宇宙的存在，突然去說「形名」是不知根本，不知根本卻立談賞罰，則更尚未掌握源頭問題。他在《莊子．內篇．齊物論》中說：「天地與我並生，而萬物與我為一。既已為一矣，且得有言乎？」這「有言」就是指世界的存在，然而莊子不覺得人需要執著於世界的存在，放棄任何概念本身就能活在宇宙的存在中，這意謂著生命的體證不需要概念的論證而能獨立存在，這其實屬於冥契經驗，敝人覺得談到「一」，就反映出莊子當年雖然尚無「自性」的說法，卻已有體證的事實。莊子覺得人沒有世界的存在而直接活在宇宙的存在中，纔能真正平等觀看萬物並與其交融無礙，從而活出生命的自在。

回到源頭問題來看，譬如當新冠病毒肺炎肆虐全球，該疫情最早被發現於武漢，但極可能尚未被認識與定名前就已在某個地點肆虐，該病毒株在世界各國進而有各種變異的存在，相關研究尚未獲得定論，是否能論斷該肺炎的病毒株就只起源於武漢或都起源於武漢呢？如果沒有精確掌握源頭問題，接著美國就說要懲罰中國，並稱其為「武漢肺炎」，這就變成政治問題而不是科學問題，因為美國本身染疫人數與死亡人數都是世界第一，從策略角度來看，美國政府只有藉由甩鍋給中國，纔能躲避國內人民對政府自身防疫措施的究責。回到心理諮詢的角度來觀察，如果有孩子不解自己母親為何不愛自己，尤其不能諒解母親從自己有意識開始，就對自己動輒厲聲辱罵或嚴格管教，尚未思索這種關係到底來自於什麼樣的精神本質問題（譬如是否來自於母親的教育水準不高，或母親面臨環境的精神高壓，或癥結其實是孩子根本不是母親親生，母親怕秘密被揭露而最終失去孩子，反而對孩子施加嚴厲的教育），最著名的例子就是宋仁宗（趙禎，一〇一〇—一〇六三）的生母其實是李宸妃（章懿皇后，九八七—一〇三二）而不是劉太后（章獻明肅皇后，九六九—一〇三三），劉太后對趙禎的嚴厲教養，正因為其並不是自己親生，因此很在意趙禎跟李宸妃有任何母子相認的機會。很多這類例子，都會使得當事人長大成人發現真相後，就接著再做出對母親的報復與打擊（儘管趙禎並未如此），或者繼續重複這樣的行為來面對自己的孩子（或者反過來過度溺愛），這就只是在製造禍端（譬如趙禎過度溺愛女兒福康公主（趙氏，一〇三八—一〇七〇〕，想藉由彌補自己心中的遺憾，強制令其下嫁自己生母弟弟李用和〔九九八—一〇五〇〕的兒子李瑋〔約一〇三五—一〇八六〕，結果反而製造兩人婚姻失和的悲劇）。

《莊子．外篇．天道》後面還說：「倒道而言，迕道而說者，人之所治者也，安能治人！驟而語形名賞罰，此有知治之具，非知治之道，可用於天下，不足以用天下，此之謂辯士，一曲之人也。」顛倒大道去強說話，忤逆大道去強說話，人誤認如此就能治理天下，這只是個能言善道的辯士，卻是個懷抱著偏見，不能從各種管道來接納意見的人。莊子覺得賞罰只是讓人管理政治的工具，或許能役使世界的存在（這是莊子前面說的天下），卻無法應付自如真實活在宇宙的存在裡（這是莊子後面說的天下），善於操作語言，只能培育擅長修辭的辯士，這些人都是門徑狹窄看不見真知的人。莊老系統的道家帶著對真理的強烈懷疑，不相信人給出的語言能認識真理，或者反過來說，人給出的語言只能認識人給出的真理，因為真理本身就是語言的產物，該真理跟宇宙的存在無關，它甚至是宇宙的存在的對立體，因為宇宙的存在只是無盡的渾沌，渾沌能感應而不能強說，勉強說其具有「真」的屬性，則只能在世界的存在中獲得成立（意即前面說的形名）。黃老系統的道家同樣相信宇宙的存在只是無盡的渾沌，不過他們相信渾沌能被語言給出的真理認知，因為這個語言既來自人這個主體，但，這個主體是個虛無而與客體融合的主體，因此給出的世界的存在不會與宇宙的存在對立，而是合一。這種觀點使得《黃帝四經》需要大談修心養性，因為修養越高者就越能看見對應的真理，故而《黃帝四經．經法．道法》就在前面說完後接著說：「公者明，至明者有功。至正者靜，至靜者聖。無私者知，至知者為天下稽。」心懷公正的人能獲得清明（這是態度），清明的人纔能與宇宙的存在合一，而因此獲得完整的知識，這就是至知。要至知的人要至靜（這是工夫），能至靜而至知的人，就會成為天下學習的典範（這個「稽」字就有標準的意思），當人給出精確的名相展開世界的存在，就能成為聖人。黃老系統的道家這種把涵養人格與認識真理結合的觀點，雖然與西洋哲學主客離立的思維型態具有相當的對立性，確實是其特有的真理觀。

老子思想傳到齊國後，因為齊國的學術大環境高度重視客觀規律的探索，使得齊學的老子思想隱然從混沌觀走向真理觀，因此發展出黃老學派，其主要經典就是前面說的《黃帝四經》，這是老子思想發展過程中很大的變化。晉學的老子思想，同樣屬於黃老思想（陳復，二〇〇九b：頁四一—四二），主要代表人物是韓非子。《韓非子》的〈解老〉與〈喻老〉兩篇裡在談老子的很多觀點，而且把它跟權謀的思想高度結合起來。見《老子》第三十六章裡說：「將欲歙之，必故張之。將欲弱之，必固強之。將欲廢之，必固興之。將欲奪之，必固與之。是謂微明。」意思是說，面對任何人或事，想要收斂，必先擴張；想要削弱，必先加強；想要廢除，必先興盛；想要奪取，必先給予。這就是人置身在幽微的思慮裡蘊含的智慧。這句話乍看在談天地間本質性的狀態，可是裡面同樣有種社會性的思想，譬如說「將欲奪之，必固與之」，你想要奪取某個國家，先給該國某些具體的甜頭，把其百姓的鬥志瓦解掉，於是就不戰而降了，這樣的思路可發展出兵法，用懷柔的措施能取得比剛強的措施多出好幾倍的戰果，接著纔會有「柔弱勝剛強」的觀點。《老子》第四十二章說：「強梁者不得其死，吾將以為教父。」意思是說：人強橫施加的做法常常最後都不得好死，老子把柔弱作為其教導的核心宗旨，《老子》第四十章說：「反者道之動，弱者道之用。」就是順應柔弱的措施來做手段，藉此讓生命獲得翻轉，人如果處在絕對邊緣的一端，可直接將其視作優點，轉化成絕對主流的一端，就像是共產黨通過在鄉村工作，號召無產階級起來對抗資產階級，最終讓佃農打敗支持國民黨的地主，全面取得政權，使得有財產者反過來變成無財產者，無產階級徹底當家作主，這可謂是運用黃老思想來實踐於政治的例證。

不僅《老子》這本書是黃老或莊老兩大學派各自解讀與傳承的結晶，其實《莊子》這本書同樣不是一個人寫出來的書籍，尤其對這個學派而言，重點更應該放在思想而不是個人。《莊子》通常計有〈內篇〉、〈外篇〉與〈雜篇〉，其中〈雜篇〉一般公認是莊子學派的手筆，而不是莊子本人的手筆。但，學派創始者個人的出身背景，終究對於學派思想會有關鍵性的影響。老子與莊子各自作為學派創始者，他們的出身背景不一樣，使得兩人或兩派思想呈現出巨大落差。莊子生活在民間，個性豁達豪放，事事都不在乎；老子生活在朝中，個性謹小慎微，處處都在留神。莊子最高當過漆園吏，老子是周朝的守藏室之史。

前者是吏，後者是官，漆園吏是負責漆園庶務工作的職員或幹部，老子的官職則相當於國家圖書館館長，這使得老子是個廊廟中人，莊子則是個鄉野中人，但敝人並不是說莊子是個毫無社會地位的人，首先，他們兩人都是知識貴族，尤其莊子如果沒有飽讀先周典籍與儒家著作，斷然無法針對孔子的觀點提出各種創造性的詮釋，儘管莊子是自主選擇屈居於社會底層（《莊子．外篇．秋水》記載楚威王派兩名大夫來見莊子，其想聘請莊子當宰相，莊子卻寧可當生而曳尾塗中的烏龜），但漆樹是當時重要的經濟作物，割開樹幹流出來的樹脂（意即生漆）可用來製作包括樂器如古琴在內的各種用具，生漆塗抹在器具胎體表面來當保護膜，其製成的工藝用品或生活用品就稱作漆器，楚國的漆業極其繁榮，其漆器更是戰國時期最具有特色的產品，莊子能在漆園工作，應該是受到特別的信任與對待，他的出身背景並不尋常，如此纔能解釋為何他居於社會底層卻能飽讀詩書。老子與莊子雖然都共同具有楚學的背景，因深受商文化影響，而對正在沒落的周文化提出反思，但自主選擇出不同的社會階層，使得老子比較關注天下治亂興衰，莊子則比較關注個人窮通順達，兩人雖然都對於社會結構抱持消極的態度，不論如何，老子其實承認社會結構的客觀存在；莊子則無視其存在，甚至覺得社會結構破毀都沒有什麼關係。因此，不要覺得他們都被後世歸類為「道家」，就誤認他們都是同一種生命狀態的人。兩人雖然都「反知識」，兩者思想或許乍看共同洋溢著反智主義（anti-intellectualism）的特徵，然而老子的反知識來自於他的知識已經異常豐富，因此提煉成為自成系統的抽象知識，只不過該抽象知識恰是種反知識的抽象知識；莊子的反知識來自於他在鄉野吸納各種經驗知識，又完全瞭解先秦的抽象知識，對這些抽象知識有高度不信任感，從而產生瓦解知識的生命風格。換句話來說，莊子的反知識是來自於對自然生活的觀察，然後通過語言化成知識，來反對人類文明的社會性知識；而老子的反知識是來自於他有機會不斷攝取當時最高級的文化知識，又對這些知識進行顛覆性的反省。

老子思想的終極目標是天人合一，但「老子講的天人合一」與「孔子講的天人合一」並不一樣。老子的天人合一是泯滅人的主體性，然後去體會天的「規則中的不規則」與「不規則中的規則」，在那種恍恍惚惚間進入到合一狀態。這種境界需要修煉，尤其需要呈現「致虛極，守靜篤」的狀態，因此老子的思想已經有靜坐的層面，有談靜坐的悟境與方法，但是他的談法非常樸素，保持著靜坐的內涵與規模，這裡講「靜坐」並不能咬死在「坐」，而要關注於「靜」；莊子的思想則有冥想的層面，充滿著想像的維度，通過對內在的想像來馳騁與平衡身心，使得個人的覺知與潛能獲得開發，請見《莊子．內篇．大宗師》：「且也相與吾之耳矣，庸詎知吾所謂吾之乎？且汝夢為鳥而厲乎天，夢為魚而沒於淵。不識今之言者，其覺者乎？其夢者乎？造適不及笑，獻笑不及排，安排而去化，乃入於寥天一。」意思是說：人常稱呼自己是「我」，但怎麼知道自己這個「我」說的「我」究竟是什麼意思呢？當你夢為鳥就飛上高天，夢為魚就沉入深淵，不知道此刻正在談話的我們，是清醒的狀態，還是在做夢的狀態？人在真正快活自在的時刻，根本來不及笑；一旦笑了，其實來不及安排；接受自然的安排而順應其變化，就會來到整體中，使得天人合一。

老子的核心關注點在靜中悟道，他的靜坐是撤出人來悟得天；莊子的關注點並不能簡單當作靜中悟道，其內蘊人與天交構出虛實交映的存在狀態，為何道教後來有「三十六重天」的說法？敝人覺得除受到佛教影響外，其可上承於莊子，這包括欲界六天、色界十八天、無色界四天、四梵天與聖境四天。這些不同層的天，不論有怎樣的結構，都屬於莊子藉由冥想可打開來的維度，反觀老子的思想，其的確不大關注這些想像開創出來的空間，這就是老子和莊子作為早期心靈探索的大師，替我們呈現出「靜坐」和「冥想」兩種工夫的差異，儘管就英文而言，兩者都會翻譯成「meditation」。老子的思想崇尚自然，但你同樣無法否認其具有功利與權謀的特徵；雖然洋溢著如天那般博大與慈愛的內涵，但同樣具有最精打細算的內容。這種兩面性使得「一個老子，各自解讀」，因此後來有人會把老子的思想視作兵書，因為其間清晰呈現出來的自然，並不是沒有心思籌謀，余德慧教授（一九五一—二〇一二）在《生死學十四講》裡講到海德格（Martin Heidegger, 1889-1976）有個概念「常人專政」（常人，德文翻譯成 dasman），意思是說，人在日常生活運作中充滿著各種籌謀與打算，但是當他來到存在的場域裡，全部世俗的計較都被取消了（余德慧，二〇〇三：頁三二）。海德格這種看法，余教授認為中國的道家同樣有著這樣的思想。但如果認真分析起來並不盡然，最起碼老子就不是如此簡單的人，老子其實是個知識人，他係經過精打細算後呈現的「我自然」，更是種通盤釐清後產生的「不計較」。

第六節　荀子對孟子的打擊

孟子講「性善」，荀子講「性惡」，如果大家覺得莊子和惠施在抬槓，敝人則覺得荀子和孟子纔是真正在抬槓。孟子是戰國早期的人，荀子則是戰國晚期的人，他們生活的時空相差有五十餘年，可是荀子卻要拿孟子作為自己闡釋思想時主要的攻擊對象，我覺得那背後不無可能是荀子想通過打擊同屬相同陣營中的孟子，來抬高自己的社會威望（不論這是早年的荀子或晚年的荀子），否則為何要如此針鋒相對的把兩個本無衝突的概念設計成對立命題呢？荀子是趙國人，具體應該是在今天的山西一帶，據說他是中行氏的後裔，其先祖曾經歷過晉國裂解前六卿公族的政治鬥爭而失敗，他如果早期受到晉學利害計量思考的影響，敝人並不會覺得奇怪。他十五歲的時候來到齊國，在稷下學宮學習到三十歲，受到齊學相當深刻的影響，後來燕國戰勝齊國，使得荀子離開齊國首都臨淄（今山東省淄博市臨淄區），曾經有一段時間居住在楚國，後來秦軍攻進楚國的首都郢都（今湖北省荊州市荊州區），然後齊襄王（田法章，？—西元前二六五）奪回臨淄，於是荀子再度回到稷下學宮，這個時候因為他的學問已經成熟了，曾經三度成為祭酒，負責稷下學宮的典禮，這是威望崇隆的社會位置。荀子曾經被接待回到自己故鄉趙國去見趙孝成王（趙丹，？—西元前二四五），跟他討論國家大事，更曾經與臨武君（生卒年不詳）在趙孝成王面前辯論軍事問題。然後，當楚國的令尹春申君（黃歇，？—西元前二三八）滅掉歷史悠久的魯國，任命荀子去蘭陵（今山東省臨沂市蘭陵縣）擔任蘭陵令，意即蘭陵的縣長，但是他後來再回到趙國去擔任趙孝成王的上卿（相當於宰相），厳人覺得最有趣的現象莫過於他政治職位的劇烈起伏。

荀子很高壽，活到超過八十歲，他比較有名的弟子有李斯（？—西元前二〇八）與韓非，這兩人都是很著名的法家人物，韓非寫的《韓非子》更被視作法家思想集大成的著作。另外，還有一位最被公認傳承荀子思想的人浮丘伯（生卒年不詳），他反而是齊國人，他對荀子的思想有相當深刻的認識與瞭解，漢朝建立時浮丘伯尚見過漢高祖劉邦（西元前二五六或西元前二四七—前一九五），並教導過其弟劉交（？—西元前一七九）與劉交的兒子劉郢（？—西元前一七四，父子都擔任楚王）。孟子講中正平和的思想，即使不見得被各國君王聽進去，相對來說還是處於比較容易伸張的時空，孟子講的「性善」中的「性」已有「自性」的意思，意即本體自身至善無惡，可是荀子講的「性惡」其「性」卻完全沒有自性的意思，而是指受社會薰染的「習性」。令人疑惑者：荀子怎麼會沒有認真讀過孟子的著作，卻偏要跟孟子打對台，對「性」的解釋做不同角度的交鋒呢？荀子從後天習性的角度來說人的「性」具有惡質性，從生理層面來看，人的確有著生物自衛機制，這使得該自衛機制相對於其他生命而言就可能顯得自私；再者，從社會層面來立言，意即社會道德有共識何謂善與何謂惡，譬如我們置身於當前的公民社會，都會覺得說隨地吐痰或亂丟垃圾，甚至不遵守交通規則這些行徑相當令人髮指，但生活在農業社會的人可沒有這種觀念，他們生活在完全自然的環境中，不會覺得前面屬於什麼可非議的事情，你可想想：如果農業社會裡的人，直接吐痰在肥沃的農田裡，或將飲食廚餘直接拿來當作農田的肥料，由於其生活狀態跟工商業社會的都市文明完全不同，前面的行徑好像並不是個問題。

相對於孟子處在戰國初期，荀子置身在戰國中晚期，其社會秩序已經混亂到極致，荀子想遏制人性的惡對社會的危害，因此提出政府要崇禮重法的思想，就是要推崇禮節、制訂法律，讓人的習性受到相當管束。如果將荀子思想應用到心理諮詢，就會關注到如何讓社會環境能有效克制人性中的惡，並激發人性中的善，平日則要過著倫理的生活，避免讓聲色環境對自己的精神帶來刺激，如此自然能保持心理的平穩。當你身處華人社會，某天發現到一個怪現象：你在過馬路的時候看到有汽車開過來，本來習慣性地想要等汽車先過去，卻發現汽車居然在離你很遠的地方就停下來，反而在等你過去，你只好在意外中滿懷感謝，三步併作兩步迅速過去，免得讓汽車駕駛者守候太久。怎麼突然你生活的城市變得這麼有禮貌呢？原來這是政府在宣導和推動，如果汽車不讓行人先行就會被照相罰款記點，並不是大家突然開始有生命的自覺，而是對自己被罰款記點會覺得心痛，甚至記點到某個嚴重程度，還會影響孩子是否能念重點高中，這使得開車當下與家庭幸福高度結合，這是當前大陸社會正在發生的事情，其實換個角度來觀察，何嘗不能說正就是荀子思想的體現呢？清末譚嗣同（一八六五—一八九八）在他的重要著作《仁學》卷上二十七中說：「兩千年之政，秦政也，皆大盜也；兩千年之學，荀學也，皆鄉愿也。」意思是說：兩千年來，中國社會其實相信的是荀子架構出來的儒家思想，這是一種「不究竟的儒家思想」，因為其影響政治制度常靠著嚴刑峻法來控管人民，統治者常只是有本事竊國的大盜而已，荀子的學問更是種「鄉愿的學問」，因為他並不真正在從事於教化，而只是基於洞察人性的惡，在想辦法壓抑人民。譚嗣同這種看法或許相當激烈而有失偏頗，其使用統稱的說法來涵蓋中國全部的政治制度與政治思想都來自於秦政與荀學，不見得全然屬實，但譚嗣同對於荀子思想的批評頗值得反思。

荀子的弟子像李斯與韓非都是後世稱作法家的人物，荀子思想跟法家思想的差別點在於法家已不大認為「仁義道德」能拿來治國，更細緻來講，齊法家相對來說比較願意講仁義道德，晉法家則幾乎不講仁義道德。晉法家的代表人物是申不害，他的思想主軸是權謀，敝人寫過《申子的思想》這本書（陳復，一九九七），對申子思想的脈絡有專門探討，各位可自行覓來一讀；韓非子的思想幾乎全部都在講君主專制的法治，他高度反對仁義這些禮治，這是對自己老師觀點的徹底反思與反叛。敝人認為晉國作為周朝的一個諸侯國，其實本來對仁義的觀點相當推崇，可能後來隨著晉國裂解成韓趙衛三國後，因應西邊秦國崛起，從陝西一路順著太行山下來侵略，導致三晉地區的局面開始惡化，於是特別崇尚權術、謀略與法制（這是指專制的法制，不是客觀的法制），這類有利於富國強兵的思想就變得極其濃厚。但是齊國靠海，這是戰國時期最能有機會遠離戰火的國度，相對而言國風比較雍容大度，社會並不緊張與焦慮，當然同時會被當時的人批評說比較迂闊，就是理想性太高，比較喜歡講些不現實的東西，纔會有《孟子．萬章上》中有關「齊東野人之語」的說法。再者，齊國歷來君主對於思想發展極其重視，興築很多豪華的宅邸來供養這些思想家生活，促成齊國產生稷下學派，逐漸變成思想大熔爐。今天山東的西南就是當年的魯國，山東的東北就是當年的齊國，魯國的儒家思想傳到齊國獲得保存與發展，這其實是很正常的現象，齊國的法家主要是在談客觀法的觀點，這與三晉的法家主要講專制法的觀點有相當大的差異，這是我們認識荀子思想要注意的重點。

孟子與荀子講「性」，雖然文字相同，卻是完全是不同層面的內容，討論的焦點不一樣，彼此就沒有什麼誰對或誰錯的空間需要爭論，而是應該平情並列來瞭解兩人各自的思想。孟子同樣曾經待在齊國，對齊學自然有相當認識，為什麼沒有講有關客觀法的思想，難道孟子不同意人在後天有著受社會長期薰染的習性需要調整？孟子生活的時間早於荀子，有關後天習性的看法，儘管孟子並沒有強調此點，兩人其實本來沒有什麼不同，但是孟子顯然比荀子更關注個人修養議題，並且，他覺得這種修養不是靠外部的禮治或法治，而需要人內在的覺醒，因此他深刻講到自性的層面，荀子身處社會愈發混亂的戰國中晚期，因此在更具體的應世層面比孟子展現出更高度的緊張感，因此他極度重視外在的禮法。《荀子．禮論》記錄荀子對於禮治起源的說法：「禮起於何也？曰：人生而有欲；欲而不得，則不能無求；求而無度量分界，則不能不爭；爭則亂，亂則窮。先王惡其亂也，故制禮義以分之，以養人之欲、給人之求，使欲必不窮乎物，物必不屈於欲，兩者相持而長。是禮之所起也。」這段話的意思是說：禮起源於哪裡呢？人生來就有欲望；如果想要什麼而不能讓欲望獲得滿足，就不能沒有追求；如果追求沒有標準或限度，就不能不發生爭奪；發生爭奪就會有禍亂，禍亂就會讓人民陷入困境。古時候的聖王厭惡給人民帶來禍亂，因此制訂禮義來確認每個人的名分，藉此來調節人的欲望，讓人的需求獲得滿足，如何讓人的欲望不會因物資的欠缺而無法始終獲得滿足，物資更不會因為人們的欲望無窮而最終枯竭，使物資與欲望兩者在互相制約中獲得協調與成長，這就是禮的起源。

然而，荀子這種看法太過於理智，很容易讓道德變成外在的教條規範，只能服人的口，卻不能服人的心。這就是為何錢穆先生在《中國思想史》中說：「荀子發揚儒學，而忽略儒之言仁，荀子畢竟只是一個智者，而非仁人。」（錢穆，二〇一二：頁五八—五九）荀子雖然在發揚儒學，但他卻忽略孔子講的「仁」，在這個核心點上，或許荀子的成長歷程裡，沒有受過魯國那種講仁義的學問長期薰染的過程，他直接從趙國進入到齊國，因此只從禮治來談儒家思想，這是晉學本有的觀點，同樣是孔子早期秉持的觀點，卻沒有對孔子後期的思想有任何吸納。其實，話說回來，譚嗣同說得的確有其道理，臺灣戒嚴時期對傳統中華文化的提倡，何嘗不都是荀子思想的體現與落實？其內容配合戒嚴的需要，通過禮治對人展開心理的控制與約束，將人束縛在刻板的教條規範中，美其名曰「恢復固有道德」，敝人依然牢記當年背誦的「青年守則十二條」，這些內容本來不是問題，問題在於欠缺引領人對內在有任何覺醒的過程，卻有著對人外在日常行事強烈的規範性與約束性。然而，特別值得重視的現象是說，根據敝人在《慎子的思想》這本書中的研究，荀子的思想受到慎子思想的影響，使得荀子特別留意由宇宙法則到社會法則的關聯性，他們的差別主要在於荀子的確有意識到「心」的這個層面，這是齊國稷下思想的一個核心主軸，齊學在很早期就注意到心的議題，不過現存的文本顯示慎子的思想沒有涉及到心的層面。慎子是邯鄲（今河北省邯鄲市）人，因為到齊國稷下講學而負盛名，接受上大夫的俸祿，慎子思想體現出濃厚的客觀法傾向，這跟其母國趙國重視權術的思想傾向很不一樣。或許正因這種理性思維的影響，荀子的「心」

並不是指「心靈」，而是指「心智」，民國新儒家學者牟宗三先生（一九〇九—一九九五）在《名家與荀子》書中指出：「荀子於心則只認識其思辨之用，故其心是『認識的心』。」（牟宗三，二〇一〇：頁一五一）顯然荀子不是在本體論脈絡中來談心靈議題。

因為受到慎子的影響，荀子會特別重視人應該瞭解宇宙客觀規律的存在，他在《荀子．天論》中講出這段可被後來視作典型「唯物論」的話：「天行有常，不為堯存，不為桀亡。」意思是說，天有天運行的自身規律，這個客觀規律不會因為賢明的堯而存在，更不會因為暴虐的桀而滅亡，看得出他不覺得世間存在任何「有意志的上天」，這在心理諮詢的過程中，可提供給過度相信民俗說法的人參考，譬如有人就因聽信「破月」這種說法導致夫妻關係失和，破月指的就是殘破的月亮，甚至還有男性在破月出生，命格會對岳父母不利，女性破月出生，命格會對公婆不好的說法。如果有人因在某個生肖年的某月出生，就會剋夫家或剋妻家，這樣該人還能結婚生子嗎？但華人的確在農村社會很盛行這種觀念，醞釀很多人的生命悲劇，敝人就遇見有人針對此事而導致夫妻婚姻失和，太太因在破月出生，長期存在這個心結，而跟丈夫關係變得很疏離，後來她來跟敝人諮詢此事，敝人在討論的過程中，反問她全球華人具有破月命格者多不勝數，她有任何具體統計數字能證實破月的確對配偶父母帶來不利，或者，她有沒有除自己外的幾則具體案例，能證實破月者結婚會不幸福？她想半晌竟然無法回答，然而，這些問題最需要就是能立基於社會實際現象，發展出客觀規律來佐證或否證。在同一篇裡，荀子還說：「明於天人之分，則可謂至人矣。不為而成，不求而得，夫是之謂天職。如是者，雖深，其人不加慮焉。雖大，不加能焉。雖精，不加察焉。夫是之謂不與天爭職。」這段話意思是說：明白天與人的區別，就可稱作是境界至高的人；不刻意去做就能成就，不刻意去求就能得到，這就是天的職能。荀子覺得應該人效法天，做到「大不加能」與「精不加察」，博大不來自個人的才能，精緻不來自個人的細察，不與天爭職能，不受到人主觀願望的絲毫影響，順著客觀規律來行事，自然能有建樹。儘管按照測不準定律的角度，敝人不見得全然認同他的觀點，但同樣不得不承認荀子在兩千兩百餘年前就能講這些話，實在具有相當卓越的心智。

還是在《荀子．天論》中，荀子說：「大天而思之，孰與物畜而制之？從天而頌之，孰與制天命而用之？望時而待之，孰與應時而使之？……故錯人而思天，則失萬物之情。」這段話的意思是說：認為上天很偉大而去思考它的內容，哪裡比得上將其當作物資儲蓄起來，甚至進而控制它？順從上天而讚頌它的恩澤，哪裡比得上掌握天的規律而實際利用它？巴望著時節的到來而等待它，哪裡比得上因時制宜而使用它？荀子其實已經有更成熟的唯物思想，或許可稱作中華思想史第一位唯物思想家。他總結說：「放棄人的奮鬥而寄希望於天，就會違背萬物自然的需要。」這裡看得出荀子深度洞悉人的欲望，在社會層面固然重視禮治，其思考卻相當具有功利主義或效益主義（utilitarianism）的態度，覺得最正確的做法是將效益達到最大，告訴大家要善用天甚至利用天，當人瞭解天的客觀規律，就能改變人間的各種既有現象，這種看法在二十世紀前實可謂石破天驚的觀點，但在二十一世紀後，自然環境已經遭到人類各種文明需求的嚴重破壞，如果依然堅持這種「制天命」的看法，反而會帶來嚴重的災難。人類工業文明帶來全球暖化，極端氣候帶來環境的變異，不正就是「制天命」的後果？莊子跟荀子的差別在於莊子是要擴大人的智識範圍，將人生領域擴大到整個宇宙範疇來認識；荀子則是要通過瞭解天的客觀規律來擴大解釋到人生領域。從這個角度來看，荀子真是中華思想早期最徹底的物質主義者（意即前面說的唯物論），他不強調情感，純粹從心智角度來認識人的實際需要，這使得他對於人的欲望其實反而將其抬高與承認，你觀察當前強調物質主義的社會，表面看來好像沒有任何「封建迷信」的包袱，不再承認神聖的存在，其實反而是刺激物質欲望最盛行的環境，就不難看出背後的合理脈絡。

《荀子．正名》裡對於欲望持有兩種態度：第一種態度是說要盡可能滿足欲望，透過瞭解客觀規律來克服天，這就是在滿足人本身的欲望，可是如果欲望不可得，那就要反過來節制。這種滿足欲望和節制欲望全是頭腦對於客觀情勢判斷下所做出來的思考。發人深省的是說，過度重視物質主義的結果就是欲望的橫流，尤其當我們觀察特別強調物質主義意識型態的國度，反而變成發展資本主義的大本營，這裡面就有很值得觀察的現象。再一個值得觀察的現象：凡是過度看重理智的人，通常對欲望都有某種心結，甚至非常在意欲望。在現實生活中有很多這樣的真實例子：譬如常聲稱自己不愛錢的人，實際上對錢很愛斤斤計較，使得他的不愛錢只是在「表現清高」。這種狀態就是在被概念綁架，理智上覺得不應該愛錢，卻漠視自己在真實的感受裡其實極度愛錢。再譬如說，有些人會被「正人君子」這個概念綁架，使得他看到很漂亮的女生，眼睛絕不敢亂飄，嘴巴說人不能有非分的想法，白天儘量做著翩翩君子，晚上卻在某個陰暗的角落裡馳騁自己扭曲的欲望。這種衝突在內心持續存在就會導致精神分裂或精神錯亂，最後做出瘋狂或顛倒的事情都不無可能。因為強調理智的人，有時候正是想壓制欲望，而聲稱自己的理智，這樣越聲稱其實越在壓制，可是欲望並不會因為壓制而消失不見，形成自己不斷在窺覬欲望。

這令敝人想到榮格會跟其老師佛洛依德（Sigmund Freud, 1856-1939）決裂，正就是因為他不能接受佛洛依德在拿理智的文飾去壓制自己真實的欲望，使得他將理論架構工作變成信仰問題，佛洛依德甚至對榮格說：「我要你答應我一件事，就是永遠不要放棄有關性的理論，我們要讓它變成一種教條，一種不可撼動的堡壘。」（榮格，劉國彬、楊德友譯，二〇一四：頁二〇三）這讓榮格覺得匪夷所思。佛洛依德要人承認與檢視包括性在內的欲望，然而從中華文化的角度來思考，健康的心態是人要承認有七情六欲，然後通過修養來調整，這個修養的過程裡固然需要理智，但理智不能只是在抽象概念的世界裡發展，而是要進入到情感世界裡，更跟自己的日常生活對話，這時候理智纔能在現實生活中發揮其意義，並對自身做出合適的調整。我們不能離開修養來獨立探討人的心理問題，甚至只將欲望壓制，或只是純粹觀察，而沒有從工夫論的角度來淨化與蛻變。不論如何，荀子畢竟只是個理論型思想家，雖然他的觀念已經發展到某種極端，但因為他一直沒有做很大的官，對政治沒有很大的影響，因此他生前的思想並沒有受到嚴格的檢視。但他的弟子李斯與韓非依循其脈絡再繼續發展出法家，最後都不得好死，這裡面就有令人深思的情事，荀子畢竟是在提倡客觀法，可是他的兩個弟子都不在乎客觀法的層面，而是走向將君王的行政命令當作法的專制法，這是一次很重大的思想轉折。

第四章

西漢前期對先秦的總結

第一節　先秦思想的反面教材

韓非子是荀子的學生，他在書中數度推崇老子，書寫兩篇〈解老篇〉、〈喻老篇〉來專門詮釋老子思想的文章，這兩篇文章是最早期詮釋老子的文章。當然還有一位老子的弟子文子（生卒年不詳），據說即是計然，其著作《文子》，本來被誤認成偽書，民國六十二年（一九七三）河北省定縣四十號漢墓出土的竹簡中，獲得《文子》的殘簡，其中與今本《文子》相同的文字有六章，並有該版本沒有見過的內容，從而確認《文子》這本書早在西漢時期前就已經存在。文子是老子的弟子，師生二人藉由問答完成《文子》，他緊貼著老子的思想展開討論，對比較早期的《老子》（屬於「無為而無以為」這種層面的《老子》）繼續在闡釋，因此這本書可視作《老子》的補充版本。無論孟子與荀子，或老子與文子，甚至莊子這些人，他們都是站在人類整體的立場來尋求問題的解答，而不是站在單一諸侯或單一階層的角度來思考。但韓非子的立場太過狹窄，他只從統治階級的利益來衡量複雜的思想問題。秦王嬴政（西元前二五九—前二一〇）會那麼喜歡韓非的原因就在這裡，他甚至曾一度誤認韓非是古人。

韓非子被秦王政賞識，反而遭來殺生的禍害，他的同門師兄李斯對其異常妒忌，擔憂他影響自己在秦國的地位，《史記．老子韓非列傳》第六十三記載：「李斯、姚賈害之，毀之曰：『韓非，韓之諸公子也。今王欲並諸侯，非終為韓不為秦，此人之情也。今王不用，久留而歸之，此自遺患也。不如以過法誅之。』秦王以為然，下吏治非。李斯使人遺非藥，使自殺。韓非欲自陳，不得見。秦王後悔之，使人赦之，非已死矣。」李斯與姚賈為陷害韓非，對秦王說韓非是韓國的公子，如今大王要稱霸天下，韓非終究要幫的是韓國而不是秦國，這是人情的常態。現在大王不用韓非，在秦國滯留時間太長，這是在給自己留下禍根。不如給他按個罪名依法處死。秦王同意此議，就下令讓官吏給韓非治罪，李斯派人送毒藥給韓非，讓他在獲罪前自殺。韓非有嚴重口吃，想要當著秦王的面來為自己辯護，卻沒辦法見到秦王，即使有幸見到恐怕都很難替自己澄清無辜。秦王後來後悔了，想派人赦免韓非，但發現韓非已經死了。敝人常不免覺得，拙於口語表達的人，最好不要參與公眾利益有關的事情，因為這需要大量的溝通與協調，更需要言辭辯論與觀點交鋒，如果大腦不能快速運轉，懂得臨機應變，則很容易落居下風，面對當事人來諮詢生涯規劃的時候，諮詢師更需要留意當事人對於自己性格與才能的評估是否精確，不要因願景與實情的落差導致生命的悲劇。

韓非子固然是被冤枉致死，但是話再講回來，冤枉致死的韓非子，平生真的沒有被人冤枉致死的思路嗎？其實韓非子的思想只偏重在凡事都只關注「統治階層的利益」，如果討論到被統治的對象，又是只注重在經濟物質方面的利用，更依賴著嚴誅厚罰的辦法來解決各種問題，可見其思想的淺薄。韓非子的老師荀子給出那麼多深刻的觀點，韓非子將其偷天換日組裝成替統治者效忠的思想，其關懷的對象不再是人民。雖說韓非子是法家的集大成者，可是他在講「法」的時候，已經沒有像荀子那樣有著濃厚的客觀法的意涵，而是把君王的行政命令當作法律，因此更精確的稱謂是法令而不是法律。他很喜歡「無為而無不為」層面的老子思想，但他已將其著重在君王統治術。韓非子想通過提供一種能有效治國的思想，來給自己換取富貴，結果富貴沒換到卻犧牲掉生命，這從他那篇〈孤憤〉裡，就可看出來他渴望獲得明君的賞識，並且對世事充滿憤怒與不安。從某個意義上來說，韓非子雖然是個思想家，其實更是個「思想的可憐人」，精鍊出來的思想成為其換取富貴的工具，儘管這個願望始終沒有達成。這樣的人從古至今所在都有，當我們批評韓非子的時候，其實何不想想平常周遭有沒有人表現出來就是一副趨炎附勢的嘴臉，看著長官或領導的旨意來辦事，替其出謀畫策，藉此來獲得自己的利益呢？華人心中始終常會把人區隔成三種階層，不同階層會有不同的規範，並左右著人對自己與他人的評價，這就是「權貴階層」、「管理階層」與「百姓階層」，當人來到管理階層中，就會藉由替權貴階層辦事來管理百姓階層，藉此讓自己同樣躋身於權貴階層（但其實終究還是服務於領導的階層，只是晉身成為專業經理人的角色而已），韓非子即是如此，當其不見容於權貴階層或其他管理階層，就會在鬥爭中成為被犧牲的對象。這種利益掛帥的現象，其實不管華人在現實的政治認同是什麼（甚至包括臺灣社會「否定自己是華人」的政治人），在社會中都很容易看見這些載浮載沉的人。

韓非子心中的政治管理就是君主對民眾的駕馭，他駕馭的辦法是依賴著賞罰與權術，我們不可忽視晉學法家思想對當今的影響，尤其是負面的影響，當然，我們同樣不可撇清關係，強制表示韓非子絲毫沒有受到儒家的影響，如果荀子不徹底否認心性的意義，使得「心」變成認知心而不再是感應心，不再有涵養天機的意涵，導致儒家出現「滑向法家的橋梁」，產生由人民轉往君主來做主體的破口，何至於會被韓非子利用致此？韓非子同樣在使用儒家纔會使用的「聖人」兩字，只是他將其意義轉化了。《韓非子．顯學》說：「聖人之治國，不恃人之為吾善也，而用其不得為非也。恃人之為吾善，境內不什數。用人不得為非，一國可使齊。為治者有眾而舍寡，不務德而務法。有術之君，不隨適然之善，而行必然之道。」這些內容讀起來很有文化的外貌，但其實非常的惡毒，用白話來解釋的話，他說聖人治國的時候不可依賴善念與善行，我們要確保被統治的人不會為非作歹，防範其做出不利於我們的事情。我們能做到這一點，纔能確保我們的國家被有效治理。治國的人不要跟人民講德性，而要去講法令。使用權術手腕的君王，不能依賴著自己內心的善良，而要制訂法令來讓人民因畏懼而服從，這纔是治國過程中的「必然之道」。我們何不反觀當前的華人社會（尤其是臺灣社會），如果你發現自己社會中的儒家思想被人民普遍視作落伍，其選擇的政府已全然放棄儒家認為人本該具的價值與理想，在中學的公民課程中教學內容不只毫無道德相關議題，且凡事都從法律的觀點來解釋，但法律的制訂過程卻只依循著「民主的外部型態」，實質運作卻是當投票結束後，政府各種決策都形同被自動授權，反對的聲音極度弱化，不只常見媒體已被執政黨壟斷，不會報導反對黨的新聞（尤其是電視臺播報的新聞），更絲毫沒有辦法產生任何有效的制衡與監督機制，致使法律都能轉向有利於統治集團的需求來解釋，人民對此毫無感覺且順其自然，甚至會因畏懼政府具有懲罰的權威而自動退縮噤聲不語，政府更會假借網軍來攻擊反對自己的聲音，藉此產生寒蟬效應，這種現象就符合韓非子期待的統治效果，能獲得這種權威位置的統治者，對韓非子而言就是聖人。因此，如果諷刺或打擊儒家思想的結果，其實是法家思想的復辟（而且是晉學的法家），我們可反思這種社會現象是否恰當？

如果譚嗣同當年的悲憤不幸再度言中，政治皆大盜，學術皆鄉愿，並且「惟大盜利用鄉愿，惟鄉愿工媚大盜」，意即政客利用學者來替自己政策背書，學者諂媚政客來替自己牟取富貴，則吾人是否能自安？韓非子雖然很推崇老子的思想，但他只是局部吸納其內容，像《老子》第七十四章說：「民不畏死，奈何以死懼之。」如果只是以死亡威脅人，一開始可能會有效果，但到超越忍耐的極限，人將不再害怕死亡。《論語．顏淵》同樣說：「自古皆有死，民無信不立。」國家不能失去自己在人民心中的信任感。韓非子顯然沒有看破人性的深層心理，他單純從人都是怕死的角度來設計制度和觀念，誤認只要威脅利誘人就會就範，可是他雖然獻出秦王政產生共鳴的政策，最後還是被他的師兄弟給害死了。但韓非子其實死於自己孤憤的性情，這種性情正給李斯害死他的空間。如果我們仔細讀一讀《韓非子》的〈五蠹〉、〈六反〉與〈孤憤〉這些篇章，很容易發現其間蘊含著秦始皇焚書坑儒的思想因素。秦始皇喜歡韓非子的原因，其實就是一種頻率的互相吸引，畢竟秦始皇本身就是一個性格非常極端且陰暗的人，他充滿離奇的身世，使得自己一輩子不相信任何人。他看到韓非子的觀念會覺得特別受用，那是在韓非子的身上看到自己，雖然表面上是李斯害死韓非，但這裡面難道沒有秦王政的意思嗎？秦王本來就誤認韓非子是個古人，然後他就在自己的潛意識裡，讓韓非子「真的成為古人」，因為其思想跟秦王政何其相像，秦王政怎麼能允許有個外人（韓非對秦國而言的確是外國人）洞察自己的心思呢？假如真有這樣的人，對秦王政來說，最終其只能儘早帶著自己的秘密到墳墓安息。因此，不僅是李斯想害韓非，秦王的潛意識裡同樣不會想讓韓非繼續活下去。韓非子在先秦學術思想中，實屬典型的反面教材，讓後人激發出無限的感慨。

第二節　通過人文來理解宇宙

從戰國時期進入漢朝時期，政治格局由分裂走向統一，思想跟著從歧異走向融合。諸子百家的思想深淺各有不同，但從戰國後期至漢朝早期，思想家普遍都帶著這樣的期望在展開工作，呈現相互影響的思想格局。秦朝丞相呂不韋（約西元前二九〇—前二三五）召集賓客合著《呂氏春秋》，西漢淮南王劉安（約西元前一七九—前一二二）召集賓客合著《淮南王書》，都是在這種認知裡擘畫其思想藍圖。《呂氏春秋》想要折衷百家思想來調和百家，可是氣魄不夠宏大，只能綜合卻不能超越百家的視野，就無法真實論斷百家的長短，開創全新的思想格局；《淮南王書》就是《淮南子》，這是站在老子思想的角度來折衷百家，卻因為離不開莊老派道家本身的局限（不直接討論治世議題），更不能勝任融會貫通的責任。秦漢時期的新儒家影響最大，影響中國的思想史最深，《中庸》和《易傳》都是其中的經典作品。但先秦各家的思想並沒有銷聲匿跡，而是經由辯證性的對話，融到這些儒家思想裡了。《中庸》這本書就明顯反映這樣的特徵，其首先來自於《老子》思想的影響日大，尤其在天道領域有極度精深的闡發，我們可看見《論語・公冶長》記載子貢曰：「夫子之文章，可得而聞也；夫子之言性與天道，不可得而聞也。」後來子思子基於抗衡老子思想的心態，卻開始往孔子本來罕言的「性與天道」來發展，這成為戰國時期的儒家思想不同於春秋時期的儒家思想一大特徵，這股思潮開啟兩種層面的影響：其一就是開啟儒家在戰國時期開始討論自性議題，這點前面在孟子思想中已經闡釋；其二就是開啟西漢時期的讖緯思想，讖緯就是「讖錄」和「圖緯」，這兩者都是占驗符命的書，前者是預言書，被稱作「內學」，面對不可知的未來做出各種具體的預測；後者是原理書，被稱作「祕經」，緯書相對於經書，來自對儒家經典的解釋，儘管我們早在《左傳》中已經可看見春秋時期諸侯各國間各種有關占驗符命的內容，但都尚未變成原理，這主要是將來自齊學的鄒衍陰陽五行學說進而深化到儒家思想內，企圖將儒家思想神學化，這雖然並不是子思子本來的意思，但子思子確實因探討自性議題，而使得這個層面獲得開啟，並反映著齊學與魯學逐漸從戰國後期到西漢早期產生合流的現象，更意謂著商文化與周文化重新獲得某種交融，如果對照回孔子本來是商人後裔，卻堅持周公開創的人文精神，對「鬼神」保持敬意的距離，子思子作為孔子的孫子，卻重新回溯到自己祖先的源頭，其思想開始探討靈性領域，這來自子思子通過「誠意」在探索自身的潛意識，更反映出在思想演化過程中，投射出中華思想史與本土心理學裡很有趣的返祖現象（atavism）。

敝人雖然認同《中庸》這本書最早出自子思子所寫，然而《中庸》同樣極可能不斷經過該學派在不同時期的持續補充，最晚在西漢早期完書（或說完稿），如此纔能深化解釋裡面不只某些內容持續跟《老子》的觀點針鋒相對，而且出現有關超個人心理學（transpersonal psychology）的觀點，並對西漢時期的讖緯學產生影響，該學問深刻在民間影響華人心理的潛意識層面。我們不能只看見《中庸》第二十六章說「載華嶽而不重」，講到離長安不遠的華山而不再說儒家習慣講的泰山，或該書在第二十八章說：「今天下，車同軌，書同文，行同倫。」就武斷覺得這本書只能出自於秦朝後，絕不能出自於秦朝前。《中庸》完書絕對要在董仲舒（約西元前一七九—約前一〇四）談天人感應說前，因為後者比前者有著更傾向於神秘主義的基調，《中庸》的思想則只有冥契主義觀點，儘管在秦漢交替時期已有讖緯思想，這包括秦末陳勝吳廣兩人起義時有藏在魚肚裡的「大楚興，陳勝王」，但《中庸》尚保持著理性，沒有被這股思想影響到自身，敝人的意思是說，冥契主義主要來自周文化基於理性的人文精神，其可延伸到神秘主義，但冥契主義本身不等於神秘主義，且不見得需要討論到神秘主義。如果我們不能精細辨識出冥契主義與神秘主義的差異，就無法知道為何《中庸》會完書較早且觀點較純，尚未受到後期讖緯學的影響，而會將兩者輕易混為一談。歷來《中庸》最被人抨擊者，莫過於第一章中說：「致中和，天地位焉，萬物育焉。」這些話常人聽來會很匪夷所思，其意指當你反身內求，進入到身心祥和的狀態中，天地都會獲得各就各位，萬物都會獲得生長化育。這從超個人心理學的角度來看並不難理解，每個人面對宇宙，怎麼澄清或釐清他的核心觀念，那個核心觀念是否有精確定位，就會影響到他怎麼理解並架構出世界的存在，這就是面對宇宙的存在，付出「宇宙當如何回應自己」的體會與奮鬥，如此「人的內在」和「物的外在」形成相互結合的深層狀態。

《中庸》將宇宙的變化與人事的變化緊密連結，相信其間原理相通，該書第十二章說：「君子之道，造端乎夫婦，及其至也，察乎天地。」你怎麼樣面對夫妻關係，從而觀看著宇宙關係，這裡面從起點到終點都有著「君子之道」，君子意謂著德性完善的人。相對於《老子》的思想特點在「從宇宙來看人生」，《中庸》的思想特點則在「從人生來看宇宙」，前者的重點在「真實」，後者的重點在「真誠」，《中庸》第二十一章說：「自誠明謂之性，自明誠謂之教。誠則明矣，明則誠矣。唯天下至誠，為能盡其性，能盡其性，則能盡人之性，則能盡物之性，能盡物之性，則可以贊天地之化育。可以贊天地之化育，則可以與天地參矣。」這個「參」就是人與天地三足鼎立的意思。要怎麼理解自性呢？人要真誠面對自己，當你澄清你自己的意念，獲得的貫通明白，其效益就指出你已來到自性；反過來說，當你對自己的生命產生貫通明白，這個真誠對待的過程，就是在從事生命的教化。人只有毫無私我，面對整個天下都帶著真誠到極點，纔能深刻認識自性的究竟，接著纔能深刻認識人性的究竟；更接著，纔能深刻認識物性的究竟；當你深刻認識物性的究竟，人就能參與完成化育天地的生生歷程，這就能安立於天地的中間，並與天地並立為三。

《中庸》的出現其實是當時思潮互相激盪與影響的結果，而且從戰國時期到西漢早期持續甚長的時間（這是敝人會在這裡再提出來討論的主因），因為老子這麼高邁的思想，讓子思子的學派長期感受到強大的威脅，企圖消化老子思想，其學派纔會不斷整合出《中庸》這部書，從而發展出更精確的「自性」這一思想，來與老子的思想高度相互抗衡且一較長短。當然老子的思想裡同樣有「性」這個概念，但自性在老子思想本不是關鍵字。《中庸》第二十六章說：「至誠無息，不息則久，久則征，征則悠遠，悠遠則博厚。博厚則高明，博厚所以載物也，高明所以覆物也，悠久所以成物也。博厚配地，高明配天，悠久無疆。」《中庸》發展出一套新的儒家思想，「至誠」這套儒家思想完成嶄新的德性宇宙觀，藉由人從潛意識到顯意識中的「真誠」，來理解宇宙生生不息的核心動能。人如果能整體意識都能「誠」，就能像宇宙那樣不斷恆常運作，這種觀點是用人文的角度來詮釋與解決來自宇宙的問題，甚至從個人的意識層面來觀看整個宇宙的興衰生滅。相對於莊老是從現象實然的層面來說明著人該怎麼樣順應與效法天，獲致所謂的天人合一；儒家則是從德性面來完成不同層面的天人合一。這兩種脈絡其實可謂站在思想的高峰上對決。儒家反對虛無，因此用德性作為內涵，而德性需要通過誠意來獲得，德性的重點在自性，因性而有德，這是非常重要的觀念，否則無性而講德，就淪為教條主義，毫無實用意義，甚至會對人性帶來禁錮。儒家思想會發展出這種發展脈絡，應該是在戰國時期為抵消莊老思想對自己原本很樸素在講道德思想的攻擊，於是進一步揭露出「因性而德」的思想，藉此避開道德的教條主義。

夫婦的結合本是順應人性的自然，但夫婦各有各的角色，就要懂得相互成全與幫忙，其間相處需要真誠，真誠的智慧就來自仁義愛敬的道理，如果能在互相結合的過程裡，覓得最恰當的相處辦法，彼此真誠相待，就能獲得幸福美滿的生活。夫妻各有各的心理需要與社會責任，做個丈夫有做丈夫的道理，能對妻子的生命有承擔就是有「夫德」；做個妻子有做妻子的道理，能對丈夫的生命有承擔就是有「妻德」。做妻子的人無不希望有個好丈夫，有好丈夫纔會有好妻子，這是先秦儒家相對性的倫理，相當適合於當前心理諮詢過程中作為安頓倫理的基本觀點，但，到董仲舒寫《春秋繁露》後，他已結合陰陽觀念，從天人關係出發，根據「天尊地卑」與「陽尊陰卑」的思想，特別著重「君臣，父子，夫婦」

這三個層面，請見《春秋繁露．基義》說：「君臣父子夫婦之義，皆取諸陰陽之道，君為陽，臣為陰；父為陽，子為陰；夫為陽，婦為陰。」然而陰陽彼此需要有調和，該如何調和到平衡狀態呢？

《春秋繁露．基義》說：「陰者陽之合，妻者夫之合，子者父之合，臣者君之合。物莫無合，而合各有陰陽。」這個「合」對「妻德」而言重點在「配合」，意即妻子因為有丈夫而生命懂得服從配合；對「夫德」而言重點在「整合」，意即丈夫因為有妻子而生命獲得擴充整合，從此相對性的倫理就變成絕對性的倫理，導致東漢時期經漢章帝（劉炟，五七－八八）召開白虎觀會議，由班固寫成《白虎通義．三綱六紀》中有「君為臣綱，父為子綱，夫為妻綱」這種觀點，意即在朝中君主是軸心，大臣是從屬，在家中父親是軸心，子女是從屬；且丈夫是軸心，妻子是從屬。華人社會中有些來自鄉村的女性甚至長期有一種想法：丈夫能對我不仁，我不能對丈夫不義；丈夫不是個好先生，我不能不是個好妻子，這使得丈夫對妻子家暴變得「天經地義」，妻子不論如何痛苦，都不能不服從於丈夫的「管教」，其實這種觀點是漢朝後逐漸發展出來的妻德，如果從心理諮詢的角度來思考，我們有時候要幫忙受傳統影響的婦女，給予她解套的辦法，不要讓她深受情感的折磨，甚至有時是倫理的霸凌，沒有任何觀點能拿傳統的帽子來壓制人，因此，讓她瞭解思想史發展的事實脈絡，意即這本來不是「天經地義」的觀點（最起碼先秦時期的儒家沒有這種說法），這能帶給女性心理的解放，不再受到負面傳統的禁錮。

第三節 《易傳》帶來的大突破

老子的思想雖然很玄奧，但對現實中的華人一樣有著深刻的影響，譬如《老子》三十六章講：「柔弱勝剛強。」華人在政治的層面經常會展現出自己的柔弱，卻隱藏自己真實的能量，藉此韜光養晦，徐圖來日大舉。這就是老子思想在現實層面的體現。老子的最大貢獻在於提出「天人合一」的思想，人生與宇宙的合一，文化領域與自然領域的合一。先秦的思想常有這種傾向：不論人是否暫時撇開宇宙問題，都企圖解決人生各種問題，這些思想的內核都有來自天人合一觀，儘管其內涵各有不同：相對於天，孟子更傾向於討論人，莊子則是傾向於把人回歸於天，可是荀子不同意莊子，《荀子．解弊》中認為他「蔽於天而不知人」，他覺得莊子探討天卻把人的特殊性埋沒了，但荀子又把天和人的界限割離得太過斷裂，好像兩者完全不相干，獨有老子的思想偏重於自然，人文則是對自然的效法，就像《老子》第二十五章所提出：「人法地，地法天，天法道，道法自然。」先秦思想的關注點各有不同的偏重，《易傳》與《中庸》則要彌補這個缺憾。這兩部著作替後來心性角度的儒家思想開闢先河，更是經過長期發展，企圖對先秦思想做出總結，譬如《易經．說卦》裡面講「窮理盡性以至於命」，這就是《孟子．盡心上》說：「盡其心者，知其性也。知其性，則知天矣。」意思是說，窮盡探討自己的心靈，就能明白自性。能明白自性，就能明白上天的究竟。這就是儒家反身內求，認為人心直通天心，這種觀點是種人文本位的思考，相信充實人的內涵就能瞭解天的深意，因此絕對不能捨棄人的主體性。中華思想中這種人本位的特點，與純粹著重天本位而展開抽象思考的西洋哲學具有相當鮮明的對比，由此展開的心理諮詢自然各有相應的脈絡。

特別有趣的現象是說，中華思想強調天這一層面的思想家都有商朝後裔的背景，譬如前面說的墨子與莊子都是宋國人，老子則生於楚國（其出生苦縣本屬於陳國），宋國因國家衰弱，雖然地處中原要衝，富商巨賈雲集，但學術發展不彰，無法自成脈絡成一學，後來傳承商朝學問脈絡的大本營主要來到楚國，因為楚國的整個文化脈絡出自南蠻，而商朝的源頭是東夷，東夷和南蠻本來都是同樣過著遊牧生活的民族，部落彼此相鄰且犬牙交錯，加上楚國的長江流域開發較晚，沒有受到西周人文精神的強烈影響，完整保存自身的原始風格，因此楚學繼承商朝最主要的思想脈絡。從這個角度來講，孔子其實是一個高度叛逆的人，他明明是商朝後裔，卻堅持周文化，成為繼承與發展周文化的最重要思想家，反而老子與莊子卻從商文化中獲得滋養與突破，卻反過來對孔子思想帶來莫大威脅，兩者有著某種「角色的錯位」。當你讀到《中庸》第二十六章說：「博厚，所以載物也；高明，所以覆物也；悠久，所以成物也。博厚配地，高明配天，悠久無疆。如此者，不見而章，不動而變，無為而成。」尤其是「不見而章，不動而變，無為而成」，其實可看見子思與其學派如何在替孔子跟老子持續對話，回到這整段文字來看，首先要有厚實的學養，如大地提供豐厚的營養來滋長生靈；接著要有高明的觀點，如上天提供寬闊的空間來覆蓋生靈；「悠久無疆」的「無疆」則是沒有疆域限制的意思，意即只有經由時間長期的醞釀與積累，纔能化育與成就萬物，但不只從萬物生生不息或從事物永續發展的角度來說都莫不如此。儒家其實有相當深刻的面向，其通過認識人文來探索宇宙，這是從周公開始綿亙不斷的路數，更是相同脈絡發展後的思想成果。強調人文精神，循此來解決從宇宙洪荒到人情事理的問題，這是儒家非常核心的態度，其「悠久無疆」更需要「誠」來完成，這種想法自然跟機械宇宙論完全衝突，卻跟量子宇宙論若合符節。前面提到過「雙縫實驗」，該實驗說明只要人不觀察電子，其就是無形的能量，只有當你觀察電子，電子纔會變成被看見的有形物質，意即宇宙原本並不存在，沒有意識就沒有物質，只有當觀察者在觀察的瞬間，宇宙纔會從意識躍然而出，這就能解釋《中庸》談的「致中和，天地位焉，萬物育焉」這一觀念。

從伏羲氏畫八卦，周文王推演六十四卦，到孔子整理《易經》，進而引領弟子接續撰寫《易傳》（又稱十翼），這一系列的過程，就是在不斷展開知識化與系統化的歷程，通過知識的給出，藉由給出世界的存在，來理解宇宙的存在，這是繼周公後再度展開的思想維新工程。我們來簡單認識這十翼：〈彖傳〉上下兩篇是對《易經》卦名和卦辭的注釋，六十四卦每卦都有「彖曰」，這就是彖辭，「彖」就是「斷」的意思；〈象傳〉上下兩篇在總論與細論六十四卦的各卦象，象的機能在模擬萬物的型態和運作；〈繫辭傳〉上下兩篇是《易經》的思想綱要，其重點旨在串聯易的道理，相當於《易經》的總論或通論，並加入各種人文角度的創見，闡發《易經》原文本來沒有的思想；〈文言傳〉對乾與坤這兩卦做更深入的詮釋，有可能是輯錄後世易學思想家對相關議題的見解；〈序卦傳〉研究六十四卦的排列秩序；〈說卦傳〉具體闡釋八卦的卦象，術數的理論根基就在於此；〈雜卦傳〉將六十四卦排成兩兩相對的綜卦和錯卦，從卦形的變化中，來研究卦與卦間的內在聯繫。《易經》使用整套卦象和爻辭來占斷吉凶，並由此來引導與探索人的動靜舉止，雖然從八卦到六十四卦這些符號的給出，就已經意謂著人類已經展開其理性化的工程，並尚沒有徹底擺脫原始巫術的氣息；但《易傳》則完全不同，其從人文精神出發，將人道當作全部問題的主軸，使得包羅萬象的《易經》其義理緊密連結到現實社會，確立出貫通人天的道路，向上體達天道，向下安頓生靈，架構出生生不息的思想體系，整部《易傳》大致要到西漢早期纔徹底完成。因此，在心理諮詢的過程中，如果拿《易經》藉由占卜來預測未來，這固然可視作一種心理工具，但更重要在配合《易傳》的解釋來認識人的心理問題，從而能使得這些問題的解答深刻化。

德國漢學家衛禮賢（Richard Wilhelm, 1873-1930）曾經通過其師清末大儒與大臣勞乃宣（一八四三—一九二一）的幫忙，兩人在青島聯手翻譯《易經》，後來由衛禮賢在德國出版成德文本（申荷永、高嵐，二〇一八：頁四六—四七）。衛禮賢的翻譯著重於〈繫辭傳〉的人生哲學來詮釋並展開對《易經》的翻譯，衛禮賢認為〈繫辭傳〉內有關「窮則變，變則通，通則久」這一觀念是人類文明中極高的理念，利用《易經》八卦與其演變六十四卦的道理，不只可藉此探討宇宙本源，更可釐清人群社會中的各種問題。衛禮賢的譯本使得榮格據此而認識中國心理學，他覺得《易經》是一本充滿靈性的中國經典，可用來跟自己的生命展開真實的積極想像與意象對話，他在衛禮賢死後，還請其學生貝恩斯（Cary F. Baynes）將這本書翻譯成英文（後來衛禮賢的兒子衛德明〔Hellmut Wilhelm, 1905-1990〕有幫忙），並進而幫這本書寫序，除藉此來表達對於衛禮賢的敬意外，並希望英語讀者能見識到淵遠流長的中華文化如何有著心理學方法，榮格並不認為《易經》的內容只是種卜卦工具而已，誠然，這本書可用於卜卦，但箇中意義並不單純只限於卜卦，其可反映出人的內在潛意識，卜卦的過程與結果總是能契合於求問者心中的盲點，指向潛藏在問題中被忽視的層面，這正是《易經》具有深度心理學的關鍵點。衛禮賢的兒子衛德明是易學專家，他同樣在《變化：易經八講》（Changes, Eight Lectures on the I Ching）中指出這部乍看有些神秘氣息的經典想教人掌握自己的命運，而不是讓自己屈從於任何神秘意志。因此，他傾向於覺得這本書具有占筮書與哲理書的雙重性，其間需要辯證與互動的理解（蔡郁焄，二〇一三）。敝人覺得榮格與衛德明會有這番見解，並不只來自《易經》本身，而係通過先秦儒家的突破性詮釋，賦予其濃郁的人文精神，使得易學轉型成揭露人類心理的學問，並可將其應用於心理諮詢的過程中。

中華的思想在西洋學術大舉進入中國前，一直都按照這種人文的型態來闡發生命問題，在十九世紀下半葉到整個二十世紀固然受到嚴重的頓挫，卻在二十一世紀有機會重新獲得平反。敝人不斷呼籲大家不要再把修身養性跟巫術或法術連結在一起，尤其不要把良知的頻率理解成神魔附身，這是西洋哲學對中華思想的嚴重誤解，因為巫術與法術自有其脈絡與體現，無關於修養，這種混同的觀點完全不符合實情，一百五十年來的民國學者都已經會被我們視作「古人」，我們又何苦「食古不化」呢？我們只是在做古人早就在實踐的事情，就是把宇宙現象給人文化，通過人文的角度來理解宇宙的本質，這極可能是人類不論如何奮鬥（包括自然科學領域的奮鬥）都始終無法掙脫的思維範疇。只要給出的知識能精確理解這個宇宙，那麼知識化的深刻絕對不會導致精神世界的沉淪，而反過來可使精神世界愈加細膩的成長。莊老並不是不看重知識，只是他們認為想要瞭解人生，必須先瞭解宇宙比較核心的內涵，可是該內涵又極其玄妙深奧，並不是所有人能瞭解，所以他們索性不強調瞭解的可能性，而是針對這種「究竟不可瞭解」的本質狀態做出細緻的描寫，尤其是老子，他同樣在談知識議題，只是這種知識是有關於反知識的知識。一些知識程度比較低階的人，如果太輕易就相信老子，誤認知識無用論屬於先哲傳世的智慧，將會落入陷阱，此因老子根本就是個「知識的貴族主義者」，你想想擔任周朝的國家圖書館長，難道本人真會束書不觀？果真如此，則某位周朝貴族過來跟他借某本書的竹簡來讀，他果真只是個尸位素餐的人，將要如何回答該書放在哪個書櫃上呢？老子沒有想要直接拯救這世間於沉淪，而只是從宇宙的角度認為這世間的興衰都是自然而然的事情，人只要從中安頓生命，即能免於沉淪。老子懷著精神的孤高，認為能聽得懂他話語的人，就去追求內在精神的安頓，不要跟這世間攪和，因此，《老子》第四十八章纔會說：「為學日益，為道日損。」意思是說，當人學習知識越豐富，就越減損對大道的認識。

《老子》第五十六章會說：「知者不言，言者不知。」意思是說，明白的人不會去用語言來求知，說話的人不明白知識的本質。《老子》第六十五章說：「古之善為道者，非以明民，將以愚之。」老子並沒有積極開啟民智的心態，他的意思是說，真正掌握智慧的人，不是要喚醒人民去明白什麼，而是要人民「保持不明白」。老子認為讓人民始終處於無知無識且純樸自然的狀態，纔能獲得生命的幸福，這種想法用於統治或許會逐漸質變成「愚民政策」，但如果用於心理諮詢倒是會有別開生面的效益，因為有些人從來沒有獨立思考的訓練，你要讓其「做自己生命的主宰」他或她可能會深感痛苦，但你鼓勵其活出生命中的簡單快樂，能安住於既有的秩序中，不需要把自己攪和得很複雜，這種「順成」的角度會讓他或她覺得生命頓然獲得釋放。《老子》第七十章還說：「吾言甚易知，甚易行，天下莫能知，莫能行。夫唯無知，是以不我知。知我者希，則我者貴。」意思是說我講的觀念其實很淺顯，實踐很容易，然而天下人卻無法知道與落實，只要保持無知的狀態，就可以領悟到核心要點。這段話既說明保持無知的狀態就會進入到比較深刻而根本的領域裡，可是同樣會導致一個結果，就是「深」和「淺」是攪在一起，使得無知無識者太過相信老子的說法，然後一輩子保持著渾渾噩噩的狀態，卻誤認那就是「境界」。《中庸》與《易傳》的理論高度超越莊老思想，其實正是因為有莊老思想的存在，從本體論的角度來架構認識論，意即發展出反知識的知識系統，儒家學者纔被逼出《中庸》和《易傳》，尤其是後者，其冀圖發展出不再反知識的知識系統，卻有著深刻的天道觀，來與莊老一較長短。

第四節　《大學》如何整合聖王

民國初年學者一般覺得《大學》這部書應該係晚出，這些年來有學者根據楚簡《老子》乙本中有「修於身」、「修於家」與「修於鄉」這些說法，主張《大學》是獨立的一篇，應該恢復早出的觀點（梁濤，二〇〇〇）。敝人覺得這部書相當精緻扼要整合談儒家的思想，或許不無可能最早有些出自曾子的觀點與言論，但應該要到戰國晚期至西漢早期纔徹底獲得整理，完稿成獨立的文字，這就印證章太炎（一八六九—一九三六）在《國故論衡》說：「前修未密，後出轉精。」《大學》開篇就說：「大學之道，在明明德，在親民，在止於至善。」大學的道理，在於闡發人本來清澈的德性，更在於與人和善相親，最終獲致至善的道境。學者一般常說《大學》是專門在討論人事的議題，其把人事議題背後的次第都仔細梳理出來，並認為核心要點在修養身體，其表示：「自天子以至於庶人，壹是皆以修身為本，其本亂而末治者否已。」從人間的最高統治者一直到平民百姓，都應該將修身視作最根本的事情，如果根本混亂卻仰賴枝微末節來企圖治理天下，那是不可能的事情。但敝人覺得《大學》並不單純只有談人事，其最精緻的內容在於「內聖四條目」的設計，意即「格物」、「致知」、「誠意」與「正心」，相比於後面「修身」、「齊家」、「治國」與「平天下」這些「外王四條目」，「內聖四條目」的次第與存在，已使得本體論、知識論與工夫論都能從中開展。宇宙的存在來自不可知的混沌，世界會出現，來自於人給出詞彙來對應每個具體的存在。因此，「格物」就是拿全身意識來觀看宇宙各種訊息，當下用語言回應出正確的稱謂。稱謂本身有著驚天駭地的意蘊，因為這宣告著人類真正由宇宙中抽身與誕生，如何既與宇宙並立，又與宇宙合一，這個不即不離的難解議題，就需要智慧來因應。因此敝人指出「格物」是指己身意識對應的外物，釐訂客體，人意識到外物的實有，從而詳查其內容。

《大學》會說致知首先在格物，來自人如果能不斷正確把宇宙稱謂出世界的意蘊，就能自然擴張出無限恢弘的視野，人的痛苦常來自他懷著任性編織出錯誤的世界，硬把這個世界套在宇宙裡，因彼此無法對應而使世界不得不瓦解，這就得來到「致知」做工夫，智慧則是使這兩者合一的黏著劑，智慧在，則世界與宇宙不斷疊合存在，在疊合的過程中，「格物」只是給出字彙或詞彙，但字彙或詞彙只是訊息而不是知識，重點要通過人的「致知」，「致知」是指通過意識具體認識外物的實有，獲取知識，知識幫忙人證悟天理，從而把握住存在。但只有「致知」還無法完成意識的深層發展，由於人常不覺攪和感官釋放出欲望，蒙蔽自己覓出本來恆在的本體，使世界與宇宙裂出不同的存在，卻誇口聲稱理想終究不能敵過現實的考驗，殊不知人如果沒有「誠意」來面對理想，使世界能精確詮釋宇宙，說話就只能持續擾亂自己的意識。「誠意」是指將天理往內在做收攝，澄清心靈，讓人展開意識的轉化，從而盡可能往體認自性的路上前行，當人來到「內聖的中樞點」，就開始「正心」，該「正心」是指人不斷深化發掘內在，把握住自性的機制，往外應對人事而不惑，從而讓生命自如。

由格物逐漸深至正心，內聖的工夫已經獲得成全，外王的志業有此能量做支撐，纔能使人不斷被保證活在根本裡。敝人曾在《轉道成知：華人本土社會科學的突圍》這本書中指出：在「格物」前，人處於前意識狀態，行事不知不覺；「格物」本身則處於意識狀態，「致知」則處於意識到潛意識狀態；「誠意」則處於潛意識狀態；「正心」則再回意識狀態，然而，自「正心」後，人的意識狀態就已再拔高其覺醒，從而人就能開始面對「修，齊，治，平」的後四條目，因此「正心」即使不是儒家修養心理學的第一個步驟，卻的確至關緊要，按照《大學》的文本脈絡來說，「正心」是指面對人際前的精神氣象；「修身」則是指面對人際後的動靜舉止，兩者雖然脈絡相同，前面指向「心」的議題，後面指向「身」的議題，這兩者屬於「未發」與「已發」的轉軸機關，「修身」是帶著整個「格，致，誠，正」的次第來修身，使得「修身」成為承接前四條目的基石，並讓後四條目獲得逐級擴大的發展。敝人覺得從事心理諮詢過程中，如果要培養內聖與外王合一的人格，深度認識《大學》的意涵相當重要，這種綱領與次第使得儒家思想的樣貌獲得完整呈現。

敝人不完全論斷《大學》這本書晚出（意即其可能最早出自曾子，但不斷被修訂），主要來自《莊子．內篇．大宗師》可看出莊子極可能對《大學》的次第已有某種程度的瞭解，因此其針鋒相對提出不同的次第說法：「夫卜梁倚有聖人之才而無聖人之道，我有聖人之道而無聖人之才。吾欲以教之，庶幾其果為聖人乎！不然，以聖人之告聖人之才，亦易矣。吾猶守而告之，參日而後能外天下；已外天下矣，吾又守之，七日而後能外物；已外物矣，吾又守之，九日而後能外生；已外生矣，而後能朝徹；朝徹，而後能見獨；見獨，而後能無古今；無古今，而後能入於不死不生。殺生者不死，生生者不生。其為物，無不將也，無不迎也，無不毀也，無不成也。其名為攖寧。攖寧也者，攖而後成者也。」莊子覺得由外境來鍛鍊內境會有七個次第：「外天下」、「外物」、「外生」、「朝徹」、「見獨」、「無古今」與「入於不死不生」，第一點就是針對儒家由內聖而外王的最高境「平天下」展開相反的探討，莊子不要平治於天下，他由外王回到內聖，主張人首先要自外於天下，接著要自外於物質，甚至自外於生死，如此纔能透徹通曉於世理，接著能看見獨立自存的整體（見一），當人活在整體感中，就會忘記古今這種時間刻度，來到無死無生的永恆狀態，這種狀態沒有送往，沒有迎來，沒有毀壞，沒有不成，這就是在不斷變化中持續保持寧靜（稱作攖寧），由此可見先秦時期莊子跟曾子有著完全不同次第的工夫論。

相較於《大學》旨在探討如何由內聖到外王，在《禮記》中還有〈禮運〉這篇文章相當值得討論，雖然其託名於孔子，但應該同樣出自於戰國晚期到西漢早期，其內容比較偏重於民生，其希望根據儒家思想來解決複雜的人生問題，完成理想的「大同社會」。《禮記．禮運》頗值得背誦，其內容說：「大道之行也，天下為公。選賢與能，講信修睦，故人不獨親其親，不獨子其子，使老有所終，壯有所用，幼有所長，矜寡孤獨廢疾者皆有所養，男有分，女有歸。貨惡其棄於地也，不必藏於己；力惡其不出於身也，不必為己。是故謀閉而不興，盜竊亂賊而不作，故外戶而不閉，是謂大同。」這裡首先在闡釋何謂「大同」，裡面充滿著儒家對於大同社會的想像，意即大道實行的狀態裡，天下崇尚著公而不再有私，大家推選有德性與才能的人來領導眾生，彼此間講究信用，人與人和睦相待。因此，世人不只把自己的親人當作親人，不只把自己的孩子當作孩子，而是把別人的親人都視作自己的親人，別人的孩子都視作自己的孩子，使得老年人都能安度晚年，壯年人都能發揮才幹，幼年人都能健康成長，沒有依靠的男女老幼和殘廢患病的人都能獲得照顧。當男子都有適合自己的事業，女子都有適合自己的婚姻，財貨能自由流通，不會白白浪費掉，更不見得要被自己占有；人們生怕氣力不是出在自己身上（意即不勞而獲），倒不見得是為自己在謀畫。最終，陰謀詭計的謀畫都已斷絕而不再興起，搶劫偷竊的作亂都已停止而不再發生，每戶人家的大門都不需要關閉，這就是「大同社會」的美好狀態。從這裡可看出，經歷長期的戰亂，到戰國末年後，儒家思想已經在某種狀態裡吸納墨家兼愛的思想，覺得「至善」的社會不再有等差，而是每個人都應該彼此相親相愛，獲得徹底平等的照顧，這其實是種社會福利觀念。

後面還接著闡釋何謂「小康」：「今大道既隱，天下為家。各親其親，各子其子，貨力為己，大人世及以為禮。城郭溝池以為固，禮義以為紀。以正君臣，以篤父子，以睦兄弟，以和夫婦，以設制度，以立田里，以賢勇知，以功為己。故謀用是作，而兵由此起。

禹、湯、文、武、成王、周公，由此其選也。此六君子者，未有不謹於禮者也。以著其義，以考其信，著有過，刑仁講讓，示民有常。如有不由此者，在埶者去，眾以為殃，是謂小康。」意思是說：現在大道已經隱沒，天下裂解成無數個家庭，人們各自關心自己的父母，各自愛護自己的孩子，財物會占為己有，每個人都只想著自己。天子與諸侯的位置都世襲給子弟，這被認為符合禮的規範。內城、外城與護城河都被當作防禦設施，深恐唯不鞏固。把禮義當作綱紀，用來規範君臣關係，用來維繫父子關係，用來融洽兄弟關係，用來調和夫婦關係，甚至用來設立制度，確立田地和住宅，更藉此表彰勇敢與聰明的人，並讓人可獲得功績。陰謀詭計因而興起，戰爭更層出不窮。夏禹、商湯、文王、武王、成王與周公，就是在這種情況裡產生的傑出人物。這六位君子，沒有一人不重視禮的規範，用禮來表彰正義、考察誠信、呈現過錯、效法仁愛與講究禮讓，向百姓展示常軌與常規到底是什麼樣子。如果有人不按禮來辦事，當官的人會被撤職，民眾都把他看作禍害，這就是「小康社會」的狀態。《大學》把社會理想的國度區隔成兩個階段：達到治國階段的只是小康社會，達到平天下階段的纔是大同社會，意即「大同」進而成為儒家的終極理想，「小康」則反而變成儒家的階段目標，這是種發展脈絡的變化，果真按照這個脈絡來思考，則從後設的民族主義（nationalism）或國家主義（statism）來理解中國，其角度是相當褊狹的看法（這其實同樣是學術層面的自我殖民），因為儒家的理想已不是從一個國或一個族這樣有界線的角度來思考問題，其懷抱著全天下與全人類的角度來思考問題。儒家心中的中國是種智慧的國度，然後擴展到整個天下。反過來說，有疆界（或界限）的思想其實會導致很多傷害性，從心理諮詢的角度來看，譬如執著於是否有自己親生孩子而形成的對事情的看法與態度，其造成的恩怨糾葛，同樣是因為有疆界或界限所形成的衝突。儒家的核心點就是用人文的方式來形成一種對宇宙的追尋，這是一種非常大的格局與視野，站在這樣的格局與視野中去看問題，比較容易產生整合性的思想。

第五節　由鄒衍到董仲舒的整合

鄒衍（西元前三〇五－前二四〇）是戰國末期的齊國人。他的思想與莊子相同的樣貌在觸及層面很寬廣，上至天文下至地理都無所不談，但莊子更多是在想像中完成自己面向世間的寓言，鄒衍卻發展出一套具有原創性的系統觀點，這包括「大小九州說」與「陰陽五行說」，大小九州說純粹是個設想，其或從《山海經》的紀錄抽象演繹出來，因《山海經》由《山經》與《海經》組合而成，其《海經》由〈海內經〉、〈海外經〉與〈大荒經〉這三個內容構成，形成一個由內而外、由近及遠且環環相套的三重空間構圖（劉宗迪，二〇二二：頁二一一－二一二），《史記．孟子荀卿列傳》記鄒衍的學說：「以為儒者所謂中國者，於天下乃八十一分居其一分耳。中國名曰赤縣神州。赤縣神州內自有九州，禹之序九州是也，不得為州數。中國外如赤縣神州者九，乃所謂九州也。於是有裨海環之，人民禽獸莫能相通者，如一區中者，乃為一州。如此者九，乃有大瀛海環其外，天地之際焉。」其將天下區隔成八十一個區塊，中國係「赤縣神州」，其內有小九州，其外則有八大洲，包括神州在內則有大九州，如此就組合成整個天下。其實各位可想想，我們常說的七大洲：亞洲、歐洲、非洲、北美洲、南美洲、大洋洲與南極洲，這究竟是誰定義出來的觀點呢？譬如亞洲與歐洲明明就相連在一起，如果不是因為文化的緣故，為何要被區隔成兩大洲？如果基於文化的角度而被區隔成兩大洲，那從文化的角度來說，目前的亞洲會不會有點「大而無當」呢？意即為何亞洲不能基於文化的角度，按照印度文化與伊斯蘭文化的差異，再被區隔成跟地理環境相應的兩大洲（譬如我們將都屬於大型半島的兩區域給其「印度洲」與「阿拉伯洲」的名稱），如此豈不就會變成九大洲了？這裡不是要替鄒衍主張的「大九州」做些什麼「起死回生」的工作，而是要指出：鄒衍的觀點其實極其超前，因戰國時期的地理觀本來是大陸思維而不是海洋思維，大家通常會很模糊覺得「中國即天下，天下即中國」，而把中國四周的海稱作「四海」，意即「海外無陸」，結果鄒衍卻說四海外面還有八大洲，這就顛覆掉大家本來對地理的想像，替未來的海外探險與求證提供極其遼闊的可能性，敝人覺得這種開拓思路的先行者，其歷史貢獻不應該被抹滅。

鄒衍更重要的思想就是「陰陽五行說」，本來「陰陽」與「五行」是各自獨立的觀念，鄒衍不只結合起來談，更跟中醫、占卜與星相都結合在一起。鄒衍相當於在他的時空背景中開展出「巫術現代化」的巨大工程，提供陰陽五行學說各種社會應用的價值。正就是齊國開放的政經體制，加上齊學的風格富有想像，並且喜歡追求客觀規律，使得鄒衍的陰陽五行學說能有滋生的機緣，秦始皇與後來的漢朝皇帝都很相信這種五德生剋觀念。鄒衍把稷下各派學說最後整合出「五德終始說」，其內容：「五德」就是木火金水土的五種德性，「終始」就是這五種德性會周而復始的循環運轉。然後鄒衍依此給出一套解釋歷史變遷與王朝興衰的說法，他說虞主土，夏主木，殷主金，周主火，秦主水，漢主土，而木克土，金克木，火克金，水克火，土克水。如果從前面指出美國科學哲學家費依阿本德的角度來說，凡具有「系統性」和「有效性」就可視作科學，既然如此，我們不能輕易否定鄒衍的思想是「不科學的思想」。錢穆先生在《中國思想史》對此表示儒家比較著重人的性情，而荀子貶低人性，這可視作「儒家的逆轉」；道家比較著重在天的自然，而鄒衍要在自然的現象後面尋覓出五種德性生剋共構成的系統，這可視作「道家的逆轉」。荀子與鄒子各自朝向極端，可是董仲舒則把荀子與鄒衍綜合起來形成另外一套說法，然後又壓抑世俗王者的地位，讓位給聖人，於是孔子就成為「素王」（錢穆，二〇一二：頁一一〇—一一一）。敝人則覺得，董仲舒其實想讓儒家思想徹底取得領導的位置，但是在方法論他卻承襲鄒衍的學說並進而講「天人感應」，他本意是要壓抑王者來成就聖人，這從他的著作《春秋繁露》中可看出其對鄒衍思想的繼承，進而把神權、君權、父權與夫權都貫穿在一起（前面已有討論），發展出「有如神學的體系」，儘管這在當前時空中已很難取得學者的認同，但這還是他當時在擘畫的學術理性化工程，畢竟其企圖提出某種理路，來讓天人關係獲得合理的解釋，並使得漢朝的儒家思想基於制衡君權的角度，已經深受鄒衍思想的影響。

董仲舒在《春秋繁露．五行相生》中表示：「天地之氣，合而為一，分為陰陽，判為四時，列為五行。」他將「天地之氣」區隔成陰陽兩種能量，再具體化成五行來解釋萬物的生成，這種整合性思維，此後成為中華思想的主流觀點。董子並在《春秋繁露．深察名號》中表示：「人之誠（實也，即由氣而成之實，即性也），有貪有仁。仁貪之氣兩在於身。身之名取諸天，天兩，有陰陽之施。身之兩也，有貪仁之性。」這表示他思想中的「性」在人身上是指「氣質之性」，但「性」不專門指人性，全部自然的質地都是指「性」，因此他在《春秋繁露．深察名號》中表示：「性之名非生與？如其生之自然之資謂之性。性者質也。」這使得「性質」這一概念從此生成。他使用拆解成兩段的辦法來理解孟子的「性善」，《春秋繁露．深察名號》說：「故性比於禾，善比於米。米出禾中，而禾未可全為米也。善出性中，而性未可全為善也。善與米，人之所繼天而成於外，非在天所為之內也。」善良固然由人性展現，但人性不見得即是善良，就如同稻米出自稻禾，但稻禾不能全都變成稻米。這其實是把「善」轉往社會層面視作的善良來解釋。那應該如何控制人性呢？董子則提出「心」來控制「性」，《春秋繁露．深察名號》說：「栣眾惡於內，弗使得發於外者，心也。故心之為名，栣也。」文中「栣」是指禁止的意思，意即讓「心」來禁止人內在各種惡念，使得其不會對外發作，該觀點意謂著從認知角度來詮釋「心」這一概念，反映出董子還受到荀子相當程度的影響。

董仲舒替漢武帝（劉徹，約西元前一五六—前八七）擘畫宏大的思想藍圖，剛開始時受到漢武帝的推崇，據說他用董子的觀點來「罷黜百家，獨尊儒術」，但其實這八字晚至易白沙（一八八六—一九二一）在民國五年（一九一六）《新青年》雜誌上發表〈孔子平議〉纔開始流傳，西漢時期儒家早已不是先秦儒學的內容，董子自身的儒學更具有兼容並蓄的性質，董子進獻〈天人三策〉的要旨本意並不是要漢武帝「獨尊儒術」，而是「推明孔氏，抑黜百家」，意即期待漢武帝推崇與闡明孔子思想來當作治道理念，替換掉黃老思想理所當然的統治，其「抑黜百家」則是將百家都相融到自己重新詮釋的儒家思想中。漢武帝的確沒有辜負董仲舒對自己的厚望，中國歷朝都有開國的原則或理想，依據該原則或理想從而形成官學，從來沒有任何一位後來繼承大位的皇帝能推翻自己開國始祖設立的官學，但漢武帝是唯一的例外，通過他的決策，漢朝的官學由黃老思想從此轉型成儒家思想，這就是董仲舒帶來的巨大歷史貢獻。董仲舒個人講學風格會「下帷講誦」，意即講課時用布幕圍起來，他只願意教高才生（包括司馬遷都是他的學生），一般學生則由高才生去教，使得好些董派弟子竟沒機會看見董仲舒本人，敝人覺得這種階級意識何嘗不是種學者常見的「貢高我慢」呢？

董仲舒的弟子有好些人都在朝為官，譬如呂步舒為丞相長史，後來董仲舒在家中寫〈災異之記〉這個奏章，該奏章譏諷朝政，當時在建元六年（西元前一三五年），皇帝祭祖的遼東高廟與長陵高園殿各發生火災，董仲舒覺得兩次火災說明上天已經對漢武帝發怒，他由此針對朝中弊病提出建議，結果奏章還沒寫完，正巧主父偃到董仲舒家中做客，看見奏章，因對董仲舒有著嫉賢妒能的心結，就把草稿偷去上奏給漢武帝。漢武帝讓學者討論，呂步舒本來不知這是自己恩師的作品，批評此奏章是「下愚」，結果讓董仲舒被投入大牢並下令斬首，後來被漢武帝惜才赦免，被廢為中大夫，往後董仲舒再不敢宣傳「陰陽災異」，晚年「居家以修學著書為事」，並專門跟弟子講《公羊春秋》，後來再因得罪公孫弘，被派去擔任膠西王劉端的國相，該王惡名昭彰，卻願意禮待董子，只是董仲舒不能效法周公，如同孔子的處境，他只能成為每隔五百年繼起的王者，提供其時空背景需要的思想藍圖，完成屬於適應其社會的華夏學術理性化工程，這是第三回的思想工程，然而董子卻終其一生沒有機會在朝中大展宏圖，這不禁令我有這層體會：真正的儒者都常因自家生命想活出思想的純粹性，而不容易見容於當道。董仲舒希望用聖人來做新王者的思想，簡直是在預埋伏筆，這個伏筆導致後來王莽（西元前四十五—前二十三）篡漢建立新朝。王莽原本只是靠著攀附外戚因緣成為大臣，他其實就是受到《春秋繁露》的影響，希望做個聖人來成為新王。因此思想就像是一把雙刃劍，可救人更可害人，思想對人的影響絕對不容輕忽。

第六節 天人合一論的不同面貌

董子的陰陽五行說是藉由「天人感應」來談「天人合一」。「天人合一」在先秦思想裡有好多種不同的面貌，並不是單向度的觀點。讓我們再回溯思考：墨子思想裡的天人合一是說，相信有個上帝存在，因此要順應著天志，意即順應著一種客觀規則，人要儘量減輕人為的操作，墨子提出要「節用」、「節葬」、「非禮」與「非樂」，要儘量節省去使用資源，連葬禮都要儘量節儉，儒家提倡的禮樂在墨子眼裡都只是貴族奢靡的生活型態，應該要儘量去除。孔子跟墨子一樣是商朝貴族後裔，結果反而是墨子想成為商朝百姓期待的那個救世主，而孔子卻背離商朝人對於救世主的期待與願望，他竟然推崇周公的人文精神，這樣的人文精神認為天意非常難知，人能做的事情就是認真在人間去行人間的道，畢竟行人道即能知天道，在孔子的角度裡形成的天人合一，側重於強調人的主體精神。接著是老莊思想裡的天人合一，早期老子思想是「無為而無以為」，人奮勉去順應著天道的無為，就是天人合一，可是後期的老子思想裡出現「無為而無不為」，就是通過無為的現象來因勢利導，從而讓人可以隨心所欲地完成自己的願望，這其實是一種順應著天來完成人的觀點，這是後期老子思想所談的天人合一。莊子則是要把人從人生領域抽離出去，回歸到宇宙領域，人只有活在宇宙性的身心境界裡，纔能獲得自在，前面對此點已有討論，當你仔細再閱讀《莊子》中的〈逍遙遊〉全文，就更能體會莊子認知的天人合一。

孟子的天人合一則是把人主體性背後的機制提出來，於是開始有根本層面無所不善的「性」這一觀念。荀子則站到孟子的對立面，他不承認有一個核心的自性，而認為人有各種各樣的個性，該個性受到後天的薰染，會形成很多負面的發展，他深受齊學影響，相信客觀規律，由於「天行有常」，他提倡重法崇禮，這就要對人心有足夠深刻的瞭解，纔能「制用天命」，這是荀子開展出「反對天人合一的天人合一」，意即人要掌握客觀規律來研究如何克服天，如此就能統合天，這雖然的確已是種唯物論，但跟後世那種完全不再有天的意識其實還是有些不同。齊國的稷下學派都有吸納儒道兩種思想融成一爐的傾向，他們都有著真理的觀念，因此有著逼近真理的想法，包括像慎到所談的勢位，就是要瞭解客觀規律如何作用於人世間的事情，從而使得事情會比較順暢（陳復，二〇〇一：頁七九）。慎到同樣在完成他的天人合一。到戰國末期，鄒衍創發「五德終始說」，把天區分成金木水火土五種屬性，然後這五種屬性不斷的再交替作用，把宇宙的本質規則化，人通過瞭解五德的排列從而可趨吉避凶，這是鄒衍所理解的天人合一。這樣的思想一路發展下來，到董仲舒就開始談「天人感應說」，他就是在嘗試把先秦思想做個大綜合，並且他想要牽制君權，於是希望通過天人感應的學說對君王產生一種戒懼的心理，從而幫忙人的主體性可以從中獲得彰顯，所以天人感應思想的背後還是希望人的主體性可以存在，這是董仲舒對於天人合一的理解與實踐。

研究五行生剋關係如何應用於生活層面，對於諮詢過程中會有其特別的意義。譬如當你知道中醫的五臟如何對應五行生剋，這時候你看見當事人一直很焦慮在重複說著同樣的事情，你可問問他胃是否常有不舒服，不只吃東西不正常，甚或常會發脾氣，因為腎屬水，肝屬木，然而水生木，腎機能會影響肝機能，腎受寒則肝有火，這時就可建議他去看中醫師能否幫忙調理，調理一陣子再回來討論具體事情。作為一個智慧諮詢師，如果能提高精神素養，尤其是知識的素養，使得言談舉止間就能給出厚實的能量，對方就更願意懷著真情實意跟你講話，這非常有助於建立諮詢師和當事人間的信任關係。如果你對整個中華思想的脈絡非常的清楚，幾句話對方就會生出敬畏心或恭敬心，覺得諮詢師談吐中有很多道理需要去細細揣摩，當事人不需要胡攪蠻纏與自找麻煩的講話。譬如說越南雖然深受中華文化的影響，但是當前越南人對中國古書的隔閡感非常深。越南人對自身文化的來源已處於知其然而不知其所以然的狀態，其當年因為反漢字而改採羅馬字母，來拼寫出現在的越南文，殊不知這背後有兩個重大盲點：首先，整個越族（現在主要稱京族）都是百越後裔，他們最早居住在長江下游到珠江流域，甚至曾建立過諸侯國，越國後來被楚國滅亡後，裂解成在溫州的東甌、在福州的閩越、在廣州的南越與在河內的駱越（朱雲影，一九七三：頁一六五），他們纔是中國東南區域的原住民，越南人的祖先其實同樣參與過漢字的創造歷程；再者，現在的越南人卻開始反過來把漢字當成「中國」而不屬於「越南」的精神資產，但越南的王朝歷史都係使用漢字書寫，這是他們從中國帶到越南的歷史記憶，現在的越南人已經「拋棄自己無盡藏」，如果想要深度認識越南的文化，其實會產生重大的隔閡。如果你對越南人談中國的古代典籍，使得他瞭解自己的思維方式形成的脈絡，他聽到後可能會覺得聞所未聞，應該會非常的震撼，因為其集體潛意識的大門已經被關上，敝人每回深思至此就倍感可惜。

在遺忘自己傳統已經很久的中國本土，其實何嘗不是如此？簡體字同樣會產生文化的斷裂性。如果有傳統典籍的素養，可幫忙你跟人對話時更加的精確、細膩和有脈絡感。中國本來是原創性非常強的國度，我們要做的工作就是喚醒華人的創造潛能，那將會有非常多驚奇的能量被開發出來。這就是為什麼我們要擺脫西洋的學術殖民，並看見傳統學問的價值。當然擺脫學術殖民不是帶著排外的情緒閉門造車，而是要尊重國人的原創性思維，吸收西洋文化的優點，來幫忙我們的思想獲得解放與整合。如果你能把學問當信仰，並且能身心受用，甚至進而展開智慧諮詢，那你就是在用實際行動證明華人的心靈可恢復原創性，不再呈現自我壓抑的狀態。讓我們再回到陰陽五行學說來舉例，雖然鄒衍的著作本身最後不幸失傳，可是道教繼續將其整合，讓陰陽五行學說一路發展下去，《淮南子》對於鄒衍的思想更有所體現與發揮，提出各種道教風水學的觀點，《淮南子．墬形訓》就指出：「天地之間，九州八極。土有九山，山有九塞，澤有九藪，風有八等，水有六品。」其採用鄒衍九州的劃分概念，並對九州的山澤風水設立品級的標準，這種影響至今都影響著民間，甚至宋明儒學都受到鄒衍某種影響，這使得後來宋儒邵雍（一〇一一—一〇七七）寫出《梅花易數》並發展這種卜卦辦法（現在流傳的版本是否為真作再論），由此可知，當人不壓抑自身的傳統，讓集體潛意識自然開展，外在的學派名相都不會對人產生隔閡，而會不斷對前人的智慧結晶做出整合，再發揮出嶄新的思想，不壓抑自身的傳統，纔能讓人的身心獲得健康的發展，這對於華人本土心理同樣具有無比重要的意義。

第五章

兩漢至魏晉時期的思想

第一節　揚雄：早期經驗主義者

整個兩漢時期的思想家，自董仲舒後，敝人只想在這裡談西漢的揚雄（西元前五十三—十八）與東漢的王充（二十七—九十七）兩人，此因他們都引發相當大的爭議。揚雄著《太玄》與《法言》這兩本書，《太玄》模仿《周易》而寫，《法言》則模仿《論語》而寫。他生活在漢成帝（劉驁，西元前五十一—前七）與漢哀帝（劉欣，西元前二十六—前一）時期，在當時極其流行的讖緯思想外，開始展開較為理性的思考。西漢末年，政治鬥爭劇烈，不只外戚專權，奸臣與太監更在混亂朝政，揚雄位卑職低，個人既無法挽救搖搖欲墜的西漢王朝，更不願成為政治鬥爭的犧牲品，於是選擇過著淡泊名利的日子，潛心著書立說則成為他對自己人生最具智慧性的安頓。雖然《太玄》在當時並沒有廣受注目，但多數研究者會將這部書視為東漢思想家王充思想觀點的先聲。他們兩人都對於重視神秘感應的讖緯學說語帶保留。誠如《後漢書．張衡傳》中記載東漢思想家張衡（七八—一三九）所說：「吾觀《太玄》，方知子雲妙極道數，乃與五經相擬，非徒傳記之屬，使人難論陰陽之事。」這「乃與五經相擬」實屬極高評價。敝人會稱揚雄是中國首位物質主義者，其實更意謂著他是個極早期具有實證主義傾向的人，他在《法言．問神》中說：「君子之言，幽必有驗乎明，遠必有驗乎近，大必有驗乎小，微必有驗乎著。無驗而言之謂妄。君子妄乎？不妄。」這可看出他覺得任何主張都必須要有可茲驗證的經驗根據，從幽微的層面到顯著的層面，無一不可從經驗中來驗證其虛實真假，這種角度不是沒有缺陷，如果有些層面來自「先驗」（transcendental）甚至「超驗」（transcendent），先驗是指先發於感官經驗而能得知某個命題的答案，最簡單就像是數學理則，譬如一＋一＝二，再譬如不用檢查我身上的錢包或手機的支付，就能知道「我有帶錢或沒帶錢其中任一答案為真」這一命題本身為真，意即我有檢查固然會得知任一答案為真，但我不檢查同樣已經知道兩者任一答案為真，這就表示我不需要來自經驗，只要有理性即能得證我的命題；超驗是指超越於感官經驗而已存在，譬如我不能觀察到任何絕對的實體（substance），像是上帝或心體的有無，但我已經首先願意承認其存在，接著再經由我自身特殊的機緣或修養的鍛鍊來進而體證其存在，揚雄將思想鎖定於可茲驗證的經驗根據，無疑是種觀念的限縮，最終的確使得人「難論陰陽之事」，但同樣無法深化探討有關宇宙論的本原議題。

由於揚雄只著重於一般常人經驗中能獲得的證據，使得他不承認有任何神怪的存在，他在《法言・重黎》中說：「神怪茫茫，若存若亡，聖人曼云。」他覺得神怪沒有可茲證驗的根據，這就是為何聖人不談論神怪。他更不承認有著長生不死的神仙，《法言・君子》中說：「或問人言仙者，有諸乎？吁！吾聞伏羲神農歿，皇帝堯舜殂落而死，文王畢，孔子魯城之北，獨子愛其死乎？非人之所及也。」他覺得自古無人不死，哪裡可能有不死的神仙呢？揚雄更在《法言・君子》中指出生與死的始終是他稱作「自然之道」的客觀規律：「有生者必有死，有始者必有終，自然之道也。」這三個具有關聯性的概念（神怪—神仙—永生）都被他否認其存在的可能性。但揚雄畢竟是極早期的經驗主義者與物質主義者（這兩者在揚雄的思想來說或可視作為等號），由於當時詞彙的貧瘠，使得《太玄》還是需要糅合儒家、道家與陰陽家的觀點來談事情，他構建出玄、方、州、部、家與贊的邏輯結構，藉此描繪出有關世界的圖示。這個邏輯結構並非揚雄個人憑空杜撰，而是依據宇宙、社會與人生的變化規則設計，將事物從萌芽、發展、旺盛到衰弱規劃出九個階段。揚雄還是不能不回過來談陰陽這一概念，只是他的談法更理性些，他首先標舉老子思想有關「玄」的觀點到《易經》中，《太玄．太玄攡》在解釋「玄」的內涵時說：「攡措陰陽而發氣。一判一合，天地備矣。天日回行，剛柔接矣。還復其所，終始定矣。一生一死，性命瑩矣。」意思是說，玄使得陰陽二種能量開展出來並交互影響，一開一合間就生成天地萬物。天體和太陽旋轉運行，白天和黑夜就交替出現，其周而復始的循環運轉，終點和起點就跟著獲得確立。生死交替間就在清澈呈現生命的奧秘。這段話中的「一判一合」即《易經》中的「一闔一闢」，「還復其所」這種循環往復的觀點，則是《易經》和《老子》中都有的內容，有著曼陀羅的纏繞與循環。揚雄雖把「玄」作為他思想的核心觀念，但他的思想終究還是呈現出極其濃郁的儒家本色。《法言．問神》中記載有人問揚雄創作《太玄》的根本用意，揚雄很俐落說自己「為仁義」，並且他對仁義有著原則性的堅持，請見《太玄．太玄文》中說：「仁疾乎不仁，誼疾乎不誼。君子寬裕足以長眾，和柔足以安物。天地無不容也，不容乎天地者，其唯不仁不誼乎！」意思是說：「仁」最大的敵人是不仁，「義」最大的敵人是不義，君子有著從容大度的胸懷，就能讓大眾獲得安生，有著溫和柔順的態度，就能讓萬物獲得安頓。天地間沒有什麼不能容納的事情，除了不仁與不義，「誼」就是指合宜的行徑，其概念可與「義」互訓。

西漢末年，學術腐敗的現象日趨嚴重，揚雄沒有附和當日的學術主流，而是率先批判經學神學化，試圖恢復儒家的人文精神，主張做學問的目的本來是為闡發大道，而不是企圖獲取利益。他反對人對經典的理解受到既定的師說家法侷限，主張自主開放的學與思，這點敝人深感認同。他在《法言．問神》中說：「人心其神矣乎，操則存，捨則亡。」意思是說，人心如此神妙難測，去把握就存在，放棄就泯滅。這就又回到孟子的心性論中去了，相比於董仲舒「化天為神」，揚雄懂得「化神為心」固然是種精神領域的大幅進展，但他難道沒有反省自己談「人心其神」的議題同樣在經驗層面很難反覆驗證嗎？再如《法言．先知》中，有人問揚雄：「星有甘石，何如？」他回答：「在德不在星，德隆則晷星，星隆則晷德也。」意思是說甘德與石申這兩位戰國時期的天文學家的學問怎麼樣？揚雄回答如果要討論學問，則重點在人本身的德性而不是天文，德性隆盛則可用來觀察星象，星象祥瑞則可反過來觀察德性。在揚雄看來，天文現象只是君主修養德性的一個參考座標而已，這同樣是種廣義的驗證，但不是如同神諭般要完全相信，因為人本身的涵養纔是影響社會的主要因素，這就還是回到先秦儒學德性本位的思想中去了。這在清末民初可能會被視作「封建落伍」的觀念，但我們現在拿來思考本土心理學，則會發現這已經成為華人普遍內化的想法，譬如每當臺灣社會發生旱災，人民用水孔急，民間就會流傳「天象示警」的說法，好些政府官員就會到各媽祖廟中祈雨，但總會有記者或學者接著在新聞報導中表示政府官員怎麼會「不問蒼生問鬼神」呢？撇開這些記者或學者是否有「言行不一」的問題先不談（意即華人常有「在家會虔誠求神保佑平安，出外卻說信神是封建迷信」這種言行矛盾的精神狀態），執政者如果不先修己安人，意即克盡職守，對國計民生有長期的規劃，任何神靈都很難降福，這就是德性本位的思想。當前很多從事於助人工作者難免覺得心理諮詢或心理諮商常不敵於人到廟裡求神問卜，但敝人覺得如果要跟宮廟產生明確的市場區隔，就不能再只是耽溺於西洋心理諮詢的型態，前面這種德性本位的角度其實可跟華人本土心理諮詢結合，諮詢師可鼓勵當事人加強涵養德性，並在生活各層面去驗證涵養德性是否對於生活品質的提升產生明確效益，這種從人生管理出發來對照前後差異的驗證意識，何嘗不能成為諮詢的內容與方法呢？

再如《法言．君子》中則說：「通天地人曰儒，通天地而不通人曰伎。」意思是說，宇宙、社會與人生三個領域都通曉的人纔能被視作是儒者，只通曉宇宙和社會，卻不通曉人生的人，只是一個技術層面的人才。由此來看，揚雄反對任何靈異的事情，但他卻承認聖人這種境界的存在。因此，他在《法言．五百》中說：「仲尼神明也，小以成小，大以成大，雖山川丘陵，草木鳥獸，裕如也。」看得出他對孔子推崇得無以復加，儘管內文中的「神明」並不是指靈性的神明，而是指天地合德展現出來的睿智，使得孔子面對任何事物都能應對自如。《法言．君子》中，揚雄說：「仲尼之道，猶四瀆也，經營中國，終入大海。他人之道者，西北之流也，綱紀夷貉，或入於沱，或淪於漢。」揚雄把孔子的學問比作長江、黃河、淮河與濟水四條河流，這四條河流直通大海，可滋養整個中國，而其他人的學問就像西北的支流，只能流入沱江或漢水，能滋養到的範圍有限。先秦儒學的天命觀在揚雄思想中更有著體現，在《法言．修身》中，有人問揚雄，孔子要處理的事務非常龐雜，當他不被任用時，還會那麼辛苦和憂慮嗎？請見《法言．君子》：「孔子之事多矣，不用，則亦勤且憂乎？曰：聖人樂天知命，樂天則不勤，知命則不憂。」意思是說，聖人安樂於天道，知曉自己的天命，安樂於天道做事情就不會覺得辛苦，知曉自己的天命就沒什麼值得憂慮的事情。這些觀點都表明揚雄持續在闡發先秦儒學的人文精神。

冀圖開展儒學，揚雄除推尊孔子外，同時更率先標舉孟子的地位，他甚至自比於孟子再世，要在社會排除邪說。他在《法言．吾子》中說：「古者楊墨塞路，孟子辭而辟之，廓如也。後之塞路者有矣，竊自比於孟子。」先秦時期楊朱與墨子的思想充斥天下，孟子站出來披荊斬棘，開闢出儒學的正統，揚雄有志效法孟子，個人更有著鮮明的主張，希望自己像孟子一樣繼續傳承與闡發儒學。有些學者如劉柏宏將揚雄此舉視作「宋明儒學尊孟運動的發軔」。孟子在中唐後的地位纔逐漸升高，其中很重要的原因來自韓愈（七六八—八二四）的倡導，韓愈其實正受到揚雄思想的影響。據《舊唐書．韓愈傳》記載，早在中唐時期就有人在模仿揚雄的作品：「大曆、貞元之間，文字多尚古學，效揚雄、董仲舒之述作，而獨孤及、梁肅最稱淵奧，儒林推重。」這股尊揚思潮主要就是通過韓愈這一橋梁而產生。韓愈可說是揚雄的隔世知己，兩人都自信掌握住終極的真知，都是強抗時俗，孤寂闡發自己堅信的智慧。韓愈在〈讀《荀子》〉這篇文章中說：「以為孔子之徒沒，尊聖人者，孟氏而已。晚得揚雄書，益尊信孟氏，因雄書而孟氏益尊，則雄者亦聖人之徒歟！」韓愈原本認為孔子的弟子逐漸凋零後，持續在推尊孔子的人就只有孟子。當他後來讀到揚雄的書，發現揚子極其尊崇孟子，因此認為揚雄對儒家思想的復興有著極大貢獻，理應被標舉為孔子的傳承人。

韓愈本人做出的重要貢獻，就在於他首度提出儒家道統觀，並將揚雄列入儒家的道統系譜中，更與周公、孔子與孟子這些聖人並稱。直到北宋，隨著古文運動的崛起，韓愈思想對這些北宋士人的影響越來越大，范仲淹（九八九—一〇五二）、歐陽修（一〇〇七—一〇七二）、王安石（一〇二一—一〇八六）與司馬光（一〇一九—一〇八六）這些著名士人雖然各自屬於新黨或舊黨，但全都認同韓愈的儒家道統觀，並將韓愈本人同樣列入儒家的傳承系譜中，揚雄自然就在這個過程裡獲得推崇，如王安石在其詩〈揚子二首〉中對揚雄就有著極高評價：「儒者陵夷此道窮，千秋止有一揚雄。」揚雄的思想激發韓愈這些古文家對漢唐經學的批評，歷史學家陳寅恪先生（一八九〇—一九六九）在〈論韓愈〉中覺得韓愈思想的重要特徵是「直指人倫，掃除章句之繁瑣」，在揚雄的《法言》中的確常見到他批評漢朝經學的繁瑣。儒學的真知灼見因漢朝經學的弊病而隱沒不彰，更不消說後來魏晉南北朝的政局混亂，佛教和道教藉此思想的真空狀態「乘虛而入」，尤其禪宗打出

「教外別傳，不立文字，直指人心，見性成佛」這一宗旨，在唐朝中晚期迅速興盛起來。韓愈面對這一思想變局，撰寫〈原道〉一文試圖反駁佛道兩家思想對智慧的壟斷，企圖恢復儒學真本色，後來王安石等古文家繼續站在〈原道〉的脈絡裡，將北宋時期的政治社會問題，歸咎於漢朝至唐朝經學脫離儒學原本經世致用的大義，這就開啟北宋儒學復興運動的先聲。敝人覺得將揚雄比喻成孟子固無不可，道統系譜的傳承或可類比往日帝王的政統系譜，後者傳承裡有嫡庶的流變，意即有時嫡系不傳，庶系反而成為新的政統繼承者，道統系譜中有時主流的傳承逐漸消失，支流的傳承會在後來反過來成為支持主流的重要來源，揚雄在兩漢儒學的傳承中就具有這層意蘊。

第二節　王充：未完成的科學論證

王充是東漢人，他看不慣當時的社會現象，終身過著貧賤的生活，有著憤世嫉俗的性格，他對王莽深表不滿，覺得他受董仲舒天人感應說的影響，自認擁有天命，於是纔會做出「篡漢」這種大逆不道的政治舉措，並藉由讖緯來篡奪漢室，包括製造輿論支持，譬如有人獻上祥瑞的白雉；或有人挖井，挖到上面刻字說要王莽當皇帝的奇石；甚或有人夢到來自上天的使者說，如果不信王莽當皇帝的話，將變出一口井來，結果夢醒後一見，果然門外突然有一口新井，這使得東漢建立前，各地反對王莽的起義者都在製造讖緯，聲稱自己是真命天子，包括復興漢室的東漢光武帝劉秀（西元前五—五十七），都是靠著讖緯中興，他甚至把讖緯學確立為官方的統治思想，使得桓譚（西元前二十三—五十六）主張「形神論」，替無神論思想提供說法，表示「精神居形體，猶火之燃燭」（《新論．祛蔽》），意即當人沒有形體，則精神不能獨存，卻被光武帝罷黜，這就是為何東漢章帝會進而召開白虎觀會議，最終確立讖緯與儒學具有同等的法律地位。我們現在固然可對於讖緯採取榮格心理學的角度來分析其內蘊的個人潛意識與集體潛意識，然而當日這讓某些深具反思的士人產生不滿，王充就是最完整展開思考的其中一人。王充對於天有意志的天人感應學說採取攻擊態度，他反對把聖人跟神明歸屬於同一種類型。王充在《論衡．知實》中說：「所謂神者，不學而知。所謂聖者，須學以聖。以聖人學，知其非神。聖不能神，則賢之黨。」這段話的意思是說，神是不用學習就可知道事情；聖人則是需要通過學習纔能逐漸成為聖人。因聖人需要學習，我們就知道他不是神了。聖不能成為神，那聖人會是什麼人呢？王充覺得聖人其實就是賢者那種類型的人，意即聖人只是更高階段的賢者而已。這是王充基於反對把聖人神格化產生的思想，他接著說「聖者不神，神者不聖」，明確表示他覺得聖與神是毫不相干的兩種狀態。

因此，王充反對把孔子給神格化。王充的《論衡》中有大量嚴厲的話語，不只反對董仲舒的天人感應說，更對孔孟的思想觀點深表不認同。他有著實事求是的批判精神，特別反對貴古賤今，包括拿孔孟的觀點來當作不可動搖的圭臬，孔孟不論如何厲害，都不可能在談話中說的言語都毫無問題，學者不應該去替這種談話展開曲解與辯護。譬如《論語．陽貨》說：「佛肸召，子欲往。子路曰：『昔者由也聞諸夫子曰：「親於其身為不善者，君子不入也。」佛肸以中牟畔，子之往也，如之何！』子曰：『然。有是言也。不曰堅乎，磨而不磷；不曰白乎，涅而不緇。吾豈匏瓜也哉？焉能繫而不食？』」佛肸盤據中牟城造反，子路說孔子不是自己表示君子不會跟「身不為善」的人為伍，現在為何佛肸召孔子來舉事，孔子就想過去，孔子覺得自己極堅硬，磨都磨不薄；極潔白，染都染不黑，更不要說自己怎麼只能當個匏瓜，掛在那裡不拿來吃？意思是說孔子覺得自己同樣要活著吃飯，總要有個實際的出路。王充很不滿意此點，在《論衡．問孔》說：「言無定趨，則行無常務矣。周流不用，豈獨有以乎？」意思是說言語前後沒有個原則，則行動跟著就沒有常態作法，孔子周遊列國無法被任用，難道沒有關鍵原因嗎？這話講得極犀利，的確有其道理。

面對孟子，王充同樣不假辭色。他徵引《孟子．公孫丑下》的文字：「孟子去齊，充虞路問曰：『夫子若有不豫色然。前日虞聞諸夫子曰：「君子不怨天，不尤人。」』曰：『彼一時，此一時也。』」弟子充虞看見夫子孟子離開齊國時心中不太高興，就在路上問孟子為何要不高興，因為孟子自己不是說過君子面臨困難，不會抱怨上天不公，更不會歸罪他人無禮？孟子卻回答「此一時，彼一時」，對此王充在《論衡・刺孟》表示：「論不實事考驗，信浮淫之語，不遇去齊，有不豫之色，非孟子之賢效，與俗儒無殊之驗也。」意即他覺得孟子不實事求是去考察驗證，相信虛浮誇大的言語，在齊國不受到君王重用，心中明顯有不高興的神色，這明顯表示其與俗儒沒有差異。王充關注孟子到這種程度，有點像是大陸流行語言常說的「槓精」。我們從歷來的古書裡可看見一些人學問不見得很有創見，可是常愛發表些「自以為是」的看法，或者是某種只是基於個人體驗性的語言，可是該體驗呈現出某種思想的偏頗與膚淺，譬如陽明子的弟子王心齋（一四八三—一五四一）就呈現出這種狀態，而從王充的《論衡》中，我們確實能看到他是個嚴肅的學問家，有厚實的學問，更有銳利的批判。厚實的學問和銳利的批判，思想家常不能相容並蓄兩者於一爐，因為學問常要對文字脈絡的每個環節都絲毫不放過，在這個過程裡常不能有主體意識，甚至需要將自我消融，這種學問累積的過程，甚至常需要釐清各種技術問題，往往琢磨其間，就不大懂得如何思辨，因其養成歷程來自沒有主體性的學習。但批判精神就需要有主體意識，尤其需要通過自己頭腦抽絲剝繭的思考，去產生對事情的認知與瞭解。但王充能相容學問與批判來論學，這是我們需要給予他相對公正的評價。

王充尚不夠深刻的層面正就是他對於「神」與「聖」這二者的認識。他沒有意識到他的觀點裡，聖不能神，神不能聖，或許能凸顯聖人真正的特徵，但同樣會導致天與人處於不能合一的狀態。這是一種雖然沒有受到西洋文化影響，但是相當具有西洋文化中主客對立意義的思考，意即他否認天人合一，聖跟神不能畫上等號，人永遠不能成為神，其實在深層意義裡，他還是承認有神，只是該神與聖狀態不同，但這種間接承認，就會使得神的意義終究會超過於聖，因為「無形的存在會高於有形的存在」。譬如我們看《論衡．論死》：「鬼神，荒忽不見之名也。人死精神升天，骸骨歸土，故謂之鬼神。鬼者，歸也，神者，荒忽無形者也。或說：鬼神，陰陽之名也。陰氣逆物而歸，故謂之鬼；陽氣導物而生，故謂之神。神者，伸也，申復無已，終而復始。人用神氣生，其死復歸神氣。陰陽稱鬼神，人死亦稱鬼神。氣之生人，猶水之為冰也。水凝為冰，氣凝為人；冰釋為水，人死復神。其名為神也，猶冰釋更名水也。」他覺得鬼神是種不同於活人的狀態，人因為有神氣而出生，死後就將該神氣歸回，人死後就會稱作鬼神，只是陰氣較重者稱作鬼，陽氣較重者稱作神，敝人當然看得出他使用物質主義的角度，企圖用氣化宇宙論來理性指稱人死後的狀態，然而真按照其理則來討論，他如何能有理據支持活著的聖人其死後的陽氣「絕對不能成為神」？顯然他需要解決自己思想理則中的矛盾，他只能從名詞解釋的角度來說「神」與「聖」的確是兩個不能混淆的概念，但你不能堅持「聖不能變成神」，因為按照王充自己的看法「冰可變成水」，自然則「聖可變成神」。胡適先生覺得王充受到天文學重視實際證據的影響，其哲學方法的根本精神即在於「效驗」，其所謂的效驗就是「實驗的佐證」，意即能反覆證實，這種重視效驗的精神，對王充而言具體落實為兩種方法，其一來自實際經驗的考察；其二則是運用譬喻和類推。兩者相較，王充主要使用的是譬喻法和類推法，但胡適先生覺得由於王充欠缺實際經驗的佐證，導致無法大量使用實證的方法，這受限於當時的科學水準所致，責任不在王充。

王充《論衡》充斥錯誤的主要原因，在於譬喻與類推並不是論證，他雖然抨擊天人感應說，堅持天人不相感應，其使用的方法跟自己論敵並沒有根本的不同。敝人同意天人感應說無法掙脫神秘主義的困境，並不表示敝人就覺得天人感應說無法從冥契主義的角度獲得合理的詮釋。並且，當胡適先生覺得王充使用的方法無疑都符合科學有關「疑問」、「假設」與「證驗」的標準，敝人想反過來提出波普（Karl R. Popper, 1902-1994）稱作「劃界問題」（The Problem of Demarcation）這一概念，意即何謂科學其標準來自「可證偽性」（Falsifiability）或「可反駁性」（Refutability）（黃光國，二〇一八：頁一四四），任何理論如果自身在經驗層面都不能提出否證，則如何能被視作科學呢？譬如愛因斯坦（Albert Einstein, 1879-1955）在廣義相對論中表示重力場的存在將會使得時空連續體產生彎曲，這種理論在人的經驗世界具有「可證偽性」或「可反駁性」，因此你可反過來指稱其具有科學性。但如果我們不使用這種科學哲學觀點，改採費依阿本德有關「怎麼樣都行」（anything goes）的研究方法，那天人感應說如果能完成自身論證過程中的系統性、有效性與關聯性，使得其由神秘主義轉型成冥契主義，則其一樣具有科學性。

王充想還原事實真相的本來面貌，但敝人想問：王充本人當真已經認識「事實真相的本來面貌」了？即使採取費依阿本德演化原則的觀點，王充自身都沒有完成其對於神聖議題的科學性認識，因為他只有對既有說法的批判性，卻沒有提出成套的新理論來說明自身觀點的系統性、有效性與關聯性。當人已有思考的盲點，順著思考則會產生視野的誤差。王充最受後人非議的內容莫過於他相信命運這種事情，他在《論衡．命義》中說：「凡人受命，在父母施氣之時，已得吉凶矣。」意思是說人的命運好壞在「父母施氣」時就已經注定了。他並說：「故言有命，命則性矣。至於富貴所稟，猶性所稟之氣。」他覺得人的「命」最終影響著人的「性」。韋政通先生曾在《中國思想史》有關王充這一章中替他解釋說：「一個具有科學頭腦的人，同時又相信命運，就像一個現代的科學家，同時又相信某些迷信，並不是不可能的。」（韋政通，二〇〇九：頁三九六）但敝人覺得問題可能就在王充到底是否有著「科學頭腦」？抑或他因為並沒有要完成系統性、有效性與關聯性的科學思維，使得王充只是在馳騁自己想批判的議題，並忽略他不想批判的議題。

王充在思想認識上面臨的困境，主要來自於他不知道自性的存在，雖然他晚年著有《養性書》，但其具體內容已不可考，但估計他認知的「性」如同前面徵引的古文，都是在指「本性」。就《論衡》這本書來說，當他能知道有自性的存在，繼而思考到如果人沒有自性又如何能有認知，不知他是否還會繼續堅持「有神，沒神」的二元對立思考？如果有自性，接著有體證與論證，不論是論證或體證都會有認知，神的存在與否都在論證或體證中可展開，不論人對於神的具體狀態有什麼細節性的看法，包括「人能成為神」或「人不能成為神」，這都是由自性給出，意即全部認知的存在，都是因為有自性所致，沒有自性就沒有這些體證與論證，既然如此，自性纔是第一義，領悟自性到最深的狀態，這就進入到神聖。在領悟自性的脈絡中，我們並不是要把聖人神格化，但自性使得天與人能產生交流與互動的狀態，這是種溝通天人的機制，但起點來自於人本身對自性有著深刻的理解或體會，這使得真正的語意中，並不是天人合一，而是「人天合一」，如果沒有人，根本沒有天，人對自性的「格物致知」使得天被人理解與給出。因此，不是把「聖人神格化」，而是把「上天聖人化」。當思想家把上天給聖人化，就能讓一般人覺得天可被瞭解，而不再是「天意難測」，這時候人本身纔是理解天與認識天的主體，如果王充反對此層，卻沒有提出可行的替換方案，他的思想就在宇宙論層面有著嚴重的空白。

如果有人問，假如人不存在，還有沒有自性？人不存在的命題，其實是人不能思考的命題。當人不存在，這全部的討論基礎就不存在。這全部的討論基礎是我們在用語言去討論，如果沒有語言，還有沒有自性？不靠語言構築出來的本體不稱作自性，而是宇宙本體，如果沒有語言，根本就沒有我們現在所認知的自性本體構築出世界的存在。譬如動物或植物都只能如其本然的存在，卻不知有宇宙。因此，人是宇宙的主體，有思考產生的認知，纔能對天地鬼神與整個萬物都有語言構築出的認識。《傳習錄》下卷第六十一條中，陽明子說：「良知是造化的精靈，這些精靈，生天生地，成鬼成帝，皆從此出，真是與物無對。」這段話其實是「對王充批判的再批評」，而且是在根本層面提出王充沒有想過的觀點，意即「沒有認知就沒有世界」，但我們不能否認王充是一位相當理性的唯物思想家，這種理性精神並不見得與我們探討自性的態度相衝突，畢竟中華思想的整個主軸沒有西洋哲學嚴格定義裡的唯物論（物質論）和唯心論（理型論），後面會再仔細梳理這一點。敝人指出中華思想的主軸是「心體論」，這是不同於西洋哲學的第三種思維型態，偏有個王充真正符合嚴格定義裡的唯物思想家，其觀念頗值得大家去認識與思考。王充不是第一個唯物思想家，因為荀子早已具有唯物論的思考，但是他還沒有像王充講的這麼徹底，堅決相信人能觸及的層面只有經驗層面可反覆發生的客觀規律，任何不可在現實生活中經驗者都不存在，這種極端思維可供我們留意。

第三節　王弼：調和孔孟老莊的人

王弼（二二六—二四九）精確指出前一時期思想領域的主要病根。他是個不世出的天才，在他短短二十四年的生命過程裡，完成注解《周易》和《老子》的工程。中華思想常常會講到「體用論」，意即什麼是「本體」與「發用」，體用論的思想就是從王弼開始發展，包括後來清末張之洞（一八三七—一九〇九）會講「中體西用」，都可使我們發現從魏晉時期開始，體用論貫穿於其後整個中華思想史。在王弼寫的《老子道德經注》中，雖然他認為老子講的「無」是個本體，但該體的意思並不只限於體，而是「即體即用」。意即無即是「本體」又是「發用」，這是王弼的核心的觀點。王弼的這種體用論，對中華思想的發展有著關鍵性的影響，華人後來在思考問題上都會使用這種模式來思考：什麼是一個事情的本源？接著，什麼是依據這個本源形成的發作？這種本末關係的探討，是中華思想史上的核心議題。諮詢師在做心理諮詢的過程裡，就要懂得幫忙當事人釐清本末關係：哪個部分是當事人不可或缺的核心議題，哪個部分是只要技術上做些調整就能安住生活。王弼不大同意漢儒把天地間全部的現象都看作有著很深奧神秘的意義，從中去說符瑞與災異，好像真有一個天地無時無刻不在昭告人。這種觀點會使得《易經》變成一部非常神秘的著作，有如預知未來的神書。王弼認為《易經》裡的卦象只是撰寫《易經》的人藉此說出他心中意念的工具，研究《易經》可貴者在於通過這個卦象，我們能瞭解《易經》的作者本意，人的真情實意與否是人生各種變動的關鍵原因，漢儒認為人間的事情是由天的意志來決定，想要通過數理的演算來瞭解各種預兆，《易經》自然就變成了一個占卜的工具。王弼則認為漢儒的這種觀點屬於思想的倒退，他認為應該從瞭解人生內部的情意著手，不要在自然界外面的象數上面去摸索。這是王弼非常重要的一個觀點，華人本土心理學就應該建立在這樣的觀點來發展。王弼的思想是要把宇宙的存在回歸到老莊，把世界的存在回歸到孔孟，而核心點則鎖定於德性，德性則不能離開情意，真實的人情裡就能呈現德性，如果離開真實的情意，德性就變成教條化的規範，這是魏晉時期混同老莊孔孟的調和論者。

除王弼外，在魏晉時期還有一個重要的思想家叫何晏（？—二四九）。《三國志．鍾會傳》裴松之（三七二—四五一）注引何劭（二三六—三〇一）的〈王弼傳〉中說：「何晏以為聖人無喜怒哀樂，其論甚精，鍾會等述之。弼與不同，以為聖人茂於人者神明也，同於人者五情也。神明茂，故能體沖和以通無；五情同，故不能無哀樂以應物，然則聖人之情，應物而無累於物者也。」這段話的意思是說：何晏認為聖人沒有一般人喜怒哀樂的情感，這種論點甚精緻，鍾會等人都在傳述他的觀點。王弼則有不同的看法，認為聖人超越常人者是精神意境的較高，與常人相同者是同樣有著「喜，怒，憂，思，恐」這五種情感。由於聖人具有超常的精神，能調和各種感情以至於能與虛無的意境相通；由於聖人與常人有著共同的情感流露，因此不可能沒有喜怒憂思恐這些情感來與外物相對應。王弼在〈致荀融書〉中表示：「夫明足以尋極幽微，而不能去自然之性。顏子之量，孔父之所預在，然遇之不能無樂，喪之不能無哀。又常狎斯人，以為未能以情從理者也，而今乃知自然之不可革。」這是在說任何人都有哀樂這些「自然之性」，不可能去除，我們不能因為孔子有哀樂就狹隘抨擊孔子說其未能「以情從理」，聖人與常人的差異只在於聖人的情感儘管與外物相對應，但不會受外物牽累。敝人不同意何晏的觀點，難道聖人是不會哭且不會笑，終其一生都要當個跟常人不一樣的怪物嗎？反過來說，王弼的論點還比較具有合理性，情感不應該被視作問題，問題在如何調適人的情感，做出最合適的安頓。在心理諮詢的過程中，諮詢師常會面臨當事人對自己有著過高的期許，容不得自己對情感與倫理間有著如何安頓的困惑，從而導致身心俱疲的苦惱，這時候諮詢師可跟當事人談談何晏與王弼的辯論，讓其體會聖人不應該當成活死人，常人不應該當成死活人，人有情感從來都不是心靈的負債，而應該被視作生命的資產。

錢穆先生在《中國思想史》講王弼這一章裡表示：「何晏主聖人無情，近道家。王弼主聖人有情，近儒家。德性正從情見。有情而不害其無累，故王弼常盛讚剛德。」（錢穆，二〇一二：頁一二〇—一二一）現在無論在大陸還是臺灣，如果講老莊，會有很多人傾心嚮往；如果講孔孟，就會有很多人挖苦與諷刺。殊不知真正重視情感並希望安頓情感者是孔孟，莊子那種「逍遙」的狀態背後是對己的有情與對人的無情，因其只關注於個體情感的安頓甚至超越。我們何不再回顧：當莊子的妻子去世，莊子拿著臉盆在那裡邊敲擊邊唱歌，人家來祭奠，他還說生死是如春夏秋冬般的自然現象，沒有什麼值得悲傷可言。引伸來思索，平日那些活得很逍遙的人，能常常飛往世界各大城市跑來跑去，他基本上對家可能沒有什麼牽掛，甚至沒有家的實質（包括心繫的家人與家鄉），他纔有可能四海無不可成家。如果是有情感牽絆的人，尤其是要攜家帶眷涵養心性的人，離開家人或家鄉在外面流浪，何嘗不是種沉重的心裡負擔呢？從這個角度來思索，就可理解現在越來越多的女性寧可選擇不結婚，沒家庭沒孩子沒牽掛，這樣她可追尋與獲得很多個人單身的自在，甚至如果已婚的話，有些女性會等到孩子完全長大自立後，再跟先生「熟齡離婚」，這樣的女性自然會比較喜歡老莊的思想，反而覺得孔孟給人太沉重的倫理負擔。

相比於兩漢，魏晉時期已經面臨倫理破毀的處境，神秘主義的讖緯學已經擾亂冥契主義的讖緯學，背後更夾雜著人欲而不是天意，導致現實的大一統已如明日黃花，然而抽象的大一統在終極層面是否有可能呢？學者不再拿天人感應的思想來將「聖人神格化」與「上天聖人化」，而會開始從本體論的角度來談根本議題，王弼就是在這種背景中談出「以無為本」的思想，他在《老子》第四十章的注解中說：「天下之物，皆以有為生，有之所始，以無為本。將欲全有，必反於無也。」該「無」不只是天地萬物生成的本原，更是天地萬物存在的本體，統攝著全部的「有」，意即「無」並不是獨立在「有」的外面存在，「無」就貫通且存在於「有」的裡面，這種有無關係就共構出體用關係，體用關係就意謂著本末關係，王弼將老子思想抽象概念化，更提高到真實義的哲學高度。

何晏曾經注解《老子》纔剛完成，見王弼闡釋已經注解老子的宗旨，自認比不上王弼來得精微奇特，由衷神伏，無法回應他的觀點，只得站在老前輩的角色裝個樣子說可與這個年輕人討論天人關係，但自己私下替已完成《老子》的注解改名，可見他自覺觀點不如王弼，請見《世說新語．文學》第四：「何平叔注《老子》始成，詣王輔嗣；見王注精奇，乃神伏。曰：『若斯人，可與論天人之際矣！』因以所注為《道》《德》二論。」王弼或者是因年輕，更或者是因思想傾向，他是從一種剛健的角度去理解《老子》和《易經》。他在注釋《易經》中說：「成大事者必在剛。」意即能成大事的人要用剛健的道理來理解天道，這其實並不純然是老莊，敝人認為儒和道在王弼心中應該具有合一性，《三國志．鍾會傳》中有一段說：「弼好論儒道，辭采逸辯，注《易》及《老子》。」顯然王弼是有志於持續深化「儒道會通」的思想家，如此年輕卻能注解這兩本實屬思想高峰的著作，顯見其宏願不凡。其實我們自己的生命裡面必定有儒家的一面，更有道家的一面。從王弼的角度來看，他認為老子是個非常懂得精打細算的人，他是採取有為當作目的與無為當作手段，孔子反而是無所為而為，他的內心沒有任何個人私欲，纔能成為純粹的剛者。這使得王弼不認為老子是聖人，而且王弼在註解《老子》的過程裡，對於權謀術數的內容都採取不接受與不取法的態度，這其實有他自己的想法。不要看到哪個思想家的注解就立刻去認同，每個人都在跟自己置身的環境對話，王弼注解《老子》是因為當時那個時代是個頹廢的時代，他想要通過這種注解來改變當時頹廢的風氣，讓習以為常的想法獲得扭轉，這是王弼在當時採取積極進取的奮鬥態度。

王弼與老子其實是處於思想層面針鋒相對的狀態，我個人覺得王弼注解《老子》如同在兩面作戰：既反對虛無主義，更反對權術謀略，意即他反對把老子思想變成一種充滿陰柔鬥爭內容的思想，更反對老子思想對人世間的事物採取不積極與不表態的態度。他認為這兩種狀態都會造成整個環境的沉淪。其實從漢朝滅亡後，進入魏晉時期，生活在這個頹廢時空背景裡的人，要不就是對社會不表態，追求自己生命的逍遙；要不就是運用權謀，來替自己爭取利益，這其實都是一種老子思想的呈現，儘管可能各來自黃老或莊老的思想，王弼對此深不以為然。敝人有時難免會想，難道衰落時期常人都會有極其類似的反應與表現嗎？畢竟我們此刻生活的臺灣社會正就充斥著這兩種人，要不就是竭盡其能在攫取利益並剝削他人；要不就是對任何改革都抱持冷漠的態度，其實兩者正有著相生與相成的關係。如果諮詢師在現實生活中遇見這兩種當事人，則不應該立刻採取批評的角度來面對，而或可仔細研讀王弼對《老子》與《易經》的注解，從中尋覓突圍其心思的辦法。王弼覺得儒家尚剛，道家尚柔，他想要融合剛柔於一爐，具體作法該如何實踐呢？這讓敝人想到錢穆先生效法清儒曾國藩（一八一一—一八七二）的作法，曾說「剛日誦經，柔日讀史」（曾國藩，一九四七：頁五六），但剛日與柔日可從很多角度來講，譬如清晨是剛，夜晚是柔，但同樣可說天氣比較晴朗的時候是剛，天氣比較陰冷的時候是柔。為什麼會說「剛日讀經，柔日讀史」呢？因經書屬於生命的本體，這是抽象層面的核心內涵；史書屬於生命的發用，記載著具體層面的應用案例。

第四節　郭象：頹廢心理的齊物論

有一個非常有趣的對比，王弼注解《老子》是因想要糾正那個時代的不良風氣，而到郭象（二五二？—三一二），他注解《莊子》的意圖，卻是在趨炎附勢，想借此獲得好處，這是兩種截然相反的生命風格。王弼出身官宦世家，其五世祖與六世祖在漢朝都高居三公，使得他自童年就受到優良的家庭教育；郭象出身於卑微的平民，靠著學術逐漸獲得名聲，歷任黃門侍郎、豫州牧長史與太傅主簿，在宦海中逐漸往上發展。郭象在注解《莊子》的從來不講道理的「道」，而只在講道理的「理」。其理重點是想要談自然現象，他把全部現象都說成是一種自然，因此人要懂得順應。莊子把生命中的幸與不幸推於某種命，然後告訴人應該達觀來看待，結果郭象把全部幸與不幸的現象都視作為自然，包括不合理的現象都有合理性，由此扭曲成一種不負責任的頹廢心理。郭象在其注釋的《莊子．內篇．逍遙遊》中說：「天地者，萬物之總名也。天地以萬物為體，而萬物必以自然為正。自然者，不為而自然者也。故大鵬之能高，斥鴳之能下；椿木之能長，朝菌之能短；凡此皆自然之所能，非為之所能也。不為而自能，所以為正也。」本來莊子只是通過譬喻贊許大鵬的視野，呈現出人的境界有高低與智慧有大小的觀點，而郭象則認為不論大鵬、斥鴳甚至朝菌這種朝生暮死的菌類植物，都各自有其生存的空間，故而認為人應該沒有境界高低與智慧大小的區別，人不需要通過做工夫來提高智慧和境界，湯一介在《郭象與魏晉玄學》這本書中說：「莊周要否定他所處的現實社會，論證現實的一切都是不合理的，因此需要虛構一個超現實的世界，以便他所代表的那個階級得以安身立命；郭象要肯定他生活著的社會現實，論證現實的一切都是合理的，因此需要虛構一個現實世界的模式，以便門閥世族能在現實社會中逍遙獨化。」（湯一介，一九八二：頁一七四）這話說得極有道理。我們不要有種崇古的心態，誤認古人說的話就是金科玉律，其實古人同樣有人會有頹廢的思想。郭象講到這個程度，可說是魏晉思想墮落到極致的呈現。

莊子是要用「齊物論」的智慧來教人體會逍遙遊的意境，譬如大鵬、斥鴳與朝菌，其實從天的角度來看具有平等性，沒有本質的分別，而郭象則站在人間的角度，利用這種平等觀，把齊物混同於逍遙，進而把人間全部的社會現象都說成沒有分別，他這樣解讀《莊子》的目的只是想讓當世的權貴有個安身的理，莊子的理想境界本來是逍遙遊，不得已接著有人間世，結果郭象是不想離開人間世的富貴榮華，故意將全部人間世的存在都解讀為

「逍遙遊」，最終讓貧賤者安於貧賤，權貴者安於權貴，因此郭象在《莊子．內篇．逍遙遊》中注說：「夫小大雖殊，而放於自得之場，則物任其性，事稱其能，各當其分，逍遙一也，豈容勝負於其間哉！」沒有勝負並不是真的沒有小大，但重點是取消價值的高低，來讓低者安於其低，高者安於其高，沒有價值的高低自然就不需要做任何工夫，沒有工夫來自於沒有本體，請見其在《莊子．外篇．知北遊》的注中說：「非唯無不得化而為有也，有亦不得化而為無矣。是以夫有之為物，雖千變萬化，而不得一為無也。不得一為無，故自古無未有之時而常存也。」「有」與「無」被其拆開成兩斷，彼此不相干，因此沒有宇宙的本原，世間的各種變化都出其本身的自然生滅循環，宇宙自古在未有世界前就已常存，沒有任何發生歷程。郭象在《莊子．內篇．齊物論》注中說：「無既無矣，則不能生有；有之未生，又不能為生。然則生生者誰哉？塊然而自生耳。」「無」不能生「有」，「有」不能創生，世間萬有沒有造物者，其創生沒有原因，更沒有條件，都來於「自生」或「自造」，但這些萬物交疊玄合，相互構築彼此的成因，郭象在《莊子．內篇．齊物論》注中說：「故造物者無主，而物各自造。物各自造無所待焉，此天地之正也。故彼我相因，形景俱生，雖復玄合，而非待也。」

在釐清這些注解的過程裡，我們要深度認識注解人的真實意圖。王弼的目標是希望導正時代的混亂，可惜天不假年，英年早逝；郭象的企圖則是要通過自己注解《莊子》來取得更高的榮華富貴，把人間亂象視為「自然」，平等看待人間亂象稱作「齊物」，這固然使得莊學獲得更多人的重視，卻是一種扭曲發展，內含著帶有毒素的思想。大家不要看見郭象注解《莊子》就覺得這是種充滿意境的思想，卻沒有意識到郭象正在將自己的行徑合理化，被其欺騙而無自覺，譬如他在《莊子·內篇·逍遙遊》中注說：「夫神人即今所謂聖人也。夫聖人雖在廟堂之上，然其心無異於山林之中，世豈識之哉！」當然，身在公門好修行，但郭象並沒有工夫論，全部都是各安其位，人又要具體修養什麼呢？這讓權貴者繼續拿著權柄來對人頤指氣使，過著「神人即聖人」的生活即可，反映出世間的頹廢心理莫過於此。敝人依然記得念大學時期跟某位異性知交長期辯論這類議題，其從郭象的角度來理解莊子，主張不要改革任何發生在人間的亂象，全部現象都是自然在生滅，各自尊重其存在，保持心中的與世無爭，就是她覺得最理想的齊物論，我們實在無法彌合這種重大觀念差異，而在求學期間產生尖銳的辯論與摩擦，最終此生不再有來往，這是我個人生命中極其難忘的事情。

從事於心理諮詢的時候，我們不應該誤認全部思想都具有合理性，導致對所有存在的現象都無分別去理解，形成對當事人的困境產生無條件的認同，這會讓當事人出離困境成為絕無可能。理解當事人的過程要帶著覺知而不是盲信，諮詢師對此要有留意，但，這不是意謂著就要有強烈的主導態度，結果導致跟當事人在互動過程裡形成衝突。諮詢師要有智慧地去面對當事人所提出的各種身心課題，能夠從中去善加引導，讓他可因為瞭解一些宇宙根本的問題，從而化解他內心排不出的毒素。諮詢師要對於某個思想有無毒素具有辨別的智慧，更要有方法來引領當事人排出毒素，而不是自己都受困於相對主義的思維，從而最終導致價值虛無化。你要知道「物以類聚」，你自己怎麼想問題，其頻率就會吸引什麼樣的人過來跟你請教問題。判斷思想的有無毒素有數種原則，最核心的原則是說，你可觀看這個人對物質的在意到達什麼樣的程度，就能判斷他思想中的雜質是否有可能跟你合作，不是說在意物質就不對，而是說在意的程度是否有高到彼此不能合作，譬如有些人評估一件事情要不要去做的時候，比較常只是從金錢的角度來反覆衡量，而沒有考慮這件事情本身有沒有意義，意即他在評估這件事的時候，理想性不高但現實性很高，你就知道他的側重點在哪裡，你心中要明白只有現實而無理想的人，絕無可能與任何人長期合作，甚至他可能會因為個人利害而不惜傷害你。再譬如很多所謂常見的健康食品，其聲稱是從美國或歐洲進口，可是由於量產的關係，真實情況並不是如他們所聲稱的那樣單純，而就是在當地製作產品或由當地提供原料，經由原廠包裝後對外販售，這種原料的成本非常低，讓他們可從中牟取暴利，正就是因人對於健康長壽的渴求，使得健康食品就變成一個很大的市場。有些人非常有生意頭腦，每天都在思考怎樣尋覓下線，經由轉手買賣形成價差來增加利潤，這樣說並不是要否定商業的意義，可是如果人的頭腦裡每天只有這些算計，卻沒有精神屬性的思考，那他必然會在某些他沒有關注到的狀態裡出問題，物質屬性過重的人，他的生命常會失焦甚至失德。

第五節　中華本土思想的沒落

從郭象的思想表現你就可看出，兩晉時期，庸俗的社會風氣已逐漸埋沒個人的思想，在當時呈現出來的狀態就是莊子思想的世俗化，其實從西晉時期就已經能看到這一點，這個時期大家喜歡討論的素材是《老子》、《莊子》和《易經》，稱作「三玄」；喜歡討論諸如外部世界和個人內在的關係問題，當時有思想家就開始認為外面世間的變化，跟人的內心都沒有關係，譬如嵇康（約二二三—約二六二）在〈聲無哀樂論〉中說：「玉帛非禮敬之實，歌舞非悲哀之主也。何以明之？夫殊方異俗，歌哭不同。使錯而用之，或聞哭而歡，或聽歌而戚，然而哀樂之情均也。今用均同之情，而發萬殊之聲，斯非音聲之無常哉？」這段話的意思是說玉帛這類的器物本身不是禮敬的實體，歌唱與舞蹈更不是悲傷哀愁的主宰。為什麼能這麼解釋呢？各地的風俗不同，表達哀傷的歌曲都不一樣，假如打亂來使用，有的人聽到哭泣可能反而會感到高興，有的人聽到歌唱可能反而會感到悲哀，然而他們心中悲傷喜悅的情感本來都一樣。現在用同樣悲傷喜悅的情感卻發出各種不同的聲音，這不正說明聲音變化無常不可靠嗎？這樣的態度可說是當人重視內心世界，卻會採取外在世界與己無關的態度，這固然來自當時腐敗的政治環境使然，卻導致人陷入到一種具有封閉性的虛幻玄想中，形成看似灑脫的人生，卻輕忽人世間倫理的價值，不再有積極奮鬥的精神。

敝人特別想要檢視這件事情：根據《晉書．嵇康傳》、《世說新語．雅量》與已散佚的干寶《晉紀》中相關記載，嵇康早年過著優渥的生活，曾經做官卻不屑於任官，他認同魏國，想要通過不仕來表示對權臣司馬昭把持國政的不合作態度。然而，嵇康知交呂安的妻子長得很美麗，呂安的兄長呂巽將其灌醉並姦淫。呂安很憤恨，想要告發兄長，嵇康與這兩家兄弟都有交情，得知此事，先是勸告呂安不要揭發家醜，藉此保全其門第的清譽。呂安因信任嵇康，同意不告發，但兄長呂巽卻反過來先發制人，誣告呂安不孝，呂安因此被流放到偏僻的郡。呂安跟嵇康訴說自己的冤屈，嵇康覺得自己對不起呂安，毅然寫〈與呂長悌絕交書〉跟呂巽絕交，並作證來替呂安申冤，沒想到因呂巽跟司隸校尉鍾會相交甚密，鍾會又深受司馬昭的寵信，導致嵇康反過來被逮捕下獄，這下子像是投下原子彈引爆一般，三千位太學生聯合署名抗議要求釋放嵇康，並希望嵇康來太學教書，鍾會則跟司馬昭說嵇康具有相當廣大的學術影響，會對其產生威脅，使得司馬昭索性援引「孔子戮少正卯」的案例判決嵇康和呂安死刑。敝人還記得自己曾彈著嵇康寫的古琴曲〈風入松歌〉，彈到唐朝高僧釋皎然寫的同名詩：「美人援琴弄成曲，寫得松間聲斷續。聲斷續，清我魂，流波壞陵安足輪。」想著嵇康雖然在表面反對儒家思想，自身卻受到儒家思想中「朋友有信」的價值觀牽累而身死，他對士族門第的認同其實同樣反映自己對儒家思想的隱性認同，他縱然主張不被世俗教條拘束，回歸人自然的本性，但他還是沒有反對自己出身的士族，這種矛盾的心境實在很辛苦。並且，當時儒家思想已被統治者利用到如何肅殺的程度，玄學家其實是因反對這種概念被偷換來箝制人心的狀態，想要尋覓個人在精神領域是否還有不同的出路。

玄學是有關於個人如何獲得精神自由的學問，這本來是當時知識菁英跳出傳統的儒家思維型態，尤其是不再談讖緯學後，對宇宙、社會與人生展開深刻的哲學反思。他們關注的議題當時的術語稱作「名教」與「自然」，前者是指社會禮法；後者是指生命解脫，兩者相互激盪產生矛盾，從而對個人帶來的壓迫感，讓魏晉時期的士人其內在充滿著各種衝突、迷惘、焦慮甚至絕望的心境，他們總想要拒絕政治對自己的干預，但政治不斷在籠罩他們的生命。然而，魏晉玄學的清談家後來卻不再解決任何深刻的問題，其不只沒有使用理則展開宇宙論層面的辯論，甚至沒有本體論更沒有工夫論的內涵，對於社會與人生只知抱持著強烈的厭倦心理，這種自我放逐的結果，最終使得玄學本身都離開思想的舞臺。這就是魏晉清談產生的弊端。玄學對於後世尤其宋明儒學的出現，其實具有思想啟蒙的影響，但其弊端同樣需要關注宋明儒學的人特別留意，我們不能覺得自己有心靈的覺醒，就放浪形骸於天地間，或對社會抱持著冷漠不關注的態度，這其實根本不是有心靈的覺醒，因為儒家思想有內聖與外王的觀念，兩者得要相互成全，否則心靈的覺醒就沒有對應實踐的場域，明末心學末流就反映著這類問題。

因此，敝人有兩層想法：首先，不要覺得「有德性就是有心靈」，常見有些被視作屬於德性的行徑背後，其實並沒有心靈的真誠參與，導致只是在依樣畫葫蘆，甚或夾雜著人的私欲，手握著政治權柄要求人服從，變成冠冕堂皇的形式主義，看起來完全符合社會規範，其實卻造成壓迫人的教條；再者，不要覺得「有心靈就是有德性」，導致人有什麼感覺就立刻付諸實踐，完全不顧社會禮法，藉此表示自己是個覺醒的人，這可能會造成對他人的傷害而不自知，因為人內在的體會要跟外在的情境對話，不能落實在社會並獲得對應的內在體會，最終無異於顛倒夢想。像是郭象就在談「性」要獲得自足，其《莊子．內篇．逍遙遊》中注說：「夫莊子之大意，在乎逍遙遊放，無為而自得，故極小大之致，以明性分之適。」他還說：「苟足於其性，則雖大鵬無以自貴於小鳥，小鳥無羨於天池，而榮願有餘矣。故小大雖殊，逍遙一也。」但這個「性」是指本性，順著生理的本性去自然發展，固然對如「小鳥」般的社會階層而言，他們只能活在卑微的處境中，各種合理的個人欲望想而不能做，導致「有欲無發」，終其一生活在痛苦中，卻被告知要對這種痛苦轉個正向的念頭來對待；但對如「大鵬」般的社會階層而言，卻可能會變成合理化馳騁個人的欲望，導致「認欲做性」，把滿足欲望當作個人生命的率真與浪漫。魏晉時期思想領域的重大弊端，就是「只知有本性不知有自性」，意即對性情的未發與已發都沒有深度認識，只因政治的昏暗，生命的苦悶無法排解，就都退縮到個人的內在世界中，形成欲望的馳騁與倫理的敗壞，繼而還把這種敗壞當作逍遙的境界，這固然反映這時期士人的心靈困境，但思想的蒼白同樣意謂著當時的中華本土思想來到尾聲。在這種本土思想走到末流的狀態裡，於是印度的佛教與佛學一進來，就像狂風驟雨一般，立刻席捲華人的生命世界與微觀世界，因為佛教與佛學即使同樣只談內在不談外在，其內在的思想都比玄學來得深刻，這與清末民初時期中華思想再度沒有出路，西洋思想狂潮一來，華人就全部立刻風行景從一般，背後有著異曲同工的狀態。

第六章
魏晉至唐朝時期的佛學

第一節　佛學在中國的傳播

佛教早在西漢哀帝元壽元年（西元前二年）派博士弟子景盧出使大月氏，大月氏國（現在的阿富汗）的國王使人口授《浮屠經》帶回中國，就已經開始被朝中知曉。相傳東漢明帝曾經夜晚夢見丈六金人，頂佩白光，從西方飛過來。大臣傅毅認為這是來自西方的佛，漢明帝因對夢有感應，下令蔡愔等十餘人到天竺（古印度）求佛法。蔡愔還是來到西域的大月氏國，就遇到來自天竺的高僧攝摩騰和竺法蘭，他們兩人同意跟蔡愔回中國傳播佛教，這就是中國佛教發展史的著名起點，後世稱作「永平求法」。漢明帝永平十年（西元六十七年），攝摩騰與竺法蘭終於回到京城洛陽，漢明帝敕命在城西雍門外建築天竺風格的屋宇給這兩人居住，並請他們翻譯《四十二章經》，茲因紀念白馬馱經來華的事蹟，就將這組建築命名為「白馬寺」，這裡從此成為佛教傳入中國後興建的第一座寺院，《四十二章經》則成為第一部中文佛經，白馬寺就此有「祖庭」和「釋源」的名稱。敝人還記得在民國一〇八年（二〇一九）四月四日的中午，我們師生來到這間中國佛教的發祥地，瞻仰攝摩騰與竺法蘭的墳墓，我除向兩位高僧致敬外，想著這兩位高僧為傳播佛法不辭萬里來到中國，深感兩人毫無地域的隔閡，真正落實「行道天涯」的精神。置身在會通人類文明的嶄新階段，如何將佛學的義理融會貫通到儒學內，跨越畛域與去蕪存菁，藉由「儒佛會通」來擴張心靈儒學的思想向度，實屬我們後人的重責大任。

我們下面的討論，如果著重在學問的發展就稱作「佛學」；如果著重在組織的發展就稱作「佛教」，敝人會各依文字鋪陳的語境來論。魏晉南北朝時期的佛學，其主要的特點是吸收和翻譯外來的佛教典籍；隋唐時期佛學的主要特點是與中華文化融會貫通，這兩者都在呈現佛學中國化的過程。佛教在中國的傳播可分為三個時期：第一階段是「格義的佛學階段」，這段時間有三百餘年，不論小乘佛教本來有如何的教義，其在中國的傳播著重在講因果業報與輪迴轉世為主，這或許有些曲解，但與中國道教講的符籙（符和籙的合稱：符文、符書、符術、符篆、符圖與甲馬這些法術）具有相同性質，都比較與哲學層面無關，其依附著本土的術數，跟著兩漢讖緯學來發展，談的內容具有冥契主義甚或神秘主義的特點，從而開始向民間社會傳播。東漢末年支婁迦讖（Lokak ema，或稱支讖）翻譯《般若道行經》與《般舟三昧經》時，會拿「本無」與「自然」這些出自玄學的概念來表達「性空」的義理，三國支謙翻譯《大明度經》時，則借用《莊子．外物》有關「得意忘言」的思想，面對「得法意以為證」，其註釋則說「由言證已，當還本無」，藉此來解釋經文。第二階段是「究義的佛學階段」，這段時間同樣有三百餘年，意即從道安（約三一二—三八五）與鳩摩羅什（約三四四—約四一三）開始，佛學就真正來到大乘時期，道安是第一位中國籍的高僧，他想要細緻探索出佛教的原義，不只比對和校正佛經來展開翻譯，更不能持續只是附會於玄學來解釋自身，使得佛經逐漸脫離原先只有「格義」的階段，擺脫玄學的羈絆，更確立僧團的戒規，使得佛教開始獨立發展，其弟子慧遠（三三四—四一六）特別著重於開拓修養工夫，包括坐禪與念佛都帶到做工夫的過程中，成為「禪淨雙修」的開創者（韋政通，二〇〇九：頁五一九—五二二）。

其實，道安已經開始面對認識佛學過程中的思想困難，這是鳩摩羅什後來會來到中國的遠因。鳩摩羅什的生命經驗頗為傳奇，他生於龜茲國（現在新疆維吾爾自治區阿克蘇地區庫車縣），曾前往天竺北部的罽賓國（現在喀什米爾）學佛學，後跟須利耶蘇摩（生卒年不詳）轉學大乘佛教，對龍樹菩薩（生卒年不詳）闡釋的中觀學派有深度認識，由於才學甚高，道安都知曉其人，勸請前秦苻堅（三三八—三八五）請他來到中土傳播佛學，苻堅在建元十八年（三八二）命呂光（三三八—三九九）領兵七萬出西域征討龜茲國，其目的就是要鳩摩羅什跟他回國，兩年後終於捕獲鳩摩羅什，呂光原本來不信佛教，看見鳩摩羅什年輕，而苻堅卻要他派七萬大軍來請鳩摩羅什，心中對此事深感憤恨，脅迫其娶龜茲王的女兒阿竭耶末帝，並賜醇酒，使得他同時破酒戒與色戒。他在跟呂光回前秦的路上曾有前知，預測將有山洪爆發，呂光不信，後來果真發生此事，而對鳩摩羅什深感懼怕。前秦因淝水之戰滅亡後，呂光自稱涼王，鳩摩羅什被軟禁在涼州（現在甘肅省武威市）長達十八年的時光，直到後涼滅亡於後秦。後秦姚興（三六六—四一六）用國師的禮節對待鳩摩羅什，使得他有弟子與信眾數千人，但姚興卻逼迫其收納十名歌伎，他在家十年間，沉潛研究佛學並從事譯經工作，將梵文佛經的詩歌用中文重寫，並在澄玄堂與草堂寺講解佛經。呂光是氐人，姚興是羌人，我很難免不疑惑：這些具有胡人血統的領袖為何要強迫高僧破戒還俗，卻又對其如此重視（不論是囚禁或禮敬都來自重視），這種既毀滅又尊崇的態度，恐怕來自某種幽微的黑暗心理意識，覺得鳩摩羅什只有願意「和光同塵」，纔會將其視作「自己人」，相信他不會做出對自己不利的事情。

鳩摩羅什主要翻譯《三論》的佛經，這包括《中論》、《十二門論》與《百論》，還有龍樹菩薩的《大智度論》，這本書係註疏解釋《大品般若經》而寫的著作，鳩摩羅什翻譯的同時，就接著把《大品般若經》兩萬五千頌本譯出，其最重要的貢獻就在於將帶有辯證法思維的中觀學派介紹到中國來，該學派的內容主要在探討「空性」，主張「緣起無自性」的空觀，不主張「無」，更不主張「有」，而是「有與無的統一」，屬於離有與無兩端的「中觀」，主張如果執著於主觀與客觀這些頑固不化的觀念，都要看破其屬於「空性」。其弟子僧肇（三八四—四一四）則將般若的中觀思想中國化，意在指引悟道的路徑，裨益修行者證得涅槃。後期的中觀學人，未能把握空宗的創始人龍樹與其弟子提婆的中觀要義，執著於萬法皆空的說法，落入「惡取空」與「斷滅空」的執著見解中。該學派傳到中國，直到隋朝的嘉祥大師吉藏（五四九—六二三）出現，「三論宗」的體系纔逐漸完備。《高僧傳》卷第二記錄鳩摩羅什圓寂臨終前說：「今於眾前，發誠實誓：若所傳無謬者，當使焚身之後，舌不焦爛。」火化後，鳩摩羅什肉身俱滅，的確只有舌頭變成舍利子，現在鳩摩羅什寺有其舌舍利塔。

接著是探討自性的佛學，該內容在印度最先從的無著菩薩（Asanga）與世親菩薩（Vasubandhu）（都生卒年不詳）兩兄弟開始發展起來，他們認為宇宙萬有都屬於虛妄不實的存在，其係眾生的心識（意即精神意識）變現出來的投射，並不能離開心識而存在，否則就什麼都沒有，這表示宇宙中森羅萬象的的樣貌雖然都是假合，但心識本身卻真實存在，心識有六根（眼耳鼻舌身意）發展出六識，第七識是「末那識」，這就是人的「我執」，意即自我意識，最根本的存在是「阿賴耶識」，這就是自性意識，其包藏著凝聚全部現象的種子，阿賴耶識是「本識」，其餘由阿賴耶識轉生，被稱為「轉識」，轉識總有個朝向，要轉出什麼呢？轉出智慧來，因此會稱作「轉識成智」。每個人的心識都創造自己的山河大地，人類對山河大地有共同的感覺或認識，這是由於每個人內藏的阿賴耶識都含有「共相種子」，這門有關唯識的學問就是唯識宗。直到玄奘（約六〇二—約六六四）西行到印度那爛陀寺向瑜伽行派（Vijñānavāda）嫡傳護法領袖戒賢（Śīlabhadra）師事求法，戒賢見到玄奘時已經一百零六歲，對外宣稱係為等待玄奘的到來纔活得如此久，他跟玄奘講授《瑜伽師地論》歷時十五個月纔結束，使得玄奘對瑜伽行派學說有深刻認識，持反對意見的空宗大師師子光，同樣在那爛陀寺講《中論》與《百論》，與戒賢長期辯論無法調和彼此的見解，然而玄奘卻發現空宗與有宗彼此其實具有相互貫通的內涵，畢竟兩者都反對執著於空或有，兩者其實有交會的觀點，因此著《會宗論》三千頌。玄奘回到中國後，將法門傳給窺基（六三二—六八二），纔逐漸發展出唯識宗。唯識宗的主旨在「三自性」（遍計所執性、依他起性、圓成實性）與「三無性」（相無自性、生無自性、勝義無自性）的學說，其覺得「全部法無自性空」這是不了義；三自性中，遍計所執自性屬於空性，依他起自性與圓成實自性則有（自性），這纔是究竟義，玄奘最終將這些觀點匯聚出《成唯識論》這本書，而且該發展過程裡唯識宗同時在跟中國的老莊思想進行對話，譬如玄奘曾奉敕將《老子》這類道家經典譯成梵文傳於天竺。

玄奘在譯經的過程中，早期參與者是來自全國各學派的高僧，後來這些人逐漸離開，由完全接受玄奘教育的年輕弟子接手，顯見玄奘已經進入開宗立派的階段。敝人觀察鳩摩羅什與玄奘兩人回中國的傳法，發現兩人不只都是翻譯家，更高度關注最上乘的佛學，儘管兩人關注的角度有異（空性與自性，這跟兩人各自出身的文化背景有關），卻都具有高度的使命感，並且，玄奘譯經的過程中並沒有獨厚於自性，譬如他傾全部的精神翻譯《大般若經》，該經計二十萬頌，卷帙浩繁，窺基覺得該經並不講自性，幾度請其刪節，然而玄奘卻不刪一字，終於在過世前不到一年，完整譯出這部高達六百卷的巨著。玄奘的目的在提供更完整的知識內涵，裨益國人對於空性與自性的議題有更精確的認識，這種胸襟可謂氣象博大。然而，敝人覺得中華思想史發展過程中，最可惜的現象莫過於善思想者素喜感知體證卻深厭論證，使得自性議題的探討並未在知識層面深化發展，否則這種亟需高度理論化的學問如果能獲得釐清，不只能釐清有關科學哲學的議題，更對於我們接著探討如何直指人心來發展相應的心理諮詢當會極其有益，畢竟生命世界始終需要有微觀世界的支撐，彼此構築出循環往復的關係，纔能相互滋長與茁壯。然而，就在這種傾向裡，佛學發展到第三個時期，這就來到「創義的佛學階段」，其內容的確有著融貫空性與自性的傾向，開始慢慢發展出天臺宗、華嚴宗和禪宗這些本土化的中國佛學，這個時期佛學的發展特點和精神意趣，卻和原本探討空性和自性的宗派不大一樣。小乘佛法比較接近於「宗教」，其特徵偏向於「教」和「信」；大乘佛法比較接近於「哲學」，其特徵偏向於「理」和「悟」。從天臺宗發展到禪宗，比較重視的是自我教育和人生修養。這個時候印度佛教開始與中華文化相融合，尤其發展到禪宗，讓佛教精神獲得非常大的蛻變，使得其變成帶有生活美學的意蘊。

禪宗自稱「教外別傳」，不執著於言語，因此不著書立作，直接從自己本來就有實感的心靈入手來認識自性，領悟自性就可成佛，探索到究竟面，竟沒有身外的佛境與佛法需要去特別去獲得，沒有煩惱需要刻意去消除，更沒有任何涅槃（nirvana）的境界需要特別去證得，世間沒有神聖與世俗的區別，人只要務實去做一個人，不需要崇拜佛陀和任何祖師來獲得大解脫；禪宗的這種觀點，連出世與入世的界限都被泯滅了，佛家的「慈悲」融到儒家的「仁」裡面，這種「合二為一」的相容態度，使得「成佛」與「成聖」已無差異，發展出中華佛學的精緻面貌。天臺、華嚴與禪三宗這種創造性的發展，完成融會至中華文化傳統裡的新佛學，尤其是從六祖惠能（六三八—七一三）後的禪宗大師，在精神意態實可謂是宗教革命，但卻如此的平和與溫柔完成其革命。《雲門匡真禪師廣錄》卷二中記載：「世尊初生下，一手指天，一手指地，周行七步，目顧四方云：『天上天下，唯我獨尊。』師云：『我當時若見，一棒打殺與狗子吃卻，貴圖天下太平。』」這段話的意思是說：佛陀剛剛出生的時候，一手指天、一手指地，然後走了七步，環顧四方說：「天上天下，只有我最尊貴。」雲門禪師就說：「我當時如果看見，就一棒把祂打死餵狗吃，這樣就可期待天下太平了。」這樣的話語後來被視作為「狂禪」，可是回到當日的時空背景中，如果沒有這種恢弘的生命格局，絕對不敢講這種看來大逆不道，實則如雷貫耳且震聾發聵的話語。這可看出中國讀書人的生命世界中並不是完全沒有宗教的熱忱，但難能可貴在於該宗教熱忱中依然未喪失心靈覺醒。我們回到該一「狂禪」的公案來檢視，其實會發現這內蘊著去除我執的反思，為什麼呢？一般人並不會聽到這段話就想到常樂我淨的法身，如果人人果真效法「天上天下，唯我獨尊」，帶著如此濃郁的自我現身於世，請問究竟又該如何恢復自性？當佛陀都能成為被破除的我執，當能對世人產生甚深的棒喝。人常因有著濃郁的自我意識，想要擁有而不可得，到處東奔西跑的碰壁，如果在心理諮詢的過程中，諮詢師讓當事人意識到世上沒有不可破除的我執，包括佛陀這種聖者都是需要被徹底破除的偶像，這就能引發當事人反思到個人更沒有什麼需要執著的肉身。當人處在患難的低谷過程裡，不見得需要去信宗教來驟然獲得救贖，從而錯過生命在挫折中獲得蛻變的機會，中華思想的學問自有救贖人的真精神，而且其熱忱信仰不見得跟清明理智彼此對立，而是要不斷展開辯證性的對話來相互融合，佛學第三階段發展出的中國佛學，正體現出這種中華文化的核心特徵。

第二節　佛性是成佛的主體

前面大略談過中國佛學的三個階段，現在還要就細節面來稍做補充。首先回到六朝時期來談鳩摩羅什的弟子竺道生（約三五五—四三四），他對佛教的經典深有領會，提出佛教修行該注意兩個角度：「悟」與「信」。「信」就是信奉外在的教言；「悟」則是內在的體會。慧達（生卒年不詳）在《肇論疏》記載竺道生提出很關鍵的觀念，稱作「悟發信謝」，意即當你的領悟展開了，那種不由言說且不講道理的信奉就凋謝了，這就沖淡佛教的宗教精神，而且是佛教中國化過程關鍵性的發展。佛學家謝靈運（三八五—四三三）特別詮釋竺道生這樣的看法，他在《與諸道人辨宗論》說：「華民易於見理，難於受教，故閉其累學，而開其一極；夷人易於受教，難於見理，故閉其頓了，而開其漸悟。」這段話意思是說，華人比較著重在道理的層面，喜歡把觀念的究竟琢磨明白，而很難輕易去信仰宗教型態的教化，譬如按照教義每天按部就班念經或拜懺，凡需要長期累積學習的事情，這對華人來說就比較困難，你還不如直接引導他思考某個很直截了當的觀點，讓他能跟自己生命對話來落實；而蠻夷戎狄這些非中華文化脈絡裡的人，比較容易接受宗教型態的教化，卻不太喜歡仔細琢磨其中的究竟，因此面對蠻夷戎狄，就不要強求每個人往自己內心做體會，反而可藉由宗教信仰這種階段性的辨法，引領他慢慢去領悟。這裡難免有謝靈運憑空的臆測與想像，尤其他將「頓悟」與「漸悟」視作「華夷界線」的說法其實不見得精確，後來的禪宗都還有南宗與北宗的差異，北宗主漸悟；南宗主頓悟。但，確實值得我們反思這個現象：有相當數量信仰佛教的人踏上「信」的道路，而不在意「悟」的道路，這就像是有相當數量討論儒家的人只是在講外在的「禮」（規範），卻根本沒有注重內在的「德」（修養）。並且，的確還是有很多佛教信奉者終生只是在認真燒香與拜佛，如果他個人可藉此獲得心理的平安，我們同樣不能否定這樣做的意義，佛教的宗派非常多元，儘管禪宗是後來中國佛教裡的最大宗，但不見得都是從禪宗的角度來思考問題，這不能一概而論。

北涼曇無讖（三八五—約四三三）翻譯的《大般涅槃經》四十卷完整版本傳到中國來前，竺道生就因為自己修行產生領悟，認為人人皆有佛性，甚至聲稱「一闡提」（icchantika，詆毀佛法的極惡眾生）都有佛性。竺道生的創見其實跟《孟子．告子下》中說「人皆可以為堯舜」其實是同一個脈絡裡的事情。竺道生晚年人生發生一件大事情，使得他成為當時很多僧人交相攻擊的焦點，甚至被逐出僧團，正因他主張一闡提都可成佛，這在今天聽起來只是個觀點，可是在南北朝時期是個極其嚴重的叛教事件。原本東晉沙門法顯翻譯《大般泥洹經》六卷（意即後來的《大般涅槃經》），其版本記載「一闡提不具佛性」，意即極惡眾生無法成佛，按照這種脈絡來解釋，包括冥頑不靈的學生、罪大惡極的罪犯甚至死性不改的騙子，這些都可被視作「一闡提」，其欲念極其旺盛，善根完全斷絕，就像是植物的種子枯萎腐敗，無法發芽成長一般。按照當時佛教的觀點，會覺得這些人不需花精神教化，就像《論語．公治長》中孔子說：「朽木不可雕也；糞土之牆不可杇也。」（韋政通，二〇〇九：頁五四七—五四八）可是孔子這麼講的時候並沒有真的放棄其弟子宰我（約西元前五二〇—約前四八一）。竺道生為什麼會認為「一闡提」這類人同樣可成佛呢？這還是因他覺得眾生都有佛性，而且是從根源來說視眾生本來都有成佛的潛質，一闡提不可能例外。原始佛教強調「無我」，當無我連「我」都沒有，如何說有任何主體必然存在著佛性，這樣不是有些矛盾嗎？但竺道生的意思是說，本來沒有生死中的我，但這並不表示沒有佛性的我。客觀而言生死中的我最終歸於無，但是當人去掉我執後，會出現一種狀態，該狀態就是佛性的顯現，其屬於成佛的主體。

竺道生關於佛性的觀點的確是創見，其目的旨在裨益佛教義理跟中華思想開始慢慢接軌，可是那些執著於經文的僧侶都把竺道生的看法當作邪說惑眾，汙衊這是種邪魔外道。他們為捍衛自己的想法就群起圍攻竺道生，將他趕出長安的僧團。竺道生受到屈辱的對待，但堅持不改自己的信念，《吳都法乘．竺道生傳》卷第六記竺道生發誓說：「若我所說反於經義者，請於現身即表癘疾；若與實相不相違背者，願捨壽之時據師子座。」意思是說：如果我說的內容不合於經典義理，甘願今生肉體就受到惡報；如我所說契合於佛學實相，但願我能坐在佛陀說法的獅子座上安然臨終而亡。這已變成信念的對決，時間長達快六年，

《蓮社高賢傳．道生法師》裡記載：「師被擯，南還，入虎丘山，聚石為徒。講《涅盤經》，至闡提處，則說有佛性，且曰：『如我所說，契佛心否？』群石皆為點頭，旬日學眾雲集。」意思是說，竺道生被逐出僧團後，來到蘇州虎丘隱居，堆起石頭對群石講解《大般涅槃經》，講到「一闡提都有佛性」，問石頭自己這個觀點是否與佛陀本心契合，石頭都跟著點頭同意，這就是後世著名的「生公說法，頑石點頭」這一典故。後來曇無讖翻譯的《大般涅槃經》居然與竺道生有著相同的說法，消息傳到南京，這就等於替竺道生平反了，使得竺道生在死前終於洗脫罪名，他在廬山精舍講《大般涅槃經》，剛講完，眾人發現他手中的拂塵落在地面，竺道生就端坐正容而圓寂了（韋政通，二〇〇九：頁五四〇）。敝人曾來到虎丘，看著生公說法這一典故發生的地點與場景，遙望虎丘斜塔，深感任何先知都要飽經磨難纔能成就出輝煌的人生，如果這樣的事蹟能由諮詢師跟自認罪孽深重的當事人談話時引用作為例證，尤其可點到竺道生甘願替極惡眾生承受如此深的磨難，只因他相信全部眾生都有佛性（這對敝人的理解而言，其佛性即自性，只是尚未去除詞彙的名相），相信這能鼓舞當事人願意活出生命本來自具的尊貴。

六朝時期的佛學，其終極目標旨在想在人生領域覓得永恆不滅的本體，這個本體不是佛身，更不是佛法，而是佛性，這就不斷在回歸自性的議題，這是華人始終關注的根本義。在魏晉時期瀰漫著頹廢思想的時空裡，佛學來到中國，就像是春風一樣，讓當時各階層的人都感到終於有股深厚博大的新思想出現了，佛性的話題就成為當時的顯學，引發讀書人的熱烈討論。竺道生覺得人人都可成佛，這表示成佛有賴於內心的覺悟，因此關鍵在自己不在別人，在內不在外，這讓中國的佛學逐漸離開「迷信」，轉而進入到探求內在覺悟的脈絡裡。竺道生談《大般涅槃經》的學問可稱作涅盤學，其把佛教思想從萬法皆空的般若學轉向實體心性的涅盤學，雖然背離其師鳩摩羅什的原始易理，卻逐漸回歸到中華思想的本來特徵。般若學最初被中國的上層社會強烈熱衷，而當其蛻變出涅盤學，則讓佛學理論轉化成被平民接受和談論的內容，最終使士族的佛教轉變成平民的佛教。並且，竺道生所提倡的悟理成佛，其方法是結合中國儒家思想中的內聖路徑，他把成佛和成德結合起來談，讓成佛這件事不再是單純存在於虛無縹緲的彼岸，而是與中國傳統主張的天人合一相結合，使得世俗中的人都有可修養的門徑，符合《大學》與《中庸》等儒家經典中有關心性的旨趣。

敝人要進而釐清大陸常流行的說法，稱古時候的某些民俗文化現象屬於「封建迷信」，到底什麼是「封建迷信」？這總要講出個合理的說法，如果對於這個概念的意涵都沒有細緻的釐清，就把這樣的概念帽子不假思索套在自己無法理解的現象裡，導致只要實證主義不能理解的事情都成為禁忌話題，無法被學術領域公開討論其究竟內涵，這纔是最嚴重的「封建迷信」。更不消說「封建」這一詞彙，在史書中最早可見於《左傳．僖公二十四年》：

「周公吊二叔之不咸，固封建親戚，以藩屏周。」這句話的意思說：當年周公因管叔與蔡叔反叛周朝，因此東征勝利後，分封親戚（包括功臣），用來當作保護周朝王室的屏障。因此，「封建」本來是「封邦建國」或「分封眾建」這一詞彙的簡稱，天子把自己直接管轄的王畿外的土地封給諸侯，諸侯在這些土地上建立自己的國家和軍隊，而諸侯在這些封國內，再將其直屬範圍內的領地分封給卿大夫，這是一種逐級發展的統一系統。因而，嚴格來說，只有西周時期纔實施過真正意義的封建制度，自秦始皇「廢封建，置郡縣」，後世雖曾偶爾有短期或局部的封邦建國，但已無法與西周時期全面實施的情形同日而語，因此，自秦朝開始，中國就已經不能說是封建社會了。再來，所謂的「迷信」，顧名思義，即指人對事情或事物盲目的相信，但是人對任何事情或事物都有可能處在迷信的狀態中，譬如迷信科學而不探問實相，不能正視既有科學典範本身的侷限性，這就是種嚴重迷信。如果既有的科學成果都不能再質疑，那何需愛因斯坦提出相對論或普朗克提出量子物理學，我們只要繼續堅持牛頓三大定律即可？因此，迷信並不能被視作與科學二元對立的辭彙，「不是科學即是迷信」的想法，其本身正就是種迷信，因為這否認科學典範在歷史上會不斷經瓦解而轉換的事實。佛學在六朝時期因已進入到悟的層面，而並未執著在信的層面，於是其開始擺脫迷信，轉到修養心性的領域，這就是竺道生帶給佛學的重大歷史貢獻，而且竺道生在當時已有個深具前瞻性的淨土觀念：意即人實際生活的狀態能不能光明無垢，這個淨土是要眾生從實際生活的領悟中獲得，並不是要逃離實際生活，再去尋覓或嚮往某個不在此世的淨土世界，這是竺道生提出來的一個重要觀念。

第三節 再續華人學問傳統

前面謝靈運對竺道生觀點的闡釋雖然有問題，但其實相合於敝人常講「華人會把學問當作信仰」的範例，竺道生講佛性就已經在強化信仰的過程中更應該帶進思考的論證，這就發展出體證的學問。只是我們不能只咬死於「頓悟」而無視於「漸悟」，如果沒有漸悟的日積月累，則不會有頓悟契機的到來，漸悟就需要人把生命本身當作一門學問來仔細琢磨，這種信仰不同於信仰上帝（這是種仰望救贖），其信仰的對象在人而不在天，著重於靠自己來拯救生命（對竺道生而言就是每個人本有自具的佛性）。敝人覺得儒釋道三家能獲得融合，就來自這種「自度」而不是「他度」的基調，這來自華人在潛意識中的共識。反過來思考，現在大陸當局官方的數據表示具有基督信仰的人數達四千四百餘萬人，但多數學者傾向在大陸具有潛在基督信仰者其整體人數已有八千萬人到一億人（于建嶸，二〇〇八），不論如何，我們都要問：在無神論的國度中，怎麼會有這麼大量的人想要信仰上帝呢？這現象本身實在太過於詭異，成為很值得反省的議題，相比於傳統華人社會並沒有如此濃郁的宗教信仰現象，古來的士人終身修養生命而不信宗教啟示，現在卻有很多人（尤其知識分子）則因遠離傳統，不修養生命卻渴望神蹟現身，在精神意義層面來說已不是華人了。在中華文化昌盛發展的時期，外在的宗教並不容易進來中國本土，即使衰落時期，外在的宗教在華人社會傳播，華人都還會想要將其轉化成自己能接受的信仰型態，最終使得該信仰能落地生根，成為本土化的信仰。然而，當前的問題並不在國家不富強，而在於國人不相信中華文化本身的持續開展當能有益於國家富強，使得國家富強與文化昌盛這兩端呈現斷裂的現象，國人並沒有意識到應該將富強帶來的各項重大成果，轉化成與自身文化相應的樣貌，甚至連信仰都不需要本土化，而是任其保持西洋文化二元對立的特徵，殊不知這種富強只要被歐美社會視作威脅來抵制，就會面臨巨大的考驗甚至瀕臨瓦解的危機，畢竟這是種無根的富強。

其實，自二次世界大戰後，到現在已經七十多年的時間，歐美社會本身正面臨著信仰的崩盤。在歐洲或美國，你會發現去教堂或教會的人數日減，有些歐洲鄉鎮甚至教堂裡連神父都沒有，教區不斷被裁撤，有些教堂被廢棄；有些教堂被出售或出租，直接變成旅館、餐廳或書店這類商業機構。曾經有一群香港學生前往歐洲遊學時路過柏林的一座教堂，發現該教堂現在已變成替失業者提供休息和諮詢的場所，這群香港學生的直接反應都是說：「這麼漂亮的教堂竟然如此空洞，實在太可惜了。」接著他們就嘆息：「真可悲！歐洲人竟然失去信仰。」有些人更因此覺得上帝信仰的棒子「已經交到中國來」。的確，現在只有大陸信仰基督教的人數一直在不斷增長，天主教雖然不見得等比成長，其人數大約只有一千餘萬人，正因如此，導致梵蒂岡政府很希望與大陸建交，藉此與龐大的信眾建立緊密的連結關係，並能持續擴張信仰人口。從學術角度來觀察，如果具有基督信仰的學者在海峽兩岸高等教育的機構中都能自由展開與自身信仰有關的研究（這點在臺灣更極其常見），然而具有自性體證的學者只要談相關議題卻很容易會被知識分子視作在講「封建迷信」，這時候我們就不能不承認華人長期存在「學術自我殖民」的現象，不敢承認有這種現象，而將這種學術自我殖民合理化，這對社會發展將會帶來極其負面的影響。

相對於拿宗教信仰作為主軸的文化，中國實屬觀念早熟的社會，其通過制度化的措施來讓人文精神獲得落實。當中國社會開始進入隋唐時期，世家大族與宗教領袖占據社會統治地位的現實就開始逐漸瓦解，文化開始向民間進一步深入，隋煬帝（楊廣，五六九－六一八）將科舉考試分成進士科（主要考辭章）和明經科（主要考經義），尤其提高前者而壓抑後者的名額，就是旨在削弱世家大族的能量，通常擅長考儒家經典的人，一般都是接受過良好教育的世家大族，他們比較容易通過明經科來做官；而進士科常是比較有才情，卻不見得熟悉經典內容的人更容易通過，這就為民間青年才俊的出仕打開通道，而且考進士科就特別容易做大官，明經科則是被壓抑的狀態。當漢高祖劉邦取得政權建立漢朝，其實已經是平民成為皇帝的起點，但當時還是有春秋戰國時期即已存在的世家大族，這些世家大族完全徹底被瓦解，就是在科舉考試開始實施後。貴族消失，平民進入決策高層，這件事情是石破天驚的發展，在世界各大文化裡都是極其罕見的現象，敝人認識某位去德國留學的學者，他跟其指導教授說中國的平民有當宰相，這位德國教授完全不相信，直到他拿出大量歷史人物作為證據，這位教授纔在震驚中不得不相信這件事。當學問成為拔擢人才的標準，而且這個學問是有關於生命的學問，那自然而然會使得下層的民眾有機會躋身於上層社會，因為生命的學問首先只需要對生命本身下工夫體證，自然就會開始有收穫，這不像是純知識的抽象學問因為脫離生命本身，而有著比較高的教育門檻，出身高低就會有差異。當然，同樣有一些悠然於底層社會的人，他一輩子不見得想要做官，而是浸潤在學問裡樂在其中，曾經有位臺灣知名學者告訴敝人，他的父親是農夫，這一生不耕田的時候都在讀古書自得其樂，「耕讀」兩字就是其父親的人生寫照，連農夫都如此過生活，可見華人社會古來的主流文化就是種追求學問當作信仰的狀態。

錢穆先生在《國史新論．中國智識分子》中指出：六朝時期的佛教僧侶，其宗教熱忱勝過理智；隋唐時期則理智勝過熱忱，但如果理智背後沒有熱忱，則斷然說不出「打死佛陀給狗吃」這樣的話語。馬丁．路德（Martin Luther, 1483-1546）的宗教革命造成長達三十年的戰亂，回頭來看中國，翻天覆地的宗教大革命卻輕鬆就完成了，這其實是非常偉大的事情。直到宋朝都還有人說：「儒門澹泊，豪傑多為方外收盡。」（錢穆，二〇〇五：頁一四〇）錢穆先生的觀點極有道理。唐朝第一流的精神豪傑，全都到禪寺中成為高僧了，這使得儒門澹泊，只有自比孟子的韓愈，他在佛教盛行的時空中直言無隱駁斥佛教的觀點與作法，實屬儒家思想的豪傑，但這實屬鳳毛麟爪，精神豪傑並世而出的現象，要直到宋明儒學復興為止。這讓敝人不禁有同樣的感慨：當前的時空背景裡，本來民生富庶，實屬最有機會復興儒家思想的時期，但在臺灣，因為去中國化的浪潮席捲而來，復興儒家卻變得極其困難，箇中原因不外同樣是頭腦第一流的菁英都去鑽研佛學了，但此刻大陸的情況則相反，頭腦第一流的菁英反而更有可能會加入到儒家的思想陣營中來，問題在於這些人是否能意識到當前儒家思想需要跨越學術概念的藩籬，經由「中西會通」與「儒佛會通」來釐清自性議題，整合內聖與外王兩個範疇，從社會科學的角度出發，展開繼往開來的詮釋？真要成為一流的精神豪傑，就不是論出身，年齡、性別、種族、學歷與地位等外在的標準，這些都不會是成為豪傑的條件，誰能當豪傑當是由自己來決定如何養成。中國需要有一批精神豪傑人物，能再續中華文化的真骨血，恢復華人通過學問來安身立命的傳統。但，要成為這樣的人，就得深刻明白人的肉身有限，沒有無限的歲月能蹉跎，不要放任自己的意念心猿意馬，肆意奔流而不知伊于胡底，平日你的生活要極簡化，要做什麼樣的事情，都在心中有縝密的布局，不要任何事情不分主從輕重都照單全收，當你心無妄念，纔能很精緻做事情。回過頭來仔細去認識禪宗諸祖師的言論風采，我們可說他們實在擔當得起「豪傑」二字。除惠能外，其弟子南嶽懷讓（六七七—七四四）下傳馬祖道一（約七〇九—約七八八）、百丈懷海（七四九—八一四）、黃檗希運（？—八五〇）、臨濟義玄（？—約八六六）、南泉普願（七四八—八三四）與趙州從諗（七七八—八九七），這是禪宗南傳的系譜，這些禪宗大師，個個都是不世出的豪傑，我們後面會來談，敝人常覺得沒有他們打開智慧的高度，很難說往後的中國是否還能呈現如此深厚高邁卻平易近人的美學生命情調。

第四節　南朝時期的鬼神思想

南朝梁武帝（五〇二—五四九）是佛教的提倡者，由於梁武帝篤信佛法，這對某些士人產生心理的威脅，面對其臣子范縝（約四五〇—約五一〇）提出「神滅論」，梁武帝作〈敕答臣下神滅論〉，命令他的大臣們來跟范縝論戰，希望范縝能放棄神滅論，並組織六十多個僧侶來圍攻范縝，這是當時思想史上盛況空前的辯論，該一辯論過程裡大家各說各話，但很有趣的現象是說，梁武帝沒有為難他，儘管沒有說服范縝，卻沒有下令撤掉或焚毀〈神滅論〉這篇文章，還是繼續讓他在朝廷做官，並沒有因意識型態和自已不一樣，就把他逮捕入獄，這可看得出梁武帝的觀念相當開明。范縝認為精神和身體連結在一起，如果身體不存在，精神當然就跟著消失了。這樣的主張有一個背景：早在梁武帝前的南朝齊時期，竟陵王蕭子良（四六〇—四九四）請各路高僧和官員研習佛法，范縝在這個宴席上，他當場就提出反對佛教的因果報應，主張人死後靈魂跟著泯滅的觀點。《南史．范縝傳》中記載：「子良問曰：『君不信因果，何得富貴貧賤？』縝答曰：『人生如樹花同發，隨風而墮，自有拂簾幌墜于茵席之上，自有關籬牆落於糞溷之中。墜茵席者，殿下是也；落糞溷者，下官是也。貴賤雖復殊途，因果竟在何處。』子良不能屈，然深怪之。」這段對話的意思是說，蕭子良問范縝：「本王知道你一直不相信佛法，既然你一直不相信因果造化，為什麼你還相信人有貧富貴賤的區別？」范縝回答說：「我承認會有各種不一樣的人生，但這並不是因果造化帶來的影響。人生就像樹上的花朵，花朵都開在同一個枝頭上，但是隨風飄散後，會落到各個不同的地點。有的飄到室內；有的落到華麗昂貴的床鋪；有的卻落在糞坑裡。落到華麗昂貴的床鋪上，就像王爺您這樣的人；落在糞坑裡，就像是下官我這樣的人。富貴和貧賤雖然相差很遠，可是這不過是隨風飄散後的結果，這有什麼必然的原因呢？」蕭子良理窮辭屈，但心中嚴重不同意他的說法。同篇中還記載：「太原王琰乃著論譏縝曰：『嗚呼范子！曾不知其先祖神靈所在。』欲杜縝後對。縝又對曰：『嗚呼王子！知其祖先神靈所在，而不能殺身以從之。』」這段對話的意思是說，太原有一位王琰寫文章譏諷范縝：「可悲啊范縝先生！竟然不知道自己祖先神識靈魂在哪裡。」王琰企圖通過這樣尖銳的譏諷來封堵住范縝的嘴巴，而范縝回應說：「可悲啊王琰先生！既然你已知道自己祖先神識靈魂在哪裡，那你為什麼不自殺追隨祖先神識靈魂而去呢？」南朝齊滅亡後進入到南朝梁，靈魂是否會滅亡的議題發展成大辯論，這些本質問題雖然不全然只針對佛學而發，但可見佛教「因果輪迴」的議題確實引發國人高度的興趣與關注。

我們來多談些反對派的意見，這些意見能說明理性思維的增強，但同樣能反映出其見解尚不深刻。《晉書・阮修傳》記載阮修（二七〇—三一一）對鬼的看法，他說：「今見鬼者，云箸生時衣服，若人死有鬼，衣服復有鬼邪？」這段話意思是說，如今聲稱見過鬼的人，都說鬼穿著人生前的衣服，如果人死會變成鬼，衣服同樣會變成鬼嗎？意即實際上這根本就是人的幻象，否則人們看到的鬼，為什麼總是穿著白衣服？其實這樣的觀點，在東漢王充的《論衡・論死篇》裡已經出現：「人，物也；物，亦物也。物死不為鬼，人死何故獨能為鬼？世能別人物不能為鬼，則為鬼不為鬼尚難分明。如不能別，則亦無以知其能為鬼也。」這段話的意思是說：人是物，人以外的萬物都是物。物死後不會變成鬼，人死後為什麼偏偏就能變成鬼呢？世人能為人與萬物分門別類，卻不能給鬼分門別類，那麼對於人與萬物究竟誰能變成鬼，還不見得能辨識清楚；如果尚且辨識不清楚，就更無法知道人死後能否變成鬼了。阮修只是在王充觀點的基礎上再繼續發揮下去，但王充本人如何明確能得知「物死不為鬼」？更不消說該「物」都還需要再做更細緻的分門別類。這些觀點說明當時的人們對於鬼神的議題非常想知道答案，如果從心理機制的角度來觀察，人看見有穿衣服的鬼，這來自人心理的投射，但投射本身難道就是「假象」？假象的說法來自我們相信並預設最終有個真相，但如果從「萬法唯心造」的角度來說，鬼人與鬼衣就投射者本身而言都具有真實性，差異只在於你的投射跟其他人是否能交映共感而已。

《晉書．阮瞻傳》裡講到阮瞻（生年不詳，約卒於三〇七—三一二年間）一段很令人震撼的案例，他對於鬼神的看法稱作「無鬼論」，但論點本身我們現在已不可考，只能得知其類似於後來范縝的傾向：「瞻素執無鬼論，物莫能難，每自謂此理足可以辯正幽明。忽有一客通名詣瞻，寒溫畢，聊談名理。客甚有才辯，瞻與之言，良久及鬼神之事，反覆甚苦。客遂屈，乃作色曰：『鬼神，古今聖賢所共傳，君何得獨言無！即僕便是鬼。』於是變為異形，須臾消滅。瞻默然，意色大惡。後歲餘，病卒於倉垣，時年三十。」這段話的意思是說，阮瞻平素堅持主張「無鬼論」，沒有人能駁倒他，他常自覺得該理論可釐清生死議題，讓任何幽微的層面都獲得澄清。忽然有一日，某位客人通報姓名來探望阮瞻，兩人寒暄完畢後，開始討論名理層面的議題。這位客人能言善辯，阮瞻和他探討一段時間後，兩人就開始討論鬼神是否存在的議題，彼此反覆爭論很激烈。客人最後服輸，就變臉色慘然說道：「鬼神這類的事情，古往今來的聖賢都相信其存在，流傳在世間如此漫長的時間，你怎能一個人說沒有就沒有，像我其實就是鬼。」於是就變成很怪異的形狀，接著很快就消失不見了。阮瞻驚駭得說不出話來，沉默半晌，神色極為難看，一年多的時間，就在倉垣生病死亡了，時年不過三十歲。被阮瞻辯駁到無法講道理來澄清的客人，最後只好現出本相來指出自己就是鬼，這使得當下「理則正確」與「經驗事實」兩者呈現脫勾的矛盾。這段案例只能解釋成華人極度看重經驗事實，如果道理說不通，就想訴諸個人經驗來當證據，阮瞻固然如此，客人最終的答覆就是「以彼之道，還治其身」。但不知阮瞻死後，根據個人經驗，對於這個重要問題有沒有任何結論？阮修與阮瞻的觀點都替後來范縝神滅論的主張提供基石。

現在的學者常會從實證主義的角度來批評《晉書》喜談鬼神這類事情，覺得其並不嚴謹，不過《左傳》同樣大量在談鬼神這類事情（只是我們限於篇幅，前面沒仔細說這些細節），藉此來印證治亂興衰，不知會不會有人依然表示這本書的寫作態度並不嚴謹呢？無鬼論與有鬼論如果只是談其效益問題（無鬼論對於社會帶來的優點或弊端；有鬼論對於社會帶來的優點或弊端），這會永遠都有正反兩種不同看法，畢竟每個時空背景都有其關注問題的角度，我們已經離開工業社會那種工具理性的價值系統了，更已經能意識到科學主義會帶來的負面影響，當本來慣性覺得的「反常」、「違常」或「超常」都已跟「正常」

產生共容與共融，甚至當「科學」（其實只是單指實證論的科學）已不見得只能用來破除有鬼論，甚至能用來支持有鬼論（各位可自行查閱相關期刊論文），兩者呈現辯證性的交會共存與深化發展，敝人通常不會只因某段歷史中發生的現象不符合當前時空背景的價值系統，就輕易表示該事件具有荒謬性或錯誤性，而會去思考當時人到底關注著什麼議題，並從中思考這跟我們當前時空是否有著雷同性。而且，當我們應用到心理諮詢領域更需要如此，華人普遍傾向於接受有鬼神的思想，然而接受西洋心理諮詢訓練的諮詢師，其背景卻通常「教育程度較高」（這段話通常表示其接受的是具有西洋文化內涵的高等知識，在臺灣則最起碼具有碩士學歷），或有人信仰基督信仰，或有人信仰科學主義（這意謂著除實證科學典範能實驗得出的結論外，什麼都不信），這種心中預設的成見，使得他們很難跟社會底層的華人談鬼神議題，三言兩語間就會藉由冷漠而高傲的神情，表現出對於鬼神存在真實性的輕蔑態度，但偏偏社會底層的華人遇到問題時，都會通過某種鬼神角度來理解自身發生的事情，譬如償還前世因果、祖先發怒示警、卡陰得罪神靈與邪靈附身降禍等各種內容，這些內容深受西洋文化知識訓練的人常會聽不懂或瞧不起，你如果不能對當事人有同理的心情，認識並願意從其文化心理來對話，就不要責怪他（她）最後會到宮廟來請鬼神幫忙解決自己心中的困惑，因為後者的神（公廟主祀者）與人（公廟主事者）更有溫度。因此，「阮瞻的困惑」其實到現在一樣常發生在諮詢師身上，敝人只希望願意深思心理諮詢本土化的諮詢師，不會終其一生直到死前都只是個阮瞻。

第五節　鬼神背後是人的情感

隋唐時期的儒學比較罕有可深觀的思想，因為這是佛學最盛行的時期。雖然前面談到韓愈，但敝人覺得真正值得注意者實屬王通（即文中子，五八四—六一七），可惜他太早過世，對當世的影響有限，不過他首先提出「三教合一」的思想，這個觀點對後世影響甚大。《傳習錄．上卷》記：「愛問文中子、韓退之。先生曰：『退之，文人之雄耳；文中子，賢儒也。後人徒以文詞之故，推尊退之，其實退之去文中子遠甚。』」對陽明子而言，韓愈只是個文雄；王通則是個賢儒，不能因韓愈的文辭優美，就推尊韓愈而低估王通，這點敝人完全同意，故覺得他是隋唐時期華夏學術理性化工程的奠基者，這是第四回的思想工程。王通自幼聰穎異常，年僅十五歲時便開始從事教育講學，十八歲時秀才及第。仁壽三年（六〇三），他曾到長安謁見隋文帝（五四一—六〇四），奏上《太平十二策》，但其政治主張不見容於公卿大臣，他發現自己的謀略不被賞識，就寫〈東征之歌〉而歸鄉，不再接受隋文帝的徵召。《全唐文．文中子世家》卷一三五內詳細記載他的生平事蹟（這裡不具體徵引），其〈東征之歌〉辭曰：『我思國家兮，遠遊京畿。忽逢帝王兮，降禮布衣。

遂懷古人之心乎，將興太平之基。時異事變兮，志乖願違。吁嗟！道之不行兮，垂翅東歸。皇之不斷兮，勞身西飛。』帝聞而再徵之，不至。」王通在家鄉的弟子據說有上百人，時人稱其為「河汾門下」，王通本人雖然沒有做官，但是他教出的學生多人都位極人臣，其中據稱包括唐朝著名的大臣如李靖（五七一－六四九）、溫彥博（五七四－六三七）、房玄齡（五七九－六四八）、魏徵（五八〇－六四三）與杜如晦（五八五－六三〇）等人，當然，我們不能完全否認，這裡面或有可能只是跟他見一面討論治亂興衰的問題，卻被聲稱成「弟子」。王通過世後，其弟子取義於《周易．坤卦．象辭》有關「黃裳元吉，文在中也」這八字，替他私謚為「文中子」。

王通最重要的著作是《中說》，又名《文中子》，或稱《文中子中說》，這本書是其弟子和家人仿照《論語》編寫而成，裡面是王通和門人的問答紀錄，他本來還著有《續六經》，可惜已亡佚，但這種編輯體例可反映其氣魄與格局。王通的思想重點在闡釋「中道」，他主張適時變通，天道中自有變化的規律，人應讓自己服從於天道的規律，做好自己分內的事情，《中說．周公》說：「通其變，天下無弊法；執其方，天下無善教。」意思是說：當人通曉事物變化的規律，懂得靈活應變，天下就不會存在有弊端的法律；當人拘泥陋規舊制的束縛，死守教條的規範，則天下就不會存在有至善的教化。王通認為人性本善，都具有本然的「仁，義，禮，智，信」，這就是「五常」，王通覺得知人便可知天，在人世間修養生命，便可瞭解天道，《文中說．述史》記說：「薛收問仁，子曰：『五常之始也。』問性，子曰：『五常之本也。』問道，子曰：『五常一也。』」五種常道的起點在「仁」，其根基在於依循著「性」這一本體，他主張王道政治，反對霸道的思想，《文中子．問易》記說：「強國戰兵，霸國戰智，王國戰義，帝國戰德，皇國戰無為。天子而戰兵，則王霸之道不抗矣，又焉取帝名乎？故帝制沒而名實散矣。」意思是說：強國用軍隊去戰鬥，霸國用智謀去戰鬥，王國用道義去戰鬥，帝國用德性去戰鬥，皇國用無為去戰鬥。天子如果用軍隊去戰鬥的話，這就使得王道與霸道彼此間就沒有個尺度了，這樣還稱作「帝」到底用意何在呢？這就使得帝制消亡而名實不符了。他主張真正能安天下的帝制，這需要王者懂得「守中」，意即守住損有餘補不足，並懂得靈活應變的中道，《文中子．周公》記他說：「帝者之制，恢恢乎其無所不容。其有大制，制天下而不割乎？其上湛然，其下恬然。天下之危，與天下安之；天下之失，與天下正之。千變萬化，吾常守中焉。其卓然不可動乎？其感而無不通乎？此之謂帝制矣。」能往高明面來清澄觀看世事，能往幽微面來恬靜觀看人生，這種不斷感應而無所不通的設置教化，纔是真正意義的「帝制」。

生活在隋末大亂的環境，王通當然完全知道此前六朝時期對神仙與長生的嚮往，《文中子．禮樂》：「或問長生神仙之道。子曰：『仁義不修，孝悌不立，奚為長生？甚矣，人之無厭也！』」這段話意思是說，覺得重點只有端正仁義並設立孝悌，不該耽溺於長生的道理，否則人實在貪得無厭。王通的觀點固然極符合儒家的中道思想，並且已具有心體論的意義，不過敝人覺得他的主張還欠缺自然流露生命的情感，他有志效法孔子來講學，這固然極有價值，然而如果你經閱讀《論語》，再來對比《中說》，就會發現兩者都只是種對話語錄，沒有太系統化的看法，顯見孔子沒有解決的問題，文中子同樣沒有突破，但同樣面對生命，孔子比文中子有著更濃郁的情感，其生命經歷更可歌可泣，殊不知這其實是中華文化的主脈，這或許與文中子太早過世不無關係。隋唐儒學除王通外，還可注意韓愈的知交李翱（七七四—八四一），他再度注意到自性的議題，因此會寫〈復性書〉，但顯然該時期的儒學還是受到不屬於後來禪宗的佛學影響，覺得「性」與「情」兩者有對立，其〈復性書〉上篇表示：「人之所以為聖人者，性也；人之所以惑其性者，情也。喜、怒、哀、懼、愛、惡、欲，七者皆情之所為也，情 昏，性斯匿矣；非性之過也，七者循環而交來，故性不能充也。」人有上面說的七種情緒，就會迷惑住自性，當自性被隱匿，就會導致生命的昏沉，七種情緒的交替循環到人身上，使得自性不能充滿於生命中。這種「性善情惡」的主張，其結論就會要人「滅情」，但這不是儒家本來會有的看法，朱熹曾在《朱子語類．孟子九．告子上》中表示：「李翺復性則是，云『滅情以復性』則非。情如何可滅！此乃釋氏之說，陷於其中不自知。」情感不可棄絕，朱熹覺得李翺已經陷溺在傳統佛學的觀點而不自知。韋政通先生在《中國思想史》

中有關李翺這一節表示，前面說的七種情緒本來都不見得是壞事，其本來無關於善惡，朱熹覺得李翺「只是從佛中來」並不完全是冤枉李翺（韋政通，二〇〇九：頁六七七—六七九）。敝人則覺得李翺談自性，這固然影響到宋明儒學的發展，但李翺拒絕情感，使得隋唐儒學的深度還是受到相當的侷限。

記得敝人念大學時期，由於中文系就坐落在錢穆先生的素書樓隔壁大樓，我幾乎每天都來到素書樓這裡沉思、讀書與寫作。敝人曾仔細閱讀錢穆先生寫的《湖上閑思錄》，裡面有篇文章〈鬼與神〉中談到鬼神的議題，特別讓敝人感覺到深遠遼闊的滋味。現在想在這裡提到這篇文章，主要來自這距離我們現在已經有一段時間了，重新讀起來會因具有時空隔閡感，反而可引發後人特別的省思。錢穆先生說：「據我所知，在我們祖父乃至父親們的時代，那時不還是一個迷信的時代嗎？那時人心中卻都確實認為有鬼神。這事情也很簡單，那時多還是在農村經濟下過生活，一個人穿著的衣服，尤其是男的長袍和女的襖子裙子，稍莊嚴稍華貴些的禮服之類，幾乎是要穿著幾十年乃至畢生以之的。那時的飲食也沒有幾多花樣，一個人喜歡吃什麼，終生只有這幾味。家裡使用的器具，如一張桌子，一張椅子，一個硯臺，一柄長煙管，往往也一個人使用了一輩子。居住的房屋，一樣地一輩子居住，臥室永遠是那間臥室，書房永遠是那間書房，朝上走進書房，坐在這椅子上，吸著那柄長煙管，晚上走進那臥室，睡上那張床，幾十年，一生，沒有變動過。家人相聚，也是數十年如一日。鄰里鄉黨，親戚朋友，墳墓祠堂，一切一切，全如此。」（錢穆，一九九八：頁九九－一〇〇）這段話講得的確有其道理，不知道各位有沒有仔細在想：農業社會裡特有的不變性帶給人的永恆感，這使得當時人很自然會去思考什麼是這恆常存有的「實相」背後更根源的「實體」，對實體的心理投射，就是鬼神會出現的重要原因。

錢穆先生還接著對「傳承」與「鬼神」間的關係，提供很生活化的詮釋：「祖父死了，父親接下，走進那間臥室，看見那張床，哪得不想到他父親。他父親陰魂不散，鬼便流連在那臥室，依附在那床上。跑進書房，看見那書桌、那椅子，又要想到他父親，他父親的鬼，又流連在那書房依附在那桌子椅子上。摸到那長煙管，用到那硯臺，他父親的陰魂又好像依附在那煙管和硯臺上。春秋嘗新，吃到他父親生前愛吃的幾樣菜，他父親的鬼又好像在那幾樣菜上會隱約地出現。有時還不免要把他父親的衣服如長袍馬褂之類，修改一下，自己穿上身，他父親的鬼，便像時時依附在那長袍馬褂之上，時時和自己親接了。走進祠堂，或到墳墓邊，或遇見他父親生時常過從的親戚，常流連的鄉鄰，他父親的鬼總會隨時隨地出現。那時的人生，因為和外面世界的一切太親昵了，而且外面的世界又是太寧定了。總之，兒子的世界，還是他父親的世界，單單只在這世界裡驟然少了他父親一個人，於是便補上他父親一個鬼，這是人類心理上極為自然的一件事。這好像並不是迷信，你若硬指他說是迷信，他會不承認。」由於生活空間的重疊，加上各種生活用品的接手，人很自然就會想到這些重疊居住的生活空間與重複利用的生活用品中，是否總要有個「關係的締結」，意即我父親雖然人已經不在世上，我個人與我父親在相同的空間中生活，甚至使用著相同的生活用品，我們是否在精神層面有個始終不變的永恆關係，使得我們會持續有這種物質層面的交會？這種交會總會有人來到精神層面去思考，就是「精魂不滅」的心理意識，敝人覺得這種意識不只可用來解釋鬼神的出現與存在，更是後來陽明子會提出「良知」這一核心觀點的原因。

文中還說：「到現在，世界變了，我們是生在科學時代，在工商經濟極活躍極跳動的時代下生活。說到你所穿著，一年盡有換上幾套的，從沒有一件衣穿著了幾十年乃至一輩子。說到飲食，我們口福太好，喜歡的也多了，說不出什麼味是我的真愛好。說到器具，新式的替代老式的，時髦的換去不時髦的。川流不息，層出無窮。說到居住，今年在這裡，明年在那裡，今天在這裡，說不定明天在那裡，幾千里之外，常常奔跑流轉。你的兒子，從小便走進了學校，一樣如你般向外奔跑，一樣在幾千里之外終年流轉。便是夫與妻，也不一定老廝守在一塊。而且社交頻繁，女的認識的男的，男的認識的女的，也實在太多了。心神不定，夫的生命不盡在妻身上，妻的生命也不盡在夫身上。鄰里鄉黨更不必說。親戚朋友，一并淡漠。墳墓祠堂，現在人更顧不到了。試問你若一旦離此世界而去，你的心神在此世界裡還留戀在哪些上面呢？你將茫然不知所對。你的陰魂早散了，叫別人在此世界的哪些處再紀念到你呢？因此這邊的人，不僅不會再遇見你的人，而且也不會再遇見你的鬼。」錢穆先生這裡講的事情的確值得我們反思：現代社會的變化性（或者稱作流動性），使得人與人的關係錯綜複雜，人心變得虛浮而不安，人生前對他人已經沒有什麼情感眷戀，人死後他人對己同樣沒有什麼情感眷戀，既然沒有眷戀，如何還會有鬼神的存在呢？這是種關係的深層斷裂。

錢穆先生是從「情」的視角來談鬼神議題，濃郁的情感就是中華文化特有的特徵，傳統華人因為特別重視情感，使得天地間全部的現象都希望能融入到情感裡面來認識，不僅人對「我」有情，人對「物」有情，人對「人」有情，人更會對「天」有情，通過情感，使得「天，人，物，我」都獲得貫通與連接，然而西洋資本主義的生活型態已經大幅度撕裂或異化華人的心靈，華人不僅無法通過傳統宗族的型態來安頓情感，更沒辦法在高速運轉的現代社會中，與任何人維繫長久的關係，物質主義會割裂華人與靈性的連結，主要來自鋼筋水泥的都會生活已經在隔斷華人與自然的連結，人由「生靈」活成機械，變得對生命日益無感。然而，現代化是無法逆轉的潮流，不會有人愚昧到要恢復到清朝時期前的日常生活中。但現代化並不等於西化，如何塑造出適合於華人社會的現代化，這是亟待我們嚴肅思考的議題。我們應該從華人的傳統中汲取觀念資源，將其轉化來實踐於生活中，如此纔能精確對應著我們的集體潛意識。華人的傳統裡，不僅有血緣維繫起來的宗族結構，還有超越血緣，基於對智慧的認同來發展道緣，從而建構出智慧結構，從中華思想史裡，我們會看見基於「道情」維繫著一棒接著一棒的師生關係，這種關係稱作「雙子關係」，意即夫子與弟子藉由共同行道理念凝聚出的情感關係，這種情感關係，因源自對心體的共證而產生共鳴，使得關係內的每個主體都變作受體，彼此契合無間，共同融入實踐智慧的波流，其情感展現出宇宙般的恢弘與博大，這種深刻的體證，纔能說明中華文化的核心精神。

第六節　惠能完成佛學本土化

從前面的背景思考中，讓我們再回到佛學思想。竺道生非常像孟子，觀點極其銳利，更有滔滔不絕的辯才；而來到唐朝惠能，其對於佛教發展的意義，猶如陽明子對於儒家發展的意義。佛教中國化從竺道生開始是起點，到惠能則可謂開花結果，這個過程裡最主要的影響，就是使得宗教精神被沖淡，生活與情感的層面獲得加深。惠能生活在唐太宗到唐玄宗年間，其人家道中落，本來不識字，只是一個砍柴與賣柴的樵夫，偶爾聽聞《金剛經》，心即開悟，得知是五祖弘忍大師（六〇一—六七四或六〇二—六七五）在傳此經，後來到黃梅東禪寺見弘忍，《六祖壇經．行由品》記弘忍問：「汝是嶺南人，又是獦獠，若為堪作佛？」惠能曰：「人雖有南北，佛性本無南北。獦獠身與和尚不同，佛性有何差別？」這段話意思是弘忍質問惠能說：「你是嶺南人，又是尚未開化的獦獠，怎麼能成佛呢？」惠能回答：「人有南北，佛性本無南北。獦獠身與和尚身不同，但佛性有何差別？」這已經呈現無視權威直指本心的態度，弘忍見他根性太利，就命他先去破柴與舂米，後來弘忍想要傳法，請眾弟子做偈子，惠能請人寫字在牆上：「菩提本無樹，明鏡亦非臺，本來無一物，何處惹塵埃？」這讓弘忍很驚訝，決心傳法給惠能，命惠能深夜三更去見弘忍，弘忍跟他解說《金剛經》，當講到「應無所住而生其心」，惠能立刻大悟「萬法不離自性」，《六祖壇經．行由品》記惠能跟弘忍說：「何期自性，本自清淨；何期自性，本不生滅；何期自性，本自具足；何期自性，本無動搖；何期自性，能生萬法。」意思是說：自性本來不垢不淨，正因這「雙重否認」，使得其具有根本清淨的屬性；自性本來不生不滅，同樣因「雙重否認」，使得其具有根本源頭的屬性，該源頭不再有生滅；自性本來無欠無餘，全然的「獨立存在」而被全體生命共有，並未在佛陀身上或在眾生身上有絲毫增減；自性全然的「獨立存在」使其有能量生出外緣卻不受外緣牽引，其毫不搖擺產生任何顛簸；自性具有抽象的內在理路，萬有的現象通過該內在理路發展出各種具象的外在理路。《六祖壇經．行由品》中記弘忍跟他叮嚀：「不識本心，學法無益。若識自本心，見自本性，即名大丈夫、天人師、佛。」意思是說：如果不能認識自己本真的心靈，學佛法都毫無收益；

如果認識到自己本真的心靈，見證到自己根本的自性，那就可稱作是一個勇猛精進的大修行人，可成為啟發天人的導師，更成為覺醒的佛。從揭露自性特徵的角度而言，這是中華思想史裡震古鑠今的一幕，使得自性的內涵從此被清晰勾勒出來，詳細討論可參考敝人寫的《轉道成知：華人本土社會科學的突圍》這本書第五章（陳復，二〇二〇：頁一七二—一七四）。

同篇中記載，弘忍後來把衣缽傳授給惠能時說談一偈子：「有情來下種，因地果還生。無情亦無種，無性亦無生。」這段話的意思是說，有情感纔會產生各種人世間的因果，眾生無法擺脫煩惱，正因其有情感，纔會受到輪迴的苦報，反過來說，沒有情感就不會有因果，沒有自性其實就沒有源起，但沒有情感對人而言不可能，人反而要從生命的有情處去領悟自性來成佛。這是中華思想的人文精神含攝到佛學裡產生的重大蛻變。佛學本無情，來到禪宗卻變成有情的佛學，而且惠能所講的自性，其實是一種情，內含著人生的情味。這讓我們不禁反思：如果沒有人類，怎麼會有任何宗教？所以全部宗教本來都不應該離開人情。《六祖壇經．疑問品》中記惠能說：「自性迷即是眾生，自性覺即是佛。」該品中惠能還說：「前念迷，即凡夫。後念悟，即佛。前念著境，即煩惱。後念離境，即菩提。」這兩段話都在說明智慧的根本在於自性，修行的重點在當下的念頭，當下的念頭是執念，自性就被遮蓋住，人就活在愚昧與煩惱中；反過來，如果人此刻的念頭清淨，自性就獲得開顯，智慧就獲得開啟，當下即可成佛。我們從事於心理諮詢，就是要幫忙人看穿自己念頭的執迷點，做出轉化，恢復生命最本來的清淨。前面竺道生教人見佛性，惠能卻已在教人見自性。由此可見，原本佛教還有佛教的壁壘和名相，可是發展到《六祖壇經》，壁壘和名相都去掉了。讀《六祖壇經》時，如果能看穿那些佛學的概念來領悟其真實的意涵，就會發現這儒家沒什麼根本差別，佛的意義被淡化，反映出心的意義被強化，這就是佛學中國化的一大特徵。

我們來讀幾則「禪宗公案」，何謂「公案」？這是指佛教禪宗祖師在接引參禪弟子時充滿機峰的問答，具有啟發人看見智慧的特殊意義。這類接引禪宗弟子的過程，往往可供後人作為判斷迷悟的標準，猶如歷朝官府的文書案例，因此被稱做公案。《五燈會元》卷三記載一則很有名的公案：「百丈懷海大師侍馬祖行次。見一群野鴨飛過。祖曰：『是甚麼？』師曰：『野鴨子。』祖曰：『甚處去也？』師曰：『飛過去也。』祖遂回頭，將師鼻一搊，負痛失聲。祖曰：『又道飛過去也！』師於言下有省。」這段內容的意思是：有一群野鴨子飛過去，這本是自然而然產生意念的知見，馬祖道一禪師只允許百丈懷海禪師有原始知見，但不允許你對這個知見還有判斷。當你看見一群野鴨子飛過去，這只是正在發生的事實，但不許你說著有一群野鴨子飛過，更不許你想著有一群野鴨子飛過。你只能保留純粹的知見，這樣的知見並不是沒有知見，更不是不知見，但禪宗只要保留這種知見的純粹性即可，對馬祖道一而言，這就是活在心的本體中，意即人在做本真見性的事情。因此，一群野鴨子飛過來，這固然是前念生，野鴨子飛過去，我的心中不再有野鴨子，後念就滅了，這個後念滅掉纔能接著去生其他念，每個意念沒有留駐成為糾纏縈繞的煩惱，這就是《金剛經》會說：「因無所住而生其心。」馬祖道一是南嶽懷讓的弟子，南嶽懷讓則是惠能的弟子，通過這段公案，我們更能瞭解禪宗如何詮釋沒有執著的本心狀態。

有些人講話的時候，一下子飛出五六個想法，跟你講半天話，好像只是想表示自己很有想法，卻沒有注意到前念滅掉，纔能生下一念，如果數念交錯不斷就不是一種處在本體的狀態，只會呈現前言不對後語的斷裂感。馬祖道一要掐著百丈懷海的鼻子，因為他的心被野鴨子給牽動跑掉了。這很像是《傳習錄》下卷第三條中陽明子講的「見而不流」：「問：『用功收心時，有聲色在前，如常聞見，恐不是專一。』曰：『如何欲不聞見？除是槁木死灰，耳聾目盲則可。只是雖聞見而不流去便是。』」這句話的意思是說：弟子陳明水（一四九四—一五六二）問其師陽明子說：「做工夫收攝心靈的時候，有美聲與美色在面前，如果經常看到和聽到的話，恐怕這就不能收攝本體了。」陽明先生回答說：「為什麼你刻意想要聽不到或看不到呢？除非是枯樹與冷灰，或者是耳聾眼瞎纔能做到。只要做到縱然聽到或看到，卻不讓意念跟著流去，這就是在做工夫。」這讓敝人想到這則家喻戶曉的故事，老和尚帶著小和尚來到河畔，正好有個年輕婦人要過河，婦人央告老和尚幫忙，老和尚就立刻背著婦人過河了，小和尚跟在後面走著，過完河後，婦人道謝，彼此各自離開。小和尚走一段路，轉過身來問老和尚不是應該「男女授受不親」嗎？為什麼能背著婦人卻沒有掛礙呢？然後老和尚就敲小和尚一棒槌，大聲說：「我的念都已經離開了，你的念怎麼還掛著？」小和尚的瓶頸正就是尚未活在「見而不流」的狀態中，沒有保持在知見的純粹性。

惠能不看重誦經，覺得這並不究竟。《六祖壇經．般若品》記他說：「世人終日口念般若，不識自性般若，猶如說食不飽。」世人嘴巴一直在反覆唸誦著般若（prajna，智慧），卻不認識自身內在本來就有般若，就像一直在吃東西卻說吃不飽。他同樣不喜歡教人靜坐，《六祖壇經．定慧品》中他說：「道須通流，何以卻滯。心不住法，道即通流。心若縛法，名為自縛。若言常坐不動是，只如舍利佛宴坐林中，卻被維摩詰訶。」這段話意思是說：心不要被任何法給拘束住，智慧自會有一種通體流暢的狀態。如果心被任何法給拘束住，這是自己束縛自己。這裡說的「宴坐」就是靜坐，坐在那裡什麼都不想，有一回舍利弗（Śāriputra）在靜坐，維摩詰居士（Vimala-kīrti）過來看見了，就問他在做什麼？舍利弗回答自己在靜坐，維摩詰居士就再問他是懷著什麼心來坐？到底是過去心、現在心或未來心來靜坐呢？如果懷著過去心來靜坐，但過去心已經過去了；如果懷著現在心來靜坐，但現在心並不在；如果懷著未來心來靜坐，則未來心還沒有來，那人要懷著什麼心來靜坐呢？

這讓舍利弗頓時啞口無言，不知道該如何回答（內容詳見《維摩詰．弟子品》第三）。惠能使用這段典故來談，可見如就「應無所住而生其心」而言，該心已不是原來飄流變化的心，而是不再有時間感，專注於當下的本心，這種對心的解構與重構，使得其禪學其實已屬沒有任何名相執著的心學。

惠能作為出家人，卻不希望人執著於出家，在《六祖壇經．疑問品》中記惠能說：「若欲修行，在家亦得，不由在寺。在家能行，如東方人心善。在寺不修，如西方人心惡。」如果要修行，在家同樣可修行，並不見得要去寺廟出家。在家修行，即便是人身在東方的環境，同樣能呈現心性純良的狀態。在寺廟中不修行，即便是身在西方的環境，還是一樣會呈現出心性蒙蔽的狀態。這已經徹底放下任何形式主義，活出乾淨俐落的生命。佛教發展到六祖惠能，中華人文精神通過禪宗獲得原創性的樣貌，來到思想整合的高峰，其展現的特徵就是辯證性思維，意即在兩種相反的觀點中激生對問題的本質性思考。我們觀察這類本土化的佛學，當會發現這完全不與中華文化有絲毫對立，甚至在結合中繼續發展中華思想，畢竟這些參與其間的精神豪傑都是深受傳統影響的人，他們當年在殫精竭慮展開深層的「儒佛會通」。這跟我們這個時期的核心議題，尤其是「中西會通」，藉由西洋天人對立的思維型態來展開階段性的思辨過程，最終使得天人合一的中華文化通過現代化的洗禮，蛻變出嶄新的樣貌，其實有著異曲同工的意義。

第七節 禪宗回歸的本來面目

禪宗祖師的機鋒，都是很真實的體會給出極簡的語言，可是竟會被某些研究者看作不真實，誤認這些禪宗祖師在故弄玄虛，背後還有某種神秘主義的意涵，這大概還是基於東方主義產生的特有視差。其實，禪宗只是要人跳脫各種名相的束縛，回歸生命最本來的面目，《臨濟慧照禪師語錄》中，臨濟義玄卻說：「夫大善知識，始敢毀佛毀祖，是非天下，排斥三藏教，罵辱諸小兒。」這段話的意思是說，只有高僧大德，纔敢摧毀世人崇拜的佛陀與祖師，評論天下的是非對錯，排斥三藏教理（這是佛教經典總稱，包括《經藏》、《律藏》與《論藏》），辱罵那些愚昧的小人。在這本禪宗語錄中，臨濟義玄竟然還表示：「逢佛殺佛，逢祖殺祖，逢羅漢殺羅漢，逢父母殺父母，逢親眷殺親眷，始得解脫，不與物拘，透脫自在。」由於其語意很白話，我們就不用特別再做翻譯了。這顯示出越是容易執著的名相，越要下狠心去打破，這樣纔能不被拘束外相拘束，獲得解脫與自在。這番話實屬石破天驚的語言，而且出自傳播佛法的禪師本身，能講到這種簡單俐落的程度，令人震撼無比，這意謂著臨濟義玄對佛法領悟到新的制高點，從根本層面破除教條帶來的問題。臨濟義玄上承黃檗希運，黃檗希運就是百丈懷海的弟子，黃檗希運最有名的公案故事莫過於「黃檗度母」，我因家中有訂閱《人間福報》，還記得當年曾閱讀星雲法師談黃檗希運經過出家三十年後，因記掛年邁且已失明的母親，回到福州探望，讓她替自己洗腳，卻不讓母親知道自己已來探望，後來準備搭船離開，結果鄰居告知此事，母親如發狂般追去想見兒子，情急中跳到河裡溺水而亡，黃檗希運知道後，悲從中來，再乘船回來，火葬母親，並說一偈子：「我母多年迷自心，如今華開菩提林；當來三會若相值，歸命大悲觀世音。」就在黃檗希運說此偈的時候，鄉人都看見他的母親在火焰中升空而去，最終完成黃檗的發願。這是否正可謂「逢父母殺父母」的案例呢？就這一脈的禪宗角度而言的確如此，意即破除親子關係的名相執著，恢復生命最本來的面目，因此星雲法師覺得黃檗希運其實是「大孝度母」。華人社會中人常受苦於親子關係，頗對於「不孝」這頂帽子有如泰山壓頂般，終身受困不得解脫，敝人覺得孝道極其重要，但對「孝」的表現其實更需要釐清，否則會變成「吃人禮教」，孔子回答何謂孝就已經會因人而異而有不同提醒，可見這個議題亟需在瞭解個案實際的生命情境纔能回答該如何具體實踐，諮詢師如果遇到這類問題，能談黃檗希運面對母親的往事，或可引發當事人的反思。

雖然敝人晚於這些禪師出生最起碼一千兩百餘年，卻早自童年時期就很不解原始佛學經典為何口說要破除名相執著，卻創生出如此繁複的名相？因此青年時期看見禪宗公案願意破除佛教名相的執著，直接指出生命的本來面目，心中有著無限歡喜並深受鼓舞，覺得有智慧的觀念本當如此。這類徹底的文字，還可見《趙州和尚語錄》中記載趙州從諗說：「佛之一字，吾不喜聞。」又說：「念佛則漱口三日。」後來說禪者常將這兩段話合併，其意思是說：「佛」這個字，我不喜歡聽。念佛一聲，要漱口三天。《禪宗無門關》中記載：「趙州因僧問：『某甲乍入叢林，乞師指示！』州云：『吃粥了也未？』僧云：『吃粥了也。』州云：『洗鉢盂去！』其僧有省。」意思是說：有僧人問趙州從諗說，我剛剛出家進入叢林，乞求法師指點。結果趙州從諗說：「喝粥了嗎？」僧人回答說：「喝了。」法師說：「洗鉢盂去！」這位僧人因此有省悟。他省悟什麼？敝人看就是該做什麼就去做什麼，活在平常中即是悟道，《景德傳燈錄》卷十記此事：「問：『萬法歸一，一歸何所？』師曰：『老僧在青州作得一領布衫，重七斤。』」趙州從諗只告知自己在青州做得一件重七斤的新布衫，藉此回答「萬法歸一」的歸宿只是在平常生活中。因此《趙州禪師語錄》第七十八則中，趙州從諗說：「老僧此間，即以本分事接人。」這就像《論語．憲問》中孔子講的「下學而上達」，意即從最簡單平實的層面來學習領悟本體。

趙州從諗面對自己的師父南泉普願曾發生一則很著名的「南泉斬貓」這一公案，《趙州和尚語錄》記：「南泉東西兩堂爭貓兒，泉來堂內，提起貓兒云：『道得即不斬，道不得即斬卻。』大眾下語皆不契泉意，當時即斬卻貓兒子。至晚間師從外歸來，問訊次，泉乃舉前語子，云：『你作麼生救得貓兒？』師遂將一隻鞋戴在頭上出去。泉云：『子若在，救得貓兒。』」這段話的意思是說：南泉普願的弟子在爭貓，南泉普願來到堂內，立刻提起貓說：「講得出道理就不斬貓，講不出道理就立即斬貓。」眾弟子的回答都無法契合南泉普願的意思，南泉立刻斬死貓。到晚上，趙州從諗從外面歸來，剛跟師父問候請安結束，南泉就舉前面的事情告訴趙州從諗，說：「你當時如果在這裡，會講出什麼道理，果能救得貓兒？」趙州從諗什麼都沒有說，就拿一隻鞋子戴在頭上出去，南泉普願看著反而回答：「你當時如果在這裡，就能救得貓兒了。」這是什麼道理呢？出家僧本來不應該養貓，因養貓會吃老鼠，這就是殺生，南泉普願殺貓，只是在拿違背佛理的辦法來面對違背佛理的行徑，這種「以逆對逆」的作法，趙州從諗什麼都沒有回答，直接拿著鞋子戴在頭上離開了，鞋子本來應該穿在腳上而不是戴在頭上，這種顛倒乖張的行徑，就反映出他明白師父的意思。敝人覺得禪宗的教法相當適合應用到心理諮詢過程中，因為現在的人太依賴於語言，如果對語言展開解構，讓人看見自己的執著，則更能令其豁然有悟。只是要特別注意一點：由於當前社會是法治社會，相對於傳統則是禮治社會，違反禮治或許還能共情，違反法治則無法共情，由於當前的社會運作機制會針對個人的法律相關權益來考慮問題，諮詢師如果帶有機峰的話頭或行徑，不能帶給當事人有關人格污辱或人身安全的任何爭議，即使是如「南泉斬貓」，今天華人社會普遍有著「動物保護」的意識，因時空價值觀已有重大變化，這種行徑都不得再複製出現。

最後，我們再來看《指月錄》卷十五中記載有一位德山宣鑑（七八六—八六五）禪師說：「老漢此間，無一法與你諸人作解會，自己亦不會禪，亦不是善知識，百無所解，只是屙矢放尿，乞食乞衣，更有甚麼事？勸你不如本分去！早休歇去！莫學顛狂！」德山禪師的意思是說，他自己一點都不懂禪，沒有任何可教大家的東西，更不是善知識，什麼都不懂，自己只是大便與小便、吃飯與穿衣，除此外沒有任何事情。勸大家不如去做點本分的事情，沒事就早點休息，不要去做那些癲狂的事情。這些話語其實都沒有任何玄奧，只是種如常的回歸，就算是《六祖壇經》都沒有講什麼特別的內容，都是些樸實的話語，可是許多佛門弟子還是一輩子都不相信，只想要追尋高深的境界，好像他是天下最有潛能可成佛的人，其他人都是俗人一樣，這就激怒那些禪宗祖師，只想談些生活中本來就應該去做的事情。後人把宋朝儒學歸於唐朝的韓愈闢佛，其實唐朝禪宗的禪師自己何嘗不闢佛？禪宗自身已經揭開中國佛教史的大革命（錢穆，二〇一二：頁一六七），其把佛教改頭換面，甚至不可再稱做佛教，而是成為深受中華思想影響的佛學，這比馬丁路德的宗教革命還要來得徹底。這讓敝人不禁深感儒家本身同樣需要有這種反省，不要總是拿著一些模式化的看法來要求於人，直到明朝中晚葉發展的陽明後學，其存在就有這樣的意義。但，的確有些沒有智慧的人會肆意模仿禪宗的呵佛罵祖，從而走入新的極端，這就形成後世所謂的「狂禪」。我們還要再接著反思：有禪宗這種解構的語言，只有在教條化理解佛教的時空背景裡纔有深刻的意義，如果真把禪宗當作究竟，使得學問果真停滯在這種如常生活中，那反而會產生極大的瓶頸，因不再有任何微觀世界的抽象概念思索，只是活在生命世界中。

第七章

宋朝理學的萌芽與發展

第一節　邵雍的人本位客觀主義

中華思想始終以儒學為主流，但這個儒學本身的內容不斷在因革損益，兼容並蓄容納不同家派的思想與一爐。儒學可大致區隔成先秦儒學、兩漢儒學、隋唐儒學、宋明儒學與清朝儒學這五個時期（錢穆先生將漢唐時期的儒學視作一體則有些太過簡略）。兩漢儒學、隋唐儒學與清朝儒學都重視經典的探討，漢唐兩朝儒家比較注重於經典的傳承，尤其兩漢距離先秦時期並不是很遙遠，主要就是對經典的原意做著與自己時空背景對話的注解，因此其儒學主要呈現在經學，唐朝則歷經大亂後，儒家思想尚未獲得復原與振興，加上皇室姓李，自認傳承道家的脈絡，因此儒家還是著重在經學層面的詮釋，直到韓愈與李翱的出現為止。清朝儒家因與先秦時期已有相當的距離，他們比較重視經典原意的理解，再加上文字獄的關係，其儘量避免談時事，使得清朝儒學不具有思想的開創性，因此其儒學主要呈現在考據學（包括文字學、聲韻學與訓詁學）。宋明儒學則重視聖賢本意更勝過於經典本意（這兩者有著很細微的差異），重視義理闡釋更勝過於考據源流，因此其儒學主要呈現出思想往心性層面探索而會呈現的各類豐富內容。先秦時期以來，本來是儒家與道家兩種思想的對抗；宋朝後則變成儒家與佛家兩種思想的對抗，道家則與儒家產生思想合流，不再有衝突性，直到明朝晚期完成三教合一的景象；當前的時空背景則更需要重視「儒佛會通」，而儒道兩家的思想已經相融於一爐，並不存在對抗的問題。宋明時期因佛學同樣重視心性，使得儒佛對抗的核心問題，其實是心性的覺悟是否需要落實到社會層面的議題，此因佛學發展到禪宗思想，已經回歸於日常生活，但對於社會層面諸如政治、經濟、民生、教育與文化則尚保持著相當的距離。

為什麼在宋明時期心性已成為社會的公共語言，尤其成為當時關注學術的士人共同在探討的議題？從敝人這本書一路講過來，相信讀者已經瞭解心性從來都是儒學的大頭腦，從先秦儒家開始就在探討這個議題，我們不可單向理解成受到佛學的深刻影響，儒學纔有關注心性，如果這樣說就會變成還是在儒佛對抗（因佛學在談，儒學纔要談），卻無法從整合觀點的角度，來瞭解為什麼宋明儒學這麼重視這個核心議題。經過十九世紀下半葉到整個二十世紀華人社會腥風血雨的慘痛記憶，當前的時空，大家面臨著一個更艱難的議題，就是如何面對西洋學問並將其轉化到中華思想內。西洋學問是純知識性的學問，除講神學外，否則在二十世紀中葉前完全沒有直接意識到心性議題（榮格是唯一的例外），這個時候就需要儒家與佛學的合作，來共同釐清自身思想裡最核心的內容，意即釐清心性議題，意識到中華思想不能簡單套用到西洋二元對立的學術概念中來詮釋，接著有新生的學術能量，展開與西洋學問的深層對話。中華學問發展到宋明儒學，就開始回到人世間，可是其要消化佛學對於心性議題的各種見解，意即佛學談人生但不談社會，宋明儒學就要認識佛學談的心性，將其轉化到社會中來談人生，藉由會通佛學來擴大儒學思想的格局，這與戰國中期後的儒者，從子思子開始，就在吸收老子的思想，發展出《中庸》與《易經．繫辭傳》來擴大儒家思想，實屬同樣高度的工作，更可證實儒家思想是一種不斷融會貫通的思想。儒家思想沒有什麼模式化的內容，唯一不變者只有在關注「自性」（或稱心體）這個核心。因宋明儒學的興起，第一流的人才再度回流，儒家思想則又開始展現出更寬廣的格局與更深刻的內涵，並且，宋明儒學各大家談工夫論相當精湛，其內容都可作為我們發展華人本土心理諮詢的具體技術。

北宋時期第一位闡釋儒學思想的大儒，被視作振古豪傑，這人是邵雍，字堯夫，他終其一生未曾出仕，住在洛陽，過著清苦自得的人生，司馬光曾糾集同儕買一棟宅第相贈給邵雍，他因此自號「安樂先生」，《二程文集．傳聞續記》卷上記程顥跟弟子周純明討論：「『昨從堯夫先生遊，聽其論議，振古之豪傑也。惜其無所用於世。』純明曰：『所言何如？』明道曰：『內聖外王之道也。』」程顥已經意識到邵雍談的內容有關於「內聖外王」的道理。邵雍的思想有受到莊子的影響，但他是從提高人的地位來觀看萬事萬物，而莊子是擺脫人的地位去觀看萬事萬物，這點跟莊子還是有很大的差異。邵雍是中華思想的奇才，韋政通先生在《中國思想史》相關這一章中指出：「堯夫天人之學給人一種不協調的印象，也許是因為他開出一個天人之學的新型態，卻與傳統的天人之學不盡相同的緣故。」韋政通先生覺得邵雍的天人之學不重視個體，並不屬於倫理與宗教，他的野心在企圖把陰陽消長的自然史，與古今治亂的社會史，統合在相同的系統中，來解釋整個宇宙到社會生生不息的運作秩序（韋政通，二〇〇九：頁七三五－七三六）。

相傳邵雍寫的著作《梅花心易》（今本內容較錯亂，可閱讀明朝前期夏昂（一四四九－一五一四）任順天府通州太守時刊印《家傳邵康節先生心易卦數》較簡潔），不論作者是否屬實，這是在用計算的辦法來講解宇宙到人生的變化，這種思想觀念沒有獲得持續的開發與探討，著實是很可惜的事情。當然這並不是沒有原因，因為具有邵雍這種數理技能的人極其罕見，而且中華思想的主軸確實不是從數理運算的狀態在發展。不過，敝人有兩點意見：其一，中國這幾十年來，數理知識的人才開始變多了，如果有人有意識重新回過來研究這種數術的議題，然後做一個更精確的推演，譬如將「八字論命」推演到「十字論命」，將原本只有講到年、月、日、時，繼續推演到分，這樣或許能將個人的生命狀態推演得更細緻；其二，八字論命可作為華人本土心理諮詢過程中有關當事人的背景參考內容，不論其準確性或誤差性到什麼程度，都可納為與當事人討論的素材（討論區準確性的內容或討論其誤差性的內容），藉此豐富彼此的話題，由於華人對八字論命有著相當的接受度（從本土心理學的角度來說，這種論命法來自於我們共同的文化集體潛意識），因此討論八字，對於釐清當事人的具體問題應該有益，但要注意比例適量，不能反客為主，讓華人本土心理諮詢的意義被稀釋了。

邵雍並不是種客觀主義（objectivism）的想法，他的想法已超越客觀主義這一範疇，卻不是主觀思維。邵雍在《皇極經世．觀物內篇》中說：「夫所以謂之觀物者，非以目觀之也；非觀之以目，而觀之以心也；非觀之以心，而觀之以理也。」他還說：「聖人之所以能一萬物之情者，謂其聖人之能反觀也。所以謂之反觀者，不以我觀物也。不以我觀物者，以物觀物之謂也。既能以物觀物，又安有我於其間哉？」意思是說：觀察外物的重點不在於眼睛的實察，而在於心靈怎麼認知，甚至心靈怎麼認知都不是重點，重點在釐清心靈內蘊的理性脈絡。聖人能對萬物各種不同的情感做出整合，重點在於聖人懂得反觀，反觀不是拿自己的主觀來觀察外物，而是就外物本身來觀察，過程中並沒有自我這一主體的存在。但錢穆先生在其《中國思想史》裡卻覺得邵雍的思想實際上是種「人本位的客觀主義」（錢穆，二〇一二：頁一七五—一七六），這是為什麼呢？邵雍在《皇極經世·觀物外篇》中說：「以物觀物，性也。以我觀物，情也。性公而明，情偏而暗。」這段話的意思是說，從外物的角度來觀看外物，觀看的機制是自性。從自我的角度來觀看外物，觀看的機制主觀的情感。自性是公正而明晰，情感則是偏頗而晦暗。這點顯然還受到不屬於禪宗的佛學這一系統影響，或者說還是沿著李翺的路數持續發展下來。韋政通先生曾在寫《中國思想史》有關於邵雍這一章時，對此表示不無疑惑：「他似乎是在主張一種非主觀的觀法，但由非主觀的觀法，並不能確定他就是在主張一種客觀的觀法。因公雖能不偏，明雖能不暗，然公與明仍然是主觀的標準，仍然是要就『我』而言，『物』本身是無所謂公而明的；因此，『以物觀物』，除了不是主觀的觀法之外，還無法確定究竟是什麼意思。」（韋政通，二〇〇九：頁七三八）韋先生會有這種疑惑主要在於五四時期的後繼學者深受西洋哲學的影響，只有「主觀」與「客觀」兩種思維，看不懂超越在主觀與客觀上的「主客合一觀」，這種觀察就來自於自性的機制。

邵雍還在《魚樵問對》中說：「以我徇物，則我亦物也。以物徇我，則物亦我也。我物皆致意，由是明天地亦萬物也，萬物亦我也，我亦萬物也，何物不我，何我不物，如是則可以宰天地，可以司鬼神。」意思是說：拿萬物來當作標準的話，則自我是萬物的一環；拿自我來當作標準的話，則萬物都是自我的一環。世間的存在都具有相對性，無論從哪個角度都各自有道理。這樣當能明白：天地就包容萬物，萬物就包容自我，自我同樣包容萬物，沒有哪個外物不是自我的呈現，沒有哪個自我不是外物的呈現，明白這個道理就能主宰天地與號令鬼神。邵雍想表示：人要去除私欲，懷著更高的智慧來觀看萬物，求得其間的道理。他會強調道理，然而該道理並沒有否認心靈的意義。《皇極經世．觀物外篇》說：「天地之本，其起於中乎？人居天地之中，心居人之中，心為太極。」還說：「心一而不分，可以應萬變。」天地的根源在中道，人在天地間體察中道，心靈則居於人的生命中，有著中樞的意義，使得該心靈就是太極，只要秉持著整合不做任何概念區隔，就能應對世間各種變化，這層對「中」字的體會，頗能解釋中華思想的核心特徵。他還在《先天卦位圖說》中說：「先天學，心法也。圖皆從中起，萬事生於心。」這是邵雍闡發的「心體論」，此「生」字還要再經解釋，錢穆先生在《中國思想史》中表示這並不是說心靈創始天地萬物，而是說自有人的心靈後，天地萬物都隨著人的心靈而轉動，因此會稱作人的心靈就此成為天地萬物的「太極」（錢穆，二〇一二：頁一七七—一七八）。敝人覺得這個看法尚不徹底（故敝人不同意會有「人本位的客觀主義」這種主張，邵雍並沒有這種傾向），從現象來觀察，的確可謂自有人的心靈後，天地萬物都隨著心靈而生滅，但人沒有心靈前，認知根本無從產生，哪裡還有天地萬物呢？邵雍的意思要從這一層來解釋，纔能比較究竟。

天地萬物外，還有「天地億物」，這只是個詞彙，目的在指出終究還是有心靈無法觸碰到的領域。天地萬物不過是人的心靈體會到的天地萬物，你怎麼能武斷認為自己的心靈可感測到全部存在呢？極可能有不同介面、事物與層次構成的宇宙，有著你始終無法感測到的存在。但這麼講可能有人要說，這不是正好說明人心外還有天地萬物嗎？可是人的心靈外是否還有天地萬物，顯然就不是心靈所能探討的問題了，你只能在心中有疑問，經由假設與推論，卻無法獲得印證。人的心靈尚可區隔成個體的心靈、集體的心靈和全體的心靈這三大層面。個體的心靈有已知與未知，譬如一位思想家可能瞭解陽明心學的內容，但不見得瞭解量子物理學的內容，但一位科學家可能很瞭解量子物理學的內容，卻完全不知道陽明心學的存在；集體的心靈同樣有已知與未知，譬如人類對量子物理學的知識已經在學術領域形成共識，但是人類還會有某些物理法則至今未曾發現並獲得學術領域的共識；最後，還有全體的心靈，其與已知或未知無關，而是無所不知，它是人能產生各種知的機制，提供人類能知範圍的極限，這個全體的心靈就是我們在指的「心體」。我們窮盡所知，都沒辦法再討論心體外的課題，超越心體外的課題，其屬於人類完全無法論證或體證的內容，從心體的角度來說，我們只能說沒有心靈前不可能有天地萬物，意即人的心靈通過認知而產生並明白天地萬物，這就是《華嚴經》裡講的「應觀法界性，一切唯心造」的意思。

這個心體就是中華思想所探討的核心議題，西洋哲學裡不能說完全沒有相關內容，但這的確不是其核心關注的議題。有時或可論證而不能體證的議題，其終究不在心體外，只是有時只能論證或不能體證，或即使論證到終極層面都有言語道斷的困難，這就已經來到「空性」的內容了。討論空性雖然對於一般人來說沒有太大意義，但沒有意義還是有其意義，該意義是說：通過何謂「沒有意義」產生的認知，於是何謂「有意義的知識疆域」就被相對認知出來，然後就知道有意義的內容是什麼。對空性的推論，而畫出自性的範疇，這是周敦頤關注的議題，可是他受限於當時的語言結構，尚無法講得太細緻。

第二節　周敦頤談本體與工夫

敝人談北宋五子會從邵雍開始，只是因其出生較早，真正被視作宋明儒學理論的開創者還是要首推周敦頤（一〇一七—一〇七三）。周敦頤字茂叔，學者稱濂溪先生。他過著如謎樣的一生，其年輕時期曾在家鄉湖南省道縣有個「月岩」的山洞，東西各有一個開口，各自看來有如上弦月和下弦月，中間空曠明亮，看起來像滿月，據說其設計的「太極圖」，就是看著這座山洞的意象體悟出來，因此世稱「月岩悟道」。客觀來說，周敦頤生前官階不高，既沒有受到很高的政制禮遇，更未受到當朝政治風波的侵擾，學問的聲名並不顯赫，會被尊為是「道學宗主」，甚至被視作理學的開山祖師，其實經過後世如朱熹的高度推崇與詮釋，纔逐漸成為事實，同樣的道理，邵雍不受後世重視，同樣跟朱熹對其並不重視有關。周敦頤的貢獻在於建立宋朝士人探索心性這門學問的先聲，讓大家意識到儒家本身同樣有修身養性的路徑（儘管這本來就是事實），周敦頤這一生的重要著作只有《太極圖說》和《通書》，卻被視為北宋道學開山第一人，尤其《太極圖說》這本書是他把佛家與道家的思想融進儒家後，發展出的學術啟蒙著作，他的思想具有「儒學為體，佛道為用」的特徵，目的是冀圖揭示心性的意涵，讓人除在世俗意義上可「安身」；還可在內在的心性層面，包括在天人關係層面，都能「立命」，這是對孔孟思想的回歸與蛻變，更是對當時儒家學說的「拯救」。

其實，周子同樣在做著新一輪華夏學術的理性化工程。本來王通作為「前理學時期」的主要思想家，其並未徹底處理儒學面對天道的議題，這個問題直到周敦頤出現纔獲得正視。從時間上來看，佛教在中國的發展時期正是儒家思想中有關心性學問的停滯期，佛教中人在這個「時間空檔」裡，通過汲取儒家心性的思想而使得佛學思想完成中國本土化，其佛教是因具有「陽佛陰儒」的特質纔有生長的空間（由前面對禪宗的闡釋可知）。因此，深度闡發心性，在普羅大眾裡展開傳播工作，來獲得思想的內植，這是當時佛教的生長模態，同樣可被借鑒到儒家思想新的成長中。黃榦（一一五二—一二二一）在《宋元學案・

濂溪學案》中說：「孔孟之後，漢儒止有傳經之學，性道微言之絕久矣。元公崛起，二程嗣之，又復諸大儒輩出，聖學大昌。故安定，徂徠卓乎有儒者之矩範，然僅可謂有開之必先。若論闡發心性義理之精微，端數元公之破暗也。」黃榦用「破暗」一詞形容周敦頤的思想，就具有相當的精確性，並能印證我們在前面的說法。周敦頤突破的關鍵點，正是儒學數百年來受困於經學闡釋，欠缺心性闡發的學說。或者說，讓禪宗這種本來就具有儒家特徵的思想內容，再經由系統化的詮釋，回歸到儒家思想的本來位置裡，這就是周敦頤在接續完成王通未竟的志業。

記得敝人在〈心體論：由周敦頤思想來思索華人本土社會科學的發展路徑〉這篇論文中指出：周敦頤開創宋朝新儒家，新儒家會被視作「新」，具體來說是其新在「由外而內，由廣而微」（陳復、劉莞，二〇一八：頁二八五），「新」在他開始闡釋儒家思想中天理與人心的終極意義，具體內容包括心體論和工夫論。認識心體論首先離不開宇宙論，因認識天理，與天冥契是人做工夫修行的目的，「人道」是「天道」在人身的體現，認識宇宙的天理流行，這就是在認識人自身。雖然探討「天理」首出於《莊子．內篇．養生主》中講「庖丁解牛」時指出：「依乎天理，批大郤，導大窾，因其固然，技經肯綮之未嘗，而況大軱乎！」意即要按照牛生理的天然結構去解剖牛，該天理具有自然規律的意涵，這個議題的闡釋雖然不始出於周敦頤，而始出於程顥，但在宋明儒學開始大量發揮此層義理，而周子的思想確有此意。《太極圖說》的內容可視作周敦頤的宇宙觀，其使用「無極而太極」這五字開篇，闡釋宇宙的起源和運作，「太極」和「無極」係《太極圖說》裡最關鍵的概念。先秦時期就已經有這樣的概念，太極就是萬物最早的源發點，一般人會覺得源發點就是起點，結果華人逐漸發展出一層新的領悟，認為在源發點前，還有個沒有源發點的源發點，這就是「無極」。意即「無極而太極」裡面包含兩層意思：第一層的意思是說「無極是太極」，我們要勉強去解釋的時候，本來沒有最先的起點，但為做說明，於是就有一個最先的起點；第二層的意思是說「無極生太極」，可是這個最先的起點，推溯到其本源，尚有一個無始無終的源頭，於是要區分出來，就出現無極的觀念。這是很核心的議題，甚至現在物理學依然對這個層面都在展開探討。天地萬物的第一因，最終無因可覓得。

從精確闡釋本體的角度來看待這個問題，我們可藉由徵引印度世紀新思潮大師阿南達穆提（Anandamurti, 1921-1990）的思想中獲得啟發。阿南達穆提是印度靈性導師，他創立靈性組織「阿南達瑪迦」（Ananda Marga），意即「喜悅之路」，該組織旨在結合古代密宗瑜伽，從事身心整合修煉，教導人了悟自性。各位可檢索阿南達穆提在《激揚生命的哲學》這本書中，把無極和太極分別被他稱作「無屬性宇宙本體」（Nirguna Brahma）和「俱屬性宇宙本體」（Saguna Brahma）。宇宙本體本身由意識（purus'a）和造化勢能（prakrti）組成，造化勢能是給予個體意識屬性特質者，當造化勢能比意識弱，無法影響或賦予意識屬性，此時的宇宙本體就是無屬性宇宙本體；而當意識受到造化勢能的影響，被賦予屬性，就呈現俱屬性宇宙本體，無屬性宇宙本體與俱屬性宇宙本體只是宇宙本體的不同狀態，如同人有清醒和沉睡兩種狀態。阿南達穆提還表示，宇宙本體本身的內容無限，它的最高境界就是「無屬性」，在無屬性宇宙本體中，只要有較不集中的意識，這部分意識就會受到造化勢能的影響，轉化成俱屬性宇宙本體，這就像是在一個海洋上，有些環境的水會結成冰，但是冰與水本質上是同一種物質。正如冰山在海洋內，俱屬性宇宙本體存在於無屬性宇宙本體內。同樣的道理，周敦頤會說「太極本無極也」，何嘗不是基於同樣的道理？周敦頤在中華思想的巨大貢獻，就在於他早於印度的阿南達慕提，就已更細緻意識到「無極」與「太極」的相異性與相通性，因此，太極與無極都可視作是創生宇宙的本體，只不過無極更是一種全然無相無形的「混沌本體」（無屬性宇宙本體），無極而生太極，使得太極成為具體創生萬物的「宇宙本體」（俱屬性宇宙本體），世間萬有通過該宇宙本體而顯現出來（陳復、劉莞，二〇一八：頁二八五—二八六）。

接著，周敦頤在《太極圖說》中，更細緻道出宇宙如何運作的過程：「太極動而生陽，動極而靜，靜而生陰，靜極復動。一動一靜，互為其根；分陰分陽，兩儀立焉。」這段話的意思是說：太極中有「陰」與「陽」兩極，意即其動態而生陽，靜態而生陰，陰陽各自運作到極致，接著互相轉化，「陽動」與「陰靜」，作為兩種基本的屬性，在宇宙內交互周流不息，體現出宇宙永恆運動的特性。「動」與「靜」互為其根，這說明動靜兩者是彼此來自太極而生發的泉源，動中蘊含著產生靜的機制，靜中同樣蘊含著產生動的機制，兩者在運動中相互轉化，纔會由太極的形式構成太極的實質，進而化生萬物。《太極圖說》還指出：「陽變陰合，而生水、火、木、金、土。五氣順布，四時行焉。五行，一陰陽也；陰陽，一太極也；太極，本無極也。五行之生也，各一其性。無極之真，二五之精，妙合而凝。乾道成男，坤道成女，二氣交感，化生萬物。萬物生生，而變化無窮焉。」在「陽變」與「陰合」的交感中，生出「水，火，木，金，土」這五行。五行作為氣息的運轉，顯現為四季的更替。五行統一於陰陽，且陰陽統一於太極，太極則本來源自於無極。五行雖同出於陰陽，卻各有其特性，纔會形成五種不同的型態。陰陽與五行各有其幽微的結合與凝聚，接著形成「乾與男」暨「坤與女」兩種宇宙能量（前者是形式，後者是實質），兩種宇宙能量交感，可藉由五種型態化生出無窮萬物。在這裡，「乾與男」屬於陽，「坤與女」屬於陰，相對於無極與太極屬於創生源頭的宇宙範疇，乾坤與男女的能量則是直接化生萬物的世界層面，這兩種氣相互交融成五種型態，生生不息孕育出萬物，這是陰陽兩種能量在世界範疇的直接體現。

《太極圖說》這本書的文字非常的簡短，其中有一段很關鍵的內容：「聖人定之以中正仁義而主靜，立人極焉。」這句話的意思是說：聖人以中正仁義作為修養的主靜工夫，藉此設立做人應該遵循的標準。這段話從周敦頤口中說出來，有著開天闢地的意義，意謂著經歷過六朝直到唐末佛教的興盛，從宋朝開始，中華思想的主流浪潮開始逐漸回到人世間，回到對人生命主體性的重視，這不能否認首先是通過禪宗的示範，讓儒者更警醒到自己應該藉由「恢復自性」來「恢復自信」。自佛學傳入中國以後，就非常強調本體與現象對立的觀點，周敦頤在《太極圖說》中說：「無極之真，二五之精，妙合而凝。」從無極生出動靜，產生現象，到底本體是先動後靜，還是先靜後動，因為當時人的語言結構難免帶來思想的局限性，沒有辦法說得清晰，就不好去說孰先孰後，於是他纔會去說「動靜互為其根」，卻不能進而再說誰是誰的根。這是從宇宙本源的角度來講。人生固然在宇宙中，但人生不可能與宇宙完全合一，因人生有人生各種需要關注的面向，不得不從人生中自立人極。前面談的郭象是把人生的全部現象給合理化，無論好的壞的都認作是自然而然，完全沒有標準，他簡直是為魏晉時期的混亂提供思想上的假性根據，直到周敦頤開始講人極，就是希望釐清人應該遵循的標準，標準重新確立後，纔能讓人生領域獲得安寧。

竺道生通過心性論打開新的通道，周敦頤同樣對心性論有所闡釋。周敦頤認定天地萬物背後有個本體，他將該本體稱作「誠體」，他還有一本重要的書《通書・誠》，其中說：「誠者，聖人之本。聖，誠而已矣。」意思是說當人很誠意面對自己，保持意念上的清澈，沒有絲毫雜質，就進入到聖的根本狀態了，這個狀態根據他的闡釋就是無欲的狀態。這已經在為後來宋明儒學講的「存天理，滅人欲」提供思想的鋪墊。詳細內容可見於《通書・聖學》第二十：「『聖可學乎？』曰：『可。』曰：『有要乎？』曰：『有。』『請問焉。』曰：『一為要。一者，無欲也。無欲。則靜虛動直。靜虛則明，明則通；動直則公，公則溥。明通公溥。庶矣乎！』」這段話意思是說：聖人是可學而至的狀態，人只要無欲，就在靜的時候保持虛空，動的時候保持正直，如此「虛靜」就能明白而貫通；「直動」就能公正而廣大，「明通公溥」這四字就接近聖人了。他還在《周敦頤集・養心亭說》卷三中說：「予謂養心不止於寡焉而存耳，蓋寡焉以至於無。無則誠立明通。誠立，賢也；明通，聖也。是聖賢非性生，必養心而至之。養心之善有大焉如此，存乎其人而已。」周敦頤認為聖賢的境界可通過設立誠意與貫通明白這兩點來著手，任何人最終成為聖賢，並不是誰性格天賦異稟本來如此，而是養心完成的工夫，修養本心的優點如此大，但是否願意著手，決定權同樣在人本身。周敦頤要人往自身內在去下工夫，這與涅盤學中的「闡提成佛」一樣，都提供了凡人成聖（或凡人成佛）的可行路徑。

但周敦頤談的無欲和後來程頤（一〇三三—一一〇七）講的無欲其意思不一樣：程頤的無欲是指沒有個體的私人欲念，周敦頤則是從誠意的角度來談無欲，當人達到沒有絲毫雜質的寧靜狀態，如此纔能上達天德，使宇宙領域與人生領域貫通成一體，而程頤的無欲簡直是要把人捆綁成一個活死人，意即周敦頤主張的「立人極」，其重點在談內心的平衡感，成就中正仁義的身心狀態，行所當行且為所當為，其絕對不是主張成為純粹只求安靜不求有事的人。當講到中正仁義，就是要面對內外，尋求最純粹的明白。這與道家講的「靜」不一樣：從工夫論的角度來看，「無欲」本是儒道佛三家的共同態度，但是在操作層面，三家標準卻不大一樣：道教的無欲是要修仙成道；佛教的無欲是要通過持守五戒來落實（包括不殺生、不偷盜、不邪淫、不妄語與不飲酒）；儒家的無欲則是人不能做超過自己分際外的事情。雖然只有在工夫論的層面纔能開始講本土心理諮詢的操作議題，但沒有本體論的探討，如何發展出相應的工夫論？因此，本體論實屬發展華人本土心理諮詢的大頭腦，這就是我們要細談「中華思想史」的根本原因，但我們同時需要知道，本土心理諮詢的具體技術就在工夫論的琢磨與操練，只不過周敦頤提供的工夫論純粹屬於意念層面的辦法，人首先要「立誠」，全然誠意面對生命，接著對每件事情都細察其紋理，繼而能「通明」人間世事，這有略同於後世「即本體即工夫」的意涵。這種細緻的探討對於我們從事心理諮詢工作有個啟示：你能不能鍛鍊自己，用全然專注的精神來面對你的當事人，對當事人的思考與想法，不要只是潑墨般隨意評斷，而要練習在每個當下，把你的當事人當作是整個宇宙般來認真對待，聆聽他吐露的語言，就當作是你正在瞭解某位思想家面向整個宇宙給出的語言，繼而你很細膩釐清其語意脈絡，釐清他的核心觀念，務求貫通明白其精神旨趣。當你能把當事人的思想輪廓研究清楚，甚至到連他自己都嚇一跳，發現自己過去從來都沒有意識到自己原來是這麼想事情，這時候纔能說是真正在理解他，當你理解當事人甚至比當事人認識自己都還來得深刻，你就有可能改變一個人。這就是周敦頤工夫論提供給華人本土心理諮詢的具體技術。

周敦頤的思想內容相當程度同樣借鑒道家甚或道教的思想。這一問題，歷來學者眾說紛紜，主要集中於下面幾點：首先，「無極」這一詞彙最早出自《道德經》，「太極」這一詞彙最早出自《莊子》，周敦頤糅合兩個道家經典中的詞彙來描寫自己「無極而太極」的宇宙觀，並且「無極而太極」更在某些角度應和道家「有生於無」的早期觀念；再者，周敦頤的《太極圖》被認為是傳承自道士陳摶，《宋史．朱震傳》引朱震所著《漢上易解》說：「陳摶以《先天圖》傳種放，放傳穆修，穆修傳李之才，之才傳邵雍。放以《河圖》、《洛書》傳李溉，溉傳許堅，許堅傳范諤昌，諤昌傳劉牧。穆修以《太極圖》傳周敦頤，敦頤傳程顥、程頤。」從周敦頤《太極圖》的構圖樣貌來看，的確與陳摶《先天太極圖》相當相似，可是具體的排列有變化，闡釋的思想內容就跟著不同，周敦頤雖然借用道家的思想元素，卻是用來完成自身想發展儒家形而上的理論體系，並發展出工夫論來貫通到人生，其意圖與吸納佛教思想來自成一爐的意思相同，正如《王陽明全集．年譜》卷三十三記陽明子說：「覺悟之說，雖有同於釋氏，然釋氏之說亦自有同於吾儒，而不害其為異者，惟在於幾微毫忽之間而已。亦何必諱於其同而遂不敢以言，狃於其異而遂不以察之乎？」

正確的義理本屬共法，不應該拘泥於名相，從周子到陽明子都是秉持著這一條路線來發展宋明儒學，使得宋明儒學擴張其格局，從本體論到工夫論都獲得細緻的呈現，由於周敦頤已經具有理論思考，敝人覺得他不只是第五回華夏學術理性化工程的原創性思想家，其思想更已具有華人本土社會科學的意義。

最後，我們再回過來談談「理型論」與「物質論」。西洋思想要談論宇宙的本質，有「理型論」與「物質論」兩大說法，民國初年將這兩者各翻譯作「唯心主義」與「唯物主義」有極大錯誤，其將科學救國產生連結，或許對於當時的救亡圖存有益，卻反而導致學術層面非常深重的災難，使得中華思想的根本特徵無法釐清。物質論是亞里斯多德（Aristotle, 384B.C.-322B.C.）主張的「經驗論」中的一支，該經驗論承認經驗是人認識的最早出發點，但同時認為感覺經驗來源於客觀的實在，這是外間事物作用於人的感官而引發，更是對外間事物的反映。不同於經驗論者則是柏拉圖（Plato, 427B.C./429B.C.-347B.C./348B.C.）主張的理型論（或觀念論），該概念與人的精神意識完全無關，自然就與心靈是否作為本體無關，其主張世界中的事物其形相並不是固定不變，人類對於個別事物的知覺必然不完整，人無法由此獲得永恆的知識，任何能做永恆知識的基礎者，並不是個別的事物，而是人從眾多個別事物抽象出來的「形式」（eidos）或「觀念」（idea），其等於客觀且永恆的實在，人類知覺到任何個別事物，只是其並不完整的複製品而已（陳復，二〇二〇：頁一一九—

一二一）。中華思想則著眼於宇宙整體的變化，從現象論現象，覺得宇宙沒有開始，從本質而論都只是氣的生成變化，因此纔會有「無極而太極」這一說法。周敦頤只是宋明儒學的開山鼻祖，他的思想裡有太多縫隙漏洞，相當於只是畫出一個藍圖，但同樣因此纔有宋明儒學繼續發展的空間。

第三節　為天地立心的張載

接著我們來談張載（一〇二〇—一〇七七），張載的思想是精思凝練而成，韋政通先生在《中國思想史》中覺得他是個舉足輕重而極富創意的哲學家（韋政通，二〇〇九：頁七六三—七六六）。不過這有個養成的過程，早年他氣質駁雜，居住於西北，學習環境比較差，後來鑽研《易經》稍有得，直到辭官回到陝西省郿縣的橫渠鎮講學，穿著破爛的衣服，吃著簡陋的食物，與弟子同甘共苦，不講學時就整日在內室埋頭苦讀與仰頭沉思，有時夜半忽有收穫，就拿著燭火起坐，秉筆直書至白晝，最後終於寫出《正蒙》這本書，始成其「氣學」。張載經常講到「太虛」，他在《正蒙．太和》指出：「太虛無形，氣之本體，其聚其散，變化之客形爾；至靜無感，性之淵源，有識有知，物交之客感爾。客感客形與無感無形，惟盡性者一之。」意思是說：太虛沒有固著的形狀，其屬於氣的本體，本身恆常不變，其產生氣則是聚散不一，不斷在變化的狀態，這被稱作「客形」，他覺得自性的淵源本來是至靜無感的狀態，直通於太虛，因為與對象相交而使得人產生感覺，這被稱作「客感」，自性產生的客感與太虛產生的客形，相對於自性本身的無感與太虛本身的無形，這只有人「善盡自性」纔能獲得統合。

我們可從前面看出張載已實質區隔出「體和用」暨「主和客」的狀態，只是概念尚沒有如此精確。宋明儒者總是要人首先認識本體，然後再從本體出發來探索其發用，張載不能例外。宋朝儒者同樣知道他們說的觀點與先秦孔孟思想略有差異，但他們經歷近千年來佛學的浸染，總覺得佛學思想已經到這種高度，不徹底釐清形上議題就不圓滿，他們總是想盡辦法要將佛學思想融進儒學中。韋政通先生對此表示：「氣就是本體，只是當氣散而為無形之太虛時，太虛復又與氣混而為一，故有此言，不是說太虛乃氣之本體也。氣是宇宙的第一原理，這在橫渠的系統中，是無可疑的。」（韋政通，二〇〇九：頁七六六—七六八）這觀點極有問題，不可能令人無疑。仔細看前面的原文，就會得知張載主張氣學並不是說「氣就是本體」，而是說該氣可成為「體和用」暨「主和客」獲得串聯的核心環節，在這一環節中該氣具有使得抽象變成具象的意義，這樣說並不會降低張載主張氣學的意義。而且，正因為有「氣」這一概念，使得他可將自性區隔得更細緻，稱作「天地之性」與「氣質之性」，他在《正蒙．誠明》說：「形而後有氣質之性，善反之則天地之性存焉。故氣質之性，君子有弗性者焉。」只要由抽象的概念落實到具象的生命，人就會因氣息灌注於肉身，而有氣質產生的情性，如果能抽離開來，就會回歸到天地本然的自性，對君子而言，不應該依賴氣質產生的情性，該情性會影響自性，使得人無法恢復天地本然的狀態。張載還在《橫渠語錄》說：「性者理也，性是體，情是用，性情皆出於心，故心能統之。」這本來是按照「天地之性」與「氣質之性」的脈絡持續展開的思考，他主張人的心靈統攝「性」與「情」這兩端，因此能做出該往哪裡發展的決策，這後來被朱熹拿來變成「心統性情」這一學說。

如果我們拿阿德勒（Alfred Adler, 1870-1937）的個體心理學（individual psychology）這一角度來檢視，會發現可跟張載思想做出深刻的對話。按照阿德勒的說法，人常會拿私人理則（private logic）（駱芳美、郭國禎，二〇一八：頁七三—七四）來創造自己的生活型態，私人理則是指每個人在童年時從觀察與理解自己生活經驗推敲出來的一套觀念，不論是否具有相當的主觀偏見，人都常會按照該理則去創造獨特的生活型態，意即按照自己相信的觀念來處理事情，最後編織成自己早經預示的人生故事，但某些不當想法，正來自於人對自己型塑出的人生故事有偏差，諮詢師應該幫忙當事人去檢視這些私人理則，去蕪存菁，重寫正向的人生故事情節給自己。這種有關私人理則的觀點，其實正可拿「氣質之性」的角度來理解，諮詢師應該幫忙當事人釐清自己的「氣質之性」，對該「氣質之性」

會帶來的人生故事有精確的理解與反思（有些已發生，有些未發生），在引導的過程中，幫忙當事人去除不當的「氣質之性」（私人理則），從恢復「天地之性」的角度來型塑出更合適的「氣質之性」，從而完成自己由衷願望的人生故事。

張載有部著作《西銘》受到二程的高度推崇：「乾稱父，坤稱母；予茲藐焉，乃混然中處。故天地之塞，吾其體；天地之帥，吾其性。民，吾同胞；物，吾與也。」這段內容的意思是說：《易經》的乾卦被視作萬物的父親；坤卦被視作萬物的母親。我如此的藐小，卻混然天成按照變化的道理，生活在其中。充塞天地發展的主體，就是我們的肉體；引領天地發展的機制，就是我們的自性。全體人民都是我們的同胞；全部萬物都是我們的同類。張載這番見解，已經不同於先秦儒家的親親推演格局，而是擴大成從自然到社會都兼容並蓄視作一體。他說：「尊高年，所以長其長；慈孤弱，所以幼其幼；聖，其合德；賢，其秀也。凡天下疲癃、殘疾、惸獨、鰥寡，皆吾兄弟之顛連而無告者也。於時保之，子之翼也；樂且不憂，純乎孝者也。違曰悖德，害仁曰賊，濟惡者不才，其踐形，惟肖者也。知化則善述其事，窮神則善繼其志。不愧屋漏為無忝，存心養性為匪懈。」意思是說：尊重年長者，因此要注意年長者是否有獲得照顧；慈愛孤弱者，因此要注意孤弱者是否有獲得哺育。聖人是天地中德性彰顯的人；賢人是天地中表現卓越的人。天底下無論年老體弱還是殘廢患病，或孤苦伶仃沒有配偶，這些人都是我困苦無從訴說的兄弟，我們要適時保護養育他們，這是孩子對乾坤父母應該要有的協助；保護養育的過程裡，我們應該快樂而沒有憂愁，畢竟這是對乾坤父母最純粹的孝順。助長罪惡的人不能成才，能善用身體實踐自性的人，只能是孝順乾坤父母的人。明白如何化育萬物，就能繼承乾坤父母的事蹟；徹底洞悉造化的奧秘，就能繼承乾坤父母的志願。不慚愧於物質上的困苦，這就是無愧於乾坤父母，時時收攝心靈與涵養自性，這就是對於孝順乾坤父母的不懈怠。

乾坤父母已經不是指著單純的父母，而是指整個宇宙，意即宇宙就像是我們的父母，我們則是宇宙的孩子，要懂得孝順整個宇宙，纔能回報宇宙對待我們的恩情。《西銘》的宗旨顯然有著把孝悌的道理推到全宇宙，把人生論貫徹到宇宙論的意思，這是極其博大的胸懷，其意圖使得一般人能意識到自己對父母的孝順並不是只針對於父母而已，更應該帶著這種情感來面對全人類的福祉，如此就是在實踐「天地之性」，其對自性的詮釋，實屬儒者在本土心理學的深層突破，這就是他長期在思索儒佛會通議題的成果。華人對於親子關係內蘊的孝道議題，可謂有著永恆的關注，很多人畢生的心結常都在這裡，如果有諮詢師想進而將張載這種看法應用到本土心理諮詢，可針對當事人的父母因病痛或意外過世，心中有著「子欲養而親不待」的遺憾，從這種角度來輔導其釋懷，鼓勵其參與各類鰥寡孤獨廢疾者的關懷機構，藉由幫忙天下失溫者來彌補自身的缺憾。

張載還有個重要觀點，就是「德性之知」與「聞見之知」的差異，這後來開啟宋明儒學的長期辯論，包括朱陸在鵝湖爭論的重要問題，就是「尊德性」與「道問學」的關係。張載在《正蒙．大心》中表示：「見聞之知，乃物交而知，非德性之知。德性之知，不萌於見聞。」這裡說「物交」就是指感官經驗，包括讀書或對談，都是跟某個對象交流而在生命中獲得的知識，但「德性之知」不需要有後天經驗，這是與生俱來的知識，人只要「大其心」即能獲得，他在《正蒙．大心》中表示：「大其心則能體天下之物，物有未體，則心為有外。世人之心，止於聞見之狹；聖人盡性，不以見聞梏其心。」這段話的意思是說：人如果擴張自己的心靈，就能體察天下萬物的道理，如果不能體察任何對象，就反映出心靈尚在該對象外，世人的心靈都被聞見獲得的知識給侷限住，但聖人懂得善盡其自性，就不會拿聞見獲得的知識來桎梏自己的心靈。這層領悟至關緊要，後世如陽明子在《傳習錄．中卷．答歐陽崇一》中就表示：「良知不由見聞而有，而見聞莫非良知之用；故良知不滯於見聞，而亦不離於見聞。」正因有張載首度提出「德性之知」與「聞見之知」的思路，纔能啟發陽明指出良知「不滯於見聞且不離於見聞」的說法。張載在《橫渠語錄》中還有一段重要的話：「為天地立心，為生民立道，為去聖繼絕學，為萬世開太平。」這段話的意思是說：替天地設立心靈來做體察的主體，替百姓設立天道來做安身的依歸，替過往聖賢繼承即將斷滅的學問，替後來世代開闢指向未來的太平。這是張載寫《西銘》內蘊的苦心孤詣。過去常見的版本都會將「立道」寫成「立命」，「去聖」寫成「往聖」，主要始自《宋元學案》，「立道」寫成「立命」這種說法最早出自朱熹的弟子陳淳（一一五九—一二二三），文天祥（一二三六—一二八三）則將「去聖」改成「往聖」，這都不是張載原意（李郁，二〇二〇）。周敦頤的《太極圖說》暨張載的《正蒙》與《西銘》同樣在探討本體論的議題，然而張載更細緻發展下去，開始從本體論探討到認識論，再回過來本體論，通過「立心」（或大其心）來貫通宇宙與人生。

第四節　程顥對性無內外的主張

程顥的老師是周敦頤，表叔是張載，程頤是其弟弟，他們彼此有著道緣與血緣的連結，或可謂北宋儒者都是一家人。跟程頤相較，程顥待人平和，大家都喜歡跟他來往，不幸只活中壽。程顥在〈識仁篇〉裡表示：「學者須先識仁。仁者渾然與物同體，義、禮、智、信皆仁也。識得此理，以誠敬存之而已。」這段話的意思是說：學習大道的人需要先認識仁這個本體。仁作為本體，體現在萬物中，「義、禮、智、信」這些德性都是仁。認識仁這個理，然後用誠來敬存本體的工夫來存養，這些老觀念到程顥這裡變得層次井然的系統，意即他不同意孟子的四端說，他覺得「仁」是本體，再拿出「義、禮、智、信」來當作本體發作出的具體德性，「誠」則是將其發作的工夫，敝人不將「誠敬」連結，而說「用誠來敬存本體」，這是因為〈識仁篇〉接著說：「孟子言『萬物皆備於我』，須反身而誠，乃為大樂。若反身未誠，則猶是二物有對，以己合彼，終未有之，又安得樂！」能帶著誠意來反省吾身，不再有客體的異化對立，纔能獲得生命的快樂，這是種觀念工夫，意即不再有工夫的工夫。相比於邵雍、周敦頤與張載都比較從外在層面來探索天理，程顥則覺得天理就在自己的心靈內，不需要向外探索，〈識仁篇〉說：「蓋良知良能元不喪失，以昔日習心未除，卻須存習此心，久則可奪舊習。此理至約，惟患不能守，既能體之而樂，亦不患不能守也。」只要去除「習心」，涵養「此心」，意即奪除積習對於心靈的束縛，就能恢復良知與良能，而能體察出生命的快樂，因為本來就身體來說，是有人我與物我的分別，可是從心靈的體證來說，則個體本來都在整體中，個人與萬物都渾然同體。

在這個脈絡裡，程顥覺得不論是道家或佛家，其本體論都比較有重內輕外的傾向，如此強調內外有別，就會談成仙或出家，從而拒絕現實人生。程顥則打破內外，視其具有同一性，打通精神世界和現實世界的距離感，他主張「性無內外」，其在〈定性書〉中說：「所謂定者，動亦定，靜亦定，無將迎，無內外。苟以外物為外，牽己而從之，是以己性為有內外也。且以性為隨物於外，則當其在外時，何者為在內？是有意於絕外誘而不知性之無內外也。」自性不會隨著任何對象而牽動與變化，則自性當無內外，意即不會有己性與他性的差異，這纔是物我本無差異，萬物會與個人同體的原因，從本質而言，人如果洞察自性，則本來不會有受到外物牽引的可能，因不會有受到外物動搖的自性，在自性中，本是動靜將迎內外都合一的狀態。程顥更進而將「此心」與「自性」視作同一性的概念，只是順著不同情境而有不同指稱，《二程遺書》卷二上記程顥說：「嘗喻以心知天，猶居京師往長安，但知出西門便可到長安。此猶是言作兩處。若要誠實，只在京師，便是到長安，更不可別求長安。只心便是天，盡之便知性，知性便知天，一作性便是天。當處便認取，更不可外求。」善盡此心就能知道自性，如此根本就不再有「天人合一」這個命題，《二程遺書》卷六記其說：「天人本無二，不必言合。」錢穆先生覺得程顥不免有著向外的思想，並舉《二程遺書》卷十八來做證據：「問心有善惡否？曰：在天為命，在義為理，在人為性，主於身為心，其實一也。心本善，發於思慮，則有善有不善，若既發則可謂之情，不可謂之心。」這恐怕有些誤會。錢穆先生覺得先秦儒家的人本位精神，到宋儒手裡會有變成天本位的傾向（錢穆，二〇一二：頁一八七—一八九），然而根據這段話，敝人尚看不出有什麼天人與內外各自有別的意涵，並且，一般學者會將這段話當作程頤的觀點，不會視作程顥的觀點，更不消說請注意《二程遺書》卷十二記程顥說：「吾學雖有授受，天理二字，卻是自家體貼出來。」意即程顥雖然師承周子，但天理這一層卻來自於自得，且首先開始在宋明理學中直接使用此二字，其思想具有向內性，從而更重視生命的體證，這點應該並無問題。

不過，在北宋時期，相較於邵雍、周敦頤與張載各自成套的系統論，甚至自己弟弟程頤的思想，的確在面對「天理」與「人心」的議題時，程顥比較具有整合傾向，意即其心體論取消天理的自成脈絡性，直接指向每個人的心靈，這是種簡潔俐落的思考，不過比較容易流於空疏，敝人並不指修養工夫，而是指理論架構。譬如程顥強調「敬」字，他在《二程遺書》卷二上說：「敬須和樂，只是中心沒事也。」《二程遺書》卷三則說：「某寫字時甚敬，非是要字好，即此是學。」這些語言如果只是在生活層面體會，固然極具智慧，符合華人特有的本土心理學脈絡，但其實只是指存養心靈獲得的狀態，其語言並沒有架高成抽象概念，從而對心靈呈現的細緻內容做出討論，因為不論是敬，或再外談其呈現的和樂，甚至談到最具體的心中沒有任何事情，這都不是釐清本體自身，使得內在源頭的內涵有些模糊不清，更會誤把現象當本體。這是他置身的時空背景裡很難免會有的侷限性，這跟他太早過世有關，或可理解成理論家與實踐家的差異。不過我們如果從本土心理諮詢的角度來看，倒不失具有實用性。譬如諮詢師可建議當事人練習寫書法來培養對生命的敬意，如果當事人對此有排斥感，覺得自己字寫得很難看，諮詢師就可告知程顥這段話，並解釋寫字時應該全然一心把重點只放在寫字，這就是培養敬意，不需要掛懷字是否漂亮，如果還有寫得好壞的期望，那就是不敬，這就反過來變成向外追逐的欲望，這樣可給當事人帶來精神的解脫與釋放，更有益於發展成書法治療。

第五節　程頤的天理與人欲

程顥的弟弟程頤，個性比較嚴格且剛毅，心思條理細密，更享高壽，比哥哥多活二十年。「程門立雪」的典故就是在說他的事情，《宋史．楊時傳》中記載楊時（一〇五三—一一三五）和游酢（一〇五三—一一二三）兩人：「一日見頤，頤偶瞑坐，時與游酢侍立不去，頤既覺，則門外雪深一尺矣。」這段話意思是說：有一天程頤的兩位學生楊時和游酢來拜見程頤請教問題，但他們在窗戶外，看見其夫子正在屋內閉目靜坐，不忍打擾，於是站在門外靜靜等候。當時天降大雪，楊時和游酢沒有離開，在雪中持續站立，等到程頤發覺的時候，門外的雪已經有一尺厚（宋朝一尺相當於現在三十二公分左右）了。程頤不同於程顥，其思想在「敬」外再加上「義」這一概念，《二程遺書》卷十八：「敬只是涵養一事，必有事焉，須當集義。只知用敬，不知集義，卻是都無事也。敬只是持己之道，義便知有是有非。順理而行，是為義也。」這段話的意思是說：恭敬只是涵養生命的態度，人必須置身在事情中來完成生命，更應該在過程中匯集義理，如果只知道保持恭敬卻不知道匯集義理，這樣就會反而如同置身於無事狀態，因為恭敬只是在持守個人生命的風格，按照義理則使得人知曉是非對錯，順著其脈絡來實踐，這就能完成義理。這點後來朱熹將其歸納成「敬義夾持」的觀點，他在《朱子語類．學六．持守》卷第十二表示：「須敬義夾持，循環無端，則內外透徹。」意即恭敬與道義變成相互夾持來循環實踐的德性，如此生命內外都能變得通透清澈。

在《二程遺書》卷十八中，程頤說：「涵養須用敬，進學則在致知。」涵養生命需要用恭敬的工夫，增進學問則需要致知的工夫，而致知就是特別指在知識層面的「集義」，這需要做格物的工夫，《二程遺書》卷十七中，程頤說：「今人欲致知，須要格物。物不必謂事物。自一身之中，至萬物之理，但理會得多，相次自然豁然有覺處。」在程頤看來，格物的物並不是指外在的事物，這會顯得太過於表面，從自身到萬物背後都有其義理，意即不只是將思考對象化，更要著墨該對象獲得存在的義理，人只要反覆琢磨義理，自然就會逐漸獲得知識，從而豁然有覺悟。因此，相對於程頤主張「主敬涵養」來當作主客合一的觀點，程頤卻在講「格物窮理」這種主客對立的觀點，兄弟兩人的歧異構成後世心學與理學的路線歧異，《二程遺書》卷十五記程頤說：「要在明善，明善在乎格物窮理。窮至於物理，則漸久後天下之物皆能窮，只是一理。」做工夫的重點在於明瞭真正的善是什麼，明瞭真正的善在於推究事物中蘊含的道理，藉此探尋其究竟。將事物究竟的理探尋出來，這樣堅持做工夫，萬事萬物的究竟都能探尋出來，因為萬事萬物最終都歸於同一個道理。但具體該怎樣格物窮理呢？

《二程遺書》卷十八中記程頤說：「『窮理亦多端，或讀書，講明義理，或論古今人物，別其是非，或應接事物而處其當，皆窮理也。』或問：『格物須物物格之，還只格一物而萬理皆知？』曰：『怎得便會貫通？若只格一物便通眾理，雖顏子亦不敢如此道。須是今日格一件，明日又格一件，積習既多，然後脫然自有貫通處。』」程頤在這段話的意思是說：探尋道理究竟的方法有很多種，或者可讀書，藉此將書中的義理琢磨明白；或者可討論古今人物，辨別其社會實踐的是非對錯；或者在應對事物中拿捏恰當的做法，這都是在探尋道理的究竟。有人對此不明白，接著問程頤：「探尋事物的究竟需要每個事物都去探尋，還是只探尋某個事物，接著就可觸類旁通，明白所有事物的道理？」程頤回答說：「這樣怎麼能貫通呢？如果只是就單一事物來探尋，就覺得可通曉各種道理，就算是顏淵復生都不敢這麼說。人須要今天推究一個事物的道理，明天再推究一個事物的道理，積累既深，然後有朝一日就會猛然明白其關鍵點而豁然貫通。」這反映出程頤對於「格物」的嚴謹態度，他不想輕易將不同的事物都混同，而認為應該仔細探討各自運作的道理，從道理層面來瞭解事物的相同與相異，這種觀點很適合於後世科學典範的發展，如果在本土心理諮詢層面落實，則面對當事人很容易掉落到華人常見的關聯性思維，動輒將很多不相干的事物做出連結，卻導致自己產生情緒困擾，則諮詢師可跟當事人就每個單獨事件展開獨立解析，瞭解其各自背後運作的道理，譬如「華人常習慣看關係親疏來決定事情輕重與對錯」與「不具備文學基本素養者無法取得文學博士學位」這兩件事情本來各自獨立，前者的考量即使成立，都無法讓後者被翻轉，意即即使華人常會看關係輕疏來決定事情輕重與對錯，都不可能讓不具備文學基本素養者取得文學博士學位，即使果真有這類事情，如果有一天被人揭發出來，都會變成莫大的醜聞，因此，某個當事人如果責怪某個關係人不願意看關係來幫忙自己取得文學博士學位，自己因此很沮喪或失落，這時候他求救於諮詢師，諮詢師就應該運用程頤的格物工夫，將兩者各自運作的道理做個澄清，讓當事人知道這兩件事情各有運作的道理，不能輕易被混淆。

但我們可不能誤認程頤的說法就是將對象與人身完全對立化，其主張「主客對立」只是種階段性的作法，意即「格物窮理」只是種外在工夫，如果任何事物背後的道理被釐清，其還是往內在反思，帶著我作為生命主體的契入，來從中實踐於生命，完成「物我一理」與「內外一體」的事實，意即任何事物的道理即使有各種殊異，都能讓個人獲致不同的受益，畢竟人如果沒有帶著這層意願，則就不會從事「格物窮理」的工夫。《二程遺書》卷十八記程頤說：「物我一理，纔明彼即曉此，合內外之道也。語其大，至天地之高厚，語其小，至一物之所以然，學者皆當理會。」這段話意思是說：「物」與「我」兩者遵循同一個道理，明白兩者其中任一者的道理，就能明白另一者的道理，內（我）與外（物）的道理都相互貫通。這個道理往大的層面去談，可談到天地高遠與深厚的內涵；往小的層面去談，可談到具體事物如何運作的理由，探究學問的人都應該仔細去思考這個道理。敝人往日不見得能深度詮釋程頤這種說法，不過後來因緣際會從事科學教育研究政策的工作，受到趙金祁先生（一九三〇—二〇一六）倡導「求如」這一觀念的啟發，開始意識到程頤的「格物窮理」其實是種科學方法，藉此來獲得科學概念，然而任何科學方法與科學概念都不能離開科學態度，「物我一理」就是種求如的精神，最終人要自問這些探索能否心安理得（趙金祁、陳復，二〇一一：頁七）。

程頤同樣講內外合一，可是跟其兄長程顥的偏重有不同，程頤認為探索自性就要探索其道理，意即要瞭解自性究竟具有什麼意涵，就要去瞭解自性背後運作的道理，不能像程顥那樣說放在心裡久了，就自然明白。這個差異在於程頤關注於論證，程顥則關注於體證，從中我們可看出程頤治學風格的嚴格。《二程遺書》卷十八中記程頤說：「性無不善，而有不善者，才也。性即是理，理則自堯舜至於塗人，一也。才稟於氣，氣有清濁。稟其清者為賢，稟其濁者為愚。」這段話的意思是說：自性本來至善，如果會有不善的現象，這是人的才情帶來的影響。自性就蘊含著道理的運作，該道理整體統合著堯舜到百姓的生命，每個人的才情都來自於氣息，該氣息有清濁的差異，氣清者是賢人；氣濁者是愚人。本來《孟子．告子下》只是說：「人皆可以為堯舜。」然而程頤加上「才情」這一概念進去，使得同樣有著身而為人的道理，卻因氣清與氣濁而產生高低的差異，這就是程頤運用張載「氣質之性」的說法，比孟子更細緻來談人為何會呈現各種不同的品質，讓這些高低差異背後有個符合社會認知的道理來詮釋，這就是種本土心理學的觀點，最後自然纔會出現朱熹這種集大成者。

理的對立面是欲，程頤認為「天理」與「人欲」就是公與私的分辨，他在《二程遺書》卷十五中說：「不是天理，便是私欲。人雖有意於為善，亦是非禮。無人欲即皆天理。」天理和人欲的分辨從程頤後變成宋儒極其重要的一大議題，孟子在談這個議題的時候都還沒有談得非常細，程頤堅持認為沒有任何私纔能被稱作公，這就需要人完全不能有個體意識，不能有自己，使得在他的觀點裡，「自我」與「自性」已變成完全兩種對立的意識，這就可理解為什麼程頤會表現得那麼的刻板嚴肅，他已經到達不能容有任何個人情感的程度，在他的觀點而言，這或許纔能成為氣清至極的聖人。可是困難點在於人心莫不有私，人不盡然都同意生命的無私，人會更愛自己的父母而不會先愛他人的父母，或者人更愛自己的孩子而不會先愛他人的孩子，這都是出自人性，如果真像是人民公社，大家都吃大鍋飯，人不能擁有私有財產，不能有家庭的概念，誰是誰的先生或太太都變得不重要，結果這種實踐還是失敗告終。孟子的想法是在尊重人心有私的基礎去完成公，譬如擁有房產證意謂著那套房子是自己的財產，但「房產證」這個概念終歸是一個幻象，當自己死亡，生命都不存在，這套房子還會屬於自己嗎？但社會制度不能架構在過於理想的狀態裡，如果能尊重大家始終都想擁有一套屬於自己房子的想法（即使終歸是幻念），在制度層面的設計儘量做到公平，讓人人都可擁有自己的房子，這就是在完成公。

幾乎除出家外，沒有人能不去面對人欲的問題：到底什麼是有欲望，什麼是無欲望？如果我們不把人欲無限上綱，將其與「本分」這一概念掛鉤，意即超過分際所需者纔是人欲，那接著就要問待人處事的分寸該如何拿捏纔能恰當呢？這是極其真實的問題，任何人都會面臨這種考驗。譬如說某位爸爸他各有兒子與女兒各一人，在他快要離開人世前，他有三棟房子，於是他就把一棟送給兒子，一棟送給女兒，還有一棟就送給長孫（兒子的兒子）。這時候女兒於是就不高興了，她覺得自己從小就是爸爸的掌上明珠，我們感情那麼深厚，結果爸爸分房子的時候為什麼不多給自己一棟，卻要給更後面的長孫一棟，變成兒子有兩棟？當爸爸去世後，女兒覺得受到不公平的待遇，於是就不再理會家人，家人卻覺得做決定的是爸爸而不是他們，他們很無辜，覺得女兒不應該這樣對待自己的親人。這個女兒的想法到底是本分還是人欲呢？這些都是諮詢現場裡經常會遇到的真實課題。如果諮詢師對中華思想史有所瞭解，就會發現即便是在北宋時期，程顥與程頤他們各自對什麼是欲望的想法都不太一樣，程顥會對人情有更高的寬容，程頤則不容有絲毫人情，諮詢師如果具有這種背景知識，就會對欲望有比較寬闊的理解，這時候在回答當事人對於這類議題的困惑時，諮詢師就會更有包容性，而不會拿一套標準去立刻肯定或否定當事人。甚至諮詢師會因時制宜，針對人情的核心點來談，譬如說按照上面那個例子，女兒有沒有關注到在世的媽媽的情？有沒有關注到去世的爸爸的情？爸爸會希望他最愛的女兒跟他最愛的太太關係破裂嗎？或者，讓家庭失和是爸爸本來分配家產的用意嗎？這都可請女兒帶著同理心，去想一想爸爸會怎樣樂見分配這件事情，女兒如果跟爸爸有著深厚感情，有沒有可能去體會做父親到底在想什麼？或許永遠沒有辦法做到真正的公平，可是人的情感應該怎樣去安頓，對家人間的關係纔是最恰當的狀態，從家長的角度跟從子女的角度去看，畢竟會有些不一樣。思想層面的鍛鍊，可幫忙諮詢師更深刻思考這些問題，從而瞭解到華人的心理來自於華人的思想。思想家都是他們置身時空背景的菁英，他們的作品會被整理流傳下來，都是因為他們活在社會裡，畢生在回答整個社會的問題，對當世或後世產生影響與意義，纔會讓人想盡可能保留其智慧的結晶，並成為佐證後人或自己各種想法的素材，這其實同樣是程頤的「物我一理」。

第六節　朱熹的心統性情說

朱熹字元晦，祖籍徽州府婺源縣（現在江西省婺源縣），出生於南劍州府尤溪縣（現在福建省尤溪縣），學者稱晦庵先生，他是程頤的三傳弟子李侗（一〇九三—一一六三）的學生（李侗則師承於楊時），實屬宋明儒學的集大成者，對宋朝而降八百年來的中華思想影響巨大，後世尊稱朱子。朱熹的思想後來成為元、明與清三朝的官學，但他晚年卻被政敵詆毀攻擊，將其思想視作偽學，這種對比反差極其劇烈。先秦儒家的思想常有談政治與社會的議題，而環境持續在發展與變化，導致到北宋時期，先秦儒家思想與北宋時期的社會環境脫節，其間問題日漸嚴重。其實儒家會在魏晉南北朝時期呈現衰落的狀態，實在同樣是儒家思想自身的原因，因為其思想本身沒有原創性的理念，加上政治的高壓令其來到枯竭狀態，這種現象即使在唐朝時期已有大幅改善，卻時值佛學思想的興盛，義理正不斷在攀登高峰，一流讀書人很難不受吸引，使得我們前面已指出，到北宋時期，儒門澹泊，世人已不知道該如何去認識和理解儒家思想，自然就很難產生認同。朱熹可說是入虎穴得虎子，面對經學的書籍持續膨脹到卷帙浩繁，解釋日漸紛紜，他通過在傳統儒家經典裡抽出《論語》與《孟子》，然後再把《禮記》裡面的《大學》和《中庸》抽出來，再特別重新詳細注解，完成其《四書章句集注》。朱熹的目標旨在替願意瞭解儒家思想者給出一種簡潔易懂的讀本，這是朱熹思想改制的創舉，再度深度揭開華夏學術的理性化工程，作風可謂相當大膽，使得《四書》從此與《五經》共同被列為儒家經典，世人合稱其「四書五經」，甚至在朱熹看來，《四書》的存在更重要一些，朱熹在《朱子語類》卷一〇四表示：「《易》非學者之急務也。某平生也費了些精神理會《易》與《詩》，然其得力則未若《語》《孟》之多也。《易》與《詩》中所得，似雞肋焉。」朱熹覺得從《易經》、《春秋》裡得到的收穫，還不如從《論語》、《孟子》中得到的多，他因此把《易經》與《詩經》比作「雞肋」，意即看起來有價值，其實只是丟掉未免可惜。

這一舉措，我們現在看來好像理所當然，卻沒有意識到箇中細節的差異。本來孔子的重要性在於其「刪詩書，訂禮樂，贊周易，作春秋」，但這只是將孔子放在傳承周文化的意義，認知他是個「述而不作」的人，因此世稱「周孔」，但經過朱熹這一扭轉乾坤，孔子的位置開始獨尊，後世轉稱「孔孟」而不再稱「周孔」，孟子的地位更開始被凸顯。而且，朱熹有意識替北宋先賢展開歷史定位工作，把該時期的主要思想家如周敦頤、張載、程顥與程頤的思想，做出篩選並加上註解，整理出一本《近思錄》，把其放置到與「經」同等的地位。朱熹這樣做其實不啻是在「造經」，把儒家的道統重新做整頓，這是橫空出世的巨大思想工程，在當世可謂極其狂妄，卻對後世產生重大影響。朱熹去世後，他的弟子整理出《朱子語類》一百三十卷，可見其言論的浩瀚廣博，整個宋朝沒有任何思想家可達到他的這種程度。我們從朱熹對傳統經典的態度，就可確認他根本就不是後人認知那種「刻板的道學先生」，而係大有志向懷抱者。朱熹在《朱子語類．學五》中表示：「經之有解，所以通經。經既通，自無事於解，借經以通乎理耳。理得，則無俟乎經。」這段話的意思是說：經典因有注解，纔能讓人貫通明白經典的微言大義。既然人對經典的微言大義已經貫通明白了，跟著就不再需要依賴注解了。按照同樣的觀念，我們假借經典來學習，本來的目的是要貫通道理，如果事物的道理已經獲得，跟著就不需要經典了。朱熹的這種開闊灑脫的想法跟心學可相互印證，從中證實他大膽造經的用意還是在闡發儒家思想本身，然而，朱熹晚年都持續在探討有關「格物窮理」的議題，他這一輩子都旨在釐清如何把握最根本的宇宙法則（天理），我們還是得說他終究是個側重於「道問學」的理學家，這就是朱熹思想呈現出的多面性。

朱熹早年同樣在大量吸納佛學的思想，可是他覺得佛家講佛性始終只是在講覺悟，朱熹很不能接受，他認為把握自性需要窮究道理，而當時的佛學（主要是指禪宗）不講這件事情，只是在反覆強調覺悟，卻沒有去談覺悟背後內蘊的理。這固然是六祖惠能帶來的教法與效益，但不是佛經本來的狀態。不論如何，自從惠能把「信」轉到「悟」這一層，就已經完成佛學的中國化，結果朱熹卻認為只講「悟」卻不講「理」，這被他視作佛教正反映的侷限，並不是儒學應該呈現的特徵。其實從這個角度來說，朱熹抗佛的確對抗到重點，他想凸顯出儒家思想，劃開儒佛的疆域，反而特意去講「理」的相關內涵。不過我們要知道，「理」這個字在先秦儒家思想中本來不是關鍵字，反而因朱熹在大量使用而成為專門學術用語，就如同在孔子出現前，「仁」這個字同樣沒有成為專門的學術用語，正是孔子在《論語》中大量使用後，開始成為儒學關鍵字。「理」字最早見於《易傳．說卦傳》說：「窮理盡性，以至於命。」意指窮究道理來善盡自性，最終能活出天命，儘管「理」字已有道理的意思，但不論如何，這跟「格物致知」尚沒有直接關聯。《大學》本來講「格物，致知，誠意，正心」這內聖四條目，裡面沒有任何一字在講「理」，可是朱熹卻順著程頤的脈絡去談「格物窮理」，他在《大學章句》中說：「所謂致知在格物者，言欲致吾之知，在即物而窮其理也。」這表示人如果希望獲得知識，就要從各種事物的認識過程中，接觸其間實相，由未知變成已知，窮究其內藏的道理。其實這是從程頤到朱熹發展出的特色，這就難怪後來被稱作「港臺新儒家」裡的牟宗三先生，他特別稱朱熹的思想是「別子立宗」。佛家強調覺悟的狀態就此成為宋儒「闢佛」的重點工作項目，他們希望能談出覺悟背後運作的道理，這種界線感，其實正就是後世「理學」與「心學」的根本歧異，甚至是理學家總會批評心學家是「流於狂禪」的癥結原因，因為心學家或許會談道理的論證，卻從來不放棄談生命直接的體證。

反抗與檢討朱熹的思想，在理學已成為官學的明朝時期有其意義，這是陽明學的一大貢獻，因為朱熹雖然有自性的思維，不談體證只談論證的做法的確會產生偏失，使得人流於支離的概念釐清中，但如果換成當前時空，由於我們已有心學的積澱，這時候反而應該回過來仔細認識朱熹怎麼論證，進而讓體證與論證兩條路並行，藉此共謀華夏學術的發展，這並不是說心學沒有論證，但朱熹的確有其推演思維的綿密性，尤其我們當前這個時空背景中，如果不去講「理」，只是去講「悟」，那知識性比較強的學者要能理解與認同就會比較困難。宋儒所謂的「闢佛」，只是在針對禪宗思想對社會帶來的流弊，而特別要強調「理」的道路。其實佛教發展出這種狀態，並不是佛教本來的面目，而是印度佛學轉成中國佛學後的成果，然而朱熹要對抗這個成果，依循著程頤的脈絡再特別去講出「理」，這背後有著很微妙的變化。從魏晉佛教來到隋唐佛教，佛教的本土化導致華人覺得佛教已經變成自家的寶貝，不會再視其屬於外來的思想與信仰。中國化的佛教在實際層面已經篡奪中華思想的主流位置，導致儒家思想被排擠到邊緣位置，這時候儒家要再取得學術的主導權，其參與者反而在運用某種非中國化的思維型態，來說明禪宗的思想還不夠究竟，這是朱熹對抗佛教的知識策略。意即他通過刻意講「理」，來標舉著儒家思想的深刻意義，這是朱熹從事思想工作的重點，其作法反過來對於我們當前思考「中西會通」的議題有益。

朱熹就是要說「性即理」，不肯說「心即理」，這有其原因。他覺得心靈這個知覺機制可照察或容藏天理，但心靈本身卻不能生出天理，因天理來自於自性，這既在人的生命內，但同時都蘊含在事事物物的本質中，而不是來自於心靈（錢穆，二〇一一：頁二〇二），心靈這個知覺機制同樣會照察或容納人情，或者說情欲，使得人活不出究竟的生命，這就是其主張的「心統性情說」，意即心靈的確有統攝自性與人情的意義，但重點是自性，其間有著各種各樣的天理，人要把人意念中的各種情欲給降低，盡可能將其滅掉，重點還是要認識自性蘊含的天理，這是朱熹思想的主軸，如他在《朱子語類》卷九十八中說：「心是神明之舍，為一身之主宰。性便是許多道理，得之於天而具於心者，發於智識念慮處皆是情，故曰心統性情。」心靈只是一身的主宰，並不會超越於一身外，因此，朱熹不會同意天理各類知識範疇都只能停留在人的心靈範圍內這一觀點，而是覺得在心靈外，別有自性與其天理，人的心靈只能無限逼近去探索性與理。朱熹的宇宙論，有點像是理與氣的二元論，或可說是心與性的二元論。宇宙會產生的各種動作，在氣息不在天理；人生會產生的各種動作在心靈不在自性（錢穆，二〇一二：頁二〇六—二〇七），《朱子語類》卷四中說：「心便是官人，性便是合當作的職事，氣質便是官人所習尚，或寬或猛，情便是當廳處斷事。」這段話意思是說：心靈就像是官員，自性就是官員職分本來應該做的工作，氣質就是官員各人具備的習慣，人情就是他在這些習慣裡會做出來的各項決策。因此，心靈固然是人的重點，可是人的心靈能不能做出符合自性該有的指示，就需要人盡可能用心靈揣摩那個自性到底是什麼內容。對朱熹而言，他講的本體論其實是「性體」而不是心體，因為心靈在朱熹的概念裡被理解變成一種感應本體的機制，而不是本體本身，本體自身則是「性」（自性）。

其實朱熹可進而思索：如果沒有人的心靈，如何能知道天理的客觀存在？天理是個客體，心靈是個主體，即使是主客對立的思維，都無法否認人始終在心靈這個機制內去認知天理，天理始終靠著人的心靈構築出語言，來組織出對天理的認識，人如果妄言心靈外尚有著天理，該天理該如何不靠著人的心靈而獲得人的認知呢？但朱熹覺得人要博學，要去外面窮盡事事物物背後的天理，如果只是牢牢守住自身的心靈，求其安穩與寧靜，那反而是人欲，就會阻斷人向外認識事事物物的天理。《朱子語類》卷五十九中說：「若只收此心，更無動用生意，又濟得甚麼？」意即是說：如果只是去收攝住心靈，就不能理解這事事物物背後生動的天理，這是不濟事的作法，他還在《朱子語類》卷九十七中說：「心要活，活是生活之活，對著死字。活是天理，死是人欲。」意即心要活潑開放，活就是生活，要面向真實的社會生活，這樣的精神狀態就是活在天理中，死守著心靈想獲得寧靜，這只是人欲。因此，他認為人常把孟子的「收放心」與「存心」這些概念給誤解了，誤認為只是要人把心靈從外在收回來。《孟子．告子上》中說：「學問之道無他，求其放心而已矣。」意思是說，探求學問沒有其他路徑，只是把失去的心靈尋覓回來就可以了。《孟子．離婁下》中說：「君子所以異於人者，以其存心也。君子以仁存心，以禮存心。」意思是說：君子和常人表現如果有什麼不一樣，主要在於君子懂得如何存養心靈，君子懂得用仁德來存養心靈，更懂得用禮節來存養心靈。朱熹認為孟子的實際意思是說，心靈是活的真實存在，如流水般，只是流動自然就能滋生，不應該去死守，而應該去活用，應該用心靈去尋覓事事物物背後的天理。

朱熹在《朱子文集．答方賓王》卷五十六中說：「心固不可不識。然靜而有以存之，動而有以察之，則其體用亦昭然矣。近世之言識心者則異於是。蓋其靜也，初無持養之功；其動也，又無體驗之實，但於流行發見之處認得頃刻間正當底意思，便以為本心之妙不過如是，擎努作弄，做天來大事看，不知此只是心之用耳。此事一過，此用便息，豈有只據此頃刻間意思，便能使天下事事物物無不各得其當之理耶！」這段話的意思是：心靈固然不可不去認識，然而你可用涵養的靜謐來存養它，你同樣用行動來觀察它，其體與用昭然清楚，可是現在很多人在認識心靈的時候，在講到靜沒有去持守與涵養的效益；在講到動沒有去體察與驗證的事實，只是在觀看意念流動飄忽的點，就誤認已呈現本心的幽微，然後將其當作是天大的事來對待，殊不知這只是心靈的發用。這件事情一過去，這個發用就消失了，怎麼能只依據這頃刻間的領悟，就覺得自己已瞭解天下事事物物的道理呢？因此，朱熹講的「格物致知」的意思，就是窮究任何一個具體的物來當作對象，從中看到其運作的天理。但朱熹在具體的天理內容，受限於他獲得的知識侷限性，並沒有說清楚，而針對窮理的研究方法，他認知的「道問學」還是變成通過讀書來求理，這與我們現在會藉由實驗、觀察、推論、問卷與田調這些研究方法來求理，當然會顯得有些粗糙，卻有著相通的義理脈絡可繼續擴充，如果拿朱熹的理學來再加詮釋，討論其與實證論的科學典範如何深化對話，藉此作為會通中西的觀念橋梁，當能有益於華夏學術的發展。

朱熹不喜歡人討論心性時講那些渺渺茫茫不求實際應用的語言，其實，他反對的對象是惠能的觀點，在《朱子語類》卷一百一十七中，朱熹說：「如吾友所說，從原頭來，又卻要先見個天理在前面，方去做，此正是病處。是先有所立卓爾，然後博文約禮也。若把這天理不放下，相似把一個空底物，放這邊也無頓處，放那邊也無頓處。這天理說得蕩漾，似一塊水銀，滾來滾去，捉那不著。」這段話的意思是說：有些我的朋友說，從源頭來思考，必須要在前見個天理纔願意去實踐，這正是個大毛病，會變成只有等到天理安頓人的生命，接著纔願意去博學於文與約束於禮。如果這個天理不放下，言語將其變得空洞化，人不論如何都無法獲得安頓，天理說的如何博大，像水銀一樣滾來滾去，捉都捉不著，終究是搞不清究竟。因此，朱熹不喜歡人家講心體這類的空頭話，他的重點是說，你要廣博的學習，窮盡事物內蘊的天理，要在事事物物的層面去嚴密考察，這就是朱熹主張「道問學」，如此看重學問的原因所在，如果把實際人生中帶著做學問的態度來做工夫，那的確只有朱熹纔真能「闢佛」，把禪宗的種種不落實事的病根都去除掉，當然這裡主要是在講禪宗後來發展出的「狂禪」。後人都說程朱是理學，陸王是心學，其實朱熹何嘗不講心學？只不過對朱熹而言，他的本體是性體而不是心體，心靈在朱熹的思考裡不是核心概念，但他的核心概念在自性，依然沒有偏離中華思想的大傳統，只是相對於陸九淵，朱熹呈現不同路線而已，如果將朱熹稱作「別子為宗」，那陸九淵何嘗不是「別子為宗」呢？相對於先秦時期特別強調「德」，朱熹的確特別重視「理」，那是宋朝思想史的演進過程自然產生的變化，朱熹並不是第一人，他只是集大成者。如將其觀點轉到華人本土心理諮詢中，則主張讓生命充塞天理，不受人欲的誘惑與桎梏，將「認真釐清學問」（道問學）這一作法重新普及化到國人的生活中，使其不再侷限於學術象牙塔，尤其諮詢師可輔導當事人窮究事物的道理，對人情有精確的認知，不再受自身欲望的裹脅與糾纏，這很適合成為心理諮詢過程中的操作環節。

第七節　陸九淵的發明本心

陸九淵，字子靜，學者稱象山先生，後世尊稱陸子。他天資聰穎，《宋史．陸九淵傳》記載其早慧的狀態：「陸九淵，字子靜。生三四歲，問其父天地何所窮際，父笑而不答。遂深思，至忘寢食。及總角，舉止異凡兒，見者敬之。謂人曰：『聞人誦伊川語，自覺若傷我者。』又曰：『伊川之言，奚為與孔子、孟子之言不類？近見其間多有不是處。』初讀《論語》，即疑有子之言支離。他日讀古書，至『宇宙』二字，解者曰『四方上下曰宇，往古來今曰宙』，忽大省曰：『宇宙內事乃己分內事，己分內事乃宇宙內事。』」又嘗曰：「東海有聖人出焉，此心同也，此理同也。至西海、南海、北海有聖人出，亦莫不然。千百世之上有聖人出焉，此心同也，此理同也。至於千百世之下有聖人出，此心此理，亦無不同也。」這段文獻意思是說：陸九淵三四歲的時候就會問父親天地的盡頭在哪裡，父親笑而沒有回答，陸九淵於是自己深入去思考這個問題，以至於廢寢忘食。再長大些後，言行舉止和一般的兒童不一樣，看到他的人都不由自主會對他有著敬意。陸九淵曾對人說：「聽到有人誦讀程頤的話語，我會覺得內容對自己的生命有傷害。」又說：「程頤的觀點，為什麼會跟孔子與孟子的觀點不同呢？我這陣子發現他的言論有很多不正確的觀點。」陸九淵剛開始讀《論語》，就覺得有子的觀念支離破碎。十三歲時陸九淵讀古書，讀到「宇宙」兩個字，塾師對此解釋作「四方上下的空間稱作宇，往古來今的時間稱作宙」，陸九淵忽然大悟說：「宇宙中的事情就是自己分內的事情，自己分內的事情就是宇宙中的事情。」他還曾經表示：不論在東西南北四海的任何一個角落，只要有聖人出現，他們闡釋的心靈與天理都不會有任何差異，甚至千百世後有聖人出現，其心靈與天理都不會有什麼不同。

陸九淵生活在一個九世同居的大家族中，大家合作從事於家族的工作：有人負責耕作，有人負責租稅，有人負責出納，有人負責廚務，有人負責待客。陸九淵就是在這樣的環境中磨練出自己的學問。當有人說心學是個玄談的學問，敝人常不解，從陸子到陽明子，哪位心學家是坐而空談不事生產在面對人生？《陸九淵集．年譜》卷三十六記有一天他的哥哥陸九齡（一一三二—一一八〇）問他：「復齋家兄一日見問云：『吾弟今在何處做工夫？』某答云：『在人情、事勢、物理上做些工夫。』」這顯示陸九淵會在與人應對進退中，在事情的發展變化裡，更在探究對象的道理中做工夫。這些事情對於討論中華思想史本身或許意義並不很大，卻對於探討本土心理學甚至華人本土心理諮詢意義極其深刻。諮詢師面對當事人想釐清自己的心理問題時，首先應該留意他到底有沒有在面對家中的生活付諸實踐，不能承擔家庭需要，肩負你的角色應該負責的工作，卻只關注自己的困惑，其實終究無法解決個人的心理問題。這種直面生活的過程就需要做工夫。心學家常沒有很明確的師承，《陸九淵集．語錄下》卷三十五記弟子詹子南問：「某嘗問：『先生之學，亦有所受乎？』曰：『因讀孟子而自得之。』」就像陽明子的師承有人竟說是陳白沙（一四二八－一五〇〇），可是陽明子從來沒有親自向陳白沙問學，他的知交湛甘泉（一四六六－一五六〇）的確是陳白沙的弟子，但陽明子曾經問學的對象其實是婁諒（一四二二－一四九一），然而婁諒並不是心學家。陸九淵同樣如此，他沒有清晰的師承，他的兩個兄長陸九齡與陸九韶（一一二八－一二〇五）就相當於承擔老師的角色。這樣的家族群居孕育出一種獨特的務實精神，正因有家族積澱與傳承的文化集體潛意識，催生出陸九淵的思想，更形成江西的心學傳統，儘管在陸九淵的弟子楊簡（一一四一－一二二六）後，心學的道脈在南宋末年就慢慢斷掉了，可是文化從來不會真正消失，而是繼續積澱在人們的集體潛意識裡，直到陽明子來到江西，沉寂的心學就如同天雷勾地火般又被鼓動起來，於是就孕育出江右王門。

陸九淵三十四歲中進士，然後來到臨安（現在的浙江省杭州市），慕名而來的人不計其數，陸九淵展現出驚人的洞察，總能講中來賓的心事，讓當事人覺得自己被看得如此鉅細靡遺，甚至因此震驚到流汗；有些人自己都不知道自己的問題癥結，陸九淵替其條理分析箇中緣由，完全深中到其心坎；有些人沒有辦法親自過來求教，平素沒有任何交集，但陸九淵只要稍微聽聽他的大概情況，就把他做人整個狀態都講得如數家珍，事見《陸九淵集·年譜》卷三十六記：「蓋先生深知學者心術之微，言中其情，或至汗下。有懷于中而不能自曉者，為之條析其故，悉如其心。亦有相去千里，素無雅故，聞其大概，而盡得其為人。」這其實是很符合榮格說的「共時性原理」（synchronicity），敏銳將各種乍看不相干的事情中，觀看與整合其相互關聯的訊息。心理諮詢的過程中，最需要諮詢師能善於察言觀色，精確掌握當事人的問題並幫忙引導，陸九淵從生活的實踐中對人的心理觀察入微，使得他面對來求教者都能精確回答其問題，敝人常想如果有心理諮詢師閱讀到這裡，大概會覺得心理諮詢的最上乘表現莫過於此。

如何具備這樣的精神素質呢？陸九淵有提供具體的辦法，他在《陸九淵集》卷三十五說：「凡事莫如此滯滯泥泥，某平生於此有長，都不去著他事，凡事累自家一毫不得。每理會一事時，血脈骨髓都在自家手中。然我此中卻似個閒閒散散全不理會事底人，不陷事中。」這段話的意思是說：做事情不要拖泥帶水，帶給自己精神負擔，陸九淵自承平生有成長，莫過於每當承擔一件事情，都不去管其他不相干的事情，任何其他事情都不能牽累到自家精神一絲一毫，事情的血脈與骨髓都把握在自家手中，然而，只要將事情把握得清晰明白，接著陸九淵卻提醒自己要像個閒散不理會事情的人一般，認真做事情卻不陷溺於事情中，這樣纔能遊刃有餘，活出自在灑脫。這種態度可提供給我們引伸思考，發展出下面這些想法：在從事心理諮詢工作的時候，諮詢師要全神貫注在事情中，不論跟當事人說或不說，都要自己仔細釐清當事人的問題癥結，如同看到骨髓裡，完全瞭解事情的血脈，但卻不要陷溺於事情中，使得自己跟著掉落到當事人的心理情境中不可自拔，反而要像個局外人一樣放鬆下來，這時候纔能產生真正的靜觀，看清當事人的心理承受容量，瞭解其身心狀態正置身在什麼階段，根據當事人正關注的焦點，來選擇要如何精確對應當事人的需要來說，而不要帶著逞能的心態，誤把自己當成全知者，覺得要把任何觀察到的環節都說出來，卻帶給當事人更嚴重的情緒困擾。這是從陸九淵的思想能發展出來的心理諮詢技術。

不過，如果諮詢師只知固守住實證論的科學典範，將無法瞭解陸九淵的深層思想，發展出具有實在論意義的心理諮詢技術。陸九淵關注著「發明本心」這一議題，「本心」就是指著心靈的根本或根本的心靈，他在《陸九淵集．與潘文叔書》卷四說：「本心若未發明，終然無益。」「發明」是指往內探索而獲得的明白。《陸九淵集》卷三十四中記他說：「學苟知本，六經皆我注腳。」陸九淵指稱的「我」，並不是指個體的自我，而是整體的自性，拿他自己的詞彙來解釋就是「發明本心」。他主張「心即理」，其在《陸九淵集．與李宰》卷十一說：「四端者，即此心也；天之所以與我者，即此心也。人皆有是心，心皆具是理。心即理也。」他覺得孟子講「仁，義，禮，智」這四端都統攝於心靈，心靈是上天給我們每個人的本能，個人的心靈即反映著宇宙的天理，《陸九淵集》卷三十六〈年譜〉記他說：「宇宙便是吾心，吾心即是宇宙。」還說：「宇宙不曾限隔人，人自限隔宇宙。」這種個人與宇宙的交通感，只有把握住心靈纔能明白，此際天人內外被打通，再沒有限隔，這就是「天人合一」的實際體會。敝人會將陸九淵談的「心」字翻譯成「心靈」這一詞彙，來自陸九淵自己在《陸九淵集．與詹子南二》卷十表示：「此心至靈，此理至明，要亦何疑之有？」可見他自身已有此意識。因此，心靈對陸九淵而言即是本體，這是種實在論的思維，其具有自明性與先驗性，不可對根本再做質疑，只能立基在承認這一根本來展開體證，再看《陸九淵集．與張輔之》卷十二記陸九淵說：「此理塞宇宙，古先聖賢，常在目前。蓋他不曾用私智，『不識不知，順帝之則』，此理豈容識知的？『吾有知乎哉』？此理豈容有知哉？」陸九淵懷著極大的自信表示「心即理」這一事實充塞宇宙間，使得古聖先賢的體悟都能與我們相通，但不能從個人的理智來私自揣度，意即其不容識知，超越一般的理智範疇，只能通過感應來把握。

在辨識朱子與陸子兩人思想的差異前，其實更重要的是要瞭解他們生命格局展現的相同性，意即他們都有著從自家底層發而皆中節的活潑生命，這包括陸九淵覺得讀書只是次要的事情，將心靈闡發出來，在生活中大作一個人，這纔是最重要的事情，這就是他強調「尊德性」的原因；而朱熹重新塑造儒家的道統，除《四書》外，再將北宋主要大儒的思想匯聚成《近思錄》，並將這兩者提高到與《五經》同樣高的地位，這就是他強調「道問學」的原因。朱陸二子這種路線差異，只對於他們當日時空背景有意義，畢竟這兩人都展現出思想家不落俗套的創見，各自替世人指出一條領會大道的路徑。當世人在爭論朱陸差異的時候，更應該仔細觀看他們都有著濃郁的原創性，並從中整合來繼續探索，藉此完成自身思想的原創性，如果不首先回溯朱陸精神中的相同點，只去注意他們表面思想的差異，那纔是陸九淵在〈鵝湖和教授兄韻〉詩中說的「支離事業竟浮沉」，意思是說，執著於瑣碎的事情最終會表現得浮沉無根。沒有陸九淵闡發心靈的根本視野，則不容易理解朱熹綿密而深沉的知識向度，陸子思想易學而難精，朱子思想難學而易精，這意謂著陸九淵的學問只要把握住心靈，不見得需要累積太複雜的知識，但會帶來論證不深的問題，有些人會覺得無從把握；朱熹的學問則要去研讀大量的典籍，釐清其間內容如何反映自性能在萬物中呈現天理，但會帶來體證不深的問題，有些人會覺得捨本逐末。

朱陸兩人曾經開展過中華思想史上著名的「鵝湖論辯」：時間在南宋淳熙二年

（一一七五）六月，呂祖謙（一一三七—一一八一）為調和朱熹與陸九淵間的思想歧異，出面邀請陸九齡與陸九淵兄弟二人前來與朱熹見面。六月初，陸氏兄弟應約來到鵝湖寺（現在江西省鉛山縣境內），雙方就各自的觀點展開激烈的辯論。朱熹思想不會忽略人的主體性，因此人的心靈在朱熹的思維裡自然有其重要性，但心靈與自性對朱熹而言係各自獨立的兩個概念，他覺得心靈有著氣血雜染的狀態，自性纔是包括人在內萬物的共相，探討其共相就能瞭解天理的終極本質，這是朱熹思想的關鍵點。《陸九淵集．年譜》卷三十六中說：「鵝湖之會，論及教人，元晦之意，欲令人泛觀博覽，而後歸之約，而陸之意，欲先發明人之本心，而後使之博覽。朱以陸之教人為太簡，陸以朱之教人為支離，此頗不合。」朱熹教人要廣博閱讀群書，然後去歸納書中簡約的天理，可是陸九淵卻要人去發明本心，任探索內在的心靈，然後再來廣博閱讀群書。朱熹認為陸九淵的教人工夫太簡單省略，而陸九淵卻覺得朱熹的教人工夫太支離破碎。陸九淵很厭惡不斷議論卻不回歸本心的狀態，他覺得讀書人很容易有這種毛病，朱熹只教人讀書識字其用意更有問題，這並沒有把握住根本。《陸九淵集．年譜》卷三十六記陸九淵在鵝湖論辯中曾欲表示：「堯舜之前，何書可讀？」後被其兄阻止。《陸九淵集．語錄》卷三十五則記其說：「若某則不識一箇字，亦須還我堂堂地做箇人。」堯舜時期本來無書可讀，這都不妨礙堯舜成為聖人，我們任何人假如不認識一個字，都還是需要堂堂正正做個人。

陸九淵與朱熹的差異並不在於朱熹完全不重視實踐，畢竟朱熹就是讓人在實踐的過程裡去認識自性如何反映在天理中，尤其「格物窮理」要人在日常生活中進行對天理的探索，這是朱熹要人去把握的關鍵點；陸九淵的發明本心同樣不是要人只在那裡靜坐，而是要通過實踐的過程認識自身的心靈。只是當朱熹太過於重視「道問學」（對朱熹而言係指人讀書研治學問），就會使得從結果來看，事實就是人疏忽在生活中實踐。《陸九淵集・語錄》卷三十四記：「朱元晦曾作書與學者云：『陸子靜專以尊德性誨人，故游其門者多踐履之士，然於道問學處欠了。某教人豈不是道問學處多了些子，故游某之門者踐履多不及之。』」這是該時空背景的侷限，如果將「道問學」擴大到將現在各種自然科學與社會科學的研究法都包括進去，則其應用範圍極其廣大。陸九淵有個很關鍵的觀點，可稱作「義利之辯」，意即就是《論語・里仁》中說「君子喻於義，小人喻於利」。君子曉喻自己的是道義，小人曉喻自己的是利益。這個「義利之辨」只有通過對事情的實踐，纔能去辨析人究竟活在道義還是利益中，不斷去感受著心靈在人做事的過程裡，究竟如何去映照著事情，該映照裡就有道義與利益的辨識。陸九淵認為朱熹即使提供的具體辦法是讀書，始終都在向外求理，即使人瞭解事物的自性，都跟人活出生命的活潑精神絲毫不相關，甚或生命越來越萎縮，而不是成為一個精神格局的大人。

此外，朱陸兩人從周敦頤的《太極圖說》出發，針對本原議題的看法有明顯差異，譬如朱熹認為太極往前還有個無極，陸九淵則認為不該有無極的存在，因其訓「極」的意思是「中」，該「中」有本體的意思，如果從前面來看則會指向心靈，如果主張「無極」的話就會變成沒有心靈這一本體，他在《陸九淵集．與朱元晦》卷二說：「蓋極者，中也，言無極則是猶言無中也，是奚可哉？」陸九淵本人其實沒有說自己講的是心學，反而是陽明子後來替陸子的文集寫〈象山文集序〉的時候說：「聖人之學，心學也。」從心學的角度來發展本土心理學具有深刻的意義，這可使得本土心理學獲得本體論的依據，不至於漂浮無根，並能從闡發心靈的根本這一角度來擴充生命格局，在做事的應對進退間來印證自身心靈的實感，尤其陸九淵講的心學相對而言比較不強調知識性的議題，其極簡風格很適合於一般社會人士來涵養，諮詢師在跟當事人對話的過程中，可引領當事人去探索如何藉由「發明本心」來覺察自己的具體問題，諮詢師可提供日常生活的具體作法來幫當事人調整生活作息，並讓當事人確認自己的動靜舉止都能符合心靈的覺察。

第八章

明朝心學的狂飆與困境—上—

第一節　陽明子的知行合一

從南宋到明朝，中間其實有相當大量值得討論的思想家，不過本書受限於篇幅，著重於思想原創性來談，因此現在要開始直接談明朝中期而降的心學，如此可更有益於跟中華思想史與本土心理學的對話。王守仁，自號陽明子，世稱陽明先生（後面簡稱陽明子），浙江省餘姚縣人（現在隸屬於寧波市）。他是明朝中葉著名的思想家、教育家與軍事家，在立德、立言與立功這「三不朽」的儒家觀念裡，他是三者都有建樹的曠世大儒，在中華思想史的發展歷程中極其罕見，更是自周敦頤而降，第六度展開華夏學術理性化工程的巨人。他創立的心學對當世與後世都有巨大的影響，更遠播東亞諸國，尤其激發日本的明治維新浪潮，提供最重要的思想引擎意義。陽明子的心學思想影響明朝中葉後的思潮一百五十餘年，大幅改變傳統儒家思想的面貌，不僅使得儒學徹底打開內在思維的深度，更重要者，其經世致用的外王實踐被賦予內聖的基底，涵養心性與社會改革，自此被視作同一件事情的兩個不同側面（最典型的說法就是他強調「事上磨練」的主張）。後世稱作的「陽明心學」其實有廣狹兩義：狹義是指陽明子本人的思想；廣義是指全部受其影響的心學家的思想。陽明子的心學能獲得廣布，與其思想能簡單俐落直指人心，使得人願意從此改變「面對生命的態度」與「觀看生命的思維」，有著極重要關係（陳復，二〇一二）。敝人有關陽明心學已有相當數量的著作，這裡不擬重複討論陽明子的思想，僅特別針對其重要主張來闡發。

陽明子前半生深受朱子影響，甚至自承對朱子有著「恩深罔極」的心情。敝人覺得這是種「伊底帕斯情結」（Oedipus complex），該情結來自於佛洛伊德的看法，他指出男孩在成長過程裡都會有戀母仇父的複合情結，通過占據父親的位置來爭奪母親的情感，雖然這個看法已經逐漸不被心理學承認其適用於各種男孩成長心理現象，然而如果用來觀察文化心理議題裡的三角關係會很有意思，敝人曾在《心學風雲記：王陽明帶你打土匪》這本書中指出，如果中華思想是全體華人共同的母親，朱熹一人的觀點就長期獨占主流詮釋權的位置，使得他果真變成大家在精神層面的「父親」，早從元仁宗皇慶二年（一三一三）將其《四書章句集注》列入科舉考試範圍，到弘治十二年（一四九九）的春天陽明子歷經第三度科舉終於考上進士，快一百九十年的時間，全部經典都被朱子的解釋給籠罩在大家腦海裡，請問素來不喜歡僵化思考的陽明子，對於擋在他展開任何思考前都不得不面對的朱熹大山，會有如何恩深罔極的心情呢？這種情深意重的複雜情感，大概只能說期待有朝一日徹底打敗朱子這個父親，奪回對中華思想母親的愛，庶幾纔能完成其人生的夢想（陳復，二〇一八：頁二六〇—二六三）。

陽明子在龍場悟道，最重要的成果就是領悟自性，這不再是任何語言編織出的概念，而是全生命都投入獲得的體證。《王陽明全集．年譜一》卷三十三記錄該體證：「忽中夜大悟格物致知之旨，寤寐中若有人語之者，不覺呼躍，從者皆驚。始知聖人之道，吾性自足，向之求理於事物者誤也。」這可看出他對「格物致知」這一宗旨的領悟顯然已不同於朱熹，並不是往外在探索事物的天理，而是明白「吾性自足」，意即「我內在的自性始終圓滿」，不再需要外求，隔年他主張「知行合一」，這不是從工夫層面來說，而是從本體層面來說，意即知行本屬一體，重點在「合一」，而不在「知」與「行」，該「一」（the One）就是指整體（the Whole），這跟陸九淵說「宇宙便是吾心，吾心即是宇宙」其實有著相通的意思，就是指經由靈性的體驗來回歸本體，該本體其實是宇宙意識（cosmic consciousness），前面談「知」與「行」則都是回歸本體中給出的呈現，其間體驗自會給出人的理解與實踐，理解與實踐則具有共生性與同質性，或許有現象的先後，卻沒有脈絡的先後，因為理解本身就是某種實踐，實踐本身就是某種理解，陽明子在《傳習錄》上卷第五條說：「知是行的主意，行是知的工夫；知是行之始，行是知之成。」意思是說：理解就是實踐的主意，實踐就是理解的工夫；理解就是實踐的起點，實踐就是理解的完成，兩者都是本體的已發，本體的未發則在那冥契經驗的領會裡，陽明子當年對來就教問題的席書闡釋的奧秘就在這一層，《王陽明全集・年譜一》卷三十三記說：「舉知行本體證之《五經》、諸子，漸有省。往復數四，豁然大悟。」有意義的詞彙就在「知行本體」，這既有「理解與實踐都來自於本體」的意思，同樣更有「理解與實踐都是本體的呈現」的意思，理解與實踐都是本體的發散，完全超越後世「知先行後」或「行先知後」那種較低程度的爭論（陳復，二〇一八：頁二二一—二二二）。

陽明子首度領會出「自性」這個本體的存在，後來進而使用「良知」來稱謂自己的體會，他在《傳習錄》下卷第六十一條中說：「良知是造化的精靈，這些精靈，生天生地，成鬼成帝，皆從此出，真是與物無對。人若復得他完完全全，無少虧欠，自不覺手舞足蹈，不知天地間更有何樂可代。」他在這裡說「自不覺手舞足蹈」，就是在指因為悟得良知的剎那獲得全生命的狂喜，前面會說「造化的精靈」，就是在指良知是創生的源頭，他使用「這些精靈」的詞彙來指稱良知的存在，意謂全部的萬有裡都有良知，這就是中華思想獨特的「心體論」。心體是終極的實在，該實在連結著「天」與「人」這兩端，這固然可從研究層面展開主客對立的討論，但如藉由各種工夫體驗來領會著「合一」，這誠然是種「冥契主義」，卻絕不能將其稱作「神秘主義」，因為冥契經驗還是有著內在理路，並不是種來自於任何神的啟發，如果將這兩者混淆，就無法看見「工夫論」作為精煉心體的存在意義，誤把對內修養當作對外通靈，甚至視這種宇宙意識屬於原始思維型態（陳復，二〇一九：頁二〇—二一）。

中期的陽明子，曾因在滁州教人靜坐，發現弟子逐漸流於放縱，而產生一段困惑的日子，不得不回過來談朱熹本來在說的「存天理，去人欲」，當正德十六年（一五二一）陽明子五十歲時，經歷過剿滅朱宸濠的亂事，卻反被污衊，他看著贛江的浪起浪落，終於大悟「致良知」這門工夫，開始把自性稱作「良知」，其弟子錢德洪（一四九六—一五七四）在〈刻文錄敘說〉中記說：「江右以來，始單提『致良知』三字，直指本體，令學者言下有悟。」（見《王陽明全集．序說．序跋》卷四十一）陽明子覺得良知是世間全部造化萬有內在含藏的「精靈」，這些精靈能生出天與地，生出鬼魂與上帝，是萬有的存在獲得創生的第一義，沒有能與其相對的對象，他在《傳習錄》裡將其稱作「與物無對」，見《傳習錄．下卷》第六十一條：「先生曰：『良知是造化的精靈。這些精靈，生天生地，成鬼成帝，皆從此出，真是與物無對。人若復得他完完全全，無少虧欠，自不覺手舞足蹈，不知天地間更有何樂可代。』」人如果能完全恢復良知，沒有任何虧欠感，就會發現天地間再沒有任何快樂比得上這件事情。其實我們可看出陽明子有受到莊子思想的影響，這段話跟《莊子．內篇．大宗師》的語言結構很相像：「夫道有情有信，無為無形，可傳而不可受，可得而不可見，自本自根，未有天地，自古以固存，神鬼神帝，生天生地。在太極之先而不為高，在六極之下而不為深。先天地生而不為久，長於上古而不為老。」莊子認為天地、鬼神與上帝會產生，都來自大道的孕育，陽明子只是將大道的稱謂更具體化，稱其為良知，在《王陽明全集．年譜二》中卷三十四，陽明子有著深刻的反思與觀察：「某於此良知之說，從百死千難中得來，不得已與人一口說盡。只恐學者得之容易，把作一種光景玩弄，不實落用功，負此知耳。」意思是說：我面對這個良知的學說，從各種生死患難中得來，不得已一口氣都講完了。我只擔心學習的人很容易得到該學說，就像對待一種虛幻不實的東西來敷衍，不踏實去做工夫而辜負良知。

對於陽明子的後期思想來說，靜坐、省察與克治其實都是消極的工夫，積極的工夫則是致良知，意即當下願意擴充良知的靈覺，則當下就能直接把握良知並獲致實踐，這就像是前面引孔子在《論語．述而》第七說：「仁遠乎哉？我欲仁，斯仁至矣。」這是種極其精鍊的觀念工夫。通過這種觀念工夫，同時讓陽明子的良知學說，蛻變成一種心體的實踐論，意即我們與其說陽明子重視理解，不如說他更重視實踐，與其說陽明子重視心上工夫，不如說他更看重事上磨練，因為這種觀念工夫的目標，如果使用最通俗的語言就是在導向「心想事成」，因此再反過來說，陽明子講的事上磨練，其核心點還是「意上磨練」，這個部分他的弟子歐陽德（一四九六—一五五四）講得更細緻。王陽明思想的主軸並不是「信心體」而是「行心體」，就是把心體給落實到生活中，而不是單純的只是信與悟的狀態。平常人常把知與行區隔成兩截：從內心來講，就是潛意識跟顯意識暗藏著衝突；就人事的層面來講，往往心裡想的與外面做的並不一致，譬如表面上風平浪靜，心裡卻有各種得失的算計和累積的情緒，無法活出生命的活潑與坦然。這些都不是活在良知中的狀態。人不需在良知的外面別求天理，只要真誠與悲憫的天然情感不被欲望所遮蓋，天理就會自然彰顯出來。如果你看到某個人表現的狀態是比較有些隱晦與保留，表現出的氣息與頻率不是那麼自在跟瀟灑，這表示他的內心正隱藏著什麼鬼怪，這通常就是良知被遮蔽的狀態。

從陸王的角度來說，人終究就只能瞭解人心的事情，人心能形成的視野與範圍，這就是人所能瞭解的全體。從某個意義點來說，人始終只能認識自己，因為在我們這個大千世界裡，其實有很多平行宇宙（多重宇宙，parallel universe），譬如說有過去一小個時前的你，此刻的你，同時有未來一個小時後的你。一個小時前的你或許在讀書，此刻的你或許在吃飯，兩個小時後的你或許在做運動，但是這只是從時間的角度切割成三個層面，如果不考慮時間，而是從空間的角度來看，其實是有三個你正在共同運作。但是，一個小時前的你始終沒辦法與一個小時後的你碰面，此刻的你同樣沒辦法與其他兩個你碰面，這就在說明每個你的人心所及，只能在每個你的人心所及其視野與範圍內產生意義和影響。平行宇宙或多重宇宙可用來解釋諸如「一顆球進入時光隧道裡，回到過去撞上自己，因而使得自己無法進入時光隧道裡」這種悖論，畢竟這顆球撞上自己和沒有撞上自己屬於兩個不同的平行宇宙。再舉個角度來說，我們現在處在四維時空裡（除傳統認知的長寬高外，還有閔考夫斯基時空〔Minkowski spacetime〕這一概念），如果還有五維或六維的時空呢？那是目前人所不能瞭解的層面，可是不瞭解並不表示它不存在，這就像我們平時聽收音機，如果調到AM頻道就聽不到FM頻道，可是這不表示FM頻道不存在，但沒有收音機的人就什麼都聽不到，手機有網路的人則不只可聽這些不同頻道，還能聽到超越於FM與AM外各種不同節目。從這個角度來看，回到認知這件事情，你就知道真的是「萬法唯心造」，意即是心靈這個機制在塑造你所認知的這個世界，人沒辦法去討論心靈外面的事情，心靈不同層次的人看見的世界各不相同，但如果有人在談超越心靈能認知以外的事情，譬如故意從超越四維的角度來說不屬於我們這個時空能夠談論的事情，這裡面就很有可能存在裝神弄鬼的層面，除非他能證明他真的是從不同的維度過來的存有，並且其展示的內容能讓我們這個維度的人認知，我們即使關注著心靈議題，都需要有著嚴謹的態度來檢視相關內容。

陽明子的良知學說，如果拿佛洛依德談的精神分析學（psychoanalysis）或可做個饒富意義的對話，佛洛依德認為人的欲望都來自於潛意識，如果將這些來自潛意識的欲望引導到顯意識層面，會引發自身保衛機制的心理抵抗，意即潛意識與顯意識在現實面臨的矛盾，會帶來心理疾病如精神衰弱這類的問題。就一般人來說，雖然不見得會有精神病患者的那種人格分裂的現象，可是既然都有潛意識與顯意識的層面，並且每天都要處理這兩者在現實間面臨的矛盾，自然就會有各種生命的難題，如果不藉由宗教信仰來獲得救贖，就只有藉由心理諮詢來獲得化解。但佛洛依德沒有宋明儒者的修養意識，不曾認識到宋明儒者通過朝向本體做工夫就能解決問題，更不曾想過人該如何完成純粹「活在天理中」的意境，這是一種調和天人對立的心理狀態，在這種境界中，其潛意識全部意識化，內心深層的陰暗與衝突全部獲得消融與整合，表裡如一，沒有絲毫對自己生命的欺瞞與掩飾。這是種理想的人格，意即最終活出聖人的境界。陽明子在悟道那天中夜「寤寐中若有人語之」，這可是說是其潛意識的作用，使得他「不覺呼躍」，他拿自己的領會與舊日所讀的《五經》相互驗證，發現兩者「莫不吻合」，這就是將潛意識的領悟意識化而獲得的印證，生命當下呈現整合。榮格因為對中華思想有著更深刻認識，因此他會使用「未發現的自我」（undiscovered self）來指稱潛意識中含藏的自性，體會到煉金術士是用「象徵物」在說話，不論中西，他們的哲學意圖旨在尋覓一種和心理學對話的精神體系，使其身心得到完全的轉化，意即煉金術其實是「煉心術」，基於對於煉金術符號的瞭解，榮格開始提出其分析心理學的核心理念，他稱作「自性化」（individuation）的歷程（榮格著，劉國彬、楊德友譯，二〇一四：頁二六九、二七二—二七三）。陽明子早就持有相同看法，自性化歷程對陽明子來說就是在成聖，這件事情過程如同在「煉金」：「學者學聖人，不過是去人欲而存天理耳，猶煉金而求其足色，金之成色所爭不多，則煅鍊之工者而功易成。」（《傳習錄．上卷》第一百零二條）我們可從這段話證實陽明子反過來將煉心術比喻成煉金術，他覺得成聖需要人脫出自我來活出自性，就像是煉金想取得成色最純的狀態，這就需要最精熟於鍛鍊的人纔能完成此道，這是其翻新儒家思想獲得的核心宗旨。

對於這種境界和工夫的探討，在陽明子的《傳習錄》中有很多相關內容，譬如中卷〈答歐陽崇一〉第三條中說：「凡學問之功，一則誠，二則偽。」意思是說：但凡做學問的工夫，如果呈現內外和諧一致的狀態，這就是誠意，如果感到矛盾衝突的狀態，這就是虛偽；再如中卷〈答聶文蔚〉第二條中說：「蓋良知只是一個天理自然明覺發見處，只是一個真誠惻怛，便是他本體。故致此良知之真誠惻怛以事親便是孝，致此良知之真誠惻怛以從兄便是悌，致此良知之真誠惻怛以事君便是忠。」這段話的意思是說：良知只是天理的自然朗現，只是真誠與悲憫，這就是本體。探究這良知的真誠與悲憫，將其用來侍奉親人就是孝道；將其用來敬愛兄長就是悌讓；將其用來侍奉君主就是忠貞。如果用這個觀點來做心理諮詢，則諮詢師應該幫忙當事人探討自己應該如何將心中的良知發用到各種角色關係中，但良知到底在哪裡？良知就在潛意識中，尤其在文化集體潛意識中，因此如何順應我們的文化集體潛意識，將其發展到顯意識來行事就變得很重要，精神分析學不會去談如何做工夫把潛意識變成顯意識，但儒家通過反省與內觀，長期關注這種議題，這就是為什麼孔子在《論語．為政》中說：「從心所欲不逾矩。」意思是說，我的心不論怎麼樣自由自在的發揮，都不會有逾越規矩的狀態，《論語．學而》記曾子曰：「吾日三省吾身：為人謀而不忠乎？與朋友交而不信乎？傳不習乎？」不論是替人謀畫是否有忠誠；結交朋友是否有信實；學習經典是否有重溫，這些狀態都是按照文化集體潛意識的發展將其徹底意識化後的結果。這種狀態因為不再有對潛意識的阻抗，很類似於孩童的心靈，就像是《孟子．離婁下》中會說：「大人者，不失其赤子之心者也。」或如《老子》第五十五章則會說：「含德之厚，比於赤子。」都是在講有著偉大人格、涵養德性深厚的人，都有著如嬰兒般純淨的生命狀態。

為什麼後來陽明後學發展出「童心說」（張學智，二〇一二：頁二九三—三〇〇），就是認為心體要保持其如童真般的純粹，敝人會特別關注華德福教育，主要就是華德福的發展型態比較關注孩子的人格成長，守護孩子的童心，而並未強調孩子的社會化學習。華德福教育跟一般體制內教育的區隔，並不是單純的對於知識態度上的差異，而是面對身心態度上的差異，體制內教育一般只關注社會化的教育，華德福教育則比較關注和尊重孩子的內心能自然活潑的流動與開展。心學通過做工夫來把潛意識變成顯意識，這個過程就會產生內在的自我修復，使得身心變得光明磊落。在這個過程的某些環節裡，特別需要人的自覺，而且更要有安全的環境，讓學習者互相扶持，讓人產生自信，不會再讓心中的幽暗意識不敢被曝曬出來消化，積累在那裡出現問題。這種做工夫的意識，跟精神分析學透過分析來瞭解潛意識的確有差異。精神分析學會去關注當事人問題的軸心點是怎樣在潛意識的層面受到童年經驗影響，或者是性欲是否有被壓抑，或者是家中排行形成的權欲影響。而對於榮格的分析心理學來說，有個很重要的工作，就是分析潛意識本身。榮格認為把潛意識攤開來檢視，諸如探討夢境與意象，會有益於人生命的療癒，但是該療癒是否可視作是中華文化脈絡裡的工夫呢？譬如繪畫曼陀羅（mandala）對榮格而言是一種療癒的型態，但榮格在意識層面是沒有通過畫曼陀羅來做工夫的意識，自性對他而言是不斷的探問，搞清楚其內涵，這還是種使用大腦來分析的心態，終究不是企圖把握住自性來善待生命與獲得喜悅，榮格講的自性並不是純粹的光明心靈，而是種來自潛意識的原型，他畢竟有著西洋文化背景，冀圖解決自身的文化困境，使得他在發展心理治療過程中的問題意識不太一樣。

第二節 心學的啟蒙教育

回應到前面的「童心說」，從華人本土心理諮詢的角度，敝人在這裡要特別談談心學對兒童啟蒙教育可做出的貢獻。我們如果要讓陽明子的心學能運用到實際的生活領域，首先就應該思考心學如何在孩子成長過程中發揮其效益。常聽見有人說「三歲見老」，這其實並不是毫無根據，從德裔美籍心理學家艾瑞克森（Erik Homburger Erikson, 1902-1994）的「心理社會發展理論」（psychosocial developmental theory）來看，兒童在三歲左右的時候便開始形成自己的行為習慣相信，學前的童年經驗則對於人格發展非常重要，這包括〇歲至二歲會面對信任問題，孩子會經由餵食、擁抱與遺棄的經驗來感知「我能不能信任這個世界」；二歲至四歲會面對意志問題，孩子會經由如廁、洗澡與著裝的經驗來感知「我能不能成為我自己」；四歲至六歲則會面對探索問題，孩子會藉由使用工具或創作藝術，來感知「我能不能為自己而完成某個目標」（Gerald Corey 著，修慧蘭等人譯，二〇〇九：頁七二）。如果學前經驗對孩子如此重要，在中華文化長期浸潤裡累積與發展出來的生命經驗，到底對孩子的成長有什麼意義？並且，我們該如何將這些經驗繼續藉由學前教育傳承給孩子呢？俄國心理學家維高斯基（Lev Vygotsky, 1896-1934）早在其國內爆發布爾什維克革命後，就發現學生從自己家庭裡學到源自其傳統文化的語言工具與價值系統，但教師在學校中強調的內容卻是有關科學與政治的意識型態，兩者間長期存有「質性跳躍」（qualitative jumps）的不連續現象，他發現兒童在日常生活的思考發生明顯有「知識滲透」（diffusion of knowledge）的現象，科學與政治的觀念來自政府與學校，在老師與學生的溝通裡，這些高度抽象內容與兒童來自家庭裡的常識相互衝擊與轉化，容納到兒童本來的生命世界內，然而，如果這些科學與政治的意識型態交織出的「微觀世界」無法與本來的生命世界連結，就會引發兒童巨大的心理困惑，畢竟兒童啟蒙教育需要與其生活經驗相結合，讓學習發生意義，不能只是無意義的背誦與演算，卻與日常生活毫無關係（Vygotsky, 1978）。華人社會正面臨著這樣的問題。當我們擺脫政治殖民與經濟殖民後，至今尚未擺脫學術被殖民的現象，各種社會科學領域的學者從西洋文化傳統各自擷取出微觀世界的內容，長期未能與我們本來的生命世界做深度的對話與交融，就將其片段的知識，藉由各科目的課綱與課本再傳播到學校教育裡，但我們的兒童到學校受教育前，已經在學習本國的語言與其背後承載的文化傳統，來到學校後，教師又開始教一套源自西洋文化傳統的現代知識，兒童得要用自己熟悉的語言作為工具，將這些知識「同化」（assimilate）到既有認知系統，或改變既有認知系統，來「順化」（accommodate）這些新知識，然而，兒童本來日常的生命世界卻是校園外最真實而巨大的存在，這種套裝知識與經驗知識的落差，很難不造就出困惑，生命世界在套裝知識裡沒有具體著落，這就會醞釀出生命的意義危機。

陽明子畢生教導無數的弟子，對於自己家庭中孩子與兄弟的教育，可看出他鮮活奔放的治家風格，他早年沒有孩子，聽從父親王華（一四四六—一五二二）的建議過繼從侄王正憲為子嗣，其現存可見的家庭教育理念，都保存在寫給王正憲諄諄教導的文字裡，我們可看出陽明最重視孩子成長過程中德性的涵養，尤其看重心性對品格的影響。在王正憲童年時期，陽明子曾寫一首裨益誦讀的兒歌，有點像是南宋王應麟（一二二三—一二九六）撰寫的《三字經》，該兒歌稱作〈示憲兒〉，其內容如下：「幼兒曹，聽教誨：勤讀書，要孝弟；學謙恭，循禮義；節飲食，戒遊戲；毋說謊，毋貪利；毋任情，毋鬥氣；毋責人，但自治。能下人，是有志；能容人，是大器。凡做人，在心地；心地好，是良士；心地惡，是凶類。譬樹果，心是蒂；蒂若壞，果必墜。吾教汝，全在是。汝諦聽，勿輕棄。」這裡面傳遞出一個重要訊息：在「溫良恭儉讓」的儒家傳統思維裡，陽明子將其賦予心學的意義，意即如果僅是認真落實這些長期被儒家視作良善的行為規範，這對陽明子而言並不足夠，因為「心是樹果的蒂」，如果行為規範被視作「樹果」，「心蒂」就是該樹果跟枝莖相連的重要內涵，能使得行為規範具有人內在深度的認知與體會，不至於流於形式主義。陽明面對兒童啟蒙教育，不可能使用複雜的心學相關術語來談做人處事應該秉持的態度，但從他藉由各種例證來闡釋「凡做人，在心地」可看出，他把握住心蒂與心地這條極簡原則，指導他的孩子王正憲要注意自己做人處事到底有沒有經過覺察，打從心底瞭解與明白自己如此舉止背後的原因，絕不要只是在落實表面工夫，博取他人好感，自身卻毫無認同感。這就難怪有人指出陽明子對儒學的貢獻就如同馬丁·路德對基督教的貢獻。如果沒有陽明子從心學的角度來重新詮釋儒家思想，提醒人對生命要有自省與體會，這些道德觀念很難不掉落變質成世人陽奉陰違的教條。

早前朱熹認為童蒙教育從八歲開始，八歲前的教育可見於他在《童蒙須知》開篇寫的〈衣服冠履〉第一：「大抵為人，先要身體端整。自冠巾，衣服，鞋襪，皆須收拾愛護，常令潔淨整齊。」意即學齡前的幼兒只須學會正確對待身體，懂得自己戴帽、著衣與穿鞋，對這些物件收拾愛護如常即可。然而，朱熹接著在《童蒙須知．語言步趨》第二表示：「凡為人子弟，須是常低聲下氣，語言詳緩，不可高言喧鬨，浮言戲笑。父兄長上有所教督，但當低首聽受，不可妄大議論；長上檢責，或有過誤，不可便自分解，姑且隱默。」意即孩子自童年就要學會「低聲」，不能高談闊論，更要低頭學習聆聽父兄的教誨與督導，即使責備有誤都不能強替自己辯解，要懂得隱藏沉默。這種收攝精神的教育，如果做得太過度，難道不會壓抑心靈的開展嗎？陽明子對這個議題有相當敏銳的洞見。他強烈反對記憶或背誦，其在〈訓蒙大意示教讀劉伯頌等〉這篇文章中表示（見《傳習錄》卷中）：「古之教者，教以人倫。後世記誦詞章之習起，而先王之教亡。」陽明認為對古詩與古文的記憶或背誦是枝微末節，如果不重視人倫本身，則先王的教化反而滅亡了。人倫該怎麼教呢？

陽明子接著說：「其栽培涵養之方，則宜誘之歌詩以發其志意，導之習禮以肅其威儀。」意思是說：藉由誘發孩子唱歌來堅強其意志；或引導孩子學禮來嚴肅其威儀。學唱歌與學禮貌會不會不符合實際呢？他回答：「今人往往以歌詩習禮為不切時務，此皆末俗庸鄙之見，烏足以知古人立教之意哉！」他覺得古聖先賢設立教化的用意正在於此，有識者不能耽溺於庸鄙的習俗或陋見。然而，學唱歌或學禮貌如果流於教條化，會不會讓正值活潑的幼兒覺得自己不被大人接納，反而影響其身心健康呢？

陽明子完全明白幼兒的情感喜歡嬉遊而害怕拘束與檢點，他在〈訓蒙大意示教讀劉伯頌等〉繼續說：「大抵童子之情，樂嬉遊而憚拘檢，如草木之始萌芽，舒暢之則條達，摧撓之則衰痿。今教童子，必使其趨向鼓舞，中心喜悅，則其進自不能已。」這就像是草木纔剛開始萌芽，如果有場時雨或春風，讓草木沾到雨露獲得風潤，就會立刻萌芽成長，如果竟然降臨冰霜，就會剝落殆盡，使其毫無生意，變得蕭索無味，日子一長就會枯槁。孩子剛出生，你順著其狀態，他就會覺得很愉快；你阻撓其狀態，他就會覺得很失落，因此教育孩子必然要往鼓舞他的層面開展，讓其心中喜悅，不斷往你引領的角度展開學習。陽明子顯然用其心學來面對兒童啟蒙教育，即使在教孩子如何參與成人的社會，都應該首先瞭解其最真實的精神狀態，從直搗黃龍的角度來對應其心態，藉此讓教育的效益最大化。因此，唱歌或學禮不再是種僵化的教學，而是因勢利導，就此展開對孩子身心的調節。陽明子說：「故凡誘之歌詩者，非但發其志意而已，亦以洩其跳號呼嘯於詠歌，宣其幽抑結滯於音節也；導之習禮者，非但肅其威儀而已，亦所以周旋揖讓而動盪其血脈，拜起屈伸而固束其筋骸也。」陽明子覺得唱歌的重點並不只是在堅強孩子的意志，更在藉由樂曲宣洩孩子想要跳鬧、哀號、呼喊與狂嘯的欲望，讓其被幽暗壓抑凝結停滯的心情在音節中釋放；學禮的重點並不只是嚴肅孩子的威儀，更在藉由揖讓動盪孩子的血脈，身體從中練習伸縮與屈張，使得筋肉與骨骸長得更穩固，其調理性情與默化粗頑的辦法，孩子逐漸被教化卻不會覺得辛苦與艱難，不知不覺入於中和，這是先王教化的微言大義。

陽明子這種靈活的教育觀點，其主張的唱歌與學禮，就跟華德福教育裡「優律詩美」（eurythmy）的藝術教學實有異曲同工的用意，該詞彙源自於希臘語，意即「優良的韻律」，或可理解「美好型態的流動」，大陸有時候會翻譯作「音語舞」。這門藝術有點像是跳出如太極般的舞蹈，結合語言、音樂和心靈開展身體藝術，讓孩子體驗收縮和擴展，在「收」與「放」的交替過程中展開呼吸，當表達音樂的時候，舞者會不斷創造出令音樂能流暢抒發的空間；當表達詩歌的時候，舞者就像一尊會變化的人體雕塑，整個舞臺則像一幅絢爛揮灑的濕水彩，充滿流動與光潔的畫面，共同洗滌表演者與觀賞者的心靈，這是華德福教育最獨特的藝術，最早是由創始人史丹納（Rudolf Steiner, 1861-1925）博士幫忙一名智障孩子，指導其身體跟著語言與音樂來自由跳舞，這個孩子在史丹納的教育裡回到正常的學校，最後成為一名醫生。

通過涵養德性來做聖人，這是儒道兩家共同的理想。那什麼是聖人呢？這就與我們怎麼理解跟定義「聖人」這個議題有關。聖人並不是一種終極目標，把聖人當作一種終極目標，會導致一般人很難成為聖人，這樣的觀點背後其實是一種對聖人認知的謬誤。聖人其實就是每一個當下能接納自己，身心均衡發展的人。這樣的人或許是一秒鐘的聖人，或許是一天的聖人，或許是一月的聖人，更或許是一年的聖人，於是就有聖人不同等級的表現差異。從這樣的角度來看，聖人無所不在，的確滿街都是聖人，更可能很多孩子的成聖狀態比大人還要高，因為這些孩子時常活在純淨喜悅的生命感裡。但是聖人的確不太好做，因為隨著年齡的增長，受社會洗染的加深，人恰恰很難活得像孩子那般純淨喜悅，尤其處在工商業社會，人投身於其中，愈發遠離本然的自己。期待有一天在我們中華大地的教育體制裡，重新恢復教人做聖人的學校，孩子在這樣的學校裡身心能獲得均衡發展。從這個角度來說，現在的華德福學校（Waldorf School）基本上可滿足這樣的需求，但不要把華德福教育標籤化，重點不是「華德福」這三個字，而是關注孩子的心靈，讓孩子的身心能均衡、全方位地發展，而不是拿單一紙筆測驗的型態來學習，當然這同時是華德福教育的特色。

父母是孩子最早接觸的老師，孩子會向父母學習各種生活習慣，家庭教育對孩子的影響本來應該大於學校教育，但高度文明的社會反而導致人的工作越來越繁忙，同一個家庭中的親人常常活在「妻離子散」的實際狀態裡，每天相處的時間最多不過短短幾個小時，卻繼續在家裡耽溺在各自的奔忙或休息，很難有精神層面較有品質的交流。當孩子對自己的生命課題有困惑與不安時，他究竟能向誰詢問或請教？家庭教育是父母本應負起的基本責任，讓孩子明白做人處事的道理，引導孩子邁往正確的人生道路，這種潛移默化的生命教育，應當成為我們現代社會裡家庭的「家風」。現代化的家庭型態中，家長不再是權威型的狀態，反而更有利於真正教育的開展，在《王陽明全集・文錄三》第六卷的〈與錢德洪、王汝中〉中，王陽明在寫給弟子錢德洪與王龍溪（一四九八—一五八三）的書信中說：「正憲尤極懶惰，若不痛加針砭，其病未易能去。父子兄弟之間，情既迫切，責善反難，其任乃在師友之間。」這是指出家人因為情感的太過緊密與緊張，彼此反而很難講真話，這正是因長輩的權威讓孩子望而生畏，更需要有師長與朋友常在其間督責向善，反過來說，如果家長能具有思辨生命的態度，能跟孩子討論人生而不是指導人生，不再拿家長的權威壓人，這種藉由探索心性來認識真相的辦法，應該比較容易讓孩子接納。

將中華思想框在國學架構裡，雖然在往日西學東漸的浪潮裡，能替來自傳統的思想保有一片學術空間來棲身，其實反而限縮中華文化本來具有「廣大」（全面應用）與「精微」（回歸根本）的特質，殊不知掌握中華文化的真骨血，將其自然而然落實在生活裡，意義將勝過於只是記憶與背誦，這個真骨血究竟是指什麼呢？不同於基督教文化與伊斯蘭文化這類一神教文化，在目前碩果僅存的人類文明裡，中華文化儘管有天道的思想，卻不特別看重上帝的救贖，反而會從理性與感性兼具的角度來探索人自身的心靈，悠游在自然與社會的生活中，在四季推演與人情變化中涵養與體會天道賦予每個人生命的奧義。尤其陽明子頓悟與揭露出「心體」，其朗照與存在給人生命的座標，裨益恢復自家本來面目，這個核心路線如果能把握住，從事於兒童啟蒙教育更顯得怡然自如。因此，我們從事於兒童啟蒙教育者，不應該再將孩子本來的生命世界與大人後來的微觀世界強行連結，即使是後設主張的「國學微觀世界」，不論其如何的苦心孤詣，如果不能與孩子的天性對話，都是種身心斷裂的教育，其危害甚至大於不教育。我們應該順應孩子的自然狀態，引領其來到社會，架構出兒童生命階段能體會的內容，令其身心獲得穩固的地基。當前社會有相當數量的成人罹患身心疾病，其癥結就在於兒童時期經歷身心斷裂的教育，在不對的時節裡強灌超過其理解範圍的知識，卻因知識本身與生命無關，醞釀人一生精神的痛苦。我們如欲重振華夏，真實傳承中華文化，就要直面與終結這種問題，誠懇立基於孩子的生命世界來架構與其身心相應的微觀世界，如此纔能符應於本土心理學的宗旨，這就是通過更廣大精微的啟蒙教育植一粒愛的種子到兒童心田，真正替中華文化再興開啟新局。

第三節　徐橫山對心學的闡發

這裡將明朝區隔成前期與後期，可按照西元一三六八年洪武建元到西元一六四四年崇禎殉國為止，合計國祚二百七十六年，如果切成一半，則明朝中期時間斷限正值正德元年（一五〇六），大約在陽明子三十四歲時，他本人龍場悟道則在正德三年（一五〇八）。龍場悟道後屬於陽明心學的成熟發展時期，因此，如果按照時間斷限來看，我們現在接著要談的陽明後學的人物，都屬於明朝後期的心學家。徐愛（一四八七—一五一七），字曰仁，號橫山子，世稱橫山先生。徐橫山最早跟陽明子北面納贄，卻在其弟子群裡最早過世（年僅三十一歲）。他沒有機會讓自己的義理與觀點發展成熟，陽明子在他生前對橫山深表器重，視其為王門的顏淵，死後則對他念念不忘，包括陽明子後來最器重的一名弟子錢緒山（一四九六—一五七四），都對其忠信於師門深有感念，而希望踵繼其志，再開具有「中行」意蘊的聖學。本土心理學特別關注華人的「自己」，發現華人愛自己並不見得會停留在自己的身體這個實體，而會包括其他自身關注的人在內。正德二年（一五〇七），徐橫山再度參加鄉試的科考，陽明子此時人已經被權閹劉瑾（一四五一—一五一〇）殘害，貶謫至貴州龍場驛（今貴州省貴陽市修文縣龍場鎮）擔任驛丞，自身安危難保，卻還很關心徐橫山考舉人的事情，這可看出他已經把徐橫山納進「自己」的範圍內。當徐橫山在浙江考完試並高中舉人，陽明子正準備要離開浙江去貴州前，橫山徵得父親徐璽（生卒年不詳）的同意，成為陽明子的第一位弟子。

徐橫山後來回顧這件事情說：「自尊師陽明先生聞道後幾年，某於丁卯春，始得以家君命執弟子禮焉。于時門下亦莫有予先者也。夫斯道之不明於天下也久矣！先生重光以來，世方大疑以怪，而有能挺然特出真心信向不為所撓者，顧弗可謂豪傑矣乎！則相與共室堂，朝夕切磋，觀善砥行弗替，務期大成，期斯道復大明可矣。」（〈同志考敘〉，《橫山遺集》卷上）徐橫山能在陽明子「龍場悟道」前，就指出陽明子早在前幾年已「聞道」，並願意執弟子禮，處在陽明子尚未有任何外王事業前，且對本體的實證尚未有至關緊要的突破，面對著整個天下的疑怪，徐橫山就已能對陽明子真心信仰，不受時論阻撓，套用他自己的詞彙來說，這誠然是豪傑能表現出的舉措。其實，徐橫山如此果決的信仰，對陽明子立志重新開啟聖學的願望產生莫大的鼓舞。

法國存在主義哲學家馬賽爾（一八八九－一九七三）指出：信仰本身就是未見事物的證據。這個觀點很能解釋徐橫山拿出自己全部生命來對待陽明子的態度。馬賽爾還指出：「信仰」（faith/belief）其本質就是追隨。這意味著主體全然跳出自己，產生向別個主體開放、聆聽與回應的心態，並作出個人「內在的承諾」（inner commitment），發自心底的意願，願意替他愛的人「鞠躬盡瘁」。就馬賽爾的觀點而言，信仰完全不同於「確信」

（conviction），確信只是一種自我封閉的狀態，意即人一旦採納某種立場後，就排除任何商量的餘地，活在某種意識型態中無可自拔，信仰則是愛的全然臨現，有著具體的人互相深情關注，其孕育自「我－你」關係（I-Thou relation）（關永中，二〇〇二：頁三七七－三八七；Marcel，一九六四：頁一三一－一三四），這不是主客對立或主客互換的人際關係，因為彼此有愛，「你」不再是人面對自我外在的陌生人，而是用某種型態參與我生命的主體性的別個主體，讓你來做我生命裡的主體，人就要放棄宰制的心態，尊重且容納他人的主體進來，來讓彼此同時都能成為主體，馬賽爾稱其性質為「互為主體性」或「主體際性」（intersubjectivity）（陸達誠，一九九二：頁四五－四八，頁一六五－二〇七；Marcel，一九五二：頁一四六；一九七五：頁ix），這種主客合一的思維相當適合於詮釋陽明心學家的生命經驗。

正德七年（一五〇七）的冬天，徐橫山與陽明子共同駕船至紹興，橫山仔細請教陽明子有關《大學》的宗旨，聽到陽明子的說法，胸中混沌復開，活在強烈的喜悅裡，有數日如狂如醒的高峰經驗（peak experience），並領會出往日聖人立言或各不同，其宗旨則並無差異：「愛以知州考滿入京師，即同穆孔暉等朝夕受業。冬升南京工部外郎，與陽明同舟歸越。舟中請問《大學》宗旨，聞之踴躍痛快，胸中混沌復開，如狂如醒者數日。仰思堯舜三王孔孟，千聖立言，人各不同，其旨則一。」（〈徐愛傳〉，《聖學宗傳》卷十三，轉引自《徐愛．錢德洪．董雲集》附錄）當徐橫山進而思索往日聖人的言論，這些本來就極其熟悉的話語，驀然在他的心底激發出全新的領會，高峰經驗是超個人心理學的概念，源自美國心理學家馬斯洛（Abraham Harold Maslow, 1908-1970），這是種高度愉悅的精神狀態，讓人產生一種超越現實的感知，這讓橫山頓然發現詞彙的歧異背後其實有著全然貫通如一的宗旨，高峰經驗這層領會，同樣可拿美國實用主義哲學家詹姆斯（William James, 1842-1910）的觀點來解釋，當人對某個偶然掃過心頭的格言產生徹悟，而產生這樣的浩歎：「我這輩子一直聽見這個，但直到現在，我纔明瞭其全部的意義。」詹姆斯並進而稱這種經驗型態就是種冥契主義，他還引用基督教改革家馬丁．路德的話來說明這種經驗：「當我聽見僧侶反覆誦念《信經》（Creed）中的『我信罪惡的赦免』的時候，突然對《聖經》有一種全新的理解，我馬上彷彿重生了，就好像發現天堂的門大敞一樣。」（詹姆斯著，蔡怡佳、劉宏信譯，二〇〇一：頁四六〇）根據徐象梅（生卒年不詳）《兩浙名賢錄》的說法，正就在這種精神狀態裡，徐橫山編出首部《傳習錄》（意即現在看見的上卷）。

陽明子在這段時間對徐橫山指點的內容，為何引發橫山如此深刻的冥契經驗呢？根據徐橫山在《傳習錄》上卷的回憶：「如說格物是誠意的工夫，明善是誠身的工夫，窮理是盡性的工夫，道問學是尊德性的工夫，博文是約禮的工夫，惟精是惟一的工夫，諸如此類，始皆落落難合，其後思之既久，不覺手舞足蹈。」（《傳習錄．上卷》第十五條）由這裡鋪陳的內容可知，王陽明都在把外在的理（如格物／名善／窮理／道問學／博文／惟精）往內拉回到身體的實踐（誠意／誠身／盡性／尊德性／約禮／惟一）來實證於心靈，訴諸人真實的生命感，來領會與闡釋既有經典的觀念，意即由人做工夫出發，來重新把握住根本。真正深刻的反省，馬賽爾稱作「第二反省」（secondary reflection）這是相對於只知道堅持自我主體性的「第一反省」（primary reflection）而言。「第一反省」是指對存在本身都展開懷疑，思考者把本來不能成為客體的存在轉為客體，將豐富的整體生命給抽象化，視作理性篩選的對象，這種解析型的思考，其主體雖然藉由意識全面客體化的運作而架構出相關的知識，卻使得人與外在世界的臨在與內在生命一體的感覺全部消失，思考者與被思考者本來緊密存在的一元關係（existential immediacy）被解消掉，餘留只是存在的外殼，這就是存在的物化，因為主體並沒有與存在締結真實的關係（Marcel，一九五一：頁一五八—一六三）。當徐橫山不再把存在的奧秘拿思考的問題來取替，不再使得存在本身在第一反省架構出的環境裡只是個蒼白的名字，成為各種符號裡的一個而已，徐橫山就能掃除全部不利於存在的障礙，開始由第一反省來到第二反省，主體跨出自我，超克客體的認知心態，看見存在本身，卻不再離開自身，在合一的精神狀態裡直接體悟存在，讓其奧秘重回生命裡（陸達誠，一九九二：頁六三—六四）。這種由身體獲得的實證，其最直接的反應，自然就會是「不覺手舞足蹈」。

在心理諮詢中，最難處理的現象莫過於生死議題，尤其是生者面對死者的無法釋懷，如果我們能從心學家中相關案例來談，將可幫忙諮詢師瞭解如何使用本土心理諮詢來引領當事人展開悲傷輔導。徐橫山素來相信並會探索夢境對生命的昭示意義，對他影響最大的夢境，還是他死前曾經登臨衡山賞玩，在山裡夢見有個老和尚撫摸著他的背，跟他說其與顏淵同德與同壽。歸來後他自覺壽命不能長續，將此事告知陽明子，陽明子聽過後安慰他這只是個夢境，不需要有疑慮，徐橫山則覺得這本來是無可奈何的事情，他只希望能盡快結束公職，跟著陽明子從事於心學教育工作，如此則「朝聞道，夕死可矣」。橫山早亡的事情果然成真，陽明子在寫給他的祭文裡記錄其事：「嗚呼痛哉，曰仁！吾復何言！爾言在吾耳，爾貌在吾目，爾志在吾心，吾終可奈何哉！記爾在湘中，還，嘗語予以壽不能長久，予詰其故。云：『嘗遊衡山，夢一老瞿曇撫曰仁背，謂曰：「子與顏子同德。」俄而曰：「亦與顏子同壽。」覺而疑之。』予曰：『夢耳。子疑之，過也。』曰仁曰：『此亦可奈何？但令得告疾，早歸林下，冀從事于先生之教，朝有所聞，夕死可矣！』嗚呼！吾以為是固夢耳，孰謂乃今而竟如所夢邪！」（〈祭徐曰仁文〉，《王陽明全集．外集七》卷二十五）這裡可看出陽明子面對徐橫山死亡帶給自己的深刻痛苦，他覺得橫山與自己的生命緊緊相繫，彼此早已共融出新的完整主體，這主體際性的存在狀態，由於人放棄對自我的宰制，尊重且容納他人的主體進來，給相愛的人成為自己的自由，並讓自己的生命裡有彼此的存在，卻可能要忍受解體引發的痛苦，尤其是面對相愛的人死亡的重大時刻，陽明子正就是處在這種情緒裡。

馬賽爾指出：死亡的真正問題並不在死亡本身，而在「親人」的死亡（這個親人不只包括血親，還包括全部真摯愛著的人），人通過愛而有超越物質內全部限制的能耐，並深信人的主體可暫時抑制自我操縱，而把自由轉讓給其愛著的主體來使用，使得同一個身體進而蛻變成具有共同主體性（co-subjectiity）的「我們」，這種愛甚至跨越生與死的限隔，使得真摯愛著的人並不會死，因為我對他的愛，使得他的生命持續活在我的身上（陸達誠，一九九二：頁一五一—一五二）。陽明子正因為有這層領會，使得他本來聽見徐橫山死亡的消息，哭泣兩天都無法進食，然而他再思量，貫通著橫山與自己身上無窮遠大的志向，如果再因自己的死亡而毫無成就，他如何能忍心讓其發生呢？他因此再度進食。陽明子對人世的榮華富貴不再有眷戀，他只希望能全面宣講心學，縱使聚世不認同他的作法，他都願意快樂得忘記即將死亡，覓得百世後的聖人來檢視都不會有疑惑的智慧，他更希望橫山的英靈能持續開啟自己的昏沉，警醒自己的怠惰，讓自己更認真來實踐心學（陸達誠，一九九二：頁九五六）：「自得曰仁訃，蓋哽咽而不能食者兩日。人皆勸予食。嗚呼！吾有無窮之志，恐一旦遂死不克就，將以托之曰仁，而曰仁今則已矣。曰仁之志，吾知之，幸未即死，又忍使其無成乎？於是復強食。嗚呼痛哉！吾今無復有意于人世矣。姑俟冬夏之交，兵革之役稍定，即拂袖而歸陽明。二三子苟有予從者，尚與之切磋砥礪。務求如平日與曰仁之所云。縱舉世不以予為然者，亦且樂而忘其死，惟百世以俟聖人而不惑耳。曰仁有知，其尚能啟予之昏而警予之惰邪？」（〈祭徐曰仁文〉，《王陽明全集．外集七》卷二十五）諮詢師可通過這個段落，來思考如何幫忙當事人發掘出更深刻的生命意義，這個生命意義超越於親人的死亡，屬於當事人只要一息尚存，就始終不能擱置不理的核心工作。

如果當事人面對親人死亡，有著濃郁得化不開的悲涼情懷，其實通過文字書寫並整理自己的思緒，藉由生者對死者訴說自己如何繼續在人間奮鬥，來療癒當事人的心理，這其實是諮詢師對當事人可做出的具體指引。我們可看見當橫山死後的第七年（嘉靖三年，一五二四），陽明子依舊來到橫山的墳前，望著已經茂盛的林木，陽明子再跟橫山訴說著自己無盡的思念：「嗚呼曰仁！別我而逝兮，十年于今。葬茲丘兮，宿草幾青。我思君兮一來尋，林木拱兮山日深，君不見兮，窅嵯峨之雲岑。四方之英賢兮日來臻，君獨胡為兮與鶴飛而猿吟？憶麗澤兮欷歔，奠椒醑兮松之陰，良知之說兮聞不聞？道無間於隱顯兮，豈幽明而異心！我歌白雲兮，誰同此音？」（〈又祭徐曰仁文〉，《王陽明全集．外集》）陽明子說「十年」顯然有誤，其實距離橫山離世只有七年，但我們可自行省略，直接體會其深刻的心境，陽明子表示：與十年前相較，現在「四方之英賢兮日來臻」，意即各地的菁英都匯聚在自己這裡學習心學，他不再是如此孤單失依的一人，就某個角度而言，徐橫山不幸的死，其實讓橫山本身的存有變得完整，這種完整性的呈現，加上橫山子與陽明子兩人締結出的共命，使得陽明子的生變得更有意義，因為陽明子只有更加策勵自己，奮勉來傳播心學，纔能不辜負橫山的存有，並體現出帶著橫山來共同實踐共有的生命意義，但，陽明子很自然還是不免會遺憾「君獨胡為兮與鶴飛而猿吟」，意即這陣容堅強的景象，為什麼偏偏只有徐橫山已經離開人世了，不再能看見？這兩層各來自存有與世俗的複雜心理，糾纏交織在陽明子寫給橫山的這篇祭文裡。

現代人因為喪失生命意義，使得人僅存的生命意義都只能變成個體情欲的議題，如果超越於個體而活出整體，則不再只有情欲成為人與人的連結，智慧本身更能成為人與人締結深刻關係的鑰匙。因此，敝人會說陽明子與橫山子是在這種智慧意義裡的「同志」（志同道合者）。在橫山死亡後的第四年，意即正德十六年（一五二一），經歷剿滅宗室叛亂風暴的陽明子，已領會出「致良知」這個觀念工夫，當他在橫山死亡後第七年再來到橫山墳前，還要問橫山是否已經知道自己講的良知學說？陽明子相信「道無間於隱顯兮，豈幽明而異心」，意即大道貫通著陽間與陰間，橫山與自己雖然置身在陰陽兩個環境，卻有著相通的心靈，橫山不可能會不知曉。然而，身在陽間的陽明子，卻還是不免覺得落寞，當自己唱出如白雲般的高調的時刻，不知誰能在陽間聽懂與附和這個音樂呢？這樣複雜的感歎，下一位弟子錢緒山顯然有聽懂，他後來會幫忙陽明子闡發心學，這意味著對徐橫山遺志的繼承，詳細內容可參考敝人撰寫〈徐橫山的愛與死：王陽明與錢緒山對其生命的恆常臨在〉這一論文（陳復，二〇一二：頁八一—八七）。

敝人從中觀察，如果諮詢師能建議當事人將自己的痛苦轉化成朝向心體的工夫，替更高的志業做出不懈的奮鬥，這不只可有效療癒自身的痛苦，更能號召更多志同道合者，重新凝聚出深刻的「我—你」關係，人只有做出超越於自身的社會實踐，纔能化解專屬於自身的憂鬱或焦慮，利用有限的肉身來成就無限的意義。徐橫山的思想本身並未成熟，但他對闡發心學洋溢著熱情與認真，感染相當大量的青年士人風行景從，使得後世出現多名被稱作「陽明後學」的傑出心學家。陽明子的思想主軸為「良知」，其良知的內容預示後來陽明後學發展出兩條內在覺悟的路線：「自性」作為解脫的路線與「自我」作為解放的路線。自性超越個體而自我彰顯個體，其都使用良知的名義，卻帶給社會完全不同意義的影響（陳復，二〇一七：頁三七—三八）。《韓非子．顯學》曾說：「自孔子死後，有子張之儒，有子思之儒，有顏氏之儒，有孟氏之儒，有漆雕氏之儒，有仲梁氏之儒，有孫氏之儒，有樂正氏之儒。」這稱作「儒分為八」的現象。先秦儒學能否區隔成八脈固然不無疑問，倒是在陽明子過世後，其弟子發展出八脈，特別值得後世注意：「陽明心學八脈傳人，如按照被視作門人先後時間而論（見人名後面的括號），計有陳明水（一五一五）、歐陽南野（一五一七）、鄒東廓（一五一九）、王心齋（一五二〇）、錢緒山（一五二一）、王龍溪（一五二三）、聶雙江（一五三二）與羅念菴（一五六四）這八位思想家，其皆標舉良知，內涵則各含藏自性與自我，開啟中華思想史有關內在探索的新一章。」如果按照黃宗羲（梨洲先生，一六一〇—一六九五）在《明儒學案》的分類辨法而論，由這些心學家拜師的順序可知，陽明子在世時，江右王門的確是最早開啟的心學法脈，中期則有泰州王門的出現，浙中王門則屬後期發展的心學法脈，不過敝人覺得他們的思想各有獨自特徵，反映出他們的獨立思考，很難從生活的地域來解釋彼此的相同與相異，下面就各按該時間來討論這八人的思想，並探索他們相互辯論的內容，我們希望藉此讓讀者認識到「針對觀點不針對個人」的辯論實屬於心學開啟的學統，裡面蘊藏著華人本土心理學的前端思考，內容極其豐富，更可讓諮詢師與當事人的諮詢過程中，瞭解並採取本土心理諮詢該有的相應作法。

第四節 陳明水的寂感一體說

陳九川（一四九四—一五六二），字惟濬，號竹亭，又號明水。據說其母親夢到吞下星星，就懷孕生下他。陳明水自幼聰穎異常，正德九年（一五一四），年僅二十歲的陳明水就考中進士。但他無意於仕宦生涯，考中進士後很短的時間內，他在某日突然感悟到自己的性格很像漆雕開，不適合官場，就辭官回鄉了。正德十年（一五一五），他去面見陽明子，被其折服，於是把自己往日讀的典籍都焚毀，從此專注於心學探索。後來他再度復起做官，正德十四年（一五一九），武宗南巡時，陳明水上疏勸諫，結果被武宗罰廷杖五十，帶枷跪午門外五天。因該事件有四位官員被羞辱，陳明水與舒芬（一四八四－一五二七）、夏良勝（一四八〇－一五三八）、萬潮（一四八八－一五四三）這四人被當世合稱為「江西四諫」。明世宗嘉靖年間，陳明水歷任禮部儀制司員外郎與主客郎中等職，因剛正不阿而屢遭陷害，直到心灰意冷徹底放棄此路，不再從事仕宦工作。陳明水的父母兄弟都因他而被連累，生命遭受打擊陸續去世，他自己更飽受各種疾病的侵擾至死。但是，不論其肉體和精神遭到什麼打擊和折磨，陳明水都沒有放棄過開展心學的志向與奮鬥，其餘陽明後學同樣沒有誰經歷明水如此悲慘的處境，實屬堅苦卓絕的第一人。

陳明水有著特立獨行的性格和跌宕坎坷的人生，他對心學的探索充滿各種波折，與多位心學家有著相同的經歷，陳明水的思想經歷「三變」，他自己稱為「三起三易」，見《明水陳先生文集．答聶雙江》卷一：「川自服先師致知之訓，中間凡三起意見，三易工夫，而莫得其宗。始從念慮上長善消惡，以為視別諸事為者要矣；久之，復自謂淪注支流輪回善惡，復從無善無惡處認取本性，以為不落念慮，直悟本體矣；既已復覺其空倚見悟，未化渣滓，復就中恆致廓清之功，使善惡俱化，無一毫將迎意必之翳，若見本體炯然炳於幾先，千思百慮皆從此出，即意無不誠，發無不中，才是無善無惡實功，從大本上致知，乃是知幾之學。自謂此是聖門絕嗣正脈，應悟入先師宗旨矣。」從這裡可看出陳明水的悟道歷程有三：剛開始會關注著意念思慮中的善惡，在觀察事物中長善與去惡；後來發現這樣就淪落到輪迴中來論善惡，再回過頭從無善無惡的角度來認取本來自性，覺得當人不掉落到意念思慮，就能直悟本體；後來，他再度發覺這是在倚靠著空疏只想要看見頓悟，卻沒有真正化解生命的殘渣，再從中道恆常的角度落實廓清工夫，使得善惡都被消融，沒有一絲一毫有關於依附與執著於本體這一概念的弊端，這就如同在事情將發未發前，就已看見本體炯然光照，各種思慮都從裡面出現，每個意念都無不誠意，對應發出來的觀念都無不直中要點，這纔來到真正屬於無善無惡的效益，從大本上致良知，纔能完成洞燭機先的學問。陳明水自剖歷程，覺得這是聖門的絕學法脈，自認應該已有掌握到陽明子的宗旨。

陳明水對心學既有繼承更有創發，其中很重要的一個面對良知觀念是「心無定體」。《明水陳先生文集．簡羅近溪先生》卷一記他在寫給羅近溪（一五一五－一五八八）的信中說：「吾輩學問大要，在自識本心，庶工夫有下落，不致枉用精神、自生起滅耳。夫收視反聽，於中有個出頭，此對精神浮動、務外逐末者言，良為對病之藥。然于大道卻恐有妨，正為不識心體故耳。夫心無定體，感無停機。凡可以致思著力者，俱謂之感，其所以出思發和者，不可得而指也。故欲於感前求寂，是謂畫蛇安足；欲於感中求寂，是謂騎驢覓驢。」陳明水提出「心無定體」，這是個很具有辯證性的觀念，他覺得雖有心體但無定體，沒有任何固著的心體存在於任何位置，內在的心體對外在的感應從來沒有停止，但我們對於具體的感應可認知，對於抽象的心體卻無法實指，意即只要能用思慮著力的狀態都屬於感應，但發出該感應的源頭卻無從得知，因此我們想要從感應前追索寂靜的心體，如同畫蛇安足；想要從感應中追索寂靜的心體，如同騎驢覓驢，陳明水覺得兩者都是在白白浪費精神。讀者可從後面的相關討論，對照這裡來閱讀，就會明白這是針對聶雙江（一四八七—一五六三）的「歸寂說」而言。

因主張「心無定體」，接著就有「寂感一體」，這是陳明水良知觀的第二個核心命題，我們更可謂「寂感一體說」實屬陳明水的思想宗旨。前者是對於未發層面的討論；後者是對於未發與已發兩個層面的討論，意即對他而言，兩者無法割離成兩個層面，屬於「一而二，二而一」的緊密關係。《明水陳先生文集．答羅念庵》卷一記他說：「竊究本主因緣，猶未免認心有象。苟認心有象，即雖潛心於致虛守靜、藏密入神，終不免於著相，亦即非靜虛神密矣。神無方而易無體。有方體，不可以言神易矣。故竊效識心體之說，誠過慮精修者之錯用精神，亦以年來體驗若粗有得者以求證耳。來教謂心止有感而無寂，是川之所以識心體也。似猶未悉鄙意。如是，是乃畔經亂道、獲罪聖門之甚者，獨不取于吾兄哉？

若鄙意則謂：心本寂而恆感者也，寂在感中，即感之本體，若復於感中求寂，辟之騎驢覓逆，非謂無寂也；感在寂中，即寂之妙用，若復於感前求寂，辟之畫蛇添足，非謂未感時也。《易》以寂感為神，非感則寂不可得而見矣。凡致思用力者，皆謂之感。吾兄亦以為然矣。」前面說心體無法實指，因此他這裡說其「無象」，但「無象」不是「無寂」，他同意心體是個寂體，只是寂體不可尋覓，但感應可尋覓，寂體在感應中，就在感應得知寂體的存在，但不能反過來在感應中尋覓寂體的源頭；感應在寂體中，寂體有其幽密的發作，但不能反過來在感應前尋覓寂體的存在。寂感是種神契狀態，沒有感應則寂體不可得而見。

陳明水寫給羅念菴（一五〇四—一五六四）的信，顯然影響其思想，使得羅念菴不再採取聶雙江的歸寂路線。在《明水陳先生文集．答羅念庵》卷一中，陳明水跟羅念菴說：「吾兄謂『感有時而變易，而寂然者未嘗變易；感有萬殊，而寂然者惟一』。今念已形，而寂然者未嘗不存』，是矣。而猶云『感前有寂』，何耶？雙江雖意在寂上用工，然寂感不分時，則寂亦感也。今吾兄則分時，與雙江之意又微異矣。夫寂即未發之中，即良知，即是至善。先儒為『未發』二字費多少政，竟不明白；只為認有未發時故耳。」羅念菴覺得感應會隨著時間而變異，而寂體的實然狀態未嘗有任何變異；感應有各種殊異的內容，而寂體的實然狀態只有保持著凝聚如一。現在人的念頭往外發，而寂體的實然未嘗不存在。陳明水都同意這些看法，但他反問羅念菴覺得感應前尚有個寂體，這是什麼意思？羅念菴雖然有意在寂體上著墨工夫，然而寂體與感應無法割離，感應前寂體未發，則寂體對人而言，只能在已發的感應裡。現在羅念菴將此區隔成兩個概念，這與聶雙江的意思又有細微的差異。陳明水承認寂體的確是「未發之中」，這就是良知與至善，先儒反覆著墨於「未發」二字，消磨大量的精神，竟然無法明白此意，其癥結就在於太過於咬死住未發這一概念的緣故，否則寂體的實然狀態就有著感應的事實存在，兩者始終聯結，人根本無法離開感應來把握住寂體。陳明水的討論已經跨越「世界的存在」直接通過體證來到「宇宙的存在」，這是心學更細緻發展獲致的突破，更可讓諮詢師意識到如何幫忙當事人洞察良知，人不見得要執著於良知作為概念的解釋，而應該在各種日常生活中感應著良知的實際存在。

第五節　歐陽南野的循良知說

歐陽德（一四九六—一五五四），字崇一，號南野，世稱南野先生（後面簡稱歐陽南野）。他是江西省泰和縣人（現在隸屬於吉安市），江右學派的重要思想家。正德十二年（一五一七），陽明子擔任都察院左僉都御史，來贛州主持剿滅巨寇的大計，歐陽南野特來虔台納贄成為陽明弟子，曾經為聆聽心學精義，兩度不去考進士；陽明子對他極為青睞而做授記，並因此成為王門教授師。他跟陽明子學習六年，直至嘉靖二年（一五二三）始舉進士，接著他除在六安州擔任知州三年外，這一生都在兩都（北京與南京）歷任顯宦，公餘大舉闡發心學，尤其曾經與聶豹（雙江先生，一四八七—一五六三）、徐階（少湖先生，一五〇三—一五八三）與程文德（松溪先生，一四九七—一五五九）四人在朝中居顯位的心學同志共同舉辦靈濟宮講會，參與者有千人，北京城內琢磨心性的論學風潮自此大盛，值得特別談一下，敝人覺得心理諮詢本土化的過程中，應該注意其原生資源當屬宋明時期的講會，講會就是人與人平等相待對談，發展到心理諮詢中，在每個言談舉止的當下，當事人雖然有個人的問題，諮詢師卻應該全神貫注幫忙當事人洞見自家心體，不再雜染個人的情緒，如實呈現生命的臨在感。黃梨洲在《明儒學案．江右王門學案二》卷十六中，有篇〈文莊歐陽南野先生德〉的文字裡，對於靈濟宮講會的現象還表示「其盛為數百年所未有」。歐陽南野在南京講學的時候，使得當時讀書人都知道致良知的學說，徐少湖並表示，整個天下有一半的讀書人都自稱為「南野門人」，即使陽明子本人都沒有讓心學獲得如此風行的程度。王龍溪曾在《王畿集．留都會紀》卷四稱「先師生平才力氣魄，惟南野兄得其涯涘」，指出歐陽南野不論在內聖的涵養與外王的事業，都對陽明子有深度的繼承與開展。歐陽南野最後在禮部尚書兼翰林院學士的任內過世，享年五十九歲。

歐陽南野因為在北京與南京都曾擔任中央教育工作，其門生遍布大半個中國，使得北京討論良知的風潮大盛。在朝中長年的實際歷練，使歐陽南野凝聚出自己的思想要旨，他主張「循良知」這一學說，《歐陽德集・書・答陳盤溪（一）》卷一記其表示：「發明良知不學而能，不慮而知，最為親切。後世之學，正坐信此不及，乃自生枝節，自作艱難，以成其意見。不思吾身動靜語默、行止久速、視聽食息、知識思慮，莫非良知之所為，而一毫之人力無所與焉。所謂『天命之謂性，率性之謂道』也。人惟不能循其良知，而作好作惡，用智自私，是以動靜語默之間，皆失其則。故曰『莫不飲食，鮮能知味』也。故君子之學，循其良知，而不自私用智，以鑿其天命耳矣。」這段話的意思是說：良知不需要學習與思慮，反而需要自然而然的體貼，後世學者不能對此有全然的信仰，卻自生枝節，藉由艱難的思慮，來釀就出自己的意見。殊不知人身體展現的全部樣態：這包括動與靜、說話與沉默、前行與停止、快與慢、視與聽、飲食與睡眠、甚至腦中各種有關於知識的思慮，其實莫不來自良知的發作。這本來並不是人特意去做任何事情來獲得，而只是跟著天命賦予的自性發生。南野在這裡使用「循良知」三字，來解釋人的「率性」，這成為其核心主張（陳復，二〇一四）。他覺得人只要循著良知來舉止，就能在動靜語默間無不順應上天的律則，這就是在活出人的天命。反過來說，如果不能循著良知，那不論作好或作惡，都只是在「自私用智」，這就如同飲食而不知其味道那般。而且，循良知並不是任何學理的格致，人面對良知有個重要的特徵，那就是不論如何費盡精神的言教語育，良知最終尚須經由自家體會，獲致最真實的明白。

「循良知」其實質內涵就是強調「慎其獨知」，他在《歐陽德集．書．答馮州守》卷四中說：「夫孩提知愛敬，乞人知恥噱蹴，皆不由學慮而自知，豈皆天資高者耶？伏羲至聖，然仰觀俯察，遠求近取，豈無聞見而能類萬物之情耶？先師云：『良知即是獨知時，此知之外更無知。』吾契但於居處執事與人之際，視聽言動之間，念念慎其獨知，無自欺而求自慊，則良知一以貫之，有不假言說而自明者矣。」這段話意思是說：就像孩童輕易就知道愛人與敬人，懂得羞恥與禮貌，這具有自明性，並不需要通過學習如何思慮而自然就會有體察。體察來自聞見獲得的經驗，良知雖然不經由聞見而產生，但聞見莫不來自良知的發作。南野覺得即使聖人都不可能不依靠自身經驗，觸類旁通，而藉此豁然整體瞭解萬物間相通的情感。因此，按照敝人理解，對南野來說，「事上磨練」的本質只是「意上磨練」，然而，這樣講並不意味著事上磨練本身可被忽略掉，只有在事上磨練裡纔能從事意上磨練，離開事上磨練而冀圖意上磨練，就只是在安排虛的本體，誤認良知本來如此，反而會帶來蔽障。南野在《歐陽德集．書．答賀龍岡》卷五表示：「良知本虛，致知即是致虛，真實而無一毫邪妄者，本虛之體也。物物慎其獨知而格之，不以邪妄自欺者，致虛之功也。故格物致知，則至虛至靈，皆我固有。若有見於虛而求之，恐或離卻事物，安排一個虛的本體，以為良知本來如是，事事物物皆從中流出，習久得效，反成蔽障。」

這個「虛」字很有意思，「虛」是虛靈，卻不是虛幻。本體虛靈卻真實，沒有絲毫邪妄的存在，但人不能孤懸在那裡營求，誤認各種事物都會由裡面流出來，這就是「離卻事物」，不過，在事上磨練的過程裡，人需要念念不忘其意識，面對事情，不受事情的攀緣牽引，謹慎面對意識本質的獨立性，坦然審視自身的真實狀態，這是南野強調的「獨知」。獨知不只不能受外境的干擾，甚至不能受內境的干擾，意即發展獨知不能沒有發展的主體，這個主體就是人的生命。但，人如果只困在肉身的各種需要，只由肉身的各種需要來思量問題，其結果還是未曾在「獨知」。這是南野經歷宦海浮沉獲得的體會，使得他對體證良知需要配合的生命狀態有深刻認識，他的說法就是「不從軀殼起念」，《歐陽德集・書・答王鯉塘》卷三：「夫不從軀殼起念，雖富貴功名，何者非道？從軀殼起念，雖道德仁義，何者非私？今修身學道者，要得自家種種皆好，似是為己，而究極根源，未免猶是務外好勝，裏許盡軀殼之私。」南野覺得人只有在事上磨練裡念念不忘意上磨練，兩者皆不能捨棄，這有兩層意涵：其一，不能捨棄人間而獲得解脫，人如果願意「本真在世」，在意識裡把握良知，則事上並沒有俗事，每個外王都在內聖；其二，不宜將良知對象化，變成外在的神靈來祈禱其保護，因為虛靈的本體就要在自身的意識裡把握，人對自家生命的淨化與拔高有著無可逃離的根本責任。南野這種態度符合心學一貫有著「向外落實，但向內檢查」（acts externally, but looks internally）的旨趣。歐陽南野通過其艱難的生命實踐，闡釋自己真實體證的心學思想要旨，並替我們揭示一條生命如何獲得意義的路徑，那就是人應該踏在社會裡務實做事情，但時刻不忘收攝與洞察每個在行事裡的意識，並從意識再往外呈顯活潑的生命，恢復最本真的面目。如此纔能跨越生死的侷限，活出具有無限感的大格局。諮詢師在跟當事人從事心理諮詢的過程中，可留意如何幫忙當事人「向外落實，但向內檢查」，意即鼓勵當事人往外在做實事的過程中，能同時往內在觀意念，如此循著良知來行事，則自然能活出屬於自身的天命（陳復，二〇一四）。

第六節　鄒東廓的本體戒懼說

鄒守益（一四九一—一五六二），字謙之，號東廓，江西省安福縣人（現在隸屬於吉安市）。鄒守益作為江右王門的代表人物，尤其以「謹守師說」為特點，其認真勤奮，像是守護家法一樣在維護師門，深怕有更改廢墜，使得自己蒙受如同「不孝」的自責，這是其他同門做不到的事情，王龍溪在《鄒守益集．鄒東廓先生續摘稿序》卷二十七中評價鄒東廓：「譬之克家之子，日勤幹蠱，謹守家法，唯恐有所更改廢墜，以陷於不孝，此正同門之所不能及。」但我們可不要依循著思維慣性誤認鄒東廓是個並不聰慧的人，他在科舉中可謂少年得志，正德六年（一五一一），東廓年僅二十歲，就在會試被主考官陽明子拔擢為會元（第一名），並在殿試中名列探花，授翰林院編修。但是，東廓並沒有立即向賞識他的陽明子傾心向學，而是在做官一年後，回到家鄉專注研究程朱理學。直到正德十三年（一五一八），他想給自己的父親求墓志銘而去見陽明子，然而陽明子只顧著早晚跟他討論學問，讓鄒東廓聽完突然有省察：往日其疑惑程頤與朱熹補《大學》，先講格物窮理，《中庸》則先談慎獨，這兩者絲毫沒有關聯，現在鄒東廓對此釋然，原來格物致知就需要人能慎獨，兩者有著緊密關係，因此面對陽明子自稱弟子，見《明儒學案．江右王門學案一》卷十六：「初見文成於虔臺，求表父墓，殊無意於學也。文成顧日夕談學，先生忽有省曰：『往吾疑程、朱補《大學》，先格物窮理，而《中庸》首慎獨，兩不相蒙，今釋然，格致之即慎獨也。』遂稱弟子。」

鄒東廓是陽明子諸位弟子中，僅有幾位跟著陽明子既參與學業又參與事業的心學家，尤其是平朱宸濠亂事，據《明史．儒林二．列傳》第一百七十一記：「宸濠反，（鄒東廓）與守仁軍事。」後來，嘉靖皇帝即位，鄒東廓在大禮議事件中不支持皇帝的願望，被罷黜到廣德州，但他對此毫不在意，還從廣德州到浙江來跟陽明子見面。陽明子本來很讚許他不會掛懷自己摘官的事情，沒想到他對於任官與否抱持著戲謔的態度，事見於《明儒學案．江右王門學案一》卷十六：「文成歎其不以遷謫為意，先生曰：『一官應優人，隨遇為故事耳。』文成默然，良久曰：『《書》稱「允恭克讓」，謙之信恭讓矣。自省允克如何？』先生欿然，始悟平日之恭讓，不免於玩世也。」鄒東廓表示自己任官就像是野臺唱戲的演員，應該要懂得隨遇而安，人到哪裡就唱什麼戲曲。陽明子沉默半晌，再對他說：「《尚書》稱誠信、恭敬、歷練與謙讓，相信你恭敬與謙讓都已做到了，不知你自省誠信與歷練做得如何呢？」聽見陽明子的責備，讓鄒東廓發現自己的欠缺，這纔領悟平日的恭敬與謙讓，都還是有些玩世不恭的態度。

在《明儒學案．江右王門學案一》卷十六中，鄒守益對本體的性質有這個看法：「良知虛靈，晝夜不息，與天同運，與川同流，故必有事焉，無分於動靜。若分動靜而學，則交換時須有接續，雖妙手不能措巧。」意思是說：良知是虛靈的存在，晝夜不息，跟宇宙有著相同運數，跟江河一樣周流不息，因此人要抱持著「必有事焉」的態度，不要區隔動靜兩種狀態，如果人強做區隔，則交替間就會有接續問題，不論是如何的妙手都不能無縫解決。鄒東廓的心學傾向關注於《大學》與《中庸》的戒慎恐懼，創造性整合周子「無欲」與「主靜」等思想，將前人的思想都拿陽明子「致良知」的學說來做重新整合，其回顧思想歷程，有三度轉變，王龍溪曾在《鄒守益集．壽鄒東廓翁七袞序》卷二十七中替鄒東廓記錄這段歷程：「吾始也戒懼於事為，已而戒懼於念慮，其後則乃戒懼於本體。夫戒懼於事為者，點檢形跡，所志末矣；戒懼於念慮者，雖防於發端，尚未免於生滅之擾；若夫戒懼於本體，則時時見性以致於一。念慮者，本體之流行；事為者，本體之發用。圓融照察，日以改過為務，無復本末內外之可言矣。」這段話的意思是說：鄒東廓剛開始只對於做事行為有戒懼，但這會變成只檢點表面樣子，屬於最枝微末節的狀態；接著則對於意念思慮有戒懼，雖然對於發端會有防備，卻難免在意念生滅間深感困擾；後來則對於本體有戒懼，則時時看見自性，使得人能回歸整體。意念思慮都是本體的流行；做事行為都是本體的發用。人能圓融照察這些內外狀態，每天都記得把改過當成最重要的事情來面對，如此就不再有本末內外的差異了。鄒東廓「本體戒懼說」這一主張企圖將「事上磨練」與「意上磨練」兩者的重要性都降低，只將其擺在技術面來對待，重點放在關注於本體，每個狀態如有不正都立即改正，如此當能保持心靈的圓融照察。

更細緻來說，鄒守益悟得本體後，便主張良知與天理本為一體，反對於事事物物上求理的說法，他在《鄒守益集．復王東石時禎》卷十中說：「大抵先師之教與諸儒不同者，以求理於心，而彼求理於物也。求理於物，則以吾心之良知為未足，而必求諸外以增益之，故不免以探討講究為學，以測度想像為智。若求理於心，則良知之明，萬物皆備，知善而充之，不善而遏之，如權之於輕重，度之於長短，無俟於揣摩而自得之矣。」他指出陽明子與諸儒的差異在於陽明子將天理往內在的心靈探求，而不再從外在的事物探求，因為前者能化解內外而後者不會，如果順應後者，就會把各種測度想像當作智慧，如果往心靈來探求天理，就會發現良知本具清明，萬物皆備於己身，只要知道何謂善而擴充，知道何謂不善而遏止，這就像是秤的輕重與尺的長短，不需要等待於揣摩，就能自己獲得。因此，敝人並不覺得鄒東廓有糅合程朱與陸王兩端的意圖，反正更站穩在「心即理」的角度，而且他對於觀念論證有疑慮，認為《大學》全都在談工夫體證，《鄒守益集．復王東石時禎》卷十記他說：「來教乃疑舍知而務行，不免毫釐千里之繆，此傳之者未審也。其謂格致是明此心之天理，誠正修是體此心之天理，則已知天理之不在物矣。然格致誠正修，皆明德之功。明德如明鏡，非用工摩擦，則自私用智之障未必能去，而大公順應之體未必能復。故明道先生曰天理二字是自家體認出來。若未體而先明，是先求磨鏡之方，未嘗實用其功而懸料其明，明其可得乎？」他不覺得格物致知是釐清道理的過程，只有誠意、正心與修身屬於體認心靈的天理，雖然這同樣反映出天理在心靈不在事物，但「格物，致知，誠意，正心，修身」都是明德的效益，明德就像是明鏡，只有用工摩擦，否則無法去除自私用智的障蔽，恢復順應大公的心體。因此程明道覺得天理是自家體認出來，而不是通過論證來尋覓磨鏡的辦法，他反對玄想與揣度，堅持認真做工夫。

鄒守益主張工夫要踏實踐履，因此他不贊同王龍溪的「見在良知」說，而是認為要通過「戒慎恐懼」的工夫，纔能達到「中和」的良知本體，他在《鄒守益集．復李南屏》卷十二中說：「戒懼之功，是聖門兢兢業業一派源流。自戒懼之精明為知，自戒懼之流行為行，自戒懼之凝定為敬，自戒懼之裁制為義。名目雖異，工夫則一。」他覺得人只要懷抱著戒懼本體的態度來面對知與行，其精明屬知而流行屬行，從未發與已發的角度換個詞彙來說，其凝定屬敬而裁制屬義，就是在做工夫，因此鄒東廓覺得做工夫本身更是種人面對本體的態度，這點倒是可用於心理諮詢，諮詢師可建議當事人懷著「戒慎恐懼」的態度來面對本體，從而仔細觀察自己未發與已發的每個狀態，如此當能獲致中和的生命。

因關注於態度問題，鄒東廓還特別推崇「慎獨」的工夫，並覺得該工夫獲得的「獨知」即是「良知」。他在《鄒守益集．答洪生謙亨論學》卷十六中說：「慎獨之義，聖門於《大學》、《中庸》皆揭此二字，此是最切要處看來。慎字從心從真，天命流行，物與無妄，無不具只個真。人能戒慎恐懼，顧是明命，便是樸樸實實見在工夫，成己成物，皆從一誠字出。此獨知之真，無分動靜，十目十手與屋漏，皆靈明獨覺，莫見莫顯。於此須臾不離，乃為致良知之學。使一毫未真，便自欺，自欺即是大病。故嘗語南嶽同志曰：『除卻自欺便無病，除卻慎獨便無學。』」慎獨就是真誠面對自己一人獨處的狀態，鄒東廓不同意「見在良知」的說法，卻主張「見在工夫」，意即在工夫中呈現良知，他覺得慎獨的「慎」字著重在真心，順應著天命流行，面對事物沒有任何妄念，戒慎恐懼面對上天給予自己的天命，這就是最樸實的「見在工夫」，完成個體或事物，都從真誠面對自己來著手，承認生命都需要靈明獨覺，從隱微到彰顯沒有絲毫角落被遺漏，更沒有任何自欺產生的弊端，這就是人在「致良知」獲得的學問。由於鄒東廓的思想特點在於踏實踐履，完全不關注個人獨特性的發揮，更沒有王心齋與王龍溪兩人的特立獨行，使得他完成信守師說的典範。回到華人本土心理諮詢議題來看，在諮詢過程中，諮詢師如果面對當事人常有大而無當的言行舉止，如果當事人已意識到自己的生命狀態影響到做事的成敗興衰，願意徹底改正，諮詢師可建議當事人練習抱持著戒慎恐懼的態度，對每個生活細節都仔細留神，這種留神對鄒東廓而言就是「致良知」。

第七節　王心齋的百姓日用是道

泰州學派的主要開創者是王艮（一四八三—一五四一），字汝止，號心齋，現在江蘇省泰州市人，學者稱心齋先生。王心齋的家裡從事販賣私鹽，家境殷實，童年時他就一邊幫父親煮鹽，一邊讀各種經典。《明儒學案．泰州學案一》卷三十二中記載他做過一個夢境：「一夕夢天墮壓身，萬人奔號求救，先生舉臂起之，視其日月星辰失次，復手整之。覺而汗溢如雨，心體洞徹。」意即他夢到天墜落下來，人們四處逃竄求救，然後他把天舉起來，看到日月星辰都亂了，再用手將其整理回歸原位，醒來後汗流浹背，從此洞見心體通徹無比。王心齋的言行自此有著覺悟的能量，很多人開始聽他講的學說，卻有一人聽他講的內容覺得很像王巡撫所說，意即陽明子，就告知王心齋此事，心齋就很高興穿著古服去求見陽明子，《明儒學案．泰州學案一》卷三十二記這段事情：「先生喜曰：『有是哉！

雖然王公論良知，艮談格物，如其同也，是天以王公與天下後世也；如其異也，是天以艮與王公也。』即日啟行，以古服進見，至中門舉笏而立，陽明出迎於門外。始入，先生據上坐。辯難久之，稍心折，移其坐於側。論畢，乃歎曰：『簡易直截，艮不及也。』下拜自稱弟子。退而繹所聞，間有不合，悔曰：『吾輕易矣！』明日入見，且告之悔。陽明曰：『善哉！子之不輕信從也。』先生復上坐，辯難久之，始大服，遂為弟子如初。陽明謂門人曰：『向者吾擒宸濠，一無所動，今卻為斯人動矣。』」這段話的意思是說：王心齋覺得陽明子講良知，自己講格物，如果講的意思一樣，那真的是天要把陽明先生相贈給天下後世，如果我們講的不一樣，那就是天要把自己送給陽明先生。於是他終於見到陽明子本人後，陽明子請他坐上座，他就毫不客氣坐了。他們探討很久，漸漸王心齋就坐到側邊去了，討論結束後，王艮非常感歎說：「陽明先生講得簡易直截，我王艮實在不如。」然後就要向陽明子拜師。可是回去後他一思考，覺得有跟自己觀點不合的內容，後悔這麼早就拜師，於是再度與陽明子見面，陽明子讚賞他有著不輕信的精神，於是王心齋就又重新坐到上座，再辯論答難很久，最終徹底折服於陽明子的學問，正式成為其弟子。陽明子對身邊的人說過去自己擒拿朱宸濠，心都不會動，今天卻為王心齋這人動心了。從這件事就可知道王心齋求道的堅毅精神。

但王心齋本來就是個特立獨行的人，他跟著陽明子回到餘姚，還曾相問有關孔子乘坐的馬車該有如何的設計，陽明子笑而不答，他自覺：「上天讓我的老師出現，講出這麼好的學問，怎麼可以讓天下的人不知道這個學問呢？」接著就自己製造馬車，按照自己的想法自製堯舜時期的衣服穿在身上，招搖過市，其舉止怪異，每到一個城鎮就跟大家闡釋心學，然後一路講到北京。《明儒學案．泰州學案一》卷三十二記這段事情：「陽明歸越，先生從之。來學者多從先生指授，已而歎曰：『千載絕學，天啟吾師，可使天下有不及聞者乎？』因問陽明以孔子轍環車制，陽明笑而不答。歸家遂自創蒲輪，招搖道路，將至都下。」當時天下毀謗陽明學的聲音相當大量，王心齋不論是服裝或言行都不同於常人，卻講著心學，大家都視其「怪異的首領」，一些在北京的心學同門都勸他回去，陽明子寫信責備他，他終於停止這種離譜的行徑，回到陽明子那裡，陽明子覺得王心齋自我意識太濃厚，做事風格太奇特，於是故意三天都不接見他，後來正值陽明子出門送客，王艮長跪在道路旁認錯，陽明子都不理睬，他就大聲說：「孔子不會做過分的事！」陽明子這纔把他拉起來，原諒王心齋。《明儒學案．泰州學案一》卷三十二記：「當是時，陽明之學，謗議蜂起，而先生冠服言動，不與人同，都人以怪魁目之。同門之在京者勸之歸，陽明亦移書責之，先生始還會稽。陽明以先生意氣太高，行事太奇，痛加裁抑，及門三日不得見。陽明送客出門，先生長跪道旁，曰：『艮知過矣。』陽明不顧而入，先生隨至庭下，厲聲曰：『仲尼不為已甚。』陽明方揖之起。」敝人曾經對此段歷史展開反思：如果沒有陽明子這種胸襟開闊的人生導師，像是王心齋這類頗有江湖氣息的人，就只能終身在民間自己講學，卻不受世人重視；正因有陽明子的承認，不拘一格納為人才，後世所謂的泰州學派纔有機會獲得發展，這並不是單純的思想發展，因泰州學派內有大量的販夫走卒都通過教育成為心學家。現在學校內的師生關係已經純粹變成知識的傳授關係，不再有情感的深度來往，這誠然是個大問題。華人本土心理諮詢發展過程中，傳統師生關係應該納進去成為彼此的互動倫理，當事人可直接稱諮詢師為「老師」，如果彼此有著深刻的信任關係，甚至可稱作「夫子」，當老師願意給學生空間，甚至被視作夫子的老師願意不斷給這名弟子改變生命的機會，原本冥頑不靈者就有可能轉變成對社會有大益的人。

王心齋主張「百姓日用是道」，這意謂著全面承認百姓的日常生活都自有智慧，見《王心齋全集．王心齋年譜》卷三：「先生言百姓日用是道。初聞多不信，先生指童僕之往來，視聽持行，泛應動作處，不暇安排，俱自順帝之則，至無而有，至近而神，惟其不悟，所以愈求愈遠，愈作愈難。謂之有志於學則可，謂之聞道則未也。」意思是說：觀察童僕在做事的過程中，其視聽言行的動作都不需要安排，順應上天的法則，從無到有，由近而神，都如此自然而然的完成。但人不能領悟此道，纔會往更遠的層面去探求，把事情越做越難，我們稱這些狀態是有志於向學或可，但這並不是懂得大道。這段話來自於《傳習錄》下卷第七十一條：「與愚夫愚婦同的，是謂同德；與愚夫愚婦異的，是謂異端。」陽明子本已有這樣的想法，更通過王心齋在民間落實，心齋承認百姓日常生活的意義，這讓三教九流的人都願意向他學習。黃梨洲在《明儒學案．泰州學案一》卷三十二評論說：「陽明先生之學，有泰州、龍溪而風行天下，亦因泰州、龍溪而漸失其傳。泰州、龍溪時時不滿其師說，益啟瞿曇之秘而歸之師，蓋躋陽明而為禪矣。」意思是說：陽明子的學問，因王心齋與王龍溪而大幅傳播開來，同樣因這兩人而漸漸失傳。心齋與龍溪都覺得陽明子的學說還不夠圓滿，於是想把佛教的密法融入進心學，把陽明子變成禪師來對待。這段內容可讓我們認識為何在明朝後期呈現出儒釋道三教合一的景象，其實包括陽明子本人在世時都喜歡跟佛教與道教中人接觸與交流，在道教特別跟淨明道有深度來往，影響到王龍溪與王心齋本屬自然，像是王龍溪一直想要孩子卻生不出來，結果通過淨明道的方術就生出孩子。儒釋道三教通過心學而獲得調和，不再有壁壘的名相區隔，這是明朝後期中華思想的一大收穫。

第九章

明朝心學的狂飆與困境——下——

第一節——錢緒山的本體感應觀

錢緒山是明朝後期闡發心學的大儒，如果徐橫山被視作王門的顏淵，錢緒山就應該被視作王門的曾子，然而，其思想卻長期被忽略，更沒有人意識到這些內容可用來作為本土心理諮詢的案例。錢德洪，名寬，字德洪，號緒山子，世稱緒山先生。錢緒山是陽明子後期的弟子，他是最忠實在闡發與傳播心學的大儒，他在陽明子的生前就獲得其師深刻的信任，在陽明子主持於紹興的稽山書院內，與王龍溪共同擔任「教授師」，當日並稱「錢王」，全部新進弟子都要先通過他們兩人的啟蒙教育，纔能獲得陽明子的親自傳授；陽明子過世後，錢緒山在各地舉辦講會，並跟眾人徵集陽明子寫的文字，編出其《年譜》，共同整合成文集刊布於世，在明朝中葉後陽明心學思潮發展的過程裡，錢緒山經由自身對心學的體證，展開對陽明子思想的傳承與闡發，使得心學在明朝中葉後的中國社會獲得廣大傳播，無疑具有關鍵性的意義與影響，《餘姚縣誌．藝文上》卷十七記明末的陸世儀（一六一一—一六七二）曾指出「姚江弟子吾必以緒山為巨擘」，並說其「救正王學末流之功甚大」，還說「不負陽明者緒山也」，他對某些心學家誤認縱情恣肆為良知的發展，產生救偏補正的重大意義，被視作「陽明後學巨擘」的錢緒山卻被後世冷落至此，這是敝人特別著重探討緒山的主因。

敝人曾撰寫〈瀕臨死亡產生的徹念：錢緒山對生命意義的闡釋與實踐〉與〈錢緒山心學的生命教育：死亡經驗對其思想的反省與啟發〉這兩篇論文，仔細闡釋錢緒山在未悟本體前，誤認做工夫要認真區隔世俗價值的善與惡，並只有為善去惡纔能恢復本體，卻在經歷瀕臨死亡的經驗後，直接實證本體的存在，產生面對生命的自信，因此大幅開展其心學的生命教育工作，尤其教育資質平庸的芸芸眾生。除自己曾經有過瀕臨死亡的經驗外，錢緒山這一生不斷在面對他人的死亡，這些人都是他在不同意義裡深愛的至親，早年面對恩師陽明子的過世，中年受冤坐牢兩年，入獄前已經面對母親的死亡，出獄後立刻面對父親的死亡，晚年則在五年內接續面對妻子與長子，還有媳婦（她是陽明子的孫女）與兩個孫子女的相繼死亡，他承受著如此劇烈的打擊，卻能撫平痛苦，更堅信超生出死的良知，最後在靜坐的狀態裡過世。錢緒山這輩子相信心學，堅決採取自己相信的生命態度來活著，享年七十九歲，實可謂獲得善生與善終，而他這些面對死亡的經驗，對自己的思想產生根本的反省與啟發，使得他投注大量的精神在從事於心學生命教育的工作，對人類的心性開拓有著不可抹滅的貢獻（陳復，二〇一二）。

創立超個人心理學的始祖葛羅夫（Stanislav Grof, 1931-）認為人類存在的兩個端點（出生與死亡）都與靈性交織在一起（葛羅夫，一九八五）。錢緒山作為陽明心學的直傳弟子，他這輩子都因心學而生與因心學而死，其全部展現出來對生命的愛，都與心學高度相關，檢視錢緒山對生命意義的闡釋與實踐，自然會影響後人認識心學的完整性。根據錢緒山自己在〈後瑞雲樓記〉的說法，並對照他死後兒子錢應樂（生卒年不詳）請錢緒山曾提拔舉進士的呂本寫〈緒山錢公墓誌銘〉的記載，在錢緒山出生前，自家因火災被焚毀，其父親錢蒙（號心漁，生卒年不詳）不得不租居在瑞雲樓，使得錢緒山就出生在陽明子的家裡。錢緒山與陽明子兩人有大量交會的因緣，甚至出現在他的母親馬氏生產前有著祥雲覆列的夢兆，這與《王陽明全集》裡的年譜記載陽明子出生的時候，其祖母岑氏有神人乘祥雲抱嬰兒相贈（這就是瑞雲樓得名的由來）的夢兆相同：「世居鄞巷，遭回祿，始僦莫氏樓以居。是樓為陽明公降生之所，曰『瑞雲』。馬孺人夢祥雲覆列，綺繒款款，若門聯空中呼認太乙字，遂驚寤，而公生。兆與陽明公同，相傳以為奇。」（〈緒山錢公墓誌銘〉，《徐愛．錢德洪．董澐集》附錄）敝人在這裡推測：夢見「太乙」兩字，「太乙」就是「太一」，意即回歸整體的存在。王龍溪則在懷念錢緒山而寫〈緒山錢君行狀〉裡指出太乙是顆吉星。明朝的心學家很重視冥契經驗，夢兆對心學家的生命而言，常具有不尋常的啟示意義，或與潛意識對顯意識的調節與修復有關，其情節與意象具有高度的象徵性（林久絡，二〇〇六：頁九八），錢緒山與陽明子在出生前，其女性家人都有神異的夢兆，這對於他們的心理或會產生某種暗示意義（譬如有關師生道情締結的冥契）（陳復，二〇一二）。

但直至陽明子剿滅宗室朱宸濠的叛亂，徹底發揮自己對心學的實證後，錢緒山經過反覆檢驗，這纔決意師事陽明子，〈緒山錢公墓誌銘〉記說：「一日讀陽明公《傳習錄》，與所學未契，疑之。陽明公又平宸濠歸越，始決意師事焉。及還姚，公率同志數十人龍泉中天閣，請陽明公升座開講。陽明公曰：『觀是何人，理非外得，知乃德性之知，是為良知，非知識也。良知至微而顯，故知微可與入德。』」陽明子回自己的家鄉餘姚已在正德十六年（一五二一），該年對心學的重要性正在於陽明子領會出「致良知」這個觀念工夫，時值錢緒山二十六歲，當他師事於陽明子，首先被傳授的觀念就是何謂「良知」？對陽明子來說，良知並不是任何外在的知識（這同時包括知識產生的道德規範），良知首先來自對德性的內在體證，只有對其內在的幽微奧義有真實的領會，纔能「入德」（陳復，二〇一二）。錢緒山獲得這樣的教育，越發篤信，願意盡棄平生的學問來跟陽明子學習心學。正因錢緒山有著極其嚴謹的態度，不願意在未知究竟的狀態中隨波逐流，纔能在未來的日子裡成為傳播心學的一流豪傑。諮詢師可藉由這種案例提供給當事人反思：任何知識如果沒有通過自己對生命的實際經驗，則該知識系統不論如何圓滿，都不應該輕言成立，纔能避免掉落到群眾心理學的窠臼。

陽明子晚年思想至關緊要的突破，就是「四句教」。該事件的起因出自錢緒山與王龍溪兩人在討論學習心學的宗旨，陽明子在《傳習錄》下卷第一百一十五條回答：「無善無惡是心之體，有善有惡是意之動，知善知惡是良知，為善去惡是格物。」這段話裡有關「心，意，知，物」的問題，長期在陽明心學的發展過程裡被大量討論，其實際的意涵，錢緒山後來由「本體感應觀」的角度來做重新詮釋。《錢德洪語錄詩文輯佚．語錄》第十八條記其說：「心之本體，純粹無雜，至善也。良知者，至善之著察也。良知即至善也。心無體，以知為體，無知即無心也。知無體，以感應之是非為體，無是非即無知也。意也者，以言乎其感應也；物也者，以言乎其感應之事也，而知則主宰乎事物是非之則也。意有動靜，此知之體不因意之動靜有明暗也；物有去來，此知之體不因物之去來為有無也。」這段話的意思是說：人的心靈本沒有主體，心靈的主體就在天的良知；天的良知本沒有主體，良知的主體就在感應的正確與否。人內在的意念有動靜，人外在的事物有去來，意念正確的發作，則事物由正確的意念裡現身，但，這都不影響良知就存在於內外交融感應裡的事實，當內外交際的時候，如果意念不純粹，就無法感應，使得外在的事物無法現身，這就是「惡」，如果意念很純粹，能發出感應，使得外在的事物能夠現身，這就是「善」。錢緒山與王龍溪針對良知的善惡問題爭論未決，陽明子故有「天泉證道」的發言，錢緒山當時因沒有實證本體，還是在社會評價的善惡裡尋覓本體（意即做著為善去惡的工夫）（陳復，二〇一〇），直至在獄中親身通過死亡經驗的錘鍊，他開始提出本體感應觀，直接拿感應與否來做善惡與否的準據，這是他的思想成熟後的基本主張，他在〈獄中寄龍溪〉寫信給王龍溪，見《錢德洪語錄詩文輯佚．文錄》：「親蹈生死真境，身世盡空，獨留一念熒魂。耿耿中夜，豁然若省。乃知上天為我設此法象，示我以本來真性，不容絲髮挂帶。」再見其寫信給〈與趙大洲書〉，見《錢德洪語錄詩文輯佚．文錄》：「上天為我憫念，設此危機，示我生死真境，始於此體豁然若有脫悟，乃知真性本來自足，不涉安排。」可見錢緒山在獄中掙脫肉身的包袱，從靈魂的角度獲得對本體的徹念，在生死真境的考驗中，錢緒山已完全改變過去未曾體證的錯誤認識。

作為性情沉穩且篤實的人，錢緒山意識到本體需要感應著實不簡單，《錢德洪語錄詩文輯佚．語錄》第五十五條記其表示：「師門嘗以虛寂之旨立教，聞者闢然指為佛學。公曰：『變動周流，虛以適變；無思無為，寂以通感，大易之訓也。自聖學衰而微言絕，學者執于典要，泥於思為，變動感通之旨遂亡。彼佛氏乘其衰而入，即吾儒之精髓，用之以主持世教。為吾儒者，僅僅自守，徒欲以虛聲拒之，不足以服其心。言及虛寂，反從而避忌之，不知此原是吾儒家常飯，淪落失傳以至此耳。』」錢緒山覺得陽明子創立教化的宗旨在「虛寂」，本體就在感應裡的認識，或許會被視作「虛寂」，甚至會被視作佛學而不是儒學，使得儒家的學者只執著在通過理性的思考，來獲得對典籍的論證，卻不在意通過虛靈的感應，來獲得對本體的實證，只要談「虛寂」的層面就會避忌拒絕討論，卻不知道這本來是「吾儒家常飯」，這樣的態度反而使得儒學的精髓被蒙蔽住，我們如果能瞭解錢緒山這「吾者常一」的本懷，就能看出他對「主持世教」有著如何的輪廓，他認為理想的生命教育，不該再去強調社會價值評論出的善惡，來讓世人做個只知服膺該社會的道德規範的人，而是把握住源頭，通過天與人的相互感應，實質把握住本體，來作為他對世間傳播教化的主軸（陳復，二〇一〇）。

錢緒山反對人（尤其是儒者）只讀書來增廣知見，一生都把自己的精神埋首寄託在幾本冊子裡，因為人活著本來只應該自己證得自性，並不需要有對自性豐富的知見，這纔是聖人將話語放到經典裡的本意。縱然對聖賢的言語字字都有體悟，只要有個人的見解，就是對本體的障蔽，因為其路徑都來自於自我，其與本體終究隔著一層，真實的自性不容個人加一字，這就像是畫工不論如何傳神的作品，都只是實景的影子，無法完整呈現實景本來的生氣盎然，實證本體的過程裡只要有個人的意思，那就只是本體的摹本而已（陳復，二〇一〇），《錢德洪語錄詩文輯佚．語錄》第三十條記：「後世儒者，只為讀書能益知見，一生遂以此心寄頓在冊子裡。聖人千言萬語，只要人自得本性，非以益人知見也。縱使字字體悟，有得於心，主於見者，見即為障。縱不住見，以見入者，即以見得，其於本體，猶隔一層。真性上豈容加一字，豈容毫髮比擬？才著比擬，猶畫工傳神，形色種種，非不具在，終是影子，欠卻本來生氣。」錢緒山這個觀點，意味著實證本體這件事情完全「不是個問題」，因為本體並不是自我思考的對象，人無法藉由思考獲得有關本體的知識，因為其就內在於人的生命裡，本來不曾存在「緒山的思想」或「陽明的思想」這種人設的概念藩籬，只有實證本體的事實內容存在（陳復，二〇一〇）。

緒山徹底擺脫馬賽爾說的「第一反省」，不讓「我體」被「我思」給客體化與對象化，他對待生命的態度，就像是活在馬賽爾說的「第二反省」裡，這個狀態並不是毫無意識，只是這個意識不再是人藉由知見發展出的自我意識，而是人與天感應出的自性意識，天參與人的意識，如果就馬賽爾的說法就會稱作「恩寵」（grace），在對存有的把持裡，其間不再有個人的傲慢，不再有哪個主體的知見高於哪個主體的比較心態，只要去除自我意識，活在自性意識裡，百姓都會具備與聖人相同的精神狀態（陳復，二〇一〇）。《錢德洪語錄詩文輯佚．語錄》第四十條記其與弟子問答：「問：『此心常覺凝滯，未能神觸神應，何如？』曰：『學者不為勝心習氣障蔽，則為知見纏縛，如何得神？今日工夫，只將勝心習氣知見等項一齊除卻，便得良知精明，神觸神應，百姓與聖人同，何待求能？』」錢緒山表示要讓「百姓與聖人同」，就要轉化與純化個人的意識，去除剩心與習氣，最終使得良知精明，甫經接觸就能立即獲得感應。錢緒山的生命教育，其路徑不再只是按照中國傳統哲學思維，讓人通過各種克制的工夫，盡可能符合社會價值與其道德規範，因緒山的側重點並不在如何將社會價值與其道德規範給內化，反而關注在人如何真實去除各種世俗性的執著，最終「便得良知精明」，因此，錢緒山認為生命教育的重點該放在感應本體（這就是他會說「神觸神應」的意思），他給出百姓都能做聖人的辦法，來自他認為的聖人，其真正的意義在生命能實證本體，通過精神的收攝而活出自性的意識，不再有濃厚的自我意識在世間游放，當然，當人能收攝精神，不再馳騁自我意識，他表現出來的道德情操纔具有真實性（陳復，二〇一〇），這點可作為諮詢師引領當事人實證本體時有個觀念的架構。

錢緒山極度重視維繫家族的情感，牽掛著家人的幸福，曾替他寫〈緒山錢君行狀〉的同門知交王龍溪對此事還特意描寫他：「厚於倫理，處家庭上下，寧過於厚，不流於薄。」意思是說錢緒山對待倫理很厚重，面對家庭上下親人絕沒有任何輕忽的對待，最後得享高齡，七十九歲安詳在靜坐中逝世在表忠觀內。曾經有人批評他面對父親的後事，不再循傳統的守喪三年，反而在各地探望師友，引領同志奮勉闡發心學，儘管招致時賢非議都不再掛懷（錢明，二〇〇九：頁一九六），這其實是他性格的重大突破，因為他曾說：「使親知我易，使親忘我難，吾父子之間，庶幾其忘矣。」（見〈緒山錢君行狀〉）這其實來自於莊子的影響。《莊子・內篇・大宗師》說：「泉涸，魚相與處於陸，相呴以濕，相濡以沫，不如相忘於江湖。」這段話意思是說：泉水乾涸，兩條魚受困於稀薄的水窪動彈不得，互相口沫滋潤著彼此，忍受著彼此的氣息，還不如彼此相忘，在江湖中自由自在的悠遊，他們父子兩人畢生對彼此的牽掛，就是在人間的「相呴以濕，相濡以沫」，如同魚兒的垂死掙扎來自對死亡的恐懼，纔會對彼此的安危有如此強烈的憂慮，錢蒙固然沒有掙脫對自己死亡的恐懼與對孩子安危的憂慮，意即他並沒有「本心臣服」（self-surrender），然而，敝人在〈錢緒山心學的生命教育：死亡經驗對其思想的反省與啟發〉這篇論文中指出（陳復，二〇一〇），錢緒山經驗過自己瀕臨死亡的歷練，他已經超越生與死的壁壘，其對父親的愛獲得昇華，並帶著父親進去自己的生命裡，兩人共在同一個身體裡悠游人間，已經忘記彼此的存在。因此，處理父親的後事完畢，他就不再守喪，反而開始傳播心學，這是落實《莊子・內篇・大宗師》中假借孔子來講的話：「魚相忘乎江湖，人相忘乎道術。」可見莊子思想如何潛移默化對心學家產生深刻影響，這點值得我們特別留意。

《徐愛・錢德洪・董澐集》附錄〈緒山錢君行狀〉記載他過世前的狀態：「君善攝養，

去冬始覺少衰。今年九月，念同志之會，忽戒僕，束裝西渡，寓表忠觀，謝絕有司，以靜養為事，飲食言笑如常。十月二十六日，猶衣冠夙興。翌日丑時，趺坐，氣息忽微，奄然逝矣。」這裡重點指出，錢緒山專門靜養身體，尤其注意飲食的攝取，在死亡的前一天，他依舊把衣冠穿戴得很整齊，第二天凌晨丑時，他在靜坐的狀態裡忽然氣息微弱而降過世。錢緒山很希望家人能活在心學的生命教育裡，雖然晚年曾面臨五位親人接續死亡的至痛，然而他的願望並沒有落空，他的後裔子孫錢集生（生卒年不詳）很景仰錢緒山，認真讀著錢緒山的遺書，眷念著先生的教化不盡然實踐於後世，他希望能重新出版錢緒山的舊編，而請劉蕺山（宗周，一五七八—一六四五）閱讀與指正，蕺山因而寫出由錢集生那裡得知錢緒山曾經對王龍溪說的一段話：「先生嘗謂王先生曰：『凡為愚夫愚婦立法者，皆聖人之言也。為聖人闡道妙、發性真者，皆賢人之言也。』此可為天泉斷案。先生有裔孫集生氏，頗能讀先生遺書，猶念先生之教不盡行於後世也，因出舊編，請政於予。予後勁識淺，愧未窺先生萬一。」（〈錢緒山先生要語序〉，《徐愛．錢德洪．董澐集》附錄）敝人深感這個「天泉斷案」的內容，其意義與「天泉證道」實應等其量觀，纔能體察得出錢緒山在心性探索領域的思想貢獻。錢緒山覺得：能幫愚夫愚婦來設立教法的人，其言論纔是聖人的言論；能幫聖人闡發本體幽微奧義的人，其言論只是賢人的言論。如果就這個角度來看，錢緒山後來發現本體並不在具體的實有裡，只有通過感應的過程纔能得知本體的存在，人不是去懸空想個本體，而是常靜坐來收攝精神，卻順應著因緣的發展本真活著每一天，在世情裡保持靈敏的感應，讓生命在事上精鍊，自然就能常活在本體裡（陳復，二〇一〇）。

第二節 反思王龍溪的四無說

王畿，字汝中，號龍溪，他是紹興府山陰（現在浙江省紹興市）人。《白蘇齋類集．雜說》卷二十二中記載：「王龍溪妙年任俠，日日在酒肆博場中，陽明亟欲一會，不來也。陽明卻日令門弟子六博投壺，歌呼飲酒。久之，密遣一弟子瞰龍溪所至酒家，與共賭。龍溪笑曰：『腐儒亦能博乎？』曰：『吾師門下日日如此。』龍溪乃驚，求見陽明，一睹眉宇，便稱弟子矣。」王龍溪是陽明子的鄰居，本來不大願意跟陽明子學習，陽明子很欣賞此人，為吸引他來學心學，陽明子竟讓弟子們天天練習賭博飲酒，還派一名弟子去跟王龍溪賭博。王龍溪笑著諷刺說：「腐儒還會賭博嗎？」該名弟子回答：「我們在老師那裡天天賭博。」這讓龍溪很驚訝，就去見陽明子，結果一看到他的面容氣宇非凡，立刻就向他拜師自稱弟子。這段文字可引領我們思索：從事於心理諮詢的過程中，如果不固著於某種工作型態，只要並未違反自己社會的法律，在彼此都能接受的狀態裡，甚至不見得完全符應於表面的職業倫理，讓當事人採取最適合自己性情的型態來展開諮詢，或許反而有機會真正對人的生命帶來療癒。

這讓我不禁想到榮格晚年在《榮格自傳：回憶．夢．省思》（*Memories, Dreams, Reflections*）這本書中記錄自己在伯戈爾茨利精神病醫院工作那幾年曾經遇到一個病例，某位年輕婦女由於患憂鬱症被收進醫院，榮格通過跟她探討夢境揭露出她的潛意識，看見婦女隱藏在心中的往事。原來該名婦女在結婚前認識並愛上某個富有的青年企業家，但這個男人表面上對她毫無好感，於是她就嫁給其他男人。五年後，婦女從閨密口中得知她曾經愛過的男人在得知她結婚後很驚訝與失落，於是婦女就罹患抑鬱症，在給四歲女兒洗澡的時候，看見女兒啜吮海綿卻沒有制止，還給兩歲的小兒子喝髒水，她這樣做是受抑鬱症影響，在潛意識狀態下的無自覺行徑，結果導致她視為掌上明珠的女兒不久得傷寒病死去，小兒子卻沒有感染。榮格已經看出婦女是在心理作用的影響裡，潛意識層面做出錯誤行為導致的悲慘結果，而不是罹患精神分裂症。但榮格面臨的困境是自己到底要不要告知婦女真相？如果不告知婦女真相，該名婦女的問題無法得到解決，如果告知她真相的話，這是違背職業倫理的事情，但榮格明白：如果不告知婦女真相，不僅會促使婦女的問題無法解決，更會讓自己陷入困境，讓他內心始終無法安寧，因此，榮格最終還是選擇把真相告知婦女，結果兩周後，婦女竟然就痊癒了（榮格著，劉國彬、楊德友譯，二〇〇九：頁九四—九五）。榮格的選擇說明著這件事情：實踐倫理本身並不是固著不變的狀態，有時候需要藉由違背較表面的職業倫理，纔能完成諮詢的效益，藉此實踐更深刻的生命倫理。

王龍溪認為事上磨練實屬最要緊的事情，其次是靜坐，而同樣把讀書這件事情放在最後面。《王畿集．悟說》卷十七記載：「師門常有入悟三種教法。從知解而得者，謂之解悟，未寓言詮；從靜坐而得者，謂之證悟，猶有待於境；從人事煉習者，忘言忘境，觸處逢源，愈搖盪愈凝寂，始為徹悟，此正法眼藏也。」從人情事理變化中來練習如何應對，甚至忘記語言與境界，而是在接觸過程中直接鍛鍊，越是搖盪的環境越能凝聚出生命靜寂，這纔是徹悟的狀態；靜坐則只是修養型態中的一種工夫，藉此獲得證悟，人不可執著此道，因為大修行人應該把煩惱當作道場來面對，不能專撿順利的路來發展；詮釋知識獲得的明白只是解悟而已，人不能誤把言語詮釋當作整體。儒家其他流派的思想要與心理諮詢結合難免會有轉化問題，但談心學相對來說就變得很容易，就像王龍溪所談的「從人事煉習」，意即「事上磨練」，並不局限於士大夫去思考怎樣治國平天下，而是士農工商各行各業，各種生活裡的事情，只要能認真去落實都屬於事上磨練的範疇，顯見王龍溪詮釋的心學已經在往民間各階層發展。這在心理諮詢的過程中，諮詢師應該特別著重此層來跟當事人談如何跟自己的心靈對話，而不是只知解悟或證悟，只要遇到事情就立刻動盪不安。

不過，我們如果再穿越概念來探討，王龍溪說的「事上磨練」究竟是什麼意思？如果不是帶著未發的自性來面對已發的生活，而是按著情境來見機行事，依憑著敏銳覺察機鋒來動靜舉止，這會不會只是種耳聰目明的智謀，而不是圓融無礙的智慧？《王畿集・賀中丞新源江公武功告成序》卷十三記載：「儒者之學，以經世為用，而其實以無欲為本。無欲者，無我也。天地萬物本吾一體，莫非我也。」這段話中前面說無欲即無我，後面說天地萬物都是我，那到底應該有我還是無我呢？這就是心學的話語充滿辯證性的特徵，意即只有無欲，纔能讓天地萬物都成為「吾體」，莫不都是有我的存在，這是種具有無我性質的有我。《王龍溪先生全集・書休寧會約》卷二中記載：「吾人為學，所大患者，在於包裹心深，擔當力弱。」意思是說，做學問最大的問題，在於心思有太深沉的計算，卻不太能擔當事情。這是很多學者常有的問題，導致忙於人事的糾葛甚至鬥爭，卻不能辦實事來解決問題。不過，王龍溪自身是否有「包裹心深」的問題呢？

王龍溪的行為太過狂放，做出些有爭議的行徑，卻全然不顧世人的言語，他與錢緒山都是一輩子講學，可是王龍溪會這樣做的原因是他被罷官，而罷官的原因是他收受賄賂，《明史・王畿傳》卷二八三記說：「畿嘗云：『學當致知見性而已，應事有小過不足累。』故在官弗免干請，以不謹斥。」其在做官期間接受賄賂請託事情，因「行事不嚴謹」被罷官，而且，將龍溪置於察典的竟然就是其同門王學弟子薛應旂（一五〇〇—一五七四）。儘管有人覺得薛應旂的舉措是官場鬥爭所致，藉此巴結當時的內閣首輔夏言（一四八二—一五四八），使得陽明心學諸位同門都不許其再自稱「王門學人」，但黃梨洲在《明儒學案・

南中王門學案》卷二十五中指出：「其實龍溪言行不掩，先生蓋借龍溪以正學術也。先生嘗及南野之門，而一時諸儒，不許其名王氏學者，以此節也。」但重點是王龍溪到底有沒有做「干請」的事情，使得薛應旂藉著他來端正學術呢？從唐順之（一五〇七—一五六〇）給王龍溪的書信中，可證實這件事情並不是虛有其事，《荊川先生文集．與王龍溪主事書》卷四記這封信說：「世人之不能疑於吾輩也久矣。近有士大夫自浙中來者，云及吾兄以佃寺之故，使憲司有言，且云兄以寺地據風水之勝，欲作令先大夫墓地，上官某人者既予之矣，而憲使持之，故若此紛紛也。僕聞而竊歎，以為兄安得有此？」事件的緣由來自於王龍溪接受請託想將寺地改成墓地，因此被薛應旂舉發，內文還說：「僕竊觀于兄矣，惟兄篤于自信，是故不為形跡之防；以包荒為大，是故無淨穢之擇；以忠厚善世不私其身，是故或與人同過不求自異。」唐順之直接指出王龍溪「篤于自信」，生活舉止不做任何設防與界線，沒有任何乾淨或污穢的選擇過程，正因其生命沒有私心，反而導致不辨是非，跟人犯下相同的錯誤，卻不在意保持距離。《王畿集．水西精舍會語》卷三記王龍溪本人的確如此說：「君子處世貴于有容，不可太生揀擇。天有晝夜，地有險易，人有君子小人，物有麒麟鳳凰虎狼蛇蠍，不如是無以成並生之功。只如一身清濁並蘊，若洗腸滌胃，盡去泥穢，只留清虛，便非生理。」王龍溪果真把自己當作宇宙一樣包容麒麟鳳凰虎狼蛇蠍全在於人一身，「清濁並蘊」的結果，就是他被人舉報而罷官，尤其王龍溪對此並不是心照不宣，而是徹底坦然面對，將這些事實全盤公諸於世，那他就很難不被官員集團的同僚給徹底放棄。雖然這在明朝的官員中很常見，但這畢竟是法律不容許的事情，已超過行政倫理能接受的範圍，因這個名目被罷官，著實是其人生的一大污點，但王龍溪有一套自成理路的解釋，是否能被後人接受，就有賴於思想史家嚴謹的公斷。敝人則覺得：當前的時空背景更重視法律規範，從理性良知的角度來反思，不論感性良知如何判斷事情的真相，都不應該學習王龍溪跨越法律這條界線來發展心學，免得給自家生命帶來無法挽救的災難。

《王畿集．留都會紀》卷四中記載：「吾人之學，悟須實悟，修須真修。凡見解上揣摩，知識上湊泊，皆是從門而入，非實悟也。凡氣魄上承當，格套上模擬，皆是泥象，非真修也。」王龍溪覺得讀書只是表層的理解，不是真實的領悟，不能從知識層面揣摩或湊泊出見解，尤其不能變成格套，而要大膽承當，發展出生命的氣魄。王龍溪在自性層面的開拓很深刻，但他在生活層面的實踐相當不拘小節，使得他在八十五歲的時候，當自己的家屋都被燒了，他開始反省是不是人生太過張狂，然後上天來給自己警示，這層反省自然有其道理，我們可據此進而觀察，龍溪是否有自性意識與自我意識長期共存在一人身上，人生雙軌發展帶來的盲點，我們不應該輕易否認龍溪的自性體證，但生活層面的收攝本身就是自性意識的發作，果真不做任何價值判斷，則自我意識就依舊還是在生活中產生各種影響，這就會呈現有本體無工夫反映的困境了。《王畿集．紀龍溪先生終事》附錄四有記載王龍溪過世前的精神狀態：「先生革于萬曆十一年六月初七未時。先生無大痛疾，未嘗一日不衣冠，不飲食，不遊坐，但革前四五日，微疾，食粥不餌飯。至革之日，早晨盥櫛，冠唐巾，食粥從容，出寢室，端坐於琴堂之臥榻而逝。」這是隔年他八十六歲的時候，龍溪沒有任何病痛，每天都整齊穿戴衣冠，正常飲食與休閒，但在過世前四至五日，人只有微弱的不舒服，吃點粥但不吃飯，到死亡當天，龍溪早晨梳洗完畢，戴上唐巾帽（又稱進士巾），從容吃著粥，出寢室到琴堂，在臥榻端坐而過世，如此氣派與格局，可見其確實有悟道。

我們在上一節有講到「天泉斷案」，卻還沒有講到「天泉證道」這一事件本身。陽明子晚年在稽山書院講學，只要遇到新進門人來求教，就先由他的兩大弟子錢緒山與王龍溪兩人教授他平日由心學角度講解的《大學》（後來就被編成《大學問》這部書），精要指出致良知的根本旨趣，藉此使門人有基本領悟，然後再受陽明子當面細緻的疏通陶冶。沒想到如此講學不過三年餘，政府再指派陽明子去征討廣西思恩田州兩地猺族與僮族的叛亂，臨老還要領兵征戰邊疆，生死很難預期，師生離情難捨。陽明子將要往廣西就任的前一天晚上，與錢緒山與王龍溪展開激烈的論學，《傳習錄．下卷》第一百一十五條記錄這件事：「丁亥年九月，先生起復征思田，將命行時，德洪與汝中論學。汝中舉先生教言曰：『無善無惡是心之體，有善有惡是意之動，知善知惡是良知，為善去惡是格物。』德洪曰：『此意如何？』汝中曰：『此恐未是究竟話頭；若說心體是無善無惡，意亦是無善無惡的意，知亦是無善無惡的知，物亦是無善無惡的物矣。若說意有善惡，畢竟心體還有善惡在。』德洪曰：『心體是「天命之性」，原是無善無惡的；但人有習心，意念上見有善惡在，格、致、誠、正、修，此正是復那性體功夫，若原無善惡，功夫亦不消說矣。』」

這段話可看出：前面敝人指出錢緒山早年誤從社會評價的善惡裡來尋覓本體，尚不知本體超越世俗善惡，纔會覺得人有後天習慣性的態度牽絆，使得意念無法恢復本體的純淨，纔會有善惡這種人間價值的簡單區隔出現。《大學》裡的前五綱領就是要恢復本體的具體工夫，使人由按照除惡復善這種人間價值的辦法來重見本體。緒山早期的想法是說本體固然沒有善惡，但人間價值的善惡是在幫人重見本體，如果完全捨棄區隔善惡的意義，談工夫就跟著沒有任何實質的意義了。陽明子的「四句教」意思是說：本體沒有善惡這種人間價值的區隔，但，人的意念發端點卻有善惡的區隔（這個善惡不是人間價值，而是指你究竟是意念純正還是人欲雜陳），知道並鑒別意念的善惡，其能量來自本體的良知，讓意念純正並且不讓欲望薰染生命，則是人要格物的具體辦法。王龍溪認為他們夫子說的意思並不究竟，甚至有點矛盾，他覺得如果本體沒有善惡的區隔，人的意念就不會有善惡的區隔，良知的領悟不會是往善惡兩種不同層面的認識，格物的過程更不會是在教人去區隔善惡。如果說意念有著善惡，如此推回去其本體就還有善惡的區隔存在。他基本的想法是認為本體沒有善惡，其後的意念與工夫都不是要教人除惡復善，自然不需拿善惡這種人間價值的區隔來自捆手腳，該觀點就是王龍溪會做出爭議行徑而毫不畏懼的深層原因，後來被稱作「四無說」（牟宗三，二〇一〇：頁一七一）。

有關「四無」的具體內容，王龍溪針對四句教的首句「無善無惡心之體」再做演繹，後來在《王畿集．天泉證道紀》卷一表示：「體用顯微，只是一機；心意知物，只是一事。若悟得心是無善無惡之心，意即是無善無惡之意，知即是無善無惡之知，物即是無善無惡之物。蓋無心之心則藏密，無意之意則應圓，無知之知則體寂，無物之物則用神。天命之性粹然至善，神感神應，其機自不容已，無善可名。惡固本無，善亦不可得而有也，是謂無善無惡。」這段話的重點是說：體與用，兩者或顯露或隱微的任一呈現，都只是因應時機而有的自然變化，「心靈體證，意念萌發，良知對應，格物窮理」這四個層面最終都只是同一件事情。如果悟得心靈的本體是無善無惡，則「意念，良知，格物」都跟著變得全然澄澈，呈現無善無惡的本質，因你的心靈不存在，就會退藏於隱密；你的意念不存在，就會應用於圓融；你的良知不存在，就會體證到寂滅；你的格物不存在，就會作用於神妙。當人瞬間有感覺，就會瞬間做出應對，其變化永不止息，沒有什麼善不善可當作名相來指稱，當本來就沒有惡這一概念的獨立存在，自然善這一概念同樣無法獨立存在，這就是「無善無惡」的意思。王龍溪的重點在指出擱置心體的名相，令其歸於「無」的實質，就沒有心靈需要再著意體證，只是順著時機來感應，則反而能在意念萌發、良知對應與格物窮理這三個層面，因不再有絲毫的刻意，反而把握住心體的實質內容，並能精確發作。

面對錢王兩人的差異，陽明子在《傳習錄．下卷》第一百一十五條，說出一段很重要的談話：「我今將行，正要你們來講破此意。二君之見，正好相資為用，不可各執一邊。我這裡接人，原有此二種。利根之人，直從本原上悟入，人心本體原是明瑩無滯的，原是個未發之中。利根之人一悟本體即是功夫，人己內外一齊俱透了。其次不免有習心在，本體受蔽，故且教在意念上實落為善去惡，功夫熟後，渣滓去得盡時，本體亦明盡了。汝中之見，是我這裡接利根人的；德洪之見，是我這裡為其次立法的。二君相取為用，則中人上下皆可引入於道；若各執一邊，眼前便有失人，便於道體各有未盡。這段話的重點是說：錢王兩人的見識正好相互補充，不可各自執著一點。陽明子表示自己接引門人，本來就有兩種辦法。世上根器聰慧的人就直接往源頭使他領悟進去心底，本體原來是清明晶瑩沒有窒礙的存在，其領悟的當下就是工夫，人己內外一齊都被貫通，因此無須刻意再講什麼工夫。但，有的人會有習心而使本體蒙蔽，因此權且教他在意念上落實為善去惡，意即姑且設立善惡這種人間價值做區隔，讓人有個簡單可掌握的辦法，等他工夫熟練去盡雜質，自然本體就跟著清明透徹了。陽明子覺得王龍溪的見識是自己接引利根學生的辦法；錢緒山的見識則是自己接引鈍根學生的辦法，後者是設立個規範藉此來實作的辦法，陽明子覺得兩人要相互取法來落實，如此不論人的資質高低如何，都能把他們引進大道裡，如果各自執著於一點不放，就會流失接引人的機會，而在面對本體的領悟上就會有不通徹。

由外在的天理轉向內在的自性，這是心學的重點傾向，尤其對心體本身是否有善惡，這是明朝中葉後中華思想發展裡被儒者激烈討論的核心議題。王龍溪由實證本體的角度出發，認為悟得無善無惡的根本自性，那萌發的意念同樣是無善無惡，獲得的知識同樣是無善無惡，表現的物事同樣是無善無惡，雖然他後來並不否認本體同樣是「至善」。錢緒山則雖然同意本體無善無惡，早期認為人長期受社會的習染，自然會覺得本體有善惡的存在，因此要善作為善去惡的工夫，如果不講任何工夫，恐怕只是種支離的見識，未曾經歷體證，尤其這會損壞「師門教法」，他覺得對師說不能有任何更易，王龍溪則認為學習重點旨在要「自證自悟」，不應該跟著人家的腳跟打轉，如果執著於師門教法，這反而會滯泥在言語的詮釋，同樣不是善學，陽明子隨時立教，不能執著於某種說法，體用顯微都是同一條道路。《徐愛．錢德洪．董澐集》附錄有王龍溪〈緒山錢君行狀〉記這兩位師兄弟的對話：「君謂：『此是師門教人定本，一毫不可更易。』予謂：『夫子立教隨時，未可執定。體用顯微，只是一路。』」龍溪再說：「予謂：『學須自證自悟，不從人腳跟轉，若執定師門教法，未免滯於言詮，亦非善學也。』」其實，他們兩人都同意本體無善無惡，就根本見解來說並無不同，他們只是各自從不同的角度在討論彼此本來就有的共識，王龍溪覺得學習貴在自證自悟，不應該跟著人家的腳跟打轉，即使是其師陽明子的腳跟都不該盲目跟著。

並且，王龍溪在《王畿集．南遊會紀》卷七表示：「天下未有無用之體，無體之用，故曰體用一原。」意即恢復本體就是在事上磨練，事上磨練就是在恢復本體，兩者有著相同的源頭，彼此緊密連結。他主張「現成良知」，《王畿集．松原晤語》卷二記他說：「至謂世間無有現成良知，非萬死工夫斷不能生，以此校勘世間虛見附和之輩，未必非對病之藥。若必以現在良知與堯舜不同，必待工夫修整而後可得，則未免矯枉之過。」意思是說：有人覺得世間沒有現成良知，只有經歷萬死工夫否則斷然不能領悟，對照世間只知附和虛無見解的人來說，這未嘗不是對症下藥。如果必然拿現成良知來說事，指其與堯舜不同，只有等待工夫修養調整後纔能獲得，如此未免矯枉過正。簡單來說，他覺得恢復本體不需要任何工夫，因為良知現成，「現成良知」就是「見在良知」，意即良知就在你的知覺中，每個當下看見就活在本體中，不需要任何外求。錢緒山則認為如此毫無工夫的把持，這只是在空論本體而沒有實證本體，他覺得人得要真實面對這個議題，而不是拿語言來簸弄精神，這是他對王龍溪的疑慮。王龍溪反過來認為自己已經實證本體，錢緒山纔是在空論本體，光只是針對這點來說，王龍溪並沒有說錯，錢緒山當時的確尚未實證本體，令他對為善去惡的工夫咬得太僵化，陽明子則表示，我們說出個本體，只是自己藉由語言認知裡的有，本體原來根本什麼都沒有，然而全部的存在（包括宇宙中各種現象）無不是本體的呈現，面對自性這個心體同樣如此，要去觀察日常生活裡的全部現象無不是自性的呈現，而不是費盡精神在生活中去為善去惡，《王陽明全集．年譜三》卷三十五記說：「德洪請問。先生曰：『有只是你自有，良知本體原來無有，本體只是太虛。太虛之中，日月星辰，風雨露雷，陰霾饐氣，何物不有？而又何一物得為太虛之障？人心本體亦復如是。太虛無形，一過而化，亦何費纖毫氣力？德洪功夫須要如此，便是合得本體功夫。』」

論者往往會順著陽明子的話頭，由他們的個性與資質出發來輕易論斷錢王兩人的程度高低，尤其會拿錢緒山對自己積習真誠反省與檢討的文字，來據此作證指出錢緒山的徹悟不如王龍溪，卻看不出其坦然面對生命展露的誠意，與王龍溪並沒有根本的差異，我們不應該有「因言廢人」的自我障蔽。陽明後學的思想偏離於陽明子，要從王心齋與王龍溪這「二王」來開始，其中王心齋的責任尤其大，黃梨洲在《明儒學案．師說》記其師劉蕺山就曾對王龍溪批評說：「先生孜孜學道八十年，猶未討歸宿，不免沿門持缽，習心習境，密制其命，此時是善是惡？只口中勞勞，行腳仍不脫在家窠臼，孤負一生，無處根基，惜哉！」主要意思是說：王龍溪的學問沒有歸宿，只是在沿門持缽的講學，心境卻沒有掙脫積習，各類乖張行徑都來自於其隱密不顯的天命，這時候其行徑到底是善還是惡？只有嘴巴上的反覆教誨，行徑都還是來自在家養成的窠臼，孤負整個人生，毫無根基可站立，實在太可惜了。雖然有人覺得這話說得過重（張學智，二〇一二：頁一三三），但如果仔細檢查王龍溪的平生行事，敝人覺得並未失去公允，反而顯見劉蕺山早已深刻洞察王龍溪思想的問題。

錢緒山後來親身通過死亡經驗的錘鍊，開始提出本體感應觀，直接拿感應與否來做善惡與否的準據，這是他的思想成熟後的基本主張。我們如果能瞭解錢緒山有著「吾者常一」的本懷，就能看出他對「主持世教」發展出如何的輪廓，他認為理想的生命教育，不該再去強調社會價值評論出的善惡，來讓世人做個只知服膺該社會的道德規範的人，而是把握住源頭，通過天與人的相互感應，實質把握住本體，來作為自身面對世間傳播教化的主軸。心理學在認識「良知」的時候，很自然會採取佛洛依德對「超自我」（superego）的看法，認為良知屬於「社會性的我」（social self），意即其在社會環境中，經由獎勵與懲罰的學習歷程，個人學到社會價值認同的道德規範，作為個體行為的自律標準，然而，這只是理性良知的層面，卻沒有直接回到感性良知本身。通過錢緒山的本體感應觀，我們發現其對良知的認識已經完全跨越社會規範的範圍，而是在天人交互感應裡，覓得個體行為的自律標準，意即錢緒山還是有理性良知的思考，只是他覺得首先需要把握住心體。這纔是後期錢緒山發展出來的思想，相比於王龍溪只重視感性良知而漠視理性良知，更可看出錢王兩人的差異。在心理諮詢的過程中，諮詢師應該幫忙當事人發現心體，但把握住感性良知的同時，不應該輕忽理性良知，纔能在心靈覺醒與社會規範（包括法律與倫理）間取得平衡。

第三節　聶雙江的歸寂與通感

江西在明朝屬於江南極富庶的環境，其間江右學派是陽明後學中非常重要的一個學派，這主要跟陽明子的軍政與講學都在江西有關，黃梨洲在《明儒學案．江右王門學案一》卷十六中，評論說：「姚江之學，惟江右為得其傳。」可見黃梨洲視其為「王門正宗」，這個學派的特點是其間學者普遍具有較高的知識程度和社會地位。除前面介紹的歐陽南野外，還有聶雙江、鄒守益與羅念菴這幾位核心人物，其中鄒守益是探花；羅念菴則是狀元，在科舉中最優秀的人才都歸於陽明子的宗門，顯見當時心學在江西青年士人中有著非凡的影響。《明儒學案．泰州學案一》卷三十二記載：「然龍溪之後，力量無過於龍溪者，又得江右為之救正，故不至十分決裂。」這段話確實說得極有道理。陽明後學八脈中屬於江右學派者就有四人，如果仔細觀察他們的主張，雖然各有異同，但因有這些思想大家的存在，彼此長相辯論，這對於王龍溪的思想產生「救正」的效益，使得陽明心學的發展不至於太過決裂。

我們來認識聶豹，他字文蔚，號雙江，江西省永豐縣人（現在隸屬於吉安市），正德十二年（一五一七）進士。聶雙江的父親聶鳳全面支持孩子認真讀書，還鼓勵聶雙江求做聖賢為目標，而不僅僅是考科舉而已。聶雙江在中進士後，在各地居官任職，不顧眾人勸阻去找陽明子求學，黃梨洲在《明儒學案．江右王門學案一》卷十七記載：「陽明在越，先生以御史按閩，過武林，欲渡江見。人言力阻，先生不聽，及見而大悅：『君子之所為，眾人固不識也。』」當時他來不及拜陽明子為師，只自稱晚生，但與陽明子有許多的書信往來，幾度詢問良知學的奧義。陽明子去世後第四年，聶雙江在錢緒山的見證裡，纔在蘇州設神位北面再拜成為門生，然後將這件事刻在石頭上紀念，見《明儒學案》卷十七記載：「陽明既歿，先生時官蘇州，曰：『昔之未稱門生者，冀再見耳，今不可得矣。』於是設位，北面再拜，始稱門生。以錢緒山為證，刻兩書於石，以識之。」聶雙江的父母先後去世，在家鄉丁憂期間，雙江常參與陽明後學諸人組織的大型講會，並在與同門切磋的過程中，發展出自己的學說，他被日本學者岡田武彥（一九〇八—二〇〇四）劃入「歸寂派」，正是因他主張的學說其特點在「歸寂」（回歸寂靜）與「通感」（貫通感應）。

丁憂結束後，聶雙江復出做官，但是在嘉靖二十六年（一五四七），被內閣首輔夏言（一四八二—一五四八）逮捕入獄，聶雙江其實含冤入獄，但在兩年後，夏言反被嚴嵩冤枉入獄時，兩人獄中相見，聶雙江卻對夏言毫無怨恨，只與他仔細談論心性的學問，令夏言感動不已。聶雙江把監獄當作道場，在監獄期間他的學問獲得突破性進展，據《明儒學案．江右王門學案一》卷十七記載：「先生之學，獄中閒久靜極，忽見此心真體，光明瑩徹，萬物皆備，乃喜曰：『此未發之中也，守是不失，天下之理皆從此出矣。』及出，與來學立靜坐法，使之歸寂以通感，執體以應用。是時同門為良知之學者以為未發即在已發之中，蓋發而未嘗發，故未發之功，卻在發上用；先天之功，卻在後天上用。」意即是說：他在獄中靜極驀然看見心體的本來面目，其光明瑩徹，萬物皆備於此，雙江很高興領悟到這喜怒哀樂未發前的「中」，覺得人應該守此不失，從中體會天下各種道理。顯見聶雙江跟錢緒山都有著在獄中悟道的冥契經驗。後來出獄，就開始面對來跟他學習的人教導靜坐的辦法，覺得「歸寂」最終纔能「通感」，掌握住心體來從中在社會實踐。當時其他陽明同門都覺得良知學應該將未發放在已發纔能掌握住「中」（心體），發作如同未嘗發作，先天未發的效益卻在後天已發這一層落實。

學問是在交流討論中持續獲得進展，這在陽明後學中表現得特別明顯。不只是錢緒山與王龍溪，歐陽南野、聶雙江、鄒守益與羅念菴都生活在相同的時空背景中，他們常有大量當面或書信的對話，「歸寂派」的許多觀點，都是針對王龍溪有關「見在良知」的說法展開批評與討論。聶雙江不贊成王龍溪的「見在良知」，他提出良知本來屬於「寂」，《聶豹集．答歐陽南野太史三首》卷八記其說：「良知本寂，感於物而後有知，知其發也，不可遂以知發為良知，而忘其發之所自也。」意思是說：未發層面的良知原本寂然，受到外物的感應而有知覺，知覺屬於已發層面，不可倒過來將已發的知覺視作良知本身，卻忘記其本出自於良知。因良知在未發中，這就需要做工夫纔能「致良知」，《聶豹集．辯誠》

卷十四記聶雙江說：「致良知者，只養這個純一未發的本體，本體復則萬物備，所謂立天下之大本。」未發的良知被稱作「純一未發的本體」相反來說，已發的良知則夾雜人的經驗與情識，他主張人只有藉由靜坐來讓氣定，復見「天地之心」的本體，然而纔能跟人論出學問的究竟，《聶豹集．答亢子益問學》卷八說：「其功必始於靜坐，靜坐久，然後氣定，氣定而後見天地之心，見天地之心而後可以語學，即平旦之好惡而觀之，則原委自見，故學以主靜焉至矣。」因此，聶雙江的工夫其稱作「主靜」，這個觀點承襲自周敦頤，意即他將通過周子將陽明子的心學思想更往工夫層面細緻發展。

聶雙江曾提出對王龍溪主張「見在良知」的批評，他在《聶豹集．贈王學正之宿遷序》卷四中說：「今講良知之學者，其說有二。一曰良知者，知覺而已，除卻知覺，別無良知。學者因其知之所及而致之，則知致矣，是謂無寂感、無內外、無先後而渾然一體者也。一曰良知者，虛靈之寂體，感於物而後有知，知其發也。致知者，惟歸寂以通感，執體以應用，是謂知遠之近，知風之自，知微之顯，而知無不良也。」顯然，雙江說的前者，即是王龍溪的「見在良知」說，他覺得除卻知覺別無良知的說法，使得「寂感，內外，先後」全都混淆變成渾然一體了，他曾寫信給王龍溪覺得這種無工夫狀態只能自娛不能教人，見《王畿集．致知議辯》卷六表示：「尊兄高明過人，自來論學，只是（自）混沌初生無所汙壞者而言。而以見在為具足，不犯做手為妙悟，以此自娛可也，恐非中人以下之所能及也。」

雙江覺得良知機制是虛靈的寂體，有對應的外物而後接著纔能有貫通感應，致良知就是「掌握本體」（執體）來「貫通發用」（應用）的過程，如此就像知道風從哪裡來，知道幽微到明顯的全歷程，每個「知」的發作都「無不良」，這就是他說的「執體以應用」。當時受到王龍溪影響的人，都會覺得未發在已發中，每個當下的舉止都是良知本身，心體無處不在更體現在無事不在，可是聶雙江卻表示，我們需要在靜坐中覓得最安靜的點（寂體），未發的本體本來無從得見，只有藉由已發的工夫來落實纔能得見，這是其思想的一大特色。敝人覺得陽明心學家如王龍溪講的良知，其實質意思並不單純指自性，當人如果沒有工夫意識，將全部動靜舉止都視作本體的發作，卻毫無收攝機制，很難不流於放浪形骸，這時候其聲稱的良知其實是自我意識，而不是自性意識。從錢緒山到羅念菴對於王龍溪的批評相當重要，歷來學者常有習而不察的現象，自認居於「見解高明」的位置來書寫論文，誤將「利根」與「鈍根」當作話頭，把反對王龍溪的觀點視作鈍根者的拙見，殊不知陽明八脈的思想家除王心齋外，哪個不是當年高中進士的「中國最強大腦」，誰人真敢說他們任何一人是「鈍根者」呢？

第四節　羅念菴的收攝保聚說

羅洪先，字達夫，號念庵，江西省吉水縣人（現在隸屬於吉安市），嘉靖八年（一五三〇）中狀元，傑出的地理製圖學家，其精心繪製的《廣輿圖》兩卷，係中國歷史上最早的分省地圖集，採用方格座標的手法來繪製地圖，精確度相當高，值得後續探討其心學思想如何用來研究地理學的議題。羅念菴同樣被岡田武彥劃入「歸寂派」，其學問有三變，《明儒學案．江右王門學案三》卷十八載：「始致力於踐履，中歸攝於寂靜，晚徹悟於仁體。」十四歲左右，羅念庵聽說陽明子在江西贛州講學，很想去學習，但是他的父母不允許，要他先考科舉。羅念庵的姊夫周龍岡則欣然前往贛州就學，羅念庵只能輾轉從姊夫那裡打聽到陽明子的風采，自學《傳習錄》到廢寢忘食的程度，並立志要成為聖賢。二十三歲時，羅念庵拜師李谷平（一四七八—一五四二），李谷平是理學家，其學問按著朱熹為宗的脈絡發展，這對羅念庵的思想產生相當影響。據《明儒學案．江右王門學案三》卷十八記載：年僅二十五歲的羅念庵中狀元，其岳父很高興表示：「喜吾婿幹此大事也。」羅念庵則紅著臉說：「丈夫事業更有許大在，此等三年遞一人，奚足為大事也？」不過，對羅念菴而言，最遺憾者莫過於陽明子已經在嘉靖七年去世，其始終未能親炙陽明子，但是他立志成聖的心念更加堅定，在狀元放榜的當天，照舊與同門何善山（一四八六—一五五一）與黃洛村

（一四九二—一五六一）相約論學。羅念庵的官宦生涯並不順利，真正做官的時間不到三年，這跟他的叛逆性格不無關係，後來因直言上諫被削籍為民，他就回家鄉講學，加上其體弱多病，後來妻子與孩子都相繼去世，這使得羅念菴對於人生的終極意義高度關注。

羅念菴為何會被視作陽明子的弟子呢？據《明儒學案．江右王門學案三》卷十八記載：「先生既定陽明《年譜》，錢緒山曰：『子於師門不稱門生，而稱後學者，以師存日未得及門委贄也。子謂古今門人之稱，其義止於及門委贄乎？子年十四時，欲見師於贛，父母不聽，則及門者其素志也。今學其學者，三紀於茲矣，非徒得其門，所謂升堂入室者，子且無歉焉，於門人乎何有？』《譜》中改稱門人，緒山龍溪證之也。」羅念菴參與陽明子年譜的訂正，錢緒山覺得他面對師門自稱後學而不稱門生，這只是因為先師在世時來不及登堂入室拜師，但門人這種稱謂其意義不應該僅止於此，他本來十四歲就應該到江西拜師，卻被父母阻攔，因此拜師實屬其平素志向，故而在錢緒山與王龍溪的見證裡，羅念菴被直接在《王陽明年譜》中改稱為門人。如前面所說，羅念庵的學問有三變，其中第二變就與他被納入「歸寂派」有關。由於他未能親炙陽明子，所以只能與陽明弟子交流求學，其中聶雙江的歸寂說對他產生很重要的影響，他們兩人係知交，《明儒學案》卷十八中記載羅念菴他說：「雙江所言，真是霹靂手段，許多英雄瞞昧，被他一口道著，如康莊大道，更無可疑。」

羅念菴並形成自己的主張「收攝保聚說」，該主張來自他開鑿石蓮洞，在裡面靜坐三年，獲得可預知事情的境界，王龍溪還憂慮羅念菴專守於枯靜，沒有當機順應於環境，特別過去松原跟他相見，據《羅洪先集．松原志晤》卷十六記載此事：「辟石蓮洞居之，默坐半榻間，不出戶者三年。事能前知，人或訝之，答曰：『是偶然，不足道。』王龍溪恐其專守枯靜，不達當機順應之妙，訪之於松原。問曰：『近日行持，比前何似？』先生曰：『往年尚多斷續，近來無有雜念。雜念漸少，即感應處便自順適。即如均賦一事，從六月至今半年，終日紛紛，未嘗敢厭倦，未嘗敢執著，未嘗敢放縱，未嘗敢張皇，惟恐一人不得其所。一切雜念不入，亦不見動靜二境，自謂此即是靜定功夫。非紐定默坐時是靜，到動應時便無著靜處也。』龍溪嗟嘆而退。」羅念菴這裡表達出的「靜定工夫」，並不只是安然默坐，只要一行動就沒有辦法靜定，而是不再看見動靜兩種意境，就只是順著感應去覓得每個安適，這包括面對行政工作如均賦一事，他保持住未嘗敢有絲毫的厭倦、執著、放縱與張皇，全部雜念都不進來，只怕自己一人不能安於每個當下。這讓王龍溪不禁深感驚嘆而無話可說。

羅念菴跟人探討學問，不再區隔儒釋道的學術疆域，他在靜坐外，還長期出外遊歷，跟師友探討心性，不再有方內或方外的想法，只要人家有專長，念菴就虛心諮詢請益，就像是病人對待醫生一樣。他能全然棄置士大夫的體貌規格，獨來獨往，忍耐飢寒，經歷各種驚濤駭浪的艱辛跋涉，對於旅程中的磨難看得很淡然，沒有任何芥蒂，《明儒學案．江右王門學案三》卷十八記載這段事蹟：「先生靜坐之外，經年出遊，求師問友，不擇方內方外，一節之長，必虛心諮請，如病者之待醫。士大夫體貌規格黜棄殆盡，獨往獨來，累饑寒，經跋涉，重湖驚濤之險，逆旅詬詈之加，漠然無所芥蒂。或疑其不絕二氏，先生嘗閱《楞嚴》，得返聞之旨，覺此身在太虛，視聽若寄世外。」羅念菴曾經讀《楞嚴經》有深度體會，獲得返聞自性的宗旨，頓覺此身在太虛中，視聽都寄託於世外。有學者曾懷疑《楞嚴經》這部經書是儒道中人模仿佛教語言仿造出來，因其意境指向自性卻沒有梵文版，據悉後來有人發現河南南陽菩提寺曾長期保存《楞嚴經》的梵文貝葉經，共二百二十六葉，殘缺六葉，字體圓形，係唐朝《楞嚴經》的梵文孤本，但此事尚未獲得後續證實。

羅念菴對於同門師兄弟的主張，各有不同的意見，例如對王龍溪的思想，《明儒學案．江右王門學案三》卷十八記他跟聶雙江說：「龍溪之學，久知其詳，不俟今日。然其講功夫，又卻是無功夫可用，故謂之『以良知致良知』，如道家『先天制後天』之意。其說實出陽明口授，大抵本之佛氏。翻《傳燈》諸書，其旨洞然。直是與吾儒『兢兢業業，必有事』一段，絕不相蒙，分明二人屬兩家風氣。」羅念菴覺得王龍溪講工夫卻無工夫，「以良知致良知」就像是道家「先天制後天」的意思；他覺得出自於陽明子口授的內容，大抵來說本於佛學，翻閱《傳燈》這些書籍就會覺得洞澈瞭然，這跟儒家兢兢業業那種「必有事焉」

的狀態絕對不能相互混淆與欺瞞。《明儒學案．江右王門學案三》卷十八記他跟錢緒山說：「執事只欲主張良知常發，便於聖賢幾多凝聚處，盡與掃除解脫。夫心固常發，亦常不發，二者可倒一邊立說否？至謂『未發之中，竟從何處覓？』則立言亦太易矣。」羅念菴覺得錢緒山只想主張良知長發，這使得「未發之中」的本體要往哪裡去尋覓呢？心靈實際上是有時候發有時候不發，怎麼能只從一個側面去立說呢？羅念菴覺得我們在靜坐中要將心靈收攝起來將其保聚，而不是只要發出去，這都已經進入到極其細緻的討論。

嘉靖三十四年（一五五五），羅念庵的生命進入關鍵轉折期，出現第三變，這一年他入楚山練習靜坐，終於實證良知本體（張衛紅，二〇〇九：頁二一九—二二二）。此後，其思想來到新境，《羅洪先集．答蔣道林》卷八記其楚山悟道的經驗：「當極靜時，恍然覺吾此心虛寂無物，貫通無窮，如氣之行空，無有止極，無內外可指，動靜可分，上下四方、往古來今渾成一片，所謂無在而無不在。吾之一身，乃其發竅，固非形資所能限也。是故縱吾之目而天地不滿於吾視，傾吾之耳而天地不出於吾聽，冥吾之心而天地不逃於吾思。」這段話的意思是說：在極靜狀態中，心靈呈現虛寂，沒有任何對象產生的對立感，只有氣息的能量無窮貫通，不只沒有終點，更沒有內外動靜，整個宇宙渾然打成一片，什麼都不存在，卻什麼都存在，其一身就是個接受訊息的孔竅，不是任何物質能侷限住，這使得整個天地都離不開其視野、聽域與思路，這些深刻描寫的體證內容，並不是來自於任何天啟，而是長期靜坐產生身心內在的細緻覺察，不只屬於羅念菴個人冥契經驗的突破，更顯見陽明後學在體證層面已有大幅進展。

不過，羅念菴晚年徹悟心體後，反省自己跟著聶雙江都主張「歸寂」，察覺這並不是真正體悟心體。他在《羅洪先集．甲寅夏遊記》卷三中說：「當時之為收攝保聚，偏矣。蓋識吾心之本然者，猶未盡也。以為寂在感先，感由寂發。夫謂『感由寂發』可也，然不免於執寂有處；謂『寂在感先』可也，然不免於指感有時。彼此既分動靜為二，此乃二氏之所深非，以為邊見而害道者，我固堅信而固執之，其流之弊，必至重於為我，疏於應物，而有不自覺者，豈《大學》『欲明明德於天下』之本旨哉！」這段話意思是說：羅念菴本來根據聶雙江的「寂體即良知」這一觀點，依據前面未發與已發的脈絡，羅念菴覺得「寂在感先」且「感由寂發」。後來羅念菴發現做這種概念辨識同樣是種執著，太過於將「動」與「靜」區隔成兩種狀態，人的感知固然由寂體發作，但不免會太過於執著於寂體的位置；寂體固然在感知的前面，但不免會太過於執著於感知的發作，其流弊就是讓人過度看重自己，疏於應對事物而不自覺，這哪裡是《大學》要人「明明德於天下」的本意呢？除可能來自跟陳明水的辯論影響外，這應該是來自於羅念菴長期親身實踐後的領會。敝人並不會深怪羅念菴在不同時期各有不同主張，反而覺得這是人深度鍛鍊生命過程中自然而然會有的內在變化，並且陽明八脈的師兄弟間的誠意論學，對於心學的不斷細緻發展，實帶來巨大的效益與貢獻，心理諮詢其實就需要諮詢師引領當事人觀察這種內在變化的歷程，纔能在每個階段的體證都來自於扎實的內觀。

第五節　泰州學派的後期發展

我們談完陽明學的八脈思想，現在再回到其中王心齋引領的泰州學派，認識其後期有著如何的發展。余英時先生（一九三〇—二〇二一）在《宋明理學與政治文化》中表示：「陽明的『致良知』之教和他所構想的『覺民行道』是絕對分不開的；這是他在絕望於『得君行道』之後所殺出的一條血路。『行道』完全撇開君主與朝廷，轉而單向地訴諸社會大眾，這是兩千年來儒者所未到之境，不僅明代前期的理學家而已。」陽明子的確已經掙脫孔子本來「得君行道」的格局，發展出「覺民行道」的願望，他本人關注於社會各階層人民都能獲得生命的覺悟，但這層願望更通過王心齋與其弟子來實踐。王心齋的弟子都是些「赤手搏龍蛇」的人，包括砍柴的樵夫與殺豬的屠夫在內，然後傳到顏山農（一五〇四—一五九六）與何心隱（一五一七—一五七九）這些徹底不管名教的人，其狂放的生命狀態就已經不是人世間的倫理可規範了，這些本來慣常的倫理規範都已被泰州學派中人打破。因此，黃梨洲在《明儒學案．泰州學案一》卷三十二記載：「泰州之後，其人多能赤手以搏龍蛇，傳至顏山農何心隱一派，遂復非名教之所能羈絡矣。」

譬如聽王心齋講學的人中有一位朱恕（一五〇一—一五八三），字光信，號樂齋，自幼喪父，和母親相依為命，家境貧寒，他就是靠著砍柴維生。朱恕每回聽王心齋講學都聽得津津有味，聽完就背著柴唱著自編的山歌離開。《明儒學案．泰州學案一》卷三十二中記載：「有宗姓者，招而謂之曰：『吾以數十金貸汝，別尋活計，庶免作苦，且可日夕與吾輩遊也。』樵得金，俯而思，繼而大恚曰：『子非愛我。我自憧憧然，經營念起，斷送一生矣。』遂擲還之。」這段話的意思是說：有位同宗與同門看見朱恕如此認真，希望能資助他數十金，讓他不用再砍柴，不需要再因生計奔波，和他們相偕聽王心齋講學。朱恕拿到資助給他的錢，思考一番後開始覺得不妥，就回答：「這不是愛我，讓我的心態漂流不定，會讓生起經營物質生活的念頭，可是這會斷掉我的一生。」於是就把這些錢還給同宗與同門了（陳復，二〇〇五：頁一一〇—一一三）。這是種堅持生活不能被任何物質拘束，如此纔能獲得自由的想法。

朱恕後來同樣在書院講學，他的弟子韓貞（一五〇九—一五八五）本來是個陶匠，韓貞一生拿化俗為己任，他隨機指點群眾，農工商賈聽他講學者為數達千餘人，《明儒學案．泰州學案一》卷三十二中記載：「秋成農隙，則聚徒談學，一村既畢，又之一村，前歌後答，絃誦之聲，洋洋然也。縣令聞而嘉之，遣米二石，金一鍰。樂吾（韓貞）受米返金。令問政，對曰：『儂窶人，無能補於左右。第凡與儂居者，幸無訟牒煩公府，此儂之所以報明府也。』」這段話的意思是說：在秋收農暇時，韓貞聚眾講學，常一村接著一村的巡遊，當地縣令聽到他的作為相當嘉許，送他米糧與黃金，他接受米糧卻歸還黃金，並說自己甘於當個窮人，無法回報什麼，只能使跟他遊學的弟子不會因為訴訟而煩擾公府（陳復，二〇〇五：頁一一〇—一一三）。韓貞講學重視口傳心授，不重視論著，目前看見黃宣民重訂的《韓貞集》內容全都是詩集（黃宣民點校，一九九六），其〈示沙子賢良知〉云：「萬理具在人心，人心本有天則。天則即是良知，良知不用思索。」復見〈寄王云衢〉：「率性工夫本自然，自然之外別無傳。閑攜童冠歌沂上，靜對沙鷗狎水邊。物物性空無內外，人人心廓自方圓。清宵散步林泉下，滿眼光風霽月天。」顯見其具有某種反智傾向，順應著宇宙間的自然法則來行事，從朱恕到韓貞，都尚能看見出身社會底層的陽明心學家誠懇待人處事的狀態。

再來是被稱作「江湖大俠」的顏山農，他是對當日社會有相當影響的儒者，甚至有人稱其「儒俠」，山農是其號，本名顏鈞，字子和，江西省吉安府永新縣（現在隸屬於吉安市）人，他是徐樾（號波石，一五〇〇—一五五二）的弟子，因此可謂王心齋的再傳弟子，但後來因徐樾推薦直接向心齋學習，曾替心齋守墓三年，後因徐樾在雲南擔任左布政使，請兵督戰被叛軍殺死，顏山農還特別到雲南尋其骸骨歸葬於心齋墓左右，可見此人如何重視師生大義。目前可見的《顏均集》出自黃宣民點校，其內容來自顏山農裔孫顏學恕典藏的《顏山農先生遺集》（黃宣民點校，一九九六），其〈急救心火榜文〉將心學當中藥能救人來解說，並一貫按照心學的宗旨，將心靈視作本體，其云：「故曰：是心也，人皆有之，賢者能勿喪耳，聖人能自貴，眾人則皆不能惜重，瓦裂自敗，而行拂亂耳目口體之運，不識本體為作用，道故不明不行矣。」山農覺得眾人都受到感官的牽引，不能識得心靈這個本體的作用甚大，使得大道受到蒙蔽無法落實，他提出自己專門急救六項要點：「急救人心陷牿生平不知存心養性」、「急救人身奔馳老死不知葆真完神」、「急救人有親長而火妒妻子」、「急救人有君臣而烈焰刑法」、「急救人有朋友而黨同伐異」與「急救世有遊民而詭行荒業」，其內容主治各種具體生活問題，願意幫人對症下心藥，智慧諮詢同樣在關注這些範疇，值得後繼學者持續做探討與研發。

同樣是王心齋的三傳弟子何心隱，他穎異拔群，卻放棄科舉，曾是顏山農的弟子，後來卻因看見顏山農的敗德而離開。《何心隱集．嘉隆江湖大俠》記載：「何心隱者，其材高於山農而幻勝之。少嘗師事山農。山農有例，師事之者，必先毆三拳，而後受拜。心隱既事山農，察其所行，意甚悔。一日，值山農之淫於村婦，避隱處，俟其出而扼之，亦毆三拳使拜，削弟子籍。」這段話意思是說：何心隱自身的才華遠高於顏山農，展現出的奇幻狀態更超越於顏山農，山農收弟子有個慣例，就是誰要當他弟子就要被他毆打三拳纔接受拜師禮，何心隱拜師後，觀察顏山農的行徑卻很失望，某日正值顏山農在某個角落跟農村婦人野合，何心隱躲在角落，等到顏山農結束剛出來，就掐住其脖子，同樣毆打三拳，命顏山農反過來跪拜自己，這纔不再當弟子。其間現象是否真可視作「敗德」尚可持續討論（因我們對箇中內情尚不明就裡），然兩人關係的起點與終點頗具有儀式感。

何心隱在講學過程裡逐漸發展出政治的思想，在自己鄉里（現在屬於江西省永豐縣）創辦萃和堂，打破家庭結構，聚集各類人，整合成新宗族共同生活，在萃和堂裡不論貧富，財產互通有無，整體規劃日常開支，這包括成年、結婚、喪禮、祭典、稅賦與勞役，甚至集體教育小孩與扶養老人，都不再由原先父母組成的家庭來承擔，《明儒學案・泰州學案一》卷三十二記載：「構萃和堂以合族，身理一族之政，冠婚、喪祭、賦役，一切通其有無。」何心隱主張人面對社會應該破除一般「身家」的概念，建立一種更超越的師友關係網絡，他稱這種唯一具有「天地之交」意義的關係網絡為會，整個社會由這種組織結合，成員彼此是朋友，共同推舉一個主持者，他平日擔任老師，如果進而能掌握政權，就直接成為君主，這頗有空想社會主義（utopian socialism）的基調。由於本書探索中華思想史的過程中，主要著重本土心理學的角度來討論，茲因何心隱的思想則跟政治學與社會學產生聯結，相關內容敝人已在《書院精神與中華文化》第三章〈明朝的書院〉有過討論，這裡不再贅談（陳復，二〇〇五：頁一二三—一二七）。

泰州學派後期有位大師羅汝芳（一五一五－一五八八），字惟德，號近溪，學者稱近溪先生，江西省南城縣（現在隸屬於撫州市）人，他是泰州學派王心齋的三傳弟子。《明儒學案．泰州學案三》卷三十四中記載：「置水鏡几上，對之默坐，使心與水鏡無二。久之而病心火。偶過僧寺，見有榜急救心火者，以為名醫，訪之，則聚而講學者也。先生從眾中聽良久，喜曰：『此真能救我心火。』問之，為顏山農。」這段話意思是說：羅近溪年輕時在一個寺廟閉關，對著水鏡默坐，想讓他的心與鏡合而為一，卻坐出心病，敝人覺得這應該是羅近溪在青年時期看不見生命意義，產生精神的抑鬱現象。他偶然路過一間寺廟，看到一則公告說可救心火，覺得是名醫，就進去拜訪，結果是有人在裡面講學，他聽一會兒就很高興表示：「這真能救我的心火。」打聽講者的名字，原來就是顏山農。有時只靜坐卻沒有人引領，靜中（鏡中）常會有某種無預期的外境會引入（譬如著魔），很容易帶來精神困擾，陽明心學家常通過聆聽深刻的觀念來療癒人心中的病痛，其內容帶有觀念工夫，能指向本體，這在心學中人來說相當常見，其實可藉此證成明朝時期的心學家具有心理諮詢師的意義。

相對於何心隱跟顏山農頻率不合，羅近溪卻深受顏山農的啟發。《明儒學案．泰州學案三》卷三十四中記載其師生對話：「先生自述其不動心於生死得失之故，山農曰：『是制欲，非體仁也。』先生曰：『克去己私，復還天理，非制欲，安能體仁？』山農曰：『子不觀孟子之論四端乎？知皆擴而充之，若火之始然，泉之始達，如此體仁，何等直截！故子患當下日用而不知，勿妄疑天性生生之或息也。』先生時如大夢得醒。明日五鼓，即往納拜稱弟子，盡受其學。」羅近溪自認對於生死得失都不動心了，顏山農卻跟羅近溪表示：「你這並不是在體貼仁德，只是在壓制著自己的欲望。」羅近溪問：「我如果不克制自己的欲望，又怎樣體貼仁德呢？」顏山農接著回答：「你沒聽過孟子講『四端』嗎？拿真實的生命去擴充這四端，就像體會烈火的熱與泉水的冷，這就是體貼仁德。」顏山農很直截了當告知他應該憂患當下日用間卻始終不知仁德，而不要妄自懷疑，導致上天生生不息本有的自性反而澆熄了，羅近溪如大夢初醒，就拜師成其弟子。

《明儒學案．泰州學案三》卷三十四還記載羅近溪對顏山農可謂照顧得無微不至：「山農以事繫留京獄，先生盡鬻田產脫之。侍養於獄六年，不赴廷試。先生歸田後，身已老，山農至，先生不離左右，一茗一果，必親進之。諸孫以為勞，先生曰：『吾師非汝輩所能事也。』」顏山農因思想過於激烈，被朝廷逮捕坐牢幾要論死，羅近溪變賣田產，不斷想辦法在獄中接濟顏山農長達六年的時間，期間連廷試都不參加，使得顏山農最終只有被發配充軍。羅近溪後來成為進士，歷官頗有政績，因講學被張居正（一五二五—一五八二）厭惡，於是他提前辭官退休回到家鄉，將顏山農接到家中接待，他自己都已年老，卻始終不離開老師左右，不只生活起居，包括奉清茶或吃水果都在關注，其他幾位孫子都覺得爺爺這樣實在太累了，想接替他服侍顏山農，羅近溪還表示自己老師不是你們這些年輕人能伺候得了。顏山農在九十三歲去世後（能活得如此高壽可見其確實在貫徹自身信服的知行合一），羅近溪就與弟子在浙江、福建與廣東一帶講學，常常高朋滿座，但他都不想輕易拿老師的名義自居，這顯示出羅近溪對待尊師重道這件事情有著極其慎重的態度。

但羅近溪的行徑其實引發倫理爭議，見《明儒學案．泰州學案三》卷三十四記載：「一鄰媼以夫在獄，求解于先生，詞甚哀苦。先生自嫌數干有司，令在座孝廉解之，售以十金，媼取簪珥為質。既出獄，媼來哀告，夫咎其行賄，詈罵不已。先生即取質還之，自貸十金償孝廉，不使孝廉知也。人謂先生不避干謁，大抵如此。」這段話意思是說：羅近溪有位鄰居婦人的丈夫犯罪被羈押於獄中，這位婦人請求羅近溪幫忙她的丈夫脫罪，言辭表現得甚為哀苦，羅近溪覺得自己跟相關單位聯繫會有干預司法的嫌疑，就擺桌酒席請幾位孝廉慷慨解囊，合出十金來幫忙這名婦人，這名婦人則拿髮簪與耳飾來當作抵押，並拿這筆錢去行賄，等到丈夫被解救出來，由於丈夫責備她不應該這樣浪費錢，這位婦人再來跟羅近溪哭訴，說丈夫責怪她行賄。羅近溪就自己貸款拿錢給婦人來償還給幾位孝廉，再把髮簪與耳飾還給這名婦人，讓她能跟自己丈夫作證已經沒有問題，顯然這些孝廉並不知道箇中詳情。羅近溪幫忙這名婦人到這種程度，縱然自己確實避開法律問題，但顯然已觸犯倫理問題，這些議題如果是出家的師父並不容易遇到，只有做官的儒者纔會有這種難題，這種作法換做現在的時空來檢視，那肯定還是有相關法律責任，這體現出心學發展到明朝後期其實具有反道德思想，意即對於社會規範的教條帶有反叛性。

羅近溪過世前的狀態充滿著冥契經驗，這些具有生死學意涵的內容反映著華人特有的生命世界，可視作本土心理學面對臨終的修養，《明儒學案．泰州學案三》卷三十四記載：「十六年，從姑山崩，大風拔木，刻期以九月朔觀化。諸生請留一日，明日午刻乃卒，年七十四。」事在萬曆十六年（一五八八），從姑山發生山崩，大風拔起樹木，羅近溪體會到自己將在九月一日去世，他的多名學生懇求多留一天，因此羅近溪到隔日午時纔去世，《羅汝芳集．語錄彙集類．明德夫子臨行別言》對此事記錄得更詳細：「九月初一日，師自梳洗，端坐堂中，命諸孫次第進酒，各各微飲。隨拱手別諸生曰：『我行矣，珍重、珍重！』適遠來新到二生，並諸生哭留。師愉色許曰：『為諸君，我再盤桓一日。』乃復入室。初二日午刻，羅子命諸孫曰：『扶我出堂，整冠更衣。』坐而逝。從午至申，坐不少偏，越日乃殮，顏色紅活，手足綿軟如生。」可見羅近溪會多留一日，來自他對遠來學生不捨心情的眷顧，第二日其整冠更衣，靜坐而亡，從午時到申時，坐相沒有稍微偏離，第二天纔入殮，顏色鮮紅如活著的樣子，手腳都綿軟如生，如此全然控制自己的死亡，可見羅近溪確實已經悟道。

儒學發展到宋明時期，主要不斷在回應佛教與道教的思想帶來的衝擊，由外在的「天理」再轉到內在的「良知」，意即由理學再發展至心學，無疑是個關鍵性的突破。雖然天理與良知都指向著本體，但心學與理學的差異，在於前者把握本體卻由外在的知識回到內在的覺悟（儘管知識探討還是來自人的意識），逐漸由相對客觀的文本閱讀，滑轉往超越主客關係的冥契體證（傳統術語稱作由「道問學」來到「尊德性」），這正是明朝由陳獻章（一四二八—一五〇〇）開始，直到陽明子終於成熟發展出心學的深層意義。王陽明的思想主軸不外乎「良知」，但良知的內容究竟為何，其實來到陽明後學，會出現完全不同的解讀。大體而言，其預示兩條內在覺悟的路線：其一，「自性」的發現，這是呼喚人往內在探索本體的歷程，內在意識自有宇宙，且與宇宙相通，不假外求，人的心性刻度因此更加深密，外在的名相計較不再成為羈絆，儒釋道三教獲得調和與交融，這是「解脫」的路線，前面心學八脈中除王心齋一人外，其餘都屬箇中典範人物；其二，「自我」的發現，這是人從社會規範與行為中意識到自己作為個體的存在，個體生命不再由家庭與國朝的結構尋覓自身的位置，人只有活出自我的價值纔能活出自在，這是「解放」的路線（陳復，二〇一七：頁三七—三八）。整個泰州學派，從創始者王心齋到世稱中國型自由主義者李卓吾（一五二七—一六〇二）都是其中的典範人物（狄百瑞著、李弘祺譯，二〇〇九：頁五六—五七），像是李卓吾鼓勵人根據直覺，表達內在真實的自我（黃仁宇，一九九四：頁二七八），從而提出「童心說」，破除人性各種束縛，提倡最徹底的兩性平等，李卓吾對心靈議題的解釋引發極大的爭論性，他在《藏書．德業儒臣後論》中說：「夫私者，人之心也。人必有私，而後其心乃見。若無私則無心矣。」意即他覺得人心直接等同於私心，人如果沒有私心就處於無心狀態，這就讓自我意識流露的人欲直接來到生命中；再如何心隱會討論政治議題，都不外是基於解放的思考，最後只有羅近溪再轉回解脫的路線。

總結來說，明朝中期而降，思想最重要的發展就是「個體意識的覺醒」，這些討論並不意謂主張自性者毫無自我或主張自我者毫無自性，雖然自性超越個體而自我彰顯個體，但同樣都帶有個體意識的覺醒，使得辨識自性與自我的差異本來就有高度的困難性，即使觀察同一個人的生命，都可能會發現其在不同階段裡呈現不同的生命特質，或在相同的階段裡並陳不同的生命特質，如果就解脫的路線而言，自我的解脫是「自性化歷程」的考驗，沒有自我則自性無法開展；如果就解放的路線而言，自性的解放是「自我化歷程」的深化，沒有自性則自我無法伸張。這兩條路線或交會或歧立，都在明朝後期的思潮裡因陽明後學的不同主張而大放光芒，共同使用「良知」這個概念影響中國一百五十年的時間（陳復，二〇一七：頁三七—三八），包括明朝後期兩本現已家喻戶曉的小說《西遊記》與《金瓶梅》，前者的主軸就帶有自性化歷程（西天取經）；後者的主軸就帶有自我化歷程（慾火焚身），都反映出當年明朝人正面臨社會價值劇烈的衝擊，萬曆時期（一五七三—一六二〇）而降，無論士人或百姓，在日常生活中逾越禮制的現象日漸擴張，只要有經濟能量，任誰都可穿華服與住高樓，而心學的狂飆，更引發極大的生命突破與思想困境，讀者難免會覺得奇怪：生命突破為何會與思想困境呈現共生關係？其實正就是生命突破傳統倫理的框架，而新的秩序未曾構築完成（尤其沒有討論並獲得共識，設計出大家都可遵循的禮制），這就帶來個人的思想困惑，明朝凡有個體意識覺醒的人，莫不置身在這種思想大漩渦中，相互激盪直至亡國為止，對此敝人特稱作「明朝人的困惑」。黃梨洲說得極有道理，心齋與龍溪的主張影響極大，使得陽明學的真知灼見出現質變甚至失傳，尤其是心齋引領的泰州學派，其帶有自我基調的良知學說引發或擴大明朝社會倫理的解構與崩潰，對於傳統的中華文化帶來高度的破壞性，其提出的建設辦法卻沒有機會獲得全面驗證，這些問題的討論雖然在清兵入關後戛然而止，中華文化呈現停滯甚或衰落的狀態，直至民國時期都尚未獲得解決，現在的臺灣社會更是正在劇烈呈現這種變調狀態。

第十章

清初至民初時期的思想

第一節 黃梨洲的民主思想

來到清朝，就會發現中華思想至此已經逐漸遠離心體的討論，但在清朝初葉尚留有遺緒，並在清朝末葉重啟相關思考，本章會做出討論。首先我們來認識黃梨洲的思想，黃宗羲字太沖，號南雷，學者稱梨洲先生，浙江省餘姚縣人（現在隸屬於寧波市）。他的著作觸及範圍極廣，除經學、史學與文學外，包括天文、地理與曆算都無不關注。黃梨洲在明末抗清失利後，隱居著書與講學，其中《明儒學案》與《明夷待訪錄》是他最重要的兩部作品。黃梨洲首先是個學者，他編寫《明儒學案》，希望能保存與闡發整個明朝有關心性探討的微言大義，因此梳理出每個思想家的宗旨，這是他最看重的事情。在陽明後學的著作尚未大量重新出版前，《明儒學案》曾經長期變成研究這一時期思想史學者最重要的參考著作。黃梨洲在《明儒學案．發凡》說：「天下之義理無窮，苟非定以一二字，如何約之，使其在我。故講學而無宗旨，即有嘉言，是無頭緒之亂絲也。學者而不能得其人之宗旨，即讀其書，亦猶張騫初至大夏，不能得月氏之要領也。是編分別宗旨，如燈取影，杜牧之曰：『丸之走盤，橫斜圓直，不可盡知。其必可知者，之是丸不能出於盤也。』夫宗旨亦若是而已矣。」因此，面對眾說紛紜，避免如此大量的學術觀點有如頭髮的亂絲，黃梨洲採取的作法，就是撰寫出每個思想家的宗旨，讓讀者能按著燈臺來觀看其燈影，這就像是丸子在盤子中轉，怎麼繞都繞不出盤子的規範。

他在《明儒學案．發凡》還說：「學問之道，以各人自用得著者為真。凡倚門傍戶，依樣葫蘆者，非流俗之士，則經生之業也。此編所列，有一偏之見，有相反之論，學者於其不同處，正宜著眼理會，所謂一本而萬殊也。」這段話的意思是說：黃梨洲編撰收錄的原則是每個人真正能落實於生命的真實觀點（各人自用得著為真），並對於持「一偏之見」與「相反之論」的儒者言論都一併收集，認為這是「一本而萬殊」的體現。黃梨洲認知的「一本」是指天地萬物的學問都窮盡在人的心靈內，這是其心學的體證；而「萬殊」是指世間學術縱然有不同的觀點，卻各有其通達本體的路徑。故而梨洲先生將本體譬喻為大海，而各種學派譬喻成江河，江河雖然各自獨立，卻都不捨晝夜奔流向大海，最終全部匯歸到汪洋中，這意味著釐清陽明後學，不需要輕易詆毀誰是「離經叛道」，而應該瞭解其共同的源頭與焦點，因此，如學者馮達文與郭齊勇兩位先生在主編的《新編中國哲學史》這本書裡〈黃宗羲的哲學與社會政治思想〉一文就表示：梨洲先生尊重明儒各大家思想的特旨與源流，反對編撰者師心自用，這是「客觀與主觀有機統合」的學術史觀。不過，張學智先生則在《明代哲學史》中認為梨洲繼承其師劉蕺山的思想，這影響他對陽明後學的認識（張學智，二〇一二：頁四五一）。從師承脈絡來看，陽明子的生前知交湛甘泉傳唐一庵（一四九七—一五七四），再傳許敬庵（一五三五—一六〇四），三傳劉蕺山，再傳就是黃梨洲，梨洲本人的確並沒有直接繼承陽明學的師承，張學智先生這種說法是否有道理呢？

敝人覺得，沒有直接的師承，並不意味著劉蕺山不能瞭解陽明學，其實甘泉子與陽明子兩人生前交往甚密，其門人弟子隨著各地講會而進行交流與融會，如吉安府永豐縣本來所流行的白沙學，因聶雙江與羅念菴主持的青原會大盛，逐漸被陽明學所取替，甚有甘泉門人如劉浚（生卒年不詳）轉投陽明學。因此，在晚明士人痛指王學末流為狂禪的潮流裡，劉蕺山對陽明學的評議，不僅不能視為附應潮流，更不是完全不相應於陽明學，其內在的原因反而極可能是想維護陽明學的真意於不墜，這與劉蕺山的思想背景具有陽明學的傾向有關，因此韋政通先生在《中國思想史》指出劉蕺山其實是最瞭解陽明學的思想家（韋政通，二〇〇九：頁九〇二），敝人同意這個觀點，其的確說得相當精確。劉宗周，號念臺，學者稱蕺山先生，現在浙江省紹興市人。在《劉宗周全集．明儒四先生語錄序》中，劉蕺山自己曾說：「宗周，東越鄙士也，生於越，長於越，知有越人。越人之言道者吾如陽明先生，其所謂良知之說，亦即家傳而戶誦之。雖宗周不敏，亦竊有聞其概，沾沾自喜也。」黃梨洲則在《黃宗羲全集．子劉子行狀》中說：「先生於新建之學，凡三變。始而疑，中而信，終而辯難不遺餘力。」這兩段文字都可看出劉蕺山對於陽明子有著高度認同。劉蕺山因厭惡陽明後學的「情識而肆，虛玄而蕩」帶來的問題，因此高度重視工夫的歷程，最終發展出「人己關」、「敬肆關」與「迷悟關」這三種次第（廖俊裕，二〇一八）。

首先，「人己關」要辨識學問的目的到底在涵養自己還是炫耀於人，見《劉宗周全集．聖學喫緊三關》記其說：「學莫先於問途，則人己辨焉。此處不差，後來方有進步可規。不然，只是終身擾擾而已。故擬為第一關，俾學者早從事焉。」當人破除自我意識，行事準則依照「義」而不是「利」，人家不知道自己都不會在意，就能活出自性意識中，否則就只是終身在名利場域中打轉；再者，「敬肆關」要辨識自己秉持著道義行事是否還有絲毫雜質，見《劉宗周全集．聖學喫緊三關》記其說：「學以為己，己以內又有己焉。只此方寸之中作得主者是，此所謂真己也。必也主敬乎？是為學人第二關。」劉蕺山強調人要注意「己以內又有己」，這是指人的良知可能裡面同樣還是內蘊著自我意識，因此人始終要在主軸把握住敬意來面對，擋住將自私與自利當作良知的機會；其三，「迷悟關」要辨識自己是否已修身立命而面對生死不再有恐懼，見《劉宗周全集．聖學喫緊三關》記其說：「由主敬而入，方能覿體承當，其要歸於覺地，故終言迷悟。學者越過此關而學成。」要能突破此三關，最重要還是把握住「慎獨」，這是本體與工夫的合一，他主張本體就是「獨體」，其在《劉宗周全集．中庸首章說》表示：「喜怒哀樂之未發謂之中，此獨體也，亦隱且微矣。及夫發皆中節，而中即是和，所謂『莫見乎隱，莫顯乎微』也。未發而常發，此獨之所以妙也。」由於本體有此特徵，人要把握住獨體就只有「慎獨」，其《劉宗周全集．學言》表示：「《大學》言心到極至處，便是盡性之功，故其要歸之慎獨。《中庸》言性到極至處，只是盡心之功，故其要亦歸之慎獨。獨，一也。」劉蕺山雖屬晚明心學家最後一人，明朝滅亡時，清兵攻陷杭州，其留遺書靜坐絕食而亡，但他企圖回歸陽明子思想的本來宗旨，對明末心學引發馳騁自我意識帶來的問題提出導正。

黃梨洲忠於自己的師承，但他要如何消弭傳播陽明學與論較陽明學這兩種角度的差異呢？韋政通先生在《中國思想史》裡對此有過精闢的看法，他說：「綜觀梨洲一生的發展，他似乎始終保持著兩種不同的學術立場，一個是由他自己長期的學術工作中建立起來的，這方面當然是重知識的。本於這個立場，他對空談心性的學風頗多批評。另一個是早年得之於師承而來的心學立場，這個立場使他不能像稍後的考證家那樣，一心一意走『道問學』，而撇開『尊德性』的問題不管。他不免表現著由尊德性到道問學的過渡心態。」因此，韋政通先生認為《明儒學案》正是這種心態所表現出的例證，黃梨洲希望保持知識與德性並重的路徑，在重知識層面他是信守朱子「由智達德」的路向，卻與他師承的心學不合，因此，梨洲先生的「一本萬殊」實際上內藏著其心理的衝突（韋政通，二〇〇九：頁九一五—九一六）。不過，敝人覺得即使黃梨洲順承朱子的路向，並不意謂著就與自身的心學有著嚴重的矛盾，因為心學與理學本來就具有互相補充性；再者，即使真有這種衝突，正就反映黃梨洲體現自身具有兼容並蓄的民主思想，因為《明儒學案》的重點不是在抒發自己的創見，而是在平情論事，將各種觀點的內容並陳於後世。當黃梨洲使用《明儒學案》的體例來總結探討明朝的心學發展，其實反過來說明心學已經實質來到尾聲，可做出總結與評價，其《明夷待訪錄》的撰寫，則開啟後世探討有關中華民主思想的先聲。回到黃梨洲本人來說，他對於心學思想與民主思想的關注，正反映著從內在理路而言，這兩者其實有著「內聖」與「外王」的辯證影響關係。

黃梨洲同時是個思想家，其《明夷待訪錄》是一部具有啟蒙性質的著作，內容嚴厲批判君主專制，呼喚民主政體，這本書的出版如果放在明末清初的時空背景來觀察，的確是石破天驚的大事。「明夷」是《周易》中的一卦，其爻辭：「明夷於飛垂其翼，君子于行三日不食。人攸往，主人有言。」這裡「明夷」是指有智慧的人正處在患難的位置；「待訪」

是指等待後來有識者探討這些觀點。顧炎武（一六一三—一六八二）看過《明夷待訪錄》後，在〈顧寧人書〉中稱讚這本書的觀點說：「因出大著《待訪錄》，讀之再三，於是知天下之未嘗無人，百王之敝可以復起，而三代之盛可以徐還也。天下之事，有其識者未必遭其時，而當其時者或無其識，古之君子所以著書待後，有王者起，得而師之。」梁啟超則在《中國近三百年學術史》中表示：「我們當學生時代，《明夷待訪錄》實為刺激青年最有力之興奮劑。我自己的政治活動，可以說是受這部書的影響最早而最深。」相信這是他早期會支持維新變法的知識背景與心理因素。梁啟超後來在《清代學術概論》中評價《明夷待訪錄》：「此等論調，由今日觀之，固甚普遍，甚膚淺，然在二百六七十年前，則真極大膽之創論也，故顧炎武見之而歎，謂『三代之治可治可復』；而後梁啟超、譚嗣同輩倡民權共和之說，則將其書節鈔，印數萬本，秘密散布，於晚清思想之驟變，極有力焉。」譚嗣同的《仁學》直接繼承並持續發展《明夷待訪錄》的思想，例如他在該書卷下二十九中說：「生民之初，本無所謂君臣，則皆民也。民不能相治，亦不暇治，於是共舉一民為君。夫曰共舉之，則非君擇民，而民擇君也。」前面徵引過該書卷上二十七：「故常以為二千年來之政，秦政也，皆大盜也；二千年來之學，荀學也，皆鄉愿也。」他還在該書卷上二十八中主張：「黜古學，改今制，廢君統，倡民主，變不平等為平等。」這都反映出《明夷待訪錄》替晚清民主思想的興起，提供極重要的觸媒。

我們來檢視《明夷待訪錄》有著如何的民主思想。黃梨洲在〈原君〉篇中對君主制度有如此批評：「後之人為人君者不然。以為天下利害皆出於我，我以天下之利盡歸於己，以天下之害盡歸於人，亦無不可；使天下之人不敢自私，不敢自利，以我之大私為天下之大公。」黃梨洲認為，夏商周三代後的君主認為天下的利害都掌握在自己的手上，就將天下的利益都歸於自己，將天下的禍患都歸於別人，君主讓天下的人不敢自私，不敢自利，卻將自己的大私拿來作為天下的公利。這樣的危害：「今也以君為主，天下為客，凡天下之無地而得安寧者，為君也。是以其未得之也，屠毒天下之肝腦，離散天下之子女，以博我一人之產業，曾不慘然！曰『我固為子孫創業也』。其既得之也，敲剝天下之骨髓，離散天下之子女，以奉我一人之淫樂，視為當然，曰『此我產業之花息也』。然則為天下之大害者，君而已矣。」黃梨洲認為這樣的政治制度，都是把君主當作天下的主人，把百姓當作天下的僕人，這會導致君主會把剝削百姓當作理所當然的事情，傷害整個天下來當作自己一人的產業，甚至覺得自己在替子孫創業，然而：「既以產業視之，人之欲得產業，誰不如我？」如果把天下的資產都當作自己一人的產業，那人人就都想獲得這種暴利，於是就會發生戰爭。因此他覺得君主制度是天下混亂的根源。黃梨洲反對愚忠，他在〈原臣〉中說：「故我之出而仕也，為天下，非為君也；為萬民，非為一姓也。」做官是為天下百姓來做官，而不是為某個王室來做官。君主是凡人，同樣隱藏著私欲，大臣不應該輕易順從或犧牲自己的生命來效忠：「不然，而以君之一身一姓起見，君有無形無聲之嗜欲，吾從而視之聽之，此宦官宮妾之心也；君為己死而為己亡，吾從而死之亡之，此其私暱者之事也。是乃臣不臣之辨也。」

黃梨洲還是有傳統儒家推崇三代的看法，儘管這種觀點在當前時空裡，會讓我們覺得只是種對遠古的美麗想像，卻不見得有現實的依據，但這就是種「託古改制」的作法。他在〈原法〉篇中說：「三代以上有法，三代以下無法。」這是為什麼呢？他說：「二帝、三王知天下之不可無養也，為之授田以耕之；知天下之不可無衣也，為之授地以桑麻之；知天下之不可無教也，為之學校以興之，為之婚姻之禮以防其淫，為之卒乘之賦以防其亂。此三代以上之法也，固未嘗為一己而立也。」他覺得三代時期的政策都是在替百姓謀福利，而不是謀求君主的私利，譬如配置土地來分給百姓耕作養家；種植桑麻來保障百姓溫飽；建立學校來興辦教育；建立婚姻來防止淫亂；建立兵役來保障安全。他還說：「後之人主，既得天下，唯恐其祚命之不長也，子孫之不能保有也，思患於未然以為之法。然則其所謂法者，一家之法，而非天下之法也。是故秦變封建而為郡縣，以郡縣得私於我也；漢建庶孽，以其可以藩屏於我也；宋解方鎮之兵，以方鎮之不利於我也。此其法何曾有一毫為天下之心哉！而亦可謂之法乎？」這段話意思是說：三代後，統治者得到天下，擔憂自己的王朝統治不能長久，子孫不能長期保有，其制度的設計都是旨在保護自己的家族，藉此防患於未然，而不是為百姓來制訂法律。因此，秦朝變革封建制為郡縣制，加強中央集權；西漢希望保衛皇室，大封同姓諸侯王；宋朝解除方鎮的兵權，這是憂慮會不利於自己的統治，其制度的設計都不能說是基於天下公利的法律。

黃梨洲在〈原法〉篇中說：「即論者謂有治人無治法，吾以謂有治法而後有治人。自非法之法桎梏天下人之手足，即有能治之人，終不勝其牽挽嫌疑之顧盼，有所設施，亦就其分之所得，安于苟簡，而不能有度外之功名。使先王之法而在，莫不有法外之意存乎其間。其人是也，則可以無不行之意；其人非也，亦不至深刻羅網，反害天下。故曰有治法而後有治人。」所謂「有治人無治法」，意即認為治理國家的關鍵在於優秀的領袖，而不見得需要法律的觀點，黃梨洲提出「有治法而後有治人」的觀點，意即治理國家的關鍵在於公正的法律，企圖為維護統治而制訂法律，這對於百姓是種壓迫，即便有優秀的領袖，都不免受到限制，而不能擺脫這種法律的束縛來伸張正義。反過來說，如果有公正的法律存在，對於優秀的國家管理者來說，就可更精確通過執行法律來伸張正義；即使沒有優秀的國家管理者，同樣可讓他受到法律的約束，不至於對社會帶來太大的傷害，這種觀點是自先秦時期結束後，再度提出具有齊學真理觀特徵的客觀法律思想。

黃梨洲認為把君主的地位看得過高，這會導致大臣的生存空間受到擠壓，他在〈置相〉篇中說：「遂謂百官之設，所以事我，能事我者我賢之，不能事我者否之。」順從君主意志的官員，君主就會善待他，不能順從君主意志的官員，君主就會排斥他。這樣會造成官員只是一味的討好君主，真正對國家有利的諫言就沒辦法被君主聽到。對此，黃梨洲認為應該設宰相制度來補救君主的不足，這有點像君主下面設立責任內閣。另外，在〈學校〉中，黃梨洲說：「學校，所以養士也。然古之聖王，其意不僅此也，必使治天下之具皆出於學校，而後設學校之意始備。」他還說：「蓋使朝廷之上，閭閻之細，漸摩濡染，莫不有詩書寬大之氣，天子之所是未必是，天子之所非未必非，天子亦遂不敢自為非是，而公其非是於學校。」黃梨洲認為改變君主專制的狀態，必須使學校成為議政的中心，起到監督君權的作用，其構想的學校，並不是普通的學校，其作用相當於西洋的議會，可在裡面「養士」，而讓這些士人能議論政治，使得天子不敢把自己的是非當作是非，而由這種具有議會性質的學校來訴諸公論與獲得共識，從這個角度來說，黃梨洲是首位構想中國君主立憲制度的思想家，其有關學校的看法，即使在當前的社會中都可謂深具前瞻性，他在經歷過明朝個體意識的覺醒後，開始反思如何設立更符合公利的政治制度，這其實同樣反映當時人的本土心理，只是這種聲音後來被壓抑住，直至清朝末葉纔再度引發討論，但觀察當前的臺灣社會，學校（主要指大學）並未負擔這樣的機能，其要不絕口不談政治，單純只做有利於發表論文的研究；要不就深受政治影響，接受政客指導來觀風向做事，學者投身於學術，自身並沒有澄清天下的懷抱與經國濟民的理念，而只是想「客觀」的發展與解決研究課題。

這裡順帶討論清朝學問的開山鼻祖顧亭林。顧炎武，原名絳，明朝滅亡後改名炎武，學者稱他為亭林先生。他是現在江蘇省崑山市人，生在世代為儒的家庭裡，高祖官至給事中，曾祖父於萬曆早期任兵部侍郎，顧亭林六歲的時候母親就教他讀《大學》，七歲讀《韓詩外傳》，九歲讀《周易》，十一歲讀《資治通鑒》，可見家學淵源的深厚。明亡時在吳江起兵抗清，失敗後逃脫，生母何氏被清軍斷去右臂，嗣母王氏在常熟躲避戰火，最後絕食而死，《亭林餘集．先妣王碩人行狀》中記載她留遺言給顧亭林：「我雖婦人，身受國恩，與國俱亡，義也。汝無為異國臣子，無負世世國恩，無忘先祖遺訓，則吾可以瞑於地下。」這段話的意思是說：「我雖然是婦人，但因生命受到國家的恩惠，要與國家共存亡，這是大義。你不要成為異國的臣子，不要辜負國家世世給我們家的恩惠，更不要忘記祖先的遺訓，那麼我在地下就可安然瞑目了。」嗣母是指同宗過繼而形成的母子關係，並不是繼母，這段內容可見顧亭林的嗣母何其節烈，並對顧亭林產生極其深刻的影響，後來康熙皇帝開博學鴻儒科，招徠羅致明朝遺民，特別邀請顧亭林參與修訂《明史》，他都堅決表示不同意。

顧亭林把明朝滅亡的原因歸因於宋明儒學特別是陽明心學的禍害，對於心性議題的討論很反感，他在《日知錄．夫子之言性與天道》卷七表示：「以明心見性之空言，代修己治人之實學，股肱惰而萬事荒，爪牙亡而四國亂，神州蕩覆，宗社丘墟！」因此，他主張拿「樸學」來替換心學，這可視作對明朝儒學發展歷程的自我否定，認為該發展罔顧儒者本來經世濟民的實用意義，《日知錄》就是他從調查訪問獲得的第一手材料，編成一本包括政治、經濟、史地與藝文等內容極廣的著作。面對明朝的滅亡，他發展出「亡國」與「亡天下」的兩重觀念，見《日知錄．正始》卷十七：「有亡國，有亡天下。亡國與亡天下奚辨？曰：易姓改號，謂之亡國；仁義充塞，而至於率獸食人，人將相食，謂之亡天下。」更換皇帝的姓氏與王朝的國號，這只是亡國；但如果世間充塞著仁義的規範，實際層面卻是名實不符，人與人動輒自相殘殺，這就是亡天下。他還說：「是故知保天下，然後知保其國。保國者，其君其臣，肉食者謀之；保天下者，匹夫之賤，與有責焉耳矣。」如果只是在保國，那就只要君臣共同謀畫；如果要保天下，那即使是市井百姓都要有此責任感，這就發展出後來「天下興亡，匹夫有責」的知名諺語。顧亭林未曾見到兩點：首先，後來的樸學不再是實學，轉而只是在做搜集鉤沉的考據學，因盛行於乾隆時期與嘉慶時期這兩朝，被稱作乾嘉學派，其輯佚許多亡佚的文獻典籍固然深有貢獻，但該學派發展到後期，受到清朝文字獄的思想禁錮，其研究的議題已經嚴重與當時的社會現實脫節，為考證而考證展開的繁瑣餖飣，根本無補於經世濟民；再者，當仁義的規範背後不再有心性的涵養，讓世人對心性探索無知，使得人與人只是虛應故事與敷衍教條，這就真的會「亡天下」。顧亭林固然應該在自己生活的時空背景中反思明亡的癥結因素，但敝人覺得該癥結因素有二：當人對既有的倫理已經覺得有嚴重的問題，卻不能提出具體可操作的解決辦法，使得世人空懸在倫理破毀的處境中，甚至馳騁欲望滿城國，這的確會導致「亡國」；其二，當人面對明心見性確實只有「空言」，不再拿生命來「實證」，甚或其間的明心見性只停留於「意上磨練」，而不再有「事上磨練」，這的確會對社會運作帶來負面影響。只是探討這個問題應該細緻化，纔不會大而無當，這並不是明心見性「本身的問題」，而是其「應用的問題」，明心見性的議題本屬中華思想的大傳統，如果當真就此全然廢棄，則不啻於華夏學術就此滅亡，這難道不是最直指核心的「亡天下」？清朝至民國的學術思想正流露著這層重大弊端。

第二節　王船山反對標舉心體

把佛學思想與儒學思想融會貫通並再做全新詮釋，這是宋明儒者在中華思想史上的一大貢獻。陽明心學是宋明儒學的一個很重要的總結，更是一個嶄新的開展，加深內在探索的視野。陽明子主張個體對於良知的涵養，其精神格局並不具有地域性，包括對日本與韓國都深具影響。但是到清朝時期，因晚明著重伸張自我意識對倫理的破壞，其流弊使得清朝儒學又從宋明回到兩漢，儒家由心性的探討面向，再轉回到政治經濟這些具體社會議題，譬如王夫之（一六一九—一六九二）對陽明子就非常反感，他甚至認為明朝是亡於陽明思想本身。王夫之，字而農，湖南省衡陽縣人（現在隸屬於衡陽市），五十七歲後久居於石船山下湘西草堂，自署船山病叟，學者稱他船山先生。他的父親王朝聘（一五六八—一六四七）曾在陽明子弟子鄒東廓的孫子鄒德溥（生卒年不詳）的門下學習，王船山自幼繼承家學，飽讀詩書，其早期生涯或可視作陽明心學的傳承者。

王船山二十四歲中湖廣鄉試第五名舉人，第二年，明崇禎十六年（清崇德八年，一六四三），張獻忠（一六〇六—一六四七）攻占湖南衡州，王船山開始流亡生涯。南明弘光元年（清順治二年，一六四五），清軍攻陷南京，剛剛成立的南明弘光政權滅亡，弘光帝朱由崧（一六〇七—一六四六）被清軍處死，王船山續《悲憤詩》一百韻。清軍勢如破竹，王船山從三十五歲後，就不再對復興明朝抱有幻想，開始流亡於湘南未開化地區。這個過程中王船山過著異常艱苦與顛沛流離的生活，時而與少數民族雜居，時而一人住在廢棄的屋中。他在極其惡質的生活條件裡，居然寫出異常豐富的著作，如《張子正蒙注》、《讀四書大全說》、《周易內傳》、《周易外傳》、《尚書引義》、《讀通鑑路》與《宋論》等書。王船山思想討論的範圍極廣，包括傳統思想各面向，無論是經典的注釋或義理的闡發，還是史學、文學與哲學都無所不包。在國破家亡的背景裡，船山希望能對傳統做全面的思考與反省，總結出經驗與教訓，這種使命感替後人樹立學問的典範。其奮鬥使得自宋明而降自程朱理學與陸王心學兩大系統外，再開闢出一條新的學問路徑，他藉由對這兩大系統的批判，並奠立在張載思想的基石上，企圖獲致全新的統合。

王船山生活在明末清初的時代，對於陽明心學末流的弊病有著親身體會，他認為心學的問題在於接近禪宗，已經遠離儒家正統，這些敝人都可理解，但他批評的狀態很令人費解。王船山在《俟解》中說：「故人不可以不學，語學而有云秘傳密語者，不必更問而即知其為邪說。」密語交付心法被其視作邪說，這點容有議論空間，但接下來就不太能獲得解釋：「密室傳心之法，乃玄禪兩家自欺欺人事，學者未能揀別所聞之邪正且於此分曉，早已除一分邪惑矣。王龍溪、錢緒山天泉傳道一事，乃摹倣惠能、神秀而為之，其『無善無惡』四句，即『身是菩提樹』四句轉語，附耳相師，天下繁有其徒，學者當遠之。」意思是說，有關密室傳心的辦法，這是玄學與禪學兩家的自欺欺人，學者不能不檢驗與辨識這裡面的邪正，陽明子在天泉橋上跟王龍溪與錢緒山講「四句教」這件事情，其實模仿惠能與神秀，意即「無善無惡心之體，有善有惡意之動，知善知惡是良知，為善去惡是格物」這四句話其實就是「身是菩提樹，心為明鏡台。本來無一物，何處染塵埃」（惠能）或「身是菩提樹，心如明鏡台，時時勤拂拭，勿使惹塵埃」（神秀）的轉語，貼著耳朵秘密傳道，天下很多這類人士，真正研究學問的人應該遠離。但問題的癥結在於：且不說「四句教」跟這兩首詩偈在義理層面並沒有什麼關聯，錢德洪並不是神秀，王龍溪並不是惠能，陽明子更不是弘忍，他們師生三人只是夜裡在橋上對話，並沒有絲毫隱密性，我們已無法知道當天夜晚是否橋上還有人經過，王船山又要如何確認陽明子在「密授心法」給錢王兩人？至於王船山在《搔首問》中還說：「陽明天泉付法，止依北秀南能一轉語作葫蘆樣，不特充塞仁義，其不知廉恥亦甚矣。」意思是說，王陽明在天泉橋交付法門，只是在依葫蘆畫瓢模仿北神秀與南惠能，這不只是毫無仁義，甚至已經到不知廉恥的狀態了。這種說法根本是人身攻擊，毫無嚴謹的論證依據。

在《張子正蒙注》中，王船山說：「故白沙起而厭棄之，然而遂啟姚江王氏陽儒陰釋、誣聖之邪說；其究也為刑戮之民，為閹賊之黨，皆爭附焉，而以充其無善無惡、圓融理事之狂妄，流害以相激而相成，則中道不立、矯枉過正有以啟之也。」王船山覺得陳獻章厭棄訓詁，接著就開啟陽明子「陽儒陰釋」這種「誣滅聖學的邪說」，其罪責使得本該被刑戮的百姓與服膺於閹人的黨羽都依附這種說法，卻發展出「無善無惡」與「圓融理事」的狂妄行徑，其流弊與禍害不斷的激化與發展，最終讓中道無法成立，只有矯枉過正纔能改變。但，光憑他對「無善無惡」與「圓融理事」的理解，就可知道王船山對於這八個字毫無實質的理解，他誤認這是道德層面的不辨善惡與鄉愿圓融，而不知這本來屬於本體層面的心靈體證。其實，明朝的滅亡不可能是陽明子本人的思想造成的後果，而是後人怎麼去理解心學造成的後果。顏習齋（一六三五—一七〇四）《存學編》中說：「宋元來儒者卻習成婦女態，甚可羞。無事袖手談心性，臨危一死報君王，即為上品矣。」王船山對於這種討論心性議題的狀態很不能接受，他認為應該從做事情的過程中去瞭解道理，而不是立一個道理來限制人去理解事情。《周易．繫辭下傳》第十二章說：「形而上者謂之道，形而下者謂之器。」王船山比較重視形而下的層面，因為他覺得明朝已太常在討論形而上的議題，他在《周易外傳》卷五說：「天下唯器而已。道者，器之道，器者，不可謂道之器，無其器，則無其道。」天下只有在具體的器物中纔能被認知，包括智慧在內，意即器物不是受到智慧的指導而產生，沒有器物就沒有智慧。雖然王船山對心學很反感，但其實他同樣受到心學的影響，據此我們應該辯證性的理解成他還是在談論心性。船山在《尚書引義》卷一中說：「心無非物也，物無非心也。」王船山只是把心靈發展到物質層面，他覺得人太重視心靈會跟物質產生隔絕，不能離開物質來談心靈，唯有物質纔能讓心靈獲得落實與呈現，但錢穆先生在《中國思想史》有關王船山這一章表示：「此實與陽明心無體，以天地萬物感應之是非為體之說相通。」（錢穆，二〇一二：頁二四四）敝人覺得兩者不見得有關，畢竟王船山並不是從感應的角度來證成心體的實在性。

王船山在《張子正蒙注》卷一說：「於太虛之中具有而未成乎形，氣自足也。聚散變化，而其本體不為之損益。」王船山不是從氣感的角度來說明心靈，讓氣流運作的機制纔是最終的唯一實體，不因聚散變化而增減，他還說：「陰陽二氣充滿太虛，此外更無他物，亦無間隙。天之象，地之形，皆其範圍內。」整個太虛都充滿著陰陽兩種氣流，沒有任何間隙，更構成天地各種具象，虛與實是氣的兩種狀態；「虛」是氣本身的原始狀態，「實」是氣發作的聚結狀態。他說：「虛空者，氣之量；實者，氣之充周。」王船山反對宋明儒學常用的觀念，譬如宋儒講的「敬」與「靜」，他覺得會掉入到佛教跟道家的窠臼裡，這樣是另外立一個概念，卻不是在做事裡去直接落實來獲得明白，見《尚書引義》卷五：「執一以廢百，拒物而自立其區宇。其勤也，墨氏之胼胝。其敬也，莊氏之心齋。」同書還說：「其拒物而空之，別立一心以治心，如釋氏心王心所之說。」王船山認為宋明儒者的做法其實是拒絕物質的實在，自立一個心靈來研究，但這樣反而破壞掉實質的心體，不論如何看重其發作，都是種純思維的作法，並不是真正在事情中洞見心體。王船山雖然同意心靈的重要性，但身心無法區隔，《尚書引義》卷六記說：「一人之身，居要者心也。而心之神明，散寄於五臟，待感於五官。肝脾肺腎，魂魄志思之藏也。一藏失理，而心之靈已損矣。無目而心不辨色，無耳而心不知聲，無手足而無能指使。一官失用，而心之靈已廢矣。其能孤挖一心以絀群明而可效其靈乎？」任何一個器官都會對心靈的整體性產生影響，對於心靈整體性是否稱作心體並無特別的意義，重點在於其發作，因此王船山反對標舉心體，但他不是完全否認心體的存在，只是很關注如何探討宇宙到人生的物質，釐清其本質內涵，認為其間充盈著氣流，這是種將實質的心體論與唯物論相互結合的新看法。

王船山繼承著張載思想，他稱張載為張子，可見其崇敬的態度，然而，因其已經歷過陽明子的思想洗禮，他纔會有前面這種更明確的兩論合一思想，只是他對於陸王心學的批評，其癥結不在於心學本身，而在於佛學本身，意即他覺得心學效法佛學，而使得儒學產生問題。王船山在《張子正蒙注》說：「使張子之學曉然大明，以正童蒙之志於始，則浮屠生死之狂惑，不折而自摧；陸子靜、王伯安之蕞然者，亦惡能傲君子以所獨知，而為浮屠作率獸食人之倀乎！」他覺得陸王心學兼容佛學，不啻於替佛學「為虎作倀」，在思想層面實屬「率獸食人」的惡舉。敝人這三十年來，常聽臺灣社會上稍有知識的菁英人士會說王船山說「明朝滅亡於心學」這種總結性看法，當他們得知王船山的真正意思是說「明朝滅亡於佛學」，則接著就會閉口不再多談，因為他們可接受「明朝滅亡於心學」，不能接受「明朝滅亡於佛學」，畢竟臺灣信佛者眾，攻擊儒學很容易，畢竟自居儒者的士人很有限，攻擊佛學則會犯眾怒，這是種耐人尋味的現象。

韋政通先生很喜歡王船山，跟王船山有著相似的經歷，王船山在明朝滅亡的時候，自己一個人跑到一座山上，過著非常清苦的生活，卻仍堅持寫書，想要把他這個時空背景裡王朝覆滅的原因談清楚。韋政通先生年輕時來到臺灣，面對神州鼎革，曾有一段時間生活極為困苦，在山裡居住三年，僅靠微薄的稿費度日，為買一部《陸象山先生全集》，將自己惟一的一套冬季西服典當出去，寒流到來時，就只能裹著被子在床上讀書，甚至到後來只能靠木瓜充飢，直至病倒（韋政通，二〇一一：頁五—七）。韋先生非常喜歡王船山的奮鬥精神，他同樣對討論抽象的心性議題相當不感興趣，這是研究韋先生思想不得不注意的一大特徵。這使得敝人在觀察韋政通先生晚年，常見他購買與閱讀各種超個人心理學的書籍，卻從來不願意針對這些議題跟我深談，並對心性的存在與否表露出相當的不信任感，這種既研究卻不言說的態度頗耐人尋味。從科學哲學的角度來看，波柏（Karl Raimund Popper, 1902-1994）曾經提出「否證論」（falsifikationismus），他反對透過經驗的累積歸納出理論的框架，認為經驗能成為理論的基石，不在於其最終證實理論，而在於其能藉由反例提出否證理論，當科學理論只是假說，隨時有被推翻的可能，如此纔能完成其科學性（黃光國，二〇一八：頁一四二）。宋明儒學對心體的看法其實都是根據經驗歸納出某種對心體的觀點，現在有王船山提出某種否證的論點，但細究其思想，船山並不否認心體的實在性，只是強調其物質性的根據，其實這種型態的否證，反而對完成我們探討心體的科學性有益，同屬發展本土心理學珍貴的精神資產。

相對於王船山的思想從理路來說反對陽明心學而傾向於張載氣學，顏習齋則是全面反對任何宋儒的主張。顏習齋字易直，號習齋，現在河北省安國縣人。顏習齋認為宋儒最大的錯誤是在教人靜坐與讀書，他在《言行錄》卷上說：「釋氏寂室靜坐，絕事離群以求治心，不惟理有所不可，勢亦有所不能，故數珠以寄念。」意思是說：佛教中人在寂靜的室內靜坐，離群索居，棄絕任何事情不做，這不僅道理上講不通，生活實際情況都無法應對，只是在數著念珠來寄託自己的意念。顏習齋還在《存學編》卷三中說：「天下兀坐書齋人，無一不脆弱，為武士農夫所笑，此豈男子態？」意思是說，天下很多坐在書齋裡的人，長得這麼脆弱，這些人都被武士與農夫嘲笑，豈是男人應該有的狀態？在《言行錄》卷上，顏習齋更說：「書之病天下久矣。使生民被讀書者之禍，讀書者自受其禍，此局非得大聖大賢大豪傑不能破。」意思是說：讀書造成的弊端已經很久了，如果人們都承受著讀書人帶來的傷害，讀書人則自己傷害自己，這種局面如果不是大聖賢或大豪傑，終將沒辦法破解。不僅反對靜坐與讀書，他還徹底反對宋明時期儒學的大宗師朱子，在《朱子語類評》中，顏習齋說：「千餘年來，率天下入故紙堆中，耗盡身心氣力，作弱人、病人、無用人者，皆晦庵為之。」這段話意思是說：千餘年來，率天下的人埋頭在書本裡，耗盡精神，做個脆弱的人，看來像個病人，甚或奄奄一息的廢物，這都是朱晦庵造成的禍害。可見顏習齋對於朱熹的批評何其嚴厲，從他對於宋儒論道反感的態度，更可見清朝儒學已發展出對宋明儒學的徹底反彈。

顏習齋思想的中心觀點就是「習」這個字，習是做事與行動的意思，能把事情做成，這纔是做事的重點，其《存學編》說：「心中惺覺，口中講說，紙上敷衍，不由身習，皆無用。」意即身體實踐纔能驗證任何事實。現在的華人在思想探討上非常急功近利，如果你勸華人（尤其成年人）做一些看來不那麼現實，卻能真實擴充其格局或滋補其生命的事情，不只靜坐與冥想，甚至只是沒有任何目的的讀書，他通常會表露出反感的態度，說自己需要更多的精神和時間去賺錢養活自己，根本無暇顧及這種事情，華人會短視到這種程度，其實有其歷史緣由。從宋朝到明朝，那麼長的時間在談論心性議題，談到國家最後亡於清朝，尤其對漢人來說可謂「亡於異族」，這導致華人產生一種對討論心性議題的強烈不信任感，認為這是虛無縹緲完全不實用的東西，導致現在滿天下都是顏習齋，因為大家全部關注的重點都鎖定於實務層面，誤把解決實務議題當作面對實在議題，這是後來唯物主義盛行於世的心理原因。顏習齋的想法，就他的心境來說完全能被理解，因他面臨著明朝的滅亡，怎會沒有如此激憤的心境？可是就我們今天來看的時候，如果像他那樣把宋明儒學全面否定掉，心體不再被討論，其實反而導致很多學問的來龍去脈變得非常混亂，更無法釐清中華思想的根本特徵。其實通過討論這個過程，更能明顯看見清朝時期的思想在整個中華思想史上的衰落。顏習齋強調的做事與行動，這並沒有問題，但問題是做事與行動的背後怎麼可能沒有心性的支撐呢？沒有心性給予生命源源不斷的能量和智慧，人該如何有飽滿的精神和清晰的意識來應對事情？他嚴厲批評朱熹，如同後來五四時期批評孔子一樣，把中國的落後都歸咎於儒家思想，在經歷國破家亡這種非常的狀態裡，會產生如此偏激想法雖然很容易理解，卻違背中華思想發展的常道。

第三節　戴東原的認欲做理

戴東原（一七二三—一七七七）是胡適先生特別推崇的清朝學者。戴震字慎修，號東原，安徽徽州（現在安徽省黃山市）人，他精通於音韻學與訓詁學，同樣很反對程朱理學，他認為程朱講的「性即理」，把人性與人欲給隔絕了，「性」只是想像出來的觀念，這說明清朝的儒者對於「自性」已經完全沒有體證了，今天我們在講到「性」這個字的時候，已經不太會有人想到是自性這層本體的意思，一般都會想到是「性欲」，這是從戴東原開始發展出來的說法，他在《原善》卷上說：「有天地，然後有人物；有人物而辨其資始曰性。人與物同有欲，欲也者，性之事也；人與物同有覺，覺也者，性之能也。欲不失之私，則仁；覺不失之蔽，則智；仁且智，非有所加於事能也，性之德也。」意思是說，有天地這片宇宙，接著纔有人與物的存在，其起點都來自於「情性」，人與物都有著欲望，這些欲望就是「情性」會做出來的事情；人與物在生活中都會有感覺，感覺就是情性發出的效能，欲望不流於偏私就是「仁」；感覺不流於蒙蔽就是「智」，「仁」與「智」並不是誰特別加諸於事情產生的能量，這是收攝情性的道德。按照這種看法，情性只是欲望，因人有欲望，接著纔有感覺，敝人將「性」翻譯成「情性」，這是按照戴東原的思想脈絡來展開，他在《原善》卷上說：「既有欲矣，於是乎有情。既有欲有情矣，於是乎有巧與智。生養之道存乎欲，感通之道存乎情。兩者自然之符，天下之事舉矣。」這個「感通之道」的情，其機制就是「性」，因此敝人會稱作「情性」，簡單來說，戴東原覺得人類全部的動靜舉止都來自於情性產生的欲望，將其稱作「性欲」實屬正常，這就是後世會將「性」理解成性欲的最關鍵思路。基於此，戴東原不同於程朱講的「性即理」，更不同於陸王講的「心即理」，他偏要講「欲即理」，他在《孟子字義疏證》卷下中說：「通天下之情，遂天下之欲，權之而分理不爽是謂理。」這個意思是說，貫通天下各種情感，滿足天下各種欲望，精確應對就是生命的道理。

對戴東原而言，並沒有抽離欲望外的道理，只有完成欲望內的道理，人類全部行徑的主軸都來自欲望，沒有欲望就沒有動靜舉止，這些欲望最後總會發展出最恰當的狀態，這就是理性，沒有欲望就沒有理性，意即情欲即是天理，他在《孟子字義疏證》卷下表示：「凡事為皆有於欲，無欲則無為矣。有欲而後有為，有為而歸於至當不可易之謂理。無欲無為，又焉有理？」同卷還記其說：「古之言理也，就人之情欲求之，使之無疵之為理；今之言理也，離人之情欲求之，使之忍而不顧之為理。」強忍住情欲不使其抒發，這種現在認同的天理，只是種意見，終究會禍害人民，《孟子字義疏證》卷上記其說：「苟舍情求理，其所謂理，無非意見也。未有任其意見而不禍斯民者。」值得反思者，「舍情求理」到底出現什麼禍害人民的事情呢？對戴東原而言，應該已經不再是明朝滅亡帶給他的傷痛與警惕，畢竟如果戴東原再經深思，就會知道自己反對理學或許還有與其對應的合理脈絡，但心學並沒有在「舍情求理」，且明朝末年影響社會最大的思潮是心學，他如此質問當會顯得失焦。既然如此，我們就要將戴東原這種思想置放在其生活的環境中來觀察，戴東原反對朱熹的理學，恐怕跟當日清朝再度推尊朱子有關。從某個意義上來說，戴東原可說是清朝的佛洛依德了，這雖然都是順應自我意識裡的思考，但可惜戴東原沒有針對自我意識做更細緻的申論。

通過認識中華思想來認識本土心理，尤其思考心理諮詢的課題，會讓我們看見很豐富的心理情境。當前華人社會充斥著「欲即理」的主張者，像是戴東原一樣把人類全部的欲望都合理化，諮詢師遇到這樣的人，就要去探索其反對抽象理性背後的依據，並深思其依據具象理性而附和情欲的背景。而且，諮詢師還可跟當事人談，戴東原本身是個充滿矛盾性的人，甚至可謂言行不一，他雖然主張「欲即理」，但終其一生，他並沒有做出什麼出格的怪異事情，畢生都在從事於學術研究，不只對於經學，包括天文、地理與歷史，甚至數學、機械、水利與生物都有研究，被譽為百科全書型的學者，他主張的「欲即理」其實只是個人面對思想高壓產生的反彈心理。在清朝中期，尚有章實齋（一七三八－一八〇一）值得一談，其本名章學誠，字實齋，現在浙江省紹興市人。相對於王船山、顏習齋與戴東原都在不同程度反對宋明儒學，章實齋則希望通過史學來替換掉經學，通過認識歷史來瞭解人心的變化脈絡，而且可從中獲得實證，他在《文史通義．內篇一．易教上》說：「六經皆史也。古人不著書，古人未嘗離事而言理，六經皆先王之政典也。」這種不離開事情來談道理，反映出清朝的實學風格，他因此不完全反對宋明儒學的心性議題，只是覺得不能離開人事來談。章實齋在《文史通義．內篇五．浙東學術》中說：「天人性命之學，不可以空言講。故善言天人性命，未有不切於人事者。三代學術，知有史而不知有經，切人事也。近儒談經，似於人事之外，別有所謂義理矣。」從其「六經皆史」的說法可知，其實他的觀點與陽明學有著內在脈絡，他還是關注於天人性命，只是希望從歷史的角度來觀察。陽明子在《傳習錄》上卷第十三條說：「以事言謂之史，以道言謂之經，事即道，道即事。《春秋》亦經，五經亦史。」章實齋覺得當社會環境發生變化，人情事理就跟著變化，成聖的路徑就各有不同，這就是「時」的觀點，《文史通義．內篇二．原道上》說：「故自古聖人，其聖雖同，而其所以為聖不必盡同，時會使然也。」我們要通過認識歷史來瞭解人情事理各種變化的脈絡，就不會執著於某一部經典的看法，通過瞭解具體的歷史，當會發現有各種不同的生命情境。

最後，敝人還想談焦循（一七六三—一八二〇），他字理堂（或里堂），現在江蘇省揚州市人。在考據學的背景裡，他同樣專精於算學、易學與孟學的考據議題，但他注意到理學與心學各有其意義，不能偏廢於一路，他在《雕菰樓集．良知論》卷八表示：「數百年來，人宗紫陽。自陽明表彰陸氏，而良知之學復與朱子相敵。邇年講漢儒之學者又以朱、陸、王並斥而歸諸佛老。余謂紫陽之學，所以教天下之君子；陽明之學，所以教天下之小人。紫陽之學，用之於太寬平裕，足以為良相；陽明之學，用之於倉卒苟且，足以成大功。」這段話如果從其上下文來檢視，則焦里堂認知的「陽明學」，其範圍不只包括陽明子本人「說什麼內容」，還包括其「做什麼事情」，由於陽明子個人面對軍事議題很擅長臨機應變，焦里堂覺得這很適合於倉促間的「苟且行事」，該「苟且」有「不拘禮法」的意思，因此可「教天下之小人」，該「小人」是指社會大眾的意思，焦里堂的觀點不能說沒有道理，但如果我們將其說法反思一想：這世上究竟有幾人能「成大功」呢？如果在任何時空背景裡建立偉業從來都不是一般人能輕易達成的理想，那「不拘禮法」帶來的「苟且行事」就會產生明顯的問題，甚至成為一般人馳騁個人欲望的藉口。敝人同意焦里堂精確設立探討陽明學的範圍（徵諸《傳習錄》的確比較無法得見任何有關「倉卒苟且」的內容），但如果按照這個範圍來思考，則該陽明學恐怕還是不能簡單就面向社會大眾推廣，而不經「紫陽學」的任何收攝，較合理的作法，則應該是「王學作主，朱學作輔」，主輔並濟來對話，讓新的學問獲得兼容並蓄的發展。

道光時期（一八二一——一八五〇）與咸豐時期（一八五一——一八六一）後，因為西洋文化的劇烈衝擊，清朝的高壓政策開始崩解，中華思想從考據訓詁的研究，轉向到實際的人生，尤其關注於政治與社會的領域，可是卻發現當日傳統思想與西洋思想充滿著各種不對應，此因該傳統思想已不再重視心體，我們根本沒有看見合適於自己本土心理的立足點，就立刻需要應對正在全球殖民所向披靡的西洋文化，於是就像是盲人騎上還未被馴服的烈馬，只感受到烈馬的能量與速度，卻不知會何去何從。就這樣，面臨道光二十年（一八四〇）鴉片戰爭的衝擊，華人開始全面倒向西洋文化，不論是面對舊時期的滿人或面對新時期的洋人，華人（或者說當時的漢人）都有種根深柢固的自卑感，對自身思想由無知無感到全面否定的結果，最終就是承認全盤西化的意義，這是一種很可怕的社會現象，即便清末張之洞（一八三七—一九〇九）在《勸學篇》中講：「中學為體，西學為用。」可是他根本沒有詳細詮釋過中學為體的「體」，究竟是什麼具體內容，這種概念出自於體用論，就絕不能漠視體用論來談體用關係，否則在這種空洞無把柄的狀態裡，既沒有認識華夏學術的精湛面，更沒辦法懷著中正的態度去瞭解西洋學術，自身並無生命的主體性，只能去模仿與模擬他國與他人，鸚鵡學舌的結果，就是華人逐漸變成一群沒有靈魂的人。這種狀況到今天應該要被解決和處理了，如此就請容我們回過來釐清「中學為體」的「體」到底是指什麼？敝人覺得其體當屬「心體」，只有從心體的未發去探索相關的已發，纔能形成康莊飽滿的學問，展開各領域的實質建設。但如果我們繼續擱置心體論，並且拒絕探索工夫論，不從裡面挖掘出內在豐富的「生命世界」，從中作為建構「微觀世界」的資糧（尤其是有關於科學哲學的「微觀世界」，由心體論出發，同樣有相應的科學微觀架構），讓中華思想的精湛內容貢獻於人類文明，尤其裨益於科學哲學的繼續向前發展，那就很難落實「中學為體，西學為用」，沒有承認心體論作為中華學術的「體」，我們該如何操作西洋學術的「用」呢？這難免會有如王陽明在〈詠良知〉這首詩中說：「拋卻自家無盡藏，沿門托缽效貧兒」的境況（陳復，二〇二〇：頁五七—五八）。

第四節　梁啟超主張新民說

雖然同樣面臨著列強侵略的困境，但日本自西元一八六八年明治維新開始，效法西洋的法政制度來富國強兵，但並未放棄自身的傳統，甚至繼續在會通中西，學者指出明治維新的思想源頭與動能來自心學的啟發，然而這種說法自有些曲折的內容，請見後面的討論。回溯其源頭，心學在日本獲得認識與傳播，始自德川幕府初期的大儒中江藤樹（一六〇八—一六四八），他有「近江聖人」的雅稱，他同樣意識到「中」字具有良知的意義（井上哲次郎著，張一星、鄧紅譯，二〇二一：頁三〇—四〇），其《中庸解》將「中庸」與「明德」結合，他表示：「中庸為明德之別名。明德內主不倚所，有中央之義。」該中央並不是指地理概念，而係指不偏不倚的精神狀態。中江藤樹並說：「中雖具於方寸，與太虛之太極為一體一理。故不僅為吾身之根本，也為天地萬物之根本，故為天下之大本。」其將內在與外在視作一體，其中有著貫通的理在運作，這是種「一元論世界觀」（井上哲次郎著，張一星、鄧紅譯，二〇二二：頁四二—四三）。中江藤樹首先將日本文化裡最看重的「孝」的觀念給出本體論的意義，來解釋陽明子提倡的良知，他根據《孝經．援神器》這一緯書說：「元氣混沌，孝在其中。」自作《孝經心法》說：「孝者天地未畫前，為太虛之神道。天地人萬物皆由孝生。」這使得原來日本的神道跟出自中華的孝道出現觀念的整合，他更寫《神道大義》來主張神儒調和（井上哲次郎著，張一星、鄧紅譯，二〇二二：頁六七—六九）。中江藤樹並在《翁問答》卷一說：「原來孝以太虛為全貌，歷經萬劫，無終無始。孝無時不在，無物不孝。」對中江藤樹而言，「孝」是天地萬物發展變化的根本原理，意即具有普遍性（omnipresent），既具有經驗性的旨趣，更具有先天性的旨趣（井上哲次郎著，張一星、鄧紅譯，二〇二二：頁五二—五四）。中江藤樹被視作日本陽明學開山鼻祖，內村鑑三（一八六一—一九三〇）在《代表的日本人：深植日本人心的精神思想》中指出：「假如他（藤樹）沒有接觸中國進步性的學者王陽明的著作而展開新的希望的話，那麼只會內省的他，將被悲觀的朱子學所壓倒，他的這種特質，也許將會與許多人一樣，使他成為病態式的隱遁者。」（內村鑑三著，陳心慧譯，二〇一三：頁一四七）明朝滅亡後，稍後則有朱舜水（本名朱之瑜，因懷念故土而改號舜水，一六〇〇—一六八二）東渡日本避難，水戶藩的藩主德川光國（一六二八－一七〇〇）懷著對待國師的禮節敬重朱舜水，後來開啟「水戶學」的流傳。朱舜水有鑑於明亡的教訓，特別看重「實學」，探究學問不忘與實事結合，這對於日本文化與其民族精神的內聚產生極其深遠的影響，或許可反過來視作明朝滅亡帶給日本的獻禮，舜水子與陽明子都係浙江餘姚的同鄉，他本人極熟悉心學，故而對於日本傳播心學同樣帶來深刻的影響。明治維新前，大量宗奉心學的思想家與實踐家，不惜犧牲生命來謀畫日本的富強，譬如最早期的思想啟蒙者大鹽中齋（一七九三－一八三七）就深受陽明學講良知的影響，其著作《洗心洞箚記》記錄著陽明後學慷慨激昂的志節，大鹽中齋則因同情飢民要德川幕府開倉賑災不果，起義對抗幕府統治，雖然自殺身亡，卻激發人民對幕府的不滿。佐久間象山（一八一一－一八六四）同樣深受心學影響，他在獄中撰寫《省諐錄》並指出：「東洋道德，西洋藝術，精粗不遺，表裡兼該。」佐久間象山認為應該拿東洋道德當作主體，善用西洋科技，就能使日本富強，抵禦西洋列強，因此提出「和魂洋才」的主張，這是激發張之洞會提出「中體西用」的遠因，可惜其深意長期未獲申論。

開創日本明治維新最重要的教育家首推創辦「松下村塾」，培育大量明治維新功臣的吉田松陰（一八三〇－一八五九），其因「尊皇攘夷」的信念，最後在三十歲的英年被幕府處死，但吉田松陰教出的弟子譬如伊藤博文（一八四一－一九〇九）、山縣有朋

（一八三八－一九二二）、木戶孝允（一八三三－一八七七）與高杉晉作（一八三九－一八六七）等共計二十四人（其中有爵者六人，贈記者十八人），都是深受心學的啟發，冀圖汲取王陽明思想裡光潔無垢與積極進取的心性內涵，經由對其思想的新詮釋來展開日本的富強，儘管其汲取的過程有著呈現出思想的片斷選擇性（尤其轉往國家主義與忠君精神），並不見得符合心學的本來宗旨（因其違背心學本來強烈反教條主義的精神）；而生命頗具有傳奇性，深受日本人普遍景仰的西鄉隆盛（一八二八－一八七七），他開拓明治維新的大業，卻不惜在十年後（一八七七）因反對明治天皇拋棄日本的傳統，回過頭來舉兵對抗自己襄贊架構的明治政府而慷慨身死，激發其思想的源頭背後奔放自由的浪漫風格同樣來自心學。因此，難怪日本戰後文學家三島由紀夫（一九二五－一九七〇）曾表示：「不能無視陽明學而談明治維新。」心學的思想能裨益日本完成其現代化的歷程，這對清末中國知識分子產生很大的激勵與啟發。

梁啟超（一八七三－一九二九），字卓如，號任公，或稱飲冰室主人，廣東省新會縣人（現在隸屬於廣東省江門市）。梁啟超在清末民初的社會轉型過程中有著卓越的貢獻。當日中國正面臨著各種內憂外患，清朝國將不國，有識者如康有為（一八五八－一九二七）、譚嗣同與梁啟超，期望效法明治維新來振作中國，支持光緒維新的變法圖強，主張君主立憲，這些人都深受心學的影響，卻因慈禧太后（一八三五－一九〇八）與守舊派大臣發動的戊戌政變，殺害譚嗣同等六君子，囚禁光緒皇帝，使得光緒維新失敗告終。梁啟超早從萬木草堂跟著康有為學習開始，就已接觸到吉田松陰的《幽室文稿》，深受感動與啟發，不只熱烈傳播吉田松陰的思想，並和松陰弟子品川彌二郎（一八四三－一九〇〇）有書信往來。後來梁啟超講學湖南實務學堂，動輒拿松陰與其後幕末志士的事蹟來惕勵湖南學子。康梁師生流亡到日本，親眼目睹日本藉由心學來作為思想動能，學習西洋各國的科學與民主轉型為現代國家的實際樣貌，此時梁啟超並熟讀井上哲次郎（一八五六－一九四四）的《日本陽明派之哲學》，再錄吉田松陰的作品，完成《松陰文鈔》，希望幫忙國人探求「事業學問之本源者」，他甚至因景仰吉田松陰與高杉晉作師生兩人，特取「吉田晉」來當作日本名字。後來梁啟超撰寫《新民說》，其文中常講到「王學」就是指陽明學，而「王子曰」則是指陽明子的觀點（張崑將，二〇〇八）。

梁啟超曾在〈論宗教家與哲學家之長短得失〉證實維新派深受心學影響的說法：「吾國之王學，維新派也。苟學此而有得者，則其人必發強剛毅，而任事必加勇猛。觀明末儒學之風節可見也。本朝二百餘年，斯學銷沉，而其支流超渡東海，遂成日本維新之治，是心學之為用也。」梁啟超將塑造出「中國魂」與陽明學做出聯結，一方面是受日本陽明學的影響，但同時和他成長的經歷有關。他童年沉浸於宋明儒學的思想氛圍中。明朝中葉的心學大師陳獻章即同時是廣東新會人，距離梁啟超的住家「不過十餘里」，他耳濡目染而熟讀陳獻章的詩文。梁啟超高度重視陸王的學問，主張如欲救國就需要喚醒人民的自覺，樹立全新的國民素養，尤其首重培養心性，《新民說》即是其中最重要的一本書。梁啟超站在陽明心學的基石，吸納當日西洋啟蒙學者的思想，提出構築新國民素養的構想，有三個重要的要素：正本、慎獨、謹小，這三項是「安身立命之大原」。首先，我們來看「正本」，這來源於陽明子著名的「拔本塞源論」，梁啟超在《新民說》第十八節〈論私德〉中說：「吾嘗誦子王子之拔本塞原論矣。」他甚至說：「拔本塞原論者，學道之第一著也。苟無此志，苟無此勇，則是自暴自棄，其他更無可復言矣。」梁啟超拿「愛國」這一概念來談何謂正本，意即愛國是純粹的觀念，不可夾雜人的私欲：「愛國者，絕對者也，純潔者也。若稱名借號於愛國，以濟其私而滿其欲，則誠不如不知愛國，不談愛國者之為猶愈矣。王子所謂功利與非功利之辨，即在於是。」由於常見人藉著這個名號來濟其私與滿其欲，其禍害更不如不愛國，因此，人要通過獨立思考來辨識何謂真正的愛國。

再者，我們來看「慎獨」。梁啟超覺得慎獨是矯正王學末流弊端的良藥：「王子既沒，微言漸湮，浙中一派，提挈本體過重。迨於晚明，不勝其敝，而劉蕺山乃復單標慎獨，以救王學末流。實則不過以真王學矯偽王學，其拳拳服膺者，始終仍此一義，更無他也。」他覺得浙中王門太過於重視本體，導致明朝晚期思想出現弊端，這種看法顯然並不精確。明朝晚期思想的弊端在龍溪與心齋兩人思想脈絡帶來自我意識與自性意識夾雜不清的困惑，然而浙中王門如錢緒山盡可能在矯正王龍溪的弊端，兩人都主張本體，差異點在於緒山重視工夫，而龍溪不重視工夫。梁啟超如果得知錢緒山屬於浙中王門，則焉有此論？他特別關注劉蕺山講的「慎獨」，認為這是拿「真王學」來矯正「偽王學」，這個看法自然不錯，更可從中得見劉蕺山作為明朝心學家最後一人，企圖回歸自性本來面目的思想貢獻。然而「慎獨」本來是個工夫概念，其中的「獨」字則是蕺山在講的「獨體」，這還是本體概念，梁啟超覺得要善做慎獨工夫，可借鑒基督教中的祈禱：「昔吾常謂景教為泰西德育之原泉，其作用何在？曰：在祈禱。祈禱者，非希福之謂也！晨起而祈焉，晝餐而祈焉，夕寢而祈焉，來復乃合稠眾而祈焉。其祈也，則必收視返聽，清其心以對越於神明，又必舉其本日中所行之事，所發之念，而一一紬繹之。其在平時，容或厭然，揜其不善而著其善。其在祈禱之頃，則以為全知全能之上帝，無所售其欺也。故正直純潔之思想，不期而自來。於涵養、省察、克治三者之功，皆最有助力。此則普通之慎獨法也。」梁啟超拿西洋文化中本有的祈禱概念來套進慎獨工夫中，企圖讓當時的國人不要覺得自家本有的工夫不契合於正風行於世的西洋文化，實可謂用心良苦。

其三，我們來看「謹小」，這是指要在思想與行事的細節做工夫，不可有因循苟且的態度。梁啟超表示：「『大德不逾閑，小德可出入。』此固先聖之遺訓哉！雖然，以我輩之根器本薄弱，而自治力常不足以自衛也，故常隨所薰習以為遷流。小德出入既多，而大德之踰閑，遂將繼之矣。所謂『涓涓不塞，將成江河。綿綿不絕，將尋斧柯』也。」這段話重點在表示：人不能誤認只在意重大的德性卻輕忽細微的德性沒有關係，因為一般人根器薄弱，常會隨著世俗的薰染與習慣，而不知不覺做出隨大流的錯誤行徑，如此累積起來就會成為大問題。前面我們討論王龍溪的干請事件就值得警惕。梁啟超還引用錢德洪的話說：「錢緒山云：『學者工夫，不得伶俐直截，只為一虞字作祟。良知是非從違，何嘗不明？但不能一時決斷。如自虞度日，此或無害於理否？或可苟同於俗否？或可欺人於不知否？或可因循一時以圖遷改否？只此一虞，便是致吝之端。』又曰：『平時一種姑容因循之念，常自以為不足害道。由今觀之，一塵可以蒙目，一指可以蔽天，良可懼也！』嗚呼！此又不啻一字一句，皆為吾徒棒喝也！以鄙人之自驗，生平德業所以不進者，皆此四種虞法梗乎其間。蓋道心與人心交戰之頃，彼人心者，常能自聘請種種之辯護士，設無量巧說以為之辭。」雖然敝人前面指出梁啟超對於浙中王門的認識尚不精確，但《新民說》最令人驚豔者，就在於梁啟超早在錢緒山的相關文集尚未重新付梓前，就已通過《明儒學案》看出錢緒山思想的價值，其指出世人常有四個盲點：對常理認知帶來具體危害、苟且認同於世俗習慣作法、利用他人不知中蓄意欺瞞、貪圖一時便利來因循做事。梁啟超認為國民素養須從這些小事做起，若放過小事，最終會演變成「病入膏肓」的大事：「極其流弊，一日如此，他日如此，其痼疾或乃入於膏肓也。今吾輩之以不矜細行自恕者，其用心果何居乎？

細行之所以屢屢失檢，必其習氣之甚深者也，必其自治之脆薄而無力者也，其自恕之一念，即不啻曰：『吾身不能居仁由義。』」

這三項修養遵循的典範，其思想都是來自陽明子本人與弟子，可見梁啟超希望通過心學來改革社會的願望，他說：「專述子王子與其門下之言者，所願學在是。」任何社會改革都不能沒有思想依據，梁啟超終其一生思想有無數變化，然而其始終關注於心學，誠屬見解卓絕者？但，梁啟超希望效法吉田松陰，但從吉田松陰到井上哲次郎對良知的改造，同樣反過來限制梁啟超對於陽明學的認識深度，包括心學本來的本體觀念，在梁啟超這裡完全看不見，甚或反而變成「提挈本體過重」這種負面用語，且受到日本陽明學的牽制，而窄化成架構出國家主義這種工具性思想，從而無法展開更深層的自性探索，更未能讓心學早日還魂於中國，誠屬令人遺憾的事情。不過，梁啟超的維新派政治路線雖然不幸失敗，然而其對民國新儒家產生深刻的影響，如其重要弟子就是「古今無兩」的進士與博士張君勱（一八八七—一九六九），他是中華民國憲法起草人，稱其為「中國憲政之父」應屬精確無誤，他更是對中日陽明學有深度涵養的思想家，未來如果要覓出中國究竟應該如何發展民主政治，研究張君勱思想將是無法繞過的一條路徑，尤其他長期孕育與認同的儒家思想如何影響《中華民國憲法》的具體內容，這是極其值得研究的議題。

第五節 孫中山的知難行易說

孫中山（一八六六—一九二五）自創並主張三民主義，在民族主義的脈絡中提出「知難行易」這一學說（見其《民族主義》第五講），這是從陽明子那裡獲得的啟發，因他在日本流亡的時候，看到日本這麼風靡「陽明學」（不論這是否出自於明治時期媒體人基於社會改革而有的政治策略），孫中山跟梁啟超兩人各從不同的角度去發揮陽明學的思想，產生不同的創作。梁啟超寫出《新民說》，孫中山後來就跟著寫出《孫文學說》，其撰寫《孫文學說》將陽明子「知行合一」的學說做出觀念的轉化，倡導「知難行易」，並舉自己革命的經驗作證，指出「有志竟成」的道理。孫中山和梁啟超都是清末民初在殫精竭慮思考國家和民族未來的思想家，更是在政治領域的實踐家。梁啟超希望能塑造出「中國魂」，接著首先創發出「中華民族」這個概念，他於光緒二十八年（一九〇二）在〈論中國學術思想變遷之大勢〉一文中正式提出「中華民族」的概念：「齊，海國也。上古時代，我中華民族之有海權思想者，厥惟齊。故於其間產出兩種觀念焉，一曰國家觀；二曰世界觀。」梁啟超看見齊國是臨海的國家，他首度使用「中華民族」這一詞彙，來解釋在中國上古時期，已有海權思想的政權只有齊國，並指出齊國已產生出國家觀與世界觀兩種觀念，前者或不無附會；後者則實有其事，這的確反映出齊學在闡發中華思想史的過程中具有極其重要的意義。

海洋同樣是孫中山傳奇生命的起點，他的童年就在自古即是通商口岸的廣東香山伶仃洋度過，在鴉片戰爭前，伶仃洋海域幾乎是英國走私鴉片的貿易中心，孫中山本來接受傳統中國的私塾教育，平日就已看盡腐敗的官員與洋商如何壓榨人民，這種對比落差，讓童年的孫中山心底不可能沒有疑惑。十二歲時因緣際會，孫中山跟著母親到夏威夷去探望經商致富的大哥孫德彰（一八五四—一九一五），面對著浩瀚的海洋，他不禁油然滋生無窮的想像，在〈自傳〉中表示：「始見輪舟之奇，滄海之闊；自是有慕西學之心，窮天地之想。」後來就讀於夏威夷的意奧蘭尼書院（Iolani School）與奧阿厚書院（Punahou School），學習自然、算術、法律、經濟與政治這些各種知識，對西學開始有實際的認識，因兄長孫德彰對他太過於沉浸其間深感憂慮（尤其是憂慮他進而信洋教），就要孫中山回國，他卻再來到中西薈萃的香港，就讀於拔萃書院繼續學習英文，接著就讀於中央書院（現在的皇仁書院，Queen's College）與西醫書院（college of medicine，後來併入香港大學），開始學習西醫的相關知識與技術，決志要做個懸壺濟世的醫生，因在香港與澳門行醫都發生困難，目睹清朝政治的腐敗，孫中山轉而開始全面投身於革命事業。

孫中山來日本的時間比康梁師生早，對於日本明治維新如何深受陽明學影響早有體認，《國父全集．中國應建共和國》一文中，記有光緒三十一年（一九〇五），孫中山在東京中國留學生歡迎大會的演說上，發表〈救中國應改革舊制實行共和〉，其就對此表示：「五十年前，維新諸豪傑沉醉于中國哲學大家王陽明知行合一的學說，故皆具有獨立尚武的精神，以成此拯救四千五百萬人于水火之大功。」這表示他對該時期諸豪傑如何宣傳心學來影響日本明治維新深有同感。當年孫中山正在號召各革命團體共組同盟會，基於團結與激勵的需求而有這種說法。但或許同樣是光緒維新諸豪傑都跟著推崇陽明學，使得孫中山對於陽明學有疑慮，除希望消除這層影響外，尤其民國成立後，其有關三民主義的思想已經發展成熟，基於強化自身革命派的聲量，民國八年（一九一九），他在《孫文學說》第五章反過來說：「是日本之維新，皆成於行之而不知其道者，與陽明『知行合一』之說實風馬牛之不相及也。倘『知行合一』之說果有功於日本之維新，則亦必能救中國之積弱，何以中國學者同是尊重陽明，而效果異趣也？」這是使用脈絡反思的手法，來指出如果陽明學真的曾經拯救積弱不振的日本，尊奉陽明學的中國學者為何不能拯救中國呢？這是繼續將維新派當對手纔會有的說法（當時尚有保皇黨引發各種政治事件）。其實，這種說法當然有其政治企圖，但不能說沒有道理，畢竟日本陽明學的確已經不是按照本來陽明子「知行合一」的說法在發展，更與冥契主義的觀點無關。作為學術名詞的「陽明學」三個字，這是極其典型的「和製漢語」，要晚到十九世紀末葉纔在日本社會出現，變成一本雜誌的名稱，更跟日本早期的陽明學發展沒有直接關聯，日本學者荻生茂博（一九五四—二〇〇六）在其《近代・亞細亞・陽明學》一書中指出：「為了批判政府的表皮式的歐化政策，而由德富蘇峰、三宅雪嶺、陸羯南等人宣導，作為『國民道德』的陽明學，和那個前近代陽明學完全兩碼事，是所謂舊瓶裝新酒的近代思想。」（荻生茂博，二〇〇八：頁四〇二）

孫中山在《孫文學說》第一章說：「以陽明知行合一之說，以勵同仁，惟久而久之，終覺奮勉之氣，不勝畏難之心。」又說：「予乃廢然而返，專從事於知難行易一問題，以研求其究竟。幾費年月，始恍然悟於古人之所傳、今人之所信者，實似是而非也。」他後來對陽明子有關「知行合一」的主張有不同意見，覺得這會導致國人產生「畏懼困難」的心態，其實重點在推出自己發明的「知難行易」這一學說。《孫文學說》第五章說：「『知行合一』之說，若於科學既發明之世，指一時代一事業而言，則甚為適當；然陽明乃合知行於一人之身，則殊不通於今日矣。以科學愈明，則一人之知行相去愈遠，不獨知者不必自行，行者不必自知，即同為一知一行，而以經濟學分工專職之理施之，亦有分知分行者也。然則陽明『知行合一』之說，不合於實踐之科學也。」敝人覺得這種說法與陽明子本來主張的「知行合一」其實纔是真正的「風馬牛不相及」，顯見他對該主張只是在發表望文生義的看法。陽明子講的「知行合一」有本體義，孫中山完全看不出來，並拿實證論的科學來對比「知行合一說」，兩者自然無法契合，但如果他改拿後來實在論的科學來做對比，心學與科學是否能對話與整合，答案就會變得完全不一樣了。回到孫中山自己設計的概念命題中，他既主張「知之而後能行」，承認理論對於實踐的指導意義，提醒人不可輕視科學的真知，同時隱含要國人認同自己主張三民主義理論的意思，但他更表示「不知亦能行」，重視實踐本身產生的效益，藉此勉勵世人能大膽付諸實踐，最終完成革命的理想。如果拿「實踐是檢驗真理的唯一標準」這種角度來說，「知難行易說」看來的確有道理，譬如拿汽車當例證來說，在生活中，我們多數人確實不懂得造車的原理，但只要考取駕照者，都會開車上下班，但這個說法並不見得適用於解釋全部現象，如果拿這種道理來當作政治主張，用於民國初年的中國或尚有可能，但當前社會民智大開，不太可能有民眾聽見領袖的號召，不問究竟就跟著風行景從，果真如此，更會發展成民粹的災難。

孫中山特殊的意義在他並沒有很完整接受過中華傳統教育，童年就開始接受西洋文化教育，這在他置身的時空背景來說極其罕見。他對中華思想的學習，反而是成年後自己慢慢讀書彌補回來。孫中山確實有其思想的原創性，使得他不會只崇尚西洋文化，反而更呼籲國人不要丟掉中華傳統裡的優良內涵，該時期一般知識分子已經不是有很多人會去推崇中華思想與中華文化，可是孫中山這麼持平來談，這其中自有其深刻觀察。第三國際代表馬林（化名 Maring，本名 Hendricus Josephus Franciscus Marie Sneevliet, 1883-1942）曾經問孫中山革命思想的基石是什麼？孫中山回答：「中國有一個道統，堯、舜、禹、湯、文、武、周公、孔子相繼不絕，我的思想基礎，就是這個道統，我的革命，就是繼承這個正統思想來發揚光大。」面對馬林，孫中山強調自己的思想源自於傳統並不令人意外，比較耐人尋味者就在於孫中山會提出「道統觀」，並覺得自己繼承這個道統來發展三民主義，這反映出他確實有著成聖的思想，使得我們將其思想放在中華思想史的脈絡來檢視，並不是基於政治因素的考量，而確實有其深意。敝人所深覺遺憾者，莫過於孫中山儘管個人曾在接受記者訪問的過程中表示自己相信有天命，卻尚未意識到心體，他將自己精神面的寄託放在基督信仰，卻將國族現實面的關懷放在中華道統，使得兩者體用關係各自呈現斷裂狀態，終其一生並未面對這個核心議題，其思想異質化的困境未曾解決，更導致中華民國在中國本土的發展面臨各種困境。

孫中山提出「民族，民權，民生」這三大主張的意義，並不僅限於三民主義只是種政治思想而已，中國社會兩千餘年來，對政治思想與政治制度，甚至整個政治結構都不曾有全面而完整的討論，從而架構出一套新的思想，只有孫中山展開這種思想工作，實可謂觀念一大突破。在吸納西洋思想的同時，孫中山並沒有否定中華思想的優點，他並未提倡西洋政治制度的「三權分立」，而是結合中華傳統特點，發展出「五權分立」的概念，除行政、立法與司法外，還提倡考試與監察兩權，這是基於其「權能區分」學說（意即人民有權而政府有能）。孫中山認為中國社會歷來都有監察御史，這種官員可獨立糾察各種不法或違規的事端，而且中國不同時期的王朝，縱然或許有各種行政運作的問題，甚至有其政治鬥爭的黑暗面，可是我們卻不能說中國的考試制度本身有任何問題，因科舉制度能長期存在，就是其有效維持社會公平性，這種公平性使得公務員通過科舉制度被提拔出來，形成獨立的文官系統，社會各階層可自然流動發展，避免貴族壟斷政治，這是種菁英政治的思維，而這種類型的制度，在歐美社會本來並不存在，直到第一次世界大戰（一九一四—一九一八）後纔開始慢慢建立起來，中國則早在隋唐時期就建立成熟的科舉制度，直到現在，在臺灣的中華民國都還有考試院和監察院。孫中山的跨文化經驗使得其培育出寬闊的視野，讓他有機會看見不同文化的對比差異，從思考歐美各國的政治發展，來擘畫中國更長遠的未來，就此而言，孫中山的確是個空前的政治思想家，相較於黃梨洲的思想，可謂真正在理論層面與制度層面都有著具體發展，這點我們要給予高度的推崇。

在中華思想史中，孫中山的人權思想具有著里程碑的意義，敝人閱讀杜鋼建先生《中國近百年人權思想》這本書第四章〈孫中山的人權思想〉，其對清末而降中國人權思想有著深刻的觀察。他覺得有兩條路線在相沿開展：一條是個體本位主義的思想路線，一條是集體本位主義的思想路線。前者受到西洋文化有關個人主義理論的影響（因此，杜先生在原著中，本來將其稱作「個人本位主義的思想路線」，然敝人覺得稱作「個體」比「個人」更精確指稱單位主體）；後者則受到中華文化有關民本主義思想的影響（杜鋼建，二〇〇四：頁七七—七八）。孫中山的人權思想不斷在這兩條路線間擺盪或者徘徊，但總體來說，孫中山的人權思想具有明顯的集體本位主義傾向，意即如何讓全體民眾謀福利，這成為人權發展的焦點關注。集體本位主義的人權思想在二十世紀的中華思想史始終占有主導的位置（杜鋼建，二〇〇四：頁七七）。中華文化中的民本思想經驗與西洋文化中的共和制度經驗相互結合，這就發展出孫中山的民權主義（杜鋼建，二〇〇四：頁七八）。在三民主義中，民權主義一直被其視作「政治革命的根本」，隨著孫中山日益展現出集體本位主義的傾向，後來他就逐漸從「國民」改用「人民」這一詞彙來解釋民權主義。「人民」一詞純屬集體性質的說法，民權跟著就被理解成人民的集體權利，並在理論層面被放到最高的位置來認識。在當年民不聊生且國難當頭的亂世，個人（個體）的人權與眾人（集體）的民權相比，前者的確不太容易會引發關注，政治情境則已發展到不奪取政權則不能實踐民權，否則無從保障個人的人權，當年孫中山會關注民權議題實屬自然（杜鋼建，二〇〇四：頁七九）。

但不容否認者，孫中山本人懷著強烈的領袖意志，投身於他強烈關注的革命事業。他相信只有通過革命的手段來奪取政權並鞏固政權，這就需要有能「聽命於自己」的革命黨，甚至要掌握兵權。儘管革命黨就理論來說應該從屬於人民，但就實踐來說就變成應該服膺於領袖。孫中山將革命歷程區隔成軍政、訓政與憲政這三個時期，前兩個時期都要由革命黨來主持，由於中國戰亂頻繁，直到孫中山過世後都依然動盪不安，這使得不只集體的民權無法落實，個體的人權更無法被討論並獲得發展（杜鋼建，二〇〇四：頁八〇）。孫中山在〈在上海中國國民黨本部會議的演說〉中對「訓政」做出解釋：「中國奴制已行了數千年之久，所以民國雖然有了九年，一般人民還不曉得自己去站那主人的地位。我們現在沒有別法，只好用強迫手段，迫著他來作主人，教他練習練習。」他還說：「共和國皇帝就是人民，以五千年被壓作奴隸的人民，一旦招他著皇帝，定然是不會作的，所以我們革命黨人應當來教訓他，如伊尹訓太甲一樣。」（詳見《孫中山全集》第一卷）孫中山認為雖然人民是國家的主人，但是中國人民被奴役數千年，根本不懂得怎樣當主人，這就需要革命黨來「教訓」，而人民就只有暫時先犧牲掉自己個人的自由，接受革命黨的專制統治。〈孫中山的人權思想〉這一章中，杜鋼建先生表示，在孫中山後期的民權主義思想中，不僅人權被排除，包括民權都被擱置了，執政黨的專政主義做法終於引起在野的共產黨人士和其他自由派人士的不滿和抗爭，孫中山學說中的反個人主義與反自由主義傾向在蔣中正（一八八七—一九七五）的實踐過程中更加被發揚光大，其思想逐漸被奉為「聖經」一般不容批評，呈現出僵化的狀態，就再沒有革新和復興的機會（杜鋼建，二〇〇四：頁八二）。敝人同意這個看法，並且，敝人覺得孫中山因沒有在根本層面將三民主義聯結到心體來解決體用問題，使得其思想充滿著自相矛盾，更對於中國人民顯得有如空中樓閣，一旦從孫中山自己不得不親手談訓政，親手將國家轉型成「革命黨的專制統治」，則更失去對人心的號召，這正是從思想層面來解釋中華民國為何會結束在大陸統治的癥結因素（即使後來國民政府想從訓政轉型成憲政都已無法改變國人的失望心理），因其徹底失去知識菁英與社會大眾的信賴，這是種政治角度觀察得出的本土心理學。然而，這個議題在中華人民共和國建政後，面對當前的大陸社會，是否已經被精確的面對與有效的解決呢？敝人覺得正因個體本位主義的人權長期在華人社會中沒有獲得相應的設計，使得當前時空背景裡，人的自我意識已然高張，毫無自性意識，具體個人權益問題未獲解決，就會引發眾怒，構築成集體海嘯，成為反噬政權的能量，孫中山不是沒有意識到個體本位主義需要提高公民素養來做配套的重要性，他在《三民主義．民族主義》第六講中說：「不知道中國從前講修身，推到正心、誠意、格物、致知，這是很精密的智識，是一貫的道理。像這樣很精密的智識和一貫的道理，都是中國所固有的。我們現在要能夠齊家治國，不受外國的壓迫，根本上便要從修身起，把中國固有智識、一貫的道理先恢復起來，然後我們民族的精神和民族的地位才都可以恢復。」這是結合公民素養來談民權主義發揮的創見，顯見他早就意識到如果個人不修身，則民權議題終將無法獲得徹底落實，臺灣社會此刻面臨的政治困境就來自於此，這就回到明朝末年陽明心學家已經在提出各類有關人欲的問題與主張，如果這個問題不從制度層面來解決，提出精確聚焦的對策，華人社會就會持續因思想的困局而產生各類社會問題。雖然孫中山對於「內聖」這一面向不是沒有意識，但他對《大學》的內容與次第並無實質脈絡的認識，只能從其表面詞彙與社會現象來談，譬如同樣在《三民主義．民族主義》第六講中，他注意到中國人剛開始到美國時，美國人本來是平等看待，沒有什麼中國人或美國人的區別，後來美國大旅館都不准中國人住，大的酒店都不許中國人去吃飯，這就因中國人沒有自修的工夫使然，他指出具體的例證，有一回在船上，他和美國船主談話，船主說：「有一次中國公使前一次也坐這個船，在船上到處噴涕吐痰，就在這個貴重的地毯上吐痰，真是可厭。」孫中山問：「你當時有什麼辦法呢？」船主回答：「我想到無法，只好當他的面，用我自己的絲巾把地毯上的痰擦乾淨便了。當我擦痰的時候，他還是不經意的樣子。」孫中山指出那位晚清公使在如此貴重的地毯上都吐痰，普通中國人大都如此。由此孫中山說：「便見中國人舉動缺乏自修的功夫。」在該講中，孫中山又拿外國的大酒店都不許中國人去吃飯為例說：「有一次，一個外國大酒店當會食的時候，男男女女非常熱鬧、非常文雅，濟濟一堂，各樂共樂。忽然有一個中國人放起屁來，於是同堂的外國人譁然哄散，由此店主便把那位中國人逐出店外。此後外國大酒店不許中國人去吃飯了。」這些觀察的確可作為華人沒有公民素養的證據，敝人在新冠肺炎疫情爆發前，每回在大陸各省講學，依然常見這種社會現象，甚至其中大有長期置身杏壇的教育名流都有這種不雅的生活習慣，但孫中山生前不知：如果只是單向從外部生活習慣倡導大家要注意公共道德，卻不從教育層面令國人通曉其精神源頭的內涵，這無異於「知其然不知其所以然」，很難不變成教條，讓人無法由衷信服並落實於生活中，但孫中山對此尚沒有完整的思考，後來蔣中正倡導「新生活運動」（一九三四—一九四九），並要年輕人牢記青年守則十二條，中華民國政府遷至臺灣社會後，相對於大陸社會正在如火如荼展開「文化大革命」（一九六六—一九七六），蔣中正則在臺灣社會展開相應的「中華文化復興運動」，鼓勵學者從事相關古籍的註釋工作，雖然使得中華文化的固有道德獲得認知與維繫，其內容卻沒有與時俱進，因應環境的變化做出細緻的詮釋，讓公民知道如何將其內化到生命中，這不啻替後來臺灣社會全面去中國化浪潮，鋪陳出激化反彈的觀念岩壁，至今依然強烈拍打著臺灣社會。

第六節　心體是中華思想的主體

中華思想至廣大而盡精微，本來不是西洋哲學裡「理型論」或「物質論」能簡單歸類，這是西洋哲學的議題，並不是中華思想的議題，但百年來，只見人們強硬將其翻譯成「唯心論」或「唯物論」這類「二元對立」的爭議概念中，套在中華思想中得出各自想要的論點，並藉此用來打擊自己設想中的敵人，從中付出慘痛的代價，虛耗掉國家的總體能量，卻長年沒有洞見：中華思想共同指向的自性，本來與這種對立命題毫不相關。華人對中華思想最精湛的心體論有著重大誤解，導致心靈的盲目與失焦，使得物質主義的思維空前高張，世人沉湎於欲望無可自拔，這本來並不是任何個人的問題，而是宋明儒學衰落五百餘年後存在於華人社會的普遍現象。心體在宋朝與明朝被社會視作公共語言，這意謂著探討該領域被時人當作自然而然的事情，其義理可被大家公開討論，尤其明朝中期後三教九流甚或販夫走卒都有人在倡導心學，使得心學由廟堂到廟會都獲得接納與流傳，這種現象卻在清兵入關後戛然而止，中華文化逐漸來到衰落時期，直至鴉片戰爭失敗，道光二十二年（一八四二）簽訂《南京條約》，從此華人徹底失掉文化自信，不得不展開西學東漸的歷程，中國的學術被徹底殖民化，致使討論心體反過來被視作神秘主義，或者直接被稱作「封建迷信」來污名化，使得儒家修養成聖的工夫就此路斷，這帶來非常嚴重且錯誤的影響，現在亟需我們撥亂反正，重新倡導讓心體恢復成為社會公共語言。

國家的強大並不表示人精神上的富足安定。譬如現在的中國很強盛，各種從經濟到軍事各層面都欣欣向榮，可是為什麼談到教育，很多人只要經濟允許，就還是想要出國留學？核心點就是因為現行教育並沒有給人的心靈帶來自由呼吸的空間，使得人會想要出國「呼吸新鮮空氣」。教育從來都不應該只是單純學專業知識而已，而是要讓心靈獲得滋養，這其實是教育本來關注的核心點，卻在強調專業技能的當前時空背景中被忽略，這誠然是極其怪異的現象。中國傳統的教育要讀聖賢的經典，而經典裡面的內容幾乎全部談的都是心靈議題，從該心靈議題出發，輻射關注到社會各層面，這纔有所謂的「經世濟民」的意涵可言。但當我們現在的教育所討論的內容，幾乎全是跟心靈無關的議題，這時候關注社會各層面的技術知識，很難不呈現割裂身心的弊端。當我們只是去吸納這些無關心靈的技術知識，固然可讓我們謀得生存與生活，卻導致我們的內在空間被擠壓，甚至不知道有心靈的存在，這個時候華人還可繼續坦然稱自己是華人嗎？這是個非常嚴肅的核心問題。住在中國土地上的人，如果有著所謂的民族自卑感，問題的癥結是他在接受教育的過程中，並不知道自己身為華人的深層意義，最終使得其只是個「住在中國土地上」的人而已。

大多數人並不認識「中國」兩字的本意，卻會加諸各種強烈的態度。殊不知這兩字從來都不是指「中央的國度」（middle kingdom），這只是文藝復興後西洋人對「中國」的錯誤觀點。當華人都還沒有「世界」的這一概念的時候，該怎麼認知自己處於「世界的中央」呢？這時候接著說中國人都是自大狂，就未免在厚誣古人了。前面已指出許慎在《說文解字》裡寫：「中，內也。從口丨，下上通也。」這是說「中」是指人的內在，當人嘴巴說出的話語與他內在想的內容合一，個人的心靈就能與上天交通精神，這「交通」就是相互感應的意思，不論從哪種學術脈絡的角度來看，天人合一都意謂著心靈獲得泉源的補給，這具有本體論的意義。《說文解字》還針對「國」字說：「邦也。從囗從或。」其早期的字則直接寫成「或」字，該書並針對「或」字說：「或，邦也，從口，戈以守其一。一，地也。」「國」字本意是指手裡拿著干戈來保衛土地的意思，我們可直接將其解釋做「家園」。因此，當我們把「中」與「國」合起來認識，中國就是指「心靈的家園」（或本書前面說「內聖的國度」，兩者義同）。這表示「中國」不應該只被視作政治概念，其首先是個有關於德性的詞彙，通過這德性，而釀就出文化概念，最後纔影響到政治領域，這就構成中華思想特有的天下觀。

當前的大陸社會，由於歷史的特殊機緣所致，並未被西洋型態的利益民主重度殘害國人心靈，卻面臨著經濟改革的各種嚴峻環境，而亟需展開相應的政治改革。其實，面對政治改革議題，我們更應該要有恢弘博大的使命感，那就是洞見利益民主會引發的弊端，藉由提高國民素養，尤其培養其修身養性的意識，更恢復中國本來的士人群體，賦予其責任，來引導利益民主轉往對人類社會整體有利的路徑開展，意即將中國的士人傳統重新帶進政治制度的設計，架構出「良知民主」（士人共議）與「利益民主」（國人共議）並行的兩種制度，前者關注集體大計，保護集體本位主義的人權；後者關注個體生計，保護個體本位主義的人權，並由前者引領後者，使得現行的西洋民主政治（其實就是利益民主）再被納進中華思想的架構內實踐，面對全球民主政治因群情思變反而帶來的民粹災難，提供變革的思想動能。當個體本位的人權與集體本位的人權都獲得重視，纔能兼顧自我與自性的兩全，最終更有機會完成「整體本位的人權」。當然，我們還是要有警覺：按照完形心理學（gestalt psychology）的觀點，其最重要的主張就是「整體不等於個體的總合」，因為整體具有個體沒有的特性。該特性是什麼呢？敝人覺得整體觀就是心靈觀，意即整體關注心靈的安頓，個體關注物質的擁有，按著該藍圖來實踐，中國的復興將不再只是「民族意義的中國人」會樂見的事情，反而會變成「心靈意義的中國人」都樂見的事情，因為中國面向世界開放，成為「心靈的家園」，更意謂著中國變成「人類全體的中國」，使得心靈覺醒不只是種乍看柔弱的深層意識的開啟，更會具有現實的意義。如果人類普遍受困於個人利益的自我意識釀就出各種社會層面的災難，卻獲得政治制度的保障與調節，不再讓整體自然環境引發慘烈的效應來反噬人類，提高國人素質並恢復士人群體，讓心靈覺醒的士人獲得參與政治共創盛世的機會與空間，這會是中華思想經由詮釋與實踐，提供給人類文明的一大資產。讓「中國」恢復其本來意涵，使得「天下同福」，這難道不是全人類都樂見的事情嗎？

但，實踐這個理想前，我們要先承認中華學術長期面臨學術殖民的困境。在學術領域裡常因西洋學術的設計理念，使得不同的專業常有界線井然的觀念壁壘，很難展開整合性對話，卻因各自對社會層面產生具體影響，導致各種治標不治本的問題層出不窮滋生。除傳統文史哲領域有持續保存傳統文化的討論外，在臺灣只有心理學領域希望擺脫西洋學術的長期桎梏，開始在社會科學領域思考本土心理學如何獲得可能的發展。本土心理學的目標就是正視不屬於歐美社會的文化傳統，研究各種不同的文化群體在日常生活中發展出來的心理樣貌，從中觀察其面臨到某些共同問題，提出合理的解答，經由本土心理學在臺灣社會這三十年來的奮鬥，這些年更開拓出修養心理學，使得心理學跟傳統文化有整合的機會，我們特別看重傳統儒家思想尤其心學對解答這些華人社會共同問題提供的觀念資源，希望能發掘出中國自身的心理學元素，架構具有心學意義的心理學（意即心學心理學）。由於傳統儒家思想涵蓋面向不僅在文化心理層面，各種人文學術領域與社會科學領域都可藉由傳統儒家思想展開其詮釋工作，藉由心體的闡發結合傳統佛道思想，精確理解華人社會人際關係運作的文化心理，並輻射到各種應用層面，最終發展具有原創性的華人本土社會科學，相信這對中華文化重新展開其理性化歷程會有相當大的裨益。

在心理諮詢領域，諮詢師不大能意識到要心理諮詢需要有中華思想史的基本知識，可是非常荒謬的現象在於，無法與華人思想真實對應的心理諮詢技術卻充斥在該領域中，只因大家學習的資源都是西洋心理學發展出來的諮詢技術，就能允許這種知識霸權持續存在於社會中。當諮詢師都不認識中華思想，卻在從事著心理諮詢，誤認學習到某些技術性的知識，就能瞭解人的心理變化，這種想法不只是對人的不負責任，更無法真實發展心理諮詢這件事情。從事西洋心理諮詢者都需要知道西洋心理學，甚至具有西洋哲學的基礎知識，這應該本來是無庸置疑的事情，華人本來並沒有「中華心理學」這一概念，卻有「中華思想」

這一內容的事實存在，敝人數十年來生活在臺灣社會，常見人有心理問題時，總會求神問卜，乞靈於道士、法師或神人，而不太習慣接受跟心理有關的治療，這些現象從中華思想內都可獲得解釋。這並不是華人社會從來都是如此，因為過去人的生命有困惑，都會通過書院這種論學機制來解決，但當士人早已在清末逐漸消失於人間，書院都變成古蹟，不再有儒者講學於社會，人面臨各種艱難的生命課題，自然而然會想從傳統中獲得答案，這就使得民間信仰大行於世了。更不要說面對西洋文化的衝擊，華人長期產生身心劇烈的撕裂感，精神漂泊無所歸依，救治的辦法，當然一來要瞭解古典的思想，尤其瞭解其間內蘊的人文精神；再來要承認現實的生活，這是每個人都無法迴避的生活環境，在過去與未來間，人如何整合身心來活在當下，這是當事人很難不探問的焦點，如果我們完全明白這層道理，就當知心學諮詢師焉能不知中華思想史，而能展開跟華人生命具體相應的心理諮詢呢？

學習中華思想史能增長見識，而且是第一流的見識。如果讀者知道並不是每個文化都有如此豐富的思想內涵，當會知道在華人社會要能真正對應人的心理問題並不容易。華人的思想太過於博大精深，其集體潛意識何其複雜，只要使用中文者，都自然而然活在這套概念系統內，人如果對其沒有深度的認識，不太可能釐清人有什麼深層的心理問題，對中華思想史保持關注，從而對中國的歷史有更深刻的體認，這時候你拿這一角度回過來觀看自己的人生，都會很容易發現裡面蘊含著尋常中的不尋常，尤其當會發現自己會有如此心理反映的思想源頭，箇中都有本土心理學的意義。譬如說當你詳細查考禪師的公案，得知人生的重點應該放在如常中，你還會只想著如何追尋生命的奇幻經驗嗎？但敝人要反過來再講個經驗：山西省晉城市的城區北石店鎮有間玄天上帝廟，這個廟從外面乍看一點都不特別，只是棟很尋常的樓屋，但裡面進去後卻像迷宮一樣，層層與間間都各有洞天，如果你從外面看過去，會發現這是按照中文的「玄」字來建造，裡面築有各種用來修煉的密室與密洞，品味其間，當能從中體會道教修煉者的確帶有神秘主義的身心狀態。我曾身歷其境，卻不禁發現這其實暗喻著人生閱歷的增廣與加深，當會對人與事不斷有著別開生面的體會。

含納中華思想史的知識並不只是在做知識充實的功課，而是讓自身的思考變得細緻而敏銳，體會到思維最細微的差異點，或者可感知到思想層層變化的意境，何嘗不有如玄天上帝廟？人心就是如此複雜，當諮詢師有著至廣大而盡精微的知識，纔能極其細膩去感知當事人的心理變化，產生一種對人對事敏銳的觀察技能。閱讀書與觀察人，根本就是同一件事情，相反而相成。思想家的觀點提出後，就放到思想領域的平臺上，供整個社會去檢視，於是就有人會有不同的傾向，多數人都接納的思想，就會產生思潮。瞭解各種思想家的觀點，並不是要讓人產生對與錯的迷茫感，而是讓人不再有對與錯的驚惶感。譬如在做心理諮詢時，諮詢師不會因為瞭解到當事人的某種看來很怪異的想法就會不知所措。諮詢師的心理素質要夠強，但強大的心理素質當然不是硬撐出來，而要有豐厚的文化素養。諮詢師不可能沒有自己的成長經驗，尤其不可能沒有自己的倫理觀，可是他要瞭解這個世間存在著有各式各樣想法的人，要有厚實的視野，對這些想法都展開平情的理解，而不會輕易去說誰對誰錯。當你能把一個極其複雜的思想史都認識明白，轉過來面對思想還沒有這麼複雜的當事人，怎麼可能不會對他的生命產生提醒與指點的意義呢？你學會高度複雜性的思想，面對人就懂得舉一反三，因此，即使本書不見得大量談諮詢技術的議題，敝人覺得思想厚度的加深都會是諮詢技能的拔高過程中，不可或缺的關鍵要素。

第七節　心學如何再創中興氣象

本書從心體的角度來談中華思想史與本土心理學，重點旨在證成「歷史實在論」（historicalrealism）這一學說真實無妄的存在，意即有個「實在」可從歷史文本中獲得，依據敝人在《轉道成知：華人本土社會科學的突圍》的看法，歷史實在論對於「實在」的論證如下：（一）實在的剎那性：不同時間背景的人都不斷對何謂實在展開討論，當這些語言構築的討論未曾斷絕，在每個討論的剎那，實在就持續存在；（二）實在的永恆性：人類符號載具裡不斷記錄著有關實在的各種呈現，記錄的本身就使得實在採取符號的型態而永恆流傳，實在就持續存在。歷史實在論側重於「實在的時間性」，人使用語言將自己對心體的認識紀錄成文本，這種累積使得實在的時間感創生（二〇二〇：頁七九—八〇），不論從剎那性或永恆性的角度來觀察，當敝人從心體論的視角來完成對中華思想史的詮釋，讓本土心理學從中呈現出來，歷史實在論就獲得證成，這包括敝人寫出這本書，其行徑本身就使得「實在持續存在」於文本中，而任何學者想要否認敝人主張歷史實在論這一學說的實在性，則請將敝人書中鋪陳每位思想家的自性觀點都做出反駁，論證其思想不具有心體論的意義，否則終將無法否認歷史實在論。

在本書快結束前，敝人想在這裡做個結語。人如何能帶著「微觀世界」的視野來活出自己的「生命世界」？這是有自覺的知識工作者都不能不嚴肅思考的課題。有些人只有活在「微觀世界」中，真實的人生卻極其枯萎或痛苦；有些人只有活在「生命世界」中，卻始終沒有帶著清晰的理念過著究竟的人生，只有結合兩者，纔能俯仰無愧的活著。經歷清朝兩百六十八年箝制思想的過程，再經歷民國而降百年來政治與文化的全面動盪，華人嘗盡各種精神的苦難，高壓的社會情境讓人很難自由思考，致使我們已經不關注思想議題，整天只有過著面對現實的日子，不敢有絲毫理想性格，想像人生還有其他奔放活著的可能。因此，來到二十一世紀，面對國共內戰前出生的文史哲大師都凋零殆盡，我們不太容易看見具有原創性的思想家與學問家並世而出，懷抱遼闊的視野在替人類的前景謀畫，這正反映中華文化的氣象滑落谷底的危機。現在人的心性如此動盪漂泊，癥結在於我們一直在往外移植不屬於我們的文化傳統，來解決社會的問題，結果弄得問題沒有解決，卻不斷延伸出新的問題。譬如當人從鄉村到都市討生活，由於生活的緊張與人際的疏離，容易滋生出心理的問題，他縱然面向心理諮詢師或精神病醫師求救，而我們向西洋社會引進的心理學甚至精神病學，可能只會拿個心理症狀或精神疾病的名稱往這個人輕易套上，然後具有資格者就開個有副作用的猛藥讓其服用，殊不知西洋心理學本來只是個認識病態心理的學問，後期雖然發展出正向心理學（positive psychology），但多數西洋心理學理論都不太面對尚未瀕臨病態的人性心靈深沉面，而人的問題本質常來自當事人與原生的文化土壤脫離，精神被架空的都市生活，使得個人顯意識與集體顯意識都不能跟個人潛意識與集體潛意識聯結，這或許纔是滋生出各種心理問題的主因。人如果始終無法脫離自身文化，既讓「思想高度影響文化」且「思想受到文化影響」，則心理學根基就是文化心理學（cultural psychology），儘管這個名相還存在來自西洋心理學這種技術性的觀點，但，西洋心理學的觀點並不是問題，這些理論來自對本身文化傳統累積經驗的提煉，或許其提煉經驗的思考型態有時不免會過度架空生活，但，根本問題出在於我們只能引進西洋的理論來寫論文，而不願意正視這種討論型態正呈現與生活脫節的事實，而自身連架空生活的理論都無法創生闡發，更無法從自身的文化傳統發展出對於心理問題的深刻認識，醞釀出自己對生命完整的觀照。

但，如果更深刻來看，或許西洋哲學主客對立的思考方法，確實加重人有著往物性發展的趨向，這使得物質主義的思維正瀰漫在社會中。按照西洋認識論的觀點，對象只有被視為「客體」（object），然後主體（subject）纔有可能認識這個客體，主體用語言來觀察與編織對客體的認識，就完成知識的架構過程。架構知識的過程會不斷與客體本身的實相分離，因此知識具有抽象的性質，愈高度的知識，則愈會與實際的經驗脫節。這就是現在相信並活在這種知識象牙塔裡的學者，常給人不通人情事態的原因（儘管這並不是當事人的本衷）。但，整個社會的運作如果高度依賴知識，當該知識的樣貌卻無關於人本身，人不斷運用這種思考型態來面對問題，如何不會變得只重視物性而疏忽人性，或錯把物性當作人性呢？這就是社會大眾面對冰冷的知識深感絕望，常會脫口而出說理論與實際無關，故而只關注實際問題，卻更陷在複雜的實際處境裡無可自拔的原因，更是大多數人即使有心理問題都不會求教於心理諮詢的原因。如果任憑物性的思考在社會發展，人一旦成年後投身於工作，在任何公營或私營的單位裡面對工作，人來人往間，沒有人關注彼此是誰，大家都埋首於電腦作業，其存在的價值都在計較著如何能增加自己單位的產值，就算人會與人說話，都是冠冕堂皇說著咫尺天涯的門面話，避免牽扯實際人生與真實感覺（因教育從來不談心靈議題，人無法承擔存在的真實狀態），人長期生活其間，如何不會滋生出心理的問題呢？

主客對立的思考，就是一種運用分析思維的理性。現在的時空背景由於知識大開，自我意識早已獲得成熟發展，其實並不欠缺分析思維的理性，反而更不容易恢復觀照生命的自性。分析思維的理性會不斷切割意識，企圖尋覓出問題的實相，然而，問題在於如果混沌具有交織關聯性，這是宇宙至社會反映實相的本質，意即宇宙到社會其實都屬於更高的「整體」，彼此影響互生，運用被不斷精密割裂的意識來認識宇宙與社會各種課題，是否永遠無法認識該一整體作為反映宇宙至社會實相的本質？就拿人的身體來說，「頭痛醫頭，腳痛醫腳」這個諺語已經成為我們批評人治標不治本的基本常識，我們都明白身體各個機能互相關聯，部分機能的生病都反映出生命整體的問題，但，人如果真的頭痛或腳痛，現在誰不是靠西醫的治療去頭痛醫頭或腳痛醫腳呢？不間斷採取這種解剖型醫療，注定就無法看見人生命的整體性。大道本來至簡，而人支離出的思想卻太歧異，如果整個社會的危機並不在於層出不窮的亂象，而在於事件發生前或發生後人的思考機制都存在著問題，難道我們不能再經反思，還要繼續使用有盲點的思考方法，來拯救我們整個社會的危機，卻不肯回到自身文化來探索，藉由盤點我們的思想資產，通過對整體的恢復，來釐清自身的本土心理？有關整體的思考作為中華思想的主軸，其實就是來自人發展出觀照生命的「自性」，懷著自性的機制來洞見宇宙（天）、環境（地）與生命（人）的變化，這是中華思想的核心特徵，這不再是藉由知識的架構來釐清複雜的思想，而是大量的思想家呈現其面對實相各有論證或體證，藉由不同的角度來超越主客的對立，各自發展出「主客合一」甚至「超越主客」的思想狀態。敝人會覺得一部中華思想史，就是在探討自性的歷史，從孔子到陽明子莫不如此，這些思想都是不同意義與不同層面的心學。

敝人曾經指出：華人社會最早意識到宋明時期逐漸發展成熟的心學與心理學具有特殊關聯性的人是余德慧教授。他發現心學縱然不能直接與心理學畫上等號，卻是「中國本我心理學的開展」，與西洋的自我心理學相較，其立基的倫理性與超越性實可與華人本土心理學接枝。他講的本我其實就是這裡說的「自性」，他覺得心學並不否認世界的多變，但多變的只是世情，心體（自性，良知）本身則呈現「無事」的狀態，世情會因人欲或物欲而遮蔽住「本我」的光體，心學重視人對生命的「反躬自誠」，藉由「誠」（誠意）的能量，掃除對本我的遮蔽，最終獲致「成人」（Becoming-a-Person）。他覺得心學難謂是「生命哲學」，主要因為心學不是「論理說道的知識」，其重點在日用常行間，人如何鍛鍊本我（自性），心學家強調知與行不能分離，他們重視落實世情，在生命的立身上，認真尋覓前行的道（余德慧，二〇〇一），這與心學的前身理學在關注點已有不同，余德慧教授觀察到這與後來西洋心理學發展出的人文心理學（或稱人本主義心理學，humanistic psychology）同樣具有摒棄正面的說理析辯的特點，轉而側重安身立命的大問題。因此，敝人覺得如果我們把心學視作華人本土心理學的源頭，藉由汲取其精華來豐富華人本土心理學的論點，並與西洋心理學對話，正因心學關注著自性與自我的交會與歧異，這層義理具有普世性，不像其他中華思想尚有著濃厚的文化義理需要更綿密的觀念轉譯，或許能裨益華人本土心理學掙脫其種族格局，架構出普世性的內涵。這就是敝人會從中華思想史的角度來探討本土心理學的重要背景。

明朝時期的心學固然有「自我」與「自性」兩條不同的路線在發展，這只是傳統禮法制度在維繫與崩解的緊張拉鋸過程中，產生不同的思維與作法，如果本來的禮法結構全然束縛住個人自由意志的伸張，則自我被特別凸顯實屬自然的現象，泰州學派各種「赤手搏龍蛇」的行徑就並不難理解；但在自我價值已被完全承認的當前時空背景裡，面對社會常見人行事的乖張與任性，則不能不再回過頭來省察涵養與擴充自性的深意。敝人覺得心學最主要面對的課題，最終應該擺放在引領世人讓「自我如何藉由反思活出自性」這個軸線，尤其當前社會不只面臨著產業型態的變化（由農業社會來到工商業社會），更面臨著人與人關係的巨大變化，不只個人逐漸脫離家族與家庭的結構性影響，人與人的交流更由實體的見面來到虛擬的網路，這使得人際互動已呈現新的心理需要，其相關的倫理面貌將有大幅變化。涵養心學的工夫對於當前時空背景的人固然具有歷久彌新的意義，然而心學如果希冀徹底完成其作為華人本土心理學的源頭（意即不只是樸素的具備心理學元素，更辯證的發展心理學理論），則藉由「天人對立」的階段性思辨過程來接回「天人合一」的思想傳統，藉此組織出具有現代意義的中華學術，終結華人社會學術被殖民的現象，實有其現實性與重要性，關於這點，敝人曾特別使用「黃光國難題」（Hwang Kwang-Kuo Problem）這個詞彙將其顯題化，因面對該問題實屬黃光國思想的核心旨趣，敝人長年關注著傳統思想現代化的議題，冀圖讓心學的內容有效轉化到心理學領域，讓儒學最前衛與原創的思想在心理學領域獲得蛻變與新生，因此，「心學＋心理學」整合成的「心學心理學」（nousological psychology）是否能精確回應黃光國難題，這同時是本文想解決的問題，從面對該問題出發，我們繼而思考心學心理學作為心理諮詢領域有關理論層面的觀念與實務層面的作法（陳復，二〇一七）。

心學心理學的觀念主軸是自性如何往人內在向度展開真實的探索，藉此使得生命恢復其完整性，因此心學心理學還可稱作「自性心理學」（psychology of the Self），其依據的主要內涵會由陽明學出發，但面對全球化的當前時空背景裡不應該劃地自限，除往前回索中華思想有關心學的實質內容外，更應該進而擴充到中外全部知識領域（包括各類型的宗教、哲學、醫學、藝術、文學、歷史學或心理學等在內）有關自性的內容，藉此展開跨領域的知識整合，整合的機制當然還是來自人對自性的認識與琢磨，意即透過與自性相關知識擴充來從事自性涵養，並在生活裡藉由事上磨練的實踐來印證涵養的確實程度。如果我們使用傳統陽明學的術語，這是藉著「致良知」來「成聖」，成聖的重點並不是成就外在的規範或事蹟，而是精確把握住良知本身，並因獲得良知而成就外在的規範或事蹟。但，這與傳統陽明學脈絡有個精微的歧異點，就在儘管傳統陽明學不見得反知識，卻對外在的知識抱持很謹慎的態度，強調把握住良知的首要性，良知自會生出相應的知識與實踐，不需要外在的知識來回塑生命，這就符合王陽明主張「知行合一」的本意。但，面對人類有關智慧的知識資產已經極其精微開湛的事實，心學心理學的內涵不應該再有絲毫的反智主義的傾向，心學心理學的側重點在對人心理的探索，冀圖引領人由自我轉出自性，這個探索過程就需要有大量相關的知識來輔佐認識實際的經驗，讓人的思維（甚至包括前思維）精微化，纔能讓心理議題往內獲得細密的釐清，這就是在「轉道成知」。我們的思考聚焦在這個角度：面對自性作為心靈的存有，心學心理學如何更符合傳統思想現代化的願望，畢竟置身在當前知識大開的時空背景裡，將心學發展成組織化宗教（這是明末如三一教會出現的原因）的作法不僅不符合潮流，更不符合中華文化本有的人文精神，藉由強化其知識內涵，架構出認識心靈的各種觀念向度，並進而療癒人心的各種問題，這就是心學往心理學發展應該側重的視野。

心學心理學繼承東亞文化傳統裡靈性鍛鍊的元素，從心學角度出發，會因應當事人生命頻率的悅納程度，給出讀經、練字、祝禱、冥想、靜坐、導引與瑜伽這類各有不同側重點的靈性鍛鍊工夫，讓當事人藉由適合己身的工夫來洞見自性，這些工夫在宋明時期就已由儒家由宗教信仰裡將其精華內容抽出來，並轉化來幫人完成其悟道歷程，現在更應該將其釋放到心理諮詢領域內，詳加研究與落實，作為幫忙當事人認識自己本來面目的辦法。由身心整合醫學的角度來認識心學心理學從事的心理諮詢，敝人覺得諮詢師如果能具有中國醫學的相關背景知識，會更有利於相關工作的展開，其癥結並不是就傳統國族主義（nationalism）的角度認為心學最早出自中國，心學心理學就要特別看重中國醫學的意義與影響，重點在中國醫學將心理問題與生理問題視作整體，將其整合來解決身體的痛苦，有著「論症不論病」的醫療態度，意即其不會只任由病人的表面徵象歸納與論斷病名，將其按照標準化的數據與程式開藥，而會實際觀看病人身體內外反映出的症候，按照「陰，陽，寒，熱，表，裡，虛，實」這八種原則（八綱）來辨證論治，如果有中醫師轉而成為心學心理學的諮詢師，則可視需要進而開對應身體的中藥給當事人服食，這種溫和而根本的全面治療，更能裨益當事人覓得自家的生命意義，活出積極進取的人生。

但，有個無法否認的事實：中國醫學的相關知識太過深奧與複雜，一般人常易學而難精，能體會中醫的博大精深並有效操作者實屬不易，如果心理諮詢師不具有中醫師或中藥師的開業證照，或不敢直接開中藥來幫忙當事人解決與心理有關的生理問題或與生理有關的心理問題，則可兼採納西洋文化發展出的順勢醫學（或稱同類療法，homeopathy）來輔佐解決當事人的精神問題，順勢醫學相較中醫來說原理比較單純，其同樣是種「自然醫學」（naturopathy），採取「順治法則」（law of similars），藉經過稀釋震盪的微量製劑來刺激身體免疫機能，使其獲得運作，讓身體產生自癒的抗體來克服疾病，順勢醫學的製劑不像西藥會帶著化學毒性，往往壓制住疾病的同時會對身體帶來破壞性，更不像補充營養素會讓身體產生依賴，順勢醫學同樣共同關注著生理與心理，譬如憂鬱造成胃痛，就要兼治憂鬱與胃痛兩者，這與中醫主張「胃主思」（脾胃影響思慮）具有共通點，當然心學心理學關注身心整合醫學的層面，只是藉由相關醫學知識來輔佐心理治療，將心理與生理獲得整合，但不是將心理治療直接轉往生理治療，心理治療作為心學心理學的工作重點不宜產生偏差。

回首來時路，敝人行年五十一，從事闡發心學的志業已跨過二十五年，敝人主張的心學思想，其範圍並不是侷限於陽明學的角度來思考問題，而是從心體的角度來思考問題，從而整合成兼容並蓄的心靈學問，這包括全部中華思想史，都是我們探索的內容。敝人長期深感心學如果要落實於當前社會，就不能再持續將其當作「國學」來對待，畢竟該稱謂隱含著這層思路：「國學是已經死亡的學問，心學是持續存在的學問。」而且，當我們從國學角度來思考問題，就只會仰望古人，不容易反思與解決問題，尤其無法反思心學在明朝末年面臨的困境，更不知這些困境正曲折投射出現在我們兩岸社會各自面臨的困境，自然更談不上解決這些困境。我們需要在理論層面完成心學有關「微觀世界」的架構，接著在應用層面則要完成其「生命世界」的落實，使得學問與生活結合，前者就是為何敝人會提出「心學心理學」的原因，並特別將心學心理學納在華人本土社會科學這一新領域範疇來推展，使得其由「國學」雍容轉身變成「華學」；後者則是敝人為何會藉由「智慧諮詢」的理念與實作來發展心理諮詢，並通過該諮詢來完成心學的社會實踐工作。智慧諮詢應該被放在心理諮詢的角度來理解與落實，而不適合直接稱作並套用現在社會已經相當熟悉的「哲學諮商」（philosophical counseling），這是因中國智慧諮詢的工作型態，是種共論與共闡心性的對話型態。哲學諮商的治療型態是從諮商師與當事人的對話中，通過指出當事人思維邏輯中的矛盾，進而釐清當事人反映的心理困惑。思辨來源於西洋哲學「天人對立」的哲學傳統，早在哲學領域尚未「學院化」的古希臘時期，西洋哲學的本質就是人始終在追求「真理」，探索存在於「超驗」（transcendent）世界中的智慧，人固然不斷在探問何謂完美的絕對真理，意即屬於「神性的智慧」，但是人永遠不能成為神本身。

然而，中華文化中卻沒有這種探索絕對真理，從而認識神性的智慧這類傳統。中國的儒釋道思想，並不去追求永遠無法到達的「彼岸的智慧」，他們更重視「當下的覺悟」。從本體論的層面來看，中西文化的關鍵差異在於人能否與終極的存在產生連接。這兩種「思想—哲學」傳統的差異，會進而導致智慧諮詢與哲學諮商在實務層面的差異，其關鍵點就在於論證與體證。敝人整理智慧諮詢的基本路徑計有六道程序：「對話—思辨—工夫—心體—實踐—蛻變」，意即通過諮詢師與當事人的對話，引發當事人思辨問題，在通過思辨的過程，其效果就是當事人展開工夫的練習，從中獲得心體的覺悟，心體的覺悟，從未發到已發，能引領當事人展開生命實踐，從而讓人在不斷開展的過程中，心靈持續深層蛻變。但將智慧諮詢拉到心理諮詢的角度來認識，還要意識到本土心理諮詢與西洋心理諮詢的差異，西洋心理諮詢太強調將人的問題病理化，這最早脫胎自天主教會裡信眾向神父的懺悔與告解：承認人有罪，希望獲得上帝的救贖。「罪」（不論 sin 或 crime）的概念應該是西洋心理諮詢將人精神問題病理化的根源。然而，且不說精神病學帶來的各種爭論，中國醫學素有「同病異治，異病同治」的說法，其著重的角度在「論症不論病」，意即不由疾病看人，而由症狀看人，觀察當事人的個別差異。根據中華文化脈絡發展出來的心理諮詢，並不應該被劃歸於醫療領域，除非是器質病變的層面，否則應該去除將心理現象病理化的慣性思維，不再任令人的各種複雜心理現象被按上某種後設的病名，纔能從文化心理角度徹底離開宗教因素對本土心理諮詢的影響，並重新恢復生命修養對中華本土心理諮詢的核心意義。這並不意謂著我們對待心理諮詢工作將要變得含混模糊，正好相反，華人本土心理諮詢應該架構在堅實的文化研究來做基石，從而發展出深度的心理學（垂直軸），而不再只有廣度的心理學（水平軸），這就需要通過陽明心學發展出心學心理學，再由心學心理學發展出智慧諮詢，但這些發展歷程的大敘事背景，就是敝人期待讀者能認識整部中華思想史的旨趣。

參考文獻

中文文獻

- 于建嶸（二〇〇八），〈基督教的發展與中國社會穩定：與兩位「基督教家庭教會」培訓師的對話〉，《領導者》，〇四。
- 內村鑑三著；陳心慧譯（二〇一三），《代表的日本人》，臺北：遠足文化。
- 加布里埃爾·馬賽爾（Gabriel Marcel）著，陸達誠譯（一九八三），《是與有》（*Being and Having*），臺北：臺灣商務。
- 卡爾威特（Karl Witte）著；劉恆新譯（二〇〇二），《卡爾威特的教育》，北京：京華出版社。

- 申荷永、高嵐（二〇一八），《榮格與中國文化》，北京：首都師範大學出版社。
- 立普頓（Bruce H. Lipton）著；喻華譯（二〇一五），《信念的力量》（*The Biology of Belief*），北京：光明日報出版社。
- 朱雲影（一九七三），〈中國歷代政權轉移對日、韓、越的影響〉，《師大學報》，一八，頁一六五。
- 牟宗三（二〇一〇），《名家與荀子》，長春：吉林出版集團有限責任公司。
- 余英時（二〇一四），《論天人之際：中國古代思想起源試探》，臺北：聯經出版公司。
- 余德慧（二〇〇一），〈心學：中國本我心理學的開展〉，《本土心理學研究》，一五，頁二七一—三〇三。
- 余德慧（二〇〇三），《生死學十四講》，臺北：心靈工坊文化事業公司。
- 李郁（二〇二〇），〈「橫渠四句」原始——《關學經典集成．張載卷》編校後記兼論學術編輯的問題意識〉（該文轉引自瑩火傳媒這一網路），出自陳俊民編校，《關學經典集成．張載卷》，西安：三秦出版社。
- 杜正勝（一九九二），《古代社會與國家》，臺北：允晨文化實業股份有限公司。
- 杜鋼建（二〇〇四），《中國近百年人權思想》，香港：中文大學出版社。
- 林久絡（二〇〇六），《王門心學的密契主義向度：自我探索與道德實踐的二重奏》，國立臺灣大學哲學研究所博士論文，未出版，臺北。

- 威廉‧詹姆斯（William James）著；蔡怡佳、劉宏信譯（二〇〇一），《宗教經驗之種種》（*The Varieties of Religious Experience*），臺北：立緒文化公司。
- 柯瑞（Gerald Corey）著；修慧蘭、鄭玄藏、余振民、王淳弘、楊旻鑫、彭瑞祥譯（二〇〇九），《諮商與心理治療：理論與實務》（第八版）（*Theory and Practice of Counseling and Psychotherapy*, 8e），臺北：雙葉書廊有限公司。
- 胡適（二〇一六），《中國哲學史大綱》，南京：江蘇人民出版社。
- 韋政通（二〇〇九），《中國思想史》，長春：吉林出版集團有限責任公司。
- 韋政通著；何卓恩、王立新編（二〇一一），《知識人生三大調》，北京：中華書局。
- 馬克斯‧韋伯（Max Weber）著；余曉、陳維綱譯（二〇〇六），《新教倫理與資本主義精神》，陝西：陝西師範大學出版社。
- 張君房著；蔣力生等校注（一九九六），《雲笈七籤》，北京：華夏出版社。
- 張崑將（二〇〇八），〈近代中日陽明學的發展及其形象比較〉，《臺灣東亞文明研究學刊》，五（二），頁三五－八五。
- 張衛紅（二〇〇九），《羅念庵的生命歷程與思想世界》，北京：生活‧讀書‧新知三聯書店。

• 張學智（二〇一二），《明代哲學史》，北京：中國人民大學出版社。
• 梁濤（二〇〇〇），〈《大學》早出新證〉，《中國哲學史》，三，頁八八—九五。
• 荻生茂博（二〇〇八），〈近代における陽明學研究と石崎東國の大阪陽明學會〉，《近代・アジア・陽明學》，東京：ぺりかん社。
• 郭沂（一九九八），〈從郭店楚簡《老子》看老子其人其書〉，《哲學研究》，〇七，頁四七—五五。
• 陳復（一九九七），《申子的思想》，臺北：唐山出版社。
• 陳復（二〇〇一），《慎子的思想》，臺北：唐山出版社。
• 陳復（二〇〇五），《大道的眼淚：心學工夫論》，臺北：洪葉文化事業有限公司。
• 陳復（二〇〇五），《心靈的學校：書院精神與中華文化》，臺北：洪葉文化事業有限公司。
• 陳復（二〇〇九a），《商周交會在齊國：齊文化與齊學術的研究，甲編：先秦齊文化的淵源與發展》，臺北縣永和市：花木蘭文化出版社。
• 陳復（二〇〇九b），《商周交會在齊國：齊文化與齊學術的研究，乙編：戰國齊學術的特徵與影響》，臺北縣永和市：花木蘭文化出版社。
• 陳復（二〇一〇），〈孔子的冥契主義〉，《孔孟學報》，八八，頁二〇一—二二六。

- 陳復（二〇一一），〈周公制禮作樂的背景與影響：氣候生態的變化與人文精神的發展〉，《孔孟學報》，八九，頁三六三—三八六。
- 陳復（二〇一二），〈王陽明對生命意義的闡釋與實踐〉，《生命教育研究》，四（一），頁二七—五四。
- 陳復（二〇一二），〈徐橫山的愛與死：王陽明與錢緒山對其生命的怯常臨在〉，《生命教育研究》，四（二），頁五一—八九。
- 陳復（二〇一二），〈瀕臨死亡產生的徹念：錢緒山對生命意義的闡釋與實踐〉，《生死學研究》，一三，頁一—四一。
- 陳復（二〇一四），〈歐陽南野的生命實踐：由生命史的角度釐清其心學思想的要旨〉，《生死學研究》，一五，頁八五—一五五。
- 陳復（二〇一七），〈心學心理學：心學如何在心理治療領域獲得突破與新生〉，《諮商心理與復健諮商學報》，三〇，頁三五—六九。
- 陳復（二〇一八），《心學風雲記：王陽明帶你打土匪》，臺北：五南圖書出版公司。
- 陳復（二〇一九），〈智慧諮詢的理念與實作：陽明心學對心理諮詢的啟發〉，《貴陽學院學報》，〇三，頁七—一五。
- 陳復（二〇一九），〈黃光國難題：如何替中華文化解開戈迪安繩結〉，陳復、黃光國主編，《破解黃光國難題的知識論策略》，頁一—二八，新北：心理出版社。

- 陳復（二〇二〇），《轉道成知：華人本土社會科學的突圍》，臺北：時報文化出版公司。
- 陳復（陳正凡）（二〇一〇），〈錢緒山心學的生命教育：死亡經驗對其思想的反省與啟發〉，《本土心理學研究》，三四，頁二八五—三二七。
- 陳復、劉莞（二〇一八），〈心體論：由周敦頤思想來思索華人本土社會科學的發展路徑〉，《周敦頤研究》，北京：中國社會科學出版社。
- 陸達誠（一九九二），《馬賽爾》，臺北：東大圖書公司。
- 曾國藩（一九四七），《曾公文正家書》，廣州：嶺南出版社。
- 湯一介（一九八二），《郭象與魏晉玄學》，臺北：谷風出版社。
- 黃仁宇（一九九四），《萬曆十五年》，臺北：臺灣食貨出版社。
- 黃光國（二〇一八），《社會科學的理路（第四版思源版）》，新北：心理出版社。
- 楊國樞（二〇〇九），〈社會及人格心理學在台灣的發展與研究：回顧與前瞻〉，台灣心理學會第四十八屆年會。
- 楊智絢（二〇〇七），〈從《美國思想中的社會達爾文主義》探理查·霍夫斯達特（Richard Hofstadter）的歷史觀〉，《史學研究》，二一，頁二二七—二四三。
- 楊儒賓（二〇一六），《儒門內的莊子》，臺北：聯經出版公司。

- 廖俊裕（二〇一八），〈作為超個人心理學的儒學之可能——以劉蕺山為例〉，《大葉大學通識教育學報》，二二，頁一一—二八。
- 榮格（Carl Gustav Jung）著；成窮、王作虹譯（二〇一一），《分析心理學的理論與實踐》（*Analytical psychology: its theory and practice*），南京：譯林出版社。
- 榮格（Carl Gustav Jung）著；劉國彬、楊德友譯（二〇一四），《榮格自傳：回憶．夢．省思》（*Memories, Dreams, Reflections by C.G. Jung*），臺北：張老師文化。
- 趙金祁受訪；陳復訪談（二〇一一），《趙金祁回憶錄》，臺北：國立臺灣師範大學科學教育中心。
- 蔡鬱焄（二〇一三），〈衛德明《變易——易經八講》研究述評〉，《中國學術年刊》，九，頁五七—八〇。
- 蔣葳（二〇一二），〈商朝衰亡與鉛中毒〉，《百科知識》，〇六，頁五三—五四。
- 錢明（二〇〇九），《浙中王學研究》，北京：中國人民大學出版社。
- 錢穆（一九九八），《湖上閒思錄》，臺北：聯經出版公司。
- 錢穆（二〇〇五），《國史新論》，北京：生活．讀書．新知三聯書店。
- 錢穆（二〇一一），《莊老通辨》，北京：九州出版社。
- 錢穆（二〇一二），《中國思想史》，北京：九州出版社。

- 關永中（二〇〇二），《愛、恨與死亡：一個現代哲學的探索》，臺北：臺灣商務印書館。

英文文獻

- Grof, Stanislav（葛羅夫，一九八五）. *Beyond the Brain : Birth, Death, and Transcendence in Psychology*. Albany, New York: State Univ. Press.
- Lev Vygotsky（維高斯基，一九七八）. *Mind in Society: The development of Higher Psychological Processes*（Knox & Carol, Trans.）. Cambridge, MA: Harvard University Press.
- Marcel, G.（馬賽爾，一九五一）. *Being and Having*（K. Farrer Trans.）. Boston, MA: Beacon Press.
- Marcel, G.（馬賽爾，一九五二）. *Metaphysical Journal*（B. Wall Trans.）. Chicago: H. Regnery.（Original work published 1950）
- Marcel, G.（馬賽爾，一九六四）. *Creative Fidelity*（R. Rosthal Trans.）. New York: Noonday Press.
- Marcel, G.（馬賽爾，一九七五）. *Royce's Metaphysics*（Virginia & G. Ringer Trans.）. CT: Greenwood.

聖人的丹爐：中華思想史與本土心理學

2023年9月初版　　定價：新臺幣680元

著者	陳復
叢書主編	王盈婷
校對	吳美滿
內文排版	李偉涵
封面設計	兒日

出版者	聯經出版事業股份有限公司	副總編輯	陳逸華
地址	新北市汐止區大同路一段369號1樓	總編輯	涂豐恩
叢書主編電話	(02)86925588轉5316	總經理	陳芝宇
台北聯經書房	台北市新生南路三段94號	社長	羅國俊
電話	(02)23620308	發行人	林載爵
郵政劃撥帳戶第0100559-3號			
郵撥電話	(02)23620308		
印刷者	世和印製企業有限公司		
總經銷	聯合發行股份有限公司		
發行所	新北市新店區寶橋路235巷6弄6號2樓		
電話	(02)29178022		

行政院新聞局出版事業登記證局版臺業字第0130號

本書如有缺頁，破損，倒裝請寄回台北聯經書房更換。　ISBN 978-957-08-6982-8 (平裝)
聯經網址：www.linkingbooks.com.tw
電子信箱：linking@udngroup.com

國家圖書館出版品預行編目資料

聖人的丹爐：中華思想史與本土心理學/陳復著．
初版．新北市．聯經．2023年9月．592面．17×23公分
ISBN 978-957-08-6982-8（平裝）

1.CST：思想史 2.CST：心理學 3.CST：中國

112 112009478